HISTOIRE

DE

FRANCE AVANT CLOVIS.

HISTOIRE
DE
FRANCE
AVANT CLOVIS;

PRÉCÉDANT & faisant partie de l'Histoire de France, commencée par MM. VELLY & VILLARET, & continuée par M. GARNIER, Historiographe du Roi & de Monsieur, Inspecteur & ancien Professeur du Collége Royal & de l'Académie des Belles-Lettres.

PAR M. LAUREAU, Écuyer, Historiographe de Monseigneur COMTE D'ARTOIS.

ENRICHIE DE MÉDAILLES GRAVÉES EN TAILLE-DOUCE.

PRIX, 12 livres le Volume relié.

A PARIS,

CHEZ NYON l'aîné, & fils, Libraires, rue du Jardinet.

M. DCC. LXXXIX.

AVEC APPROBATION, ET PRIVILÉGE DU ROI.

AVERTISSEMENT
DES LIBRAIRES.

Nous avons formé, il y a quelques années, une collection de Portraits des différents Personnages, dont il est fait mention dans l'Histoire de France. Ils peuvent se placer dans l'Edition in-4., aux pages où ils ont rapport, ou se relier séparément en 2 vol. in-4. pour les exemplaires de l'Edition in-12, jusqu'au règne de Charles IX inclusivement. Ceux qui doivent entrer dans les volumes suivans sont aussi gravés. Nous avons cru qu'il ne seroit pas moins intéressant pour cette Histoire de former un Atlas qui y fût adapté. Nous avons exécuté ce projet sur la fin de 1787. Nous joignons ici l'état des Cartes dont il est composé :

---

1 Ancien & nouveau Monde.
2 *Orbis Vetus*, le monde connu des Anciens.
3 *Europa veteribus nota*, l'Europe ancienne.
4 Europe moderne.
5 *Gallia*, la Gaule du temps des Romains.
6 Gaules, (les) sous les trois Monarchies qui les partageoient quand Clovis en fit la conquête.
7 Empire de Charlemagne.
8 France actuelle.
9 Languedoc & Roussillon.
10 Guienne, Navarre & Béarn.
11 Lyonnois, Dauphiné & Provence.
12 Poitou, Saintonge & Angoumois.
13 La Marche, Bourbonnois, Limosin, Auvergne.
14 Bourgogne & Franche-Comté.

74 *Africa veteribus nota*, Afrique ancienne.
75 Afrique moderne.
76 Cap de Bonne-Efpérance.
77 Amérique.
78 Navigation des Hollandois aux Indes occidentales.
79 Pérou.
80 Mer du Sud *ou* Pacifique.
81 Partie méridionale de la mer du Sud, qui repréfente les découvertes faites avant 1764.
82 Route depuis le Cap de Bonne-Efpérance jufqu'à la nouvelle Bretagne.
83 Ifles Malouines.
84 Détroit de Magellan.
85 Ifle des Papous.

DISCOURS

DISCOURS PRÉLIMINAIRE
A MONSEIGNEUR
COMTE D'ARTOIS.

MONSEIGNEUR,

Au lieu d'une épître dédicatoire, vous ne trouverez à la tête de ce livre qu'un diſcours ſur l'exiſtence & la recherche des premiers monumens hiſtoriques; mais ce diſcours eſt plus flatteur pour Vous que les vains hommages de l'adulation; car la poſtérité qui juge des Princes par leurs occupations, par les choſes dont on les a entretenus, remarquera qu'au printemps de votre âge, Vous aviez déja le courage d'enviſager les ſciences ſous leur aſpect le plus rebutant, que les matières les plus abſtraites ne Vous étoient pas étrangères, &

que ſachant rejeter la louange, Vous n'en étiez que plus digne. De tout temps la vraie gloire a été ennemie de la flatterie. On prononçoit devant César des diſcours éloquens ; on parloit de philoſophie à Marc-Aurèle & à Julien, tandis qu'on prodiguoit la louange à Néron, à Caligula.

Outre l'intérêt que les Princes de la Maiſon de Bourbon doivent trouver à la lecture d'un ouvrage qui traite de l'origine de leur grandeur, & de celle d'un Etat d'où leur puiſſance embraſſe la moitié du globe ; il y a pour Vous, MONSEIGNEUR, un motif plus particulier, l'amour des ſciences, & le deſir des recherches qui concourent à leurs ſuccès. Votre goût, ſur ce point, eſt d'accord avec la juſteſſe de votre eſprit ; car les grands, recueillant plus particulièrement le fruit des ſciences, doivent, ne fût-ce que par reconnoiſſance, manifeſter leur eſtime à leur égard, & montrer qu'auſſi délicats que les autres hommes pour en ſentir les avantages & la fineſſe, ils ſont dignes de leur commander par la ſupériorité de leurs lumières comme par celle du rang qu'ils tiennent. Les Princes inſtruits ſont le ſpectacle le plus raſſurant pour une nation, & le livre de l'hiſtoire eſt celui qui leur appartient principalement ;

il ſe change pour eux en une carte inſtructive qui leur marque les écueils contre leſquels leurs prédéceſſeurs ont fait naufrage, en même-temps qu'elle leur trace les routes qui conduiſent à la gloire. Puiſque vous êtes ſi jaloux, MONSEIGNEUR, de connoître & de parcourir ces routes, l'hiſtoire primitive de vos ancêtres, le détail de leurs actions généreuſes, ne peuvent vous être indifférents; &, quelqu'anciennes que ſoient les matières que je vais traiter, j'oſe croire qu'elles mériteront votre attention.

En remontant les ſentiers obſcurs qui conduiſent aux premiers temps des Gaulois, en repaſſant les époques qui ont précédé l'hiſtoire qu'on nous a donnée de notre nation, je ne fais pas une tentative inutile & téméraire, puiſqu'il ſemble que les premiers hiſtoriens aient craint de pénétrer juſqu'à l'origine, & de s'aſſeoir ſur le berceau de la Monarchie. Elle eſt la plus ancienne de l'Europe, mais ſon antiquité n'eſt pas encore développée, & la gloire de ſes premiers temps n'eſt pas dans ſon luſtre. Que les Egyptiens, les Grecs & les Romains, les anciens & les modernes ceſſent de vanter la durée de leurs Empires; nul n'a joui d'une puiſſance auſſi longue, nul n'a été auſſi long-temps ſous le ſceptre des mêmes Souverains & de la même Maiſon : il ſemble qu'il ait aſſocié à ſon immuable deſtin le ſort de ſes Princes, & que ſa puiſſance & leur ſang aient une commune durée ; enfin, il n'a de concurrent en ſtabilité que celui de la Chine en Aſie, mais il n'a pas à rougir comme lui d'un joug étranger.

Lorſqu'après dix-huit cents ans de ſilence on revient ſur le paſſé, & qu'on cherche à conſtater les poſitions d'un pays, & les mœurs du peuple qui l'habitoit, quelles difficultés ne doit-on pas s'attendre à trouver, & quel Lecteur raiſonnable ne ſent pas qu'un pareil ouvrage a droit à ſon indulgence ! Le crayon de l'hiſtorien peut être en défaut ſur des traits que le temps a effacés, & ſur des modèles qu'il a ſouſtraits aux regards du préſent, on n'en accuſera que le ravage des ſiècles : le public éclairé ne lui en ſaura pas moins gré, s'il a mis en ordre tout ce qu'on avoit recueilli de précieux ſur le ſujet qu'il traite ; s'il a enrichi cette collection de quelques titres nouveaux ; s'il a fait tous ſes efforts pour répandre de la clarté ſur des temps obſcurs & des époques enſévelies dans les ruines du paſſé ; & s'il a franchi un intervalle qui, tout foible qu'il étoit, ait mis à portée d'en ſurmonter un plus conſidérable.

Le plus petit peuple s'étend avec complaiſance ſur ſon origine, tandis que nous avons été aſſez indifférens ſur la nôtre pour la laiſſer confondue, pendant tant de ſiècles, parmi les fables qui la défiguroient; & ſur quelle origine encore avons-nous témoigné cette inſenſibilité? Sur celle de nos pères, ſur celle d'une nation magnanime & généreuſe qui a joué le premier rôle dans l'univers, & a placé ſes Princes ſur les premiers Trônes du monde. M. Velly, recommandable à tant de titres, a lui-même tiré le rideau ſur ces temps antiques de notre origine. M. le Préſident Hénaut lui en avoit donné l'exemple. Ils ſe ſont accordés à laiſſer dans les ténèbres du paſſé les troiſième, quatrième & cinquième ſiècles; & ce ſont préciſément ceux qui ont vu former la Monarchie, & qui ont préſidé à ſon établiſſement. Il eſt arrivé de-là qu'on a vu s'élever tout-à-coup un grand édifice ſans fondations; on a préſenté le tableau d'un puiſſant Empire, & on a omis de marquer les degrés de ſon accroiſſement; on a étendu un voile ſur l'origine du peuple fondateur, ſur les moyens avec leſquels il éleva cette grande puiſſance. C'eſt dans le deſir de remédier autant qu'il ſera en moi à cette omiſſion, que j'ai entrepris le récit de ce qui s'eſt paſſé pendant ces ſiècles intéreſſans ; ce récit qui finira où commence M. Velly, ſera renfermé dans un volume d'un pareil format ; il rendra à l'Hiſtoire de France ce qui lui manque dans le principe, il lui donnera les fondemens ſur leſquels on avoit négligé de la poſer.

Ce volume ſera d'une néceſſité indiſpenſable pour tous ceux qui ont l'hiſtoire de M. l'abbé Velly, puiſqu'il eſt le fondement de cet ouvrage, & qu'il en rétablira les premiers matériaux qui étoient épars ou ignorés à l'époque du travail de cet hiſtorien. On y verra de nouveau la Généalogie des Rois de la première Dynaſtie, les différentes expéditions des Francs avant leur établiſſement dans les Gaules, ſoit comme ennemis, ſoit comme alliés des Romains, enfin leurs conquêtes avant Clovis ; on y expoſera l'origine des Bourguignons, la fondation de leur Royaume, ainſi que de ceux des Viſigoths & des Bretons, qui ſe confondent enſuite dans celui des François. On verra les premiers Rois de ce peuple, ainſi que ſa Monarchie, commencer avant Pharamond. On conſtatera cet établiſſement par des preuves convaincantes, par des pièces de monnoie qui démontrent que le Royaume de France exiſtoit en 409, & que Teudome ou Théodemir en a été le premier Roi neuf ans avant Pharamond.

On fera précéder cet expoſé d'un apperçu ſur les Celtes, & ſur les mœurs antiques de ces peuples, les premiers connus qui aient habité cette contrée. Pour obvier au défaut de titres inſtructifs ſur un pareil ſujet, on a fouillé dans la terre, on a cherché dans les reſtes des peuples qui nous ont précédés; ce ſont les véritables archives auxquelles il convient d'avoir recours lorſqu'on veut rapprocher, pour ainſi dire, les deux extrémités du temps, & produire au préſent les preuves du paſſé le plus reculé. Ces fragmens & ces reſtes ſont les vrais titres de famille des nations anciennes; car on ne doit pas rechercher les monumens pour les entaſſer & en faire des objets de luxe, mais pour s'en ſervir comme de clefs aux difficultés. S'il s'en trouve en ſi peu d'endroits, c'eſt que le conquérant paſſant par-tout avec des pieds d'airain, comme la biche de la Fable, efface tous les caractères & détruit toutes les traces : peu curieux des temps écoulés, il ne s'occupe que du ſien; il paſſe ſon fer deſtructeur ſur la terre, & veut que tout finiſſe & recommence avec lui; il devient la borne marquée pour les recherches de la poſtérité ; envain iroit-elle au-delà ſur certaines contrées.

La terre, pour l'hiſtorien, eſt le plus grand comme le plus fidèle des livres ; exacte dans l'expoſition du préſent, elle eſt encore plus vraie ſur le paſſé dépouillé d'erreurs & de preſtiges ; elle porte dans ſon ſein des titres d'ancienneté qui ne ſont pas ſuſpects ; elle nous préſente ſes citations en caractère original ; & par l'ordre & la différence de ſes couches, leur compoſition & les débris qu'elles renferment, elle peut conduire l'homme par degrés juſqu'à l'extrémité la plus reculée. Quelque prévenu que fût le philoſophe en faveur de ſon antiquité, de la richeſſe & de la variété de ſes collections, elle l'étonneroit encore s'il étoit jamais aſſez patient & aſſez heureux pour joindre tous les anneaux de cette grande chaîne, & remonter juſqu'au dernier. Quelques naturaliſtes, dans ce ſiècle, ont commencé ce grand ouvrage : quels progrès n'ont-ils pas déja faits, & que n'avons-nous pas à eſpérer après les ſuccès qui ont couronné ces premières tentatives ? Pour moi, dont le plan eſt moins vaſte, le but moins éloigné, & qui me ſuis renfermé dans les bornes d'un ſeul ſujet, je n'ai pu remonter, pour les preuves hiſtoriques

riques des Gaules, qu'à deux mille quatre cents ans environ; mais je ne doute pas que la terre, aux yeux des naturaliſtes, n'offre des preuves d'une population infiniment plus reculée; qu'elle ne poſsède dans ſes dépôts des reſtes pétrifiés d'hommes & d'animaux qui exiſtoient avant qu'elle ſe fût recouverte de pluſieurs couches; & qu'elle n'ait caché derrière ces épais rideaux les ſcènes de pluſieurs ſiècles antérieurs.

Notre planète entraînant après elle, dans ſa rotation perpétuelle, les générations des hommes, & toutes les productions qui la couvrent, les abſorbe & les confond dans les couches dont elle s'enveloppe depuis l'origine des ſiècles avec le ſecours de la mer; mais, dans le nombre des matières, il en eſt qui ſe conſervent, par leur nature, au milieu de la deſtruction des autres. Et combien n'y auroit-il pas de quoi étonner les hommes, ſi, parvenant juſqu'à une des premières couches, elle offroit à leurs regards les monumens (1) antiques & curieux

(1) On en a déja acquis la preuve par ces gros os pétrifiés & ces maſſes d'ivoire, découverts dans le Nord de l'Aſie & de l'Amérique, cités par MM. Gmelin, Pallas & de Buffon; par ces énormes dents du poids de dix à douze livres qu'on voit au Cabinet du Roi;

qu'elle renferme ? A la vue des restes humains & des vestiges des arts les plus anciens qui furent sur le globe, quelle surprenante différence ne remarqueroit-on pas entre ces temps & le nôtre ? Ici l'on appercevroit une extrême rusticité avec les fragmens des premiers moules, là les productions délicates des sciences & des arts sur lesquels le temps a tiré un voile épais. Ces restes indiqueroient que la lumière a fait plusieurs fois le tour de la terre, & que chacune des couches de cette planète a été le théâtre du genre humain modifié différemment. A quelle distance ne remonteroit-on pas alors, & que de découvertes à espérer si on pouvoit parvenir à dérouler ces couches différentes ! Les monumens qu'on observeroit dans chacune de ces feuilles, seroient comme les caractères de ce grand livre, qu'on pourroit appeler, à juste titre, *le livre des sciences*. Malheureusement ce

---

le buste d'homme pétrifié dont parle M. de Buffon, hist. nat. ; les Tables astronomiques d'airain des peuples hyperboréens, trouvées dans l'île de Delos du temps de l'aïeul de Platon ; le squelette humain à moitié pétrifié, vu par M. Pallas dans les mines de la montagne des Serpens ; les instrumens de cuivre, les marteaux de pierre, & les armes de bronze trouvés dans le même endroit par le même auteur, le tout appartenant à un des premiers peuples qui occupa l'Asie. *XXVe. Lettre Atlant. de M. Bailly.*

projet flatteur ne peut s'exécuter en grand, mais on a la ressource de le pratiquer en détail; & comme on peut juger des choses par les extraits, ce que l'on a déja acquis en ce genre est bien propre à faire desirer des efforts plus soutenus & plus heureux, dont le résultat sera de procurer aux hommes une connoissance plus approfondie de l'antiquité; car on ne doute pas que la pétrification ne nous ait conservé des échantillons de chaque science, & qu'elle n'ait agi dans l'origine avec autant de force qu'aujourd'hui. Ce ne sont ni les preuves, ni les monumens qui nous manquent, mais les recherches, & des regards assez exercés pour les distinguer par-tout où ils sont; combien en avons-nous sous les yeux qui nous échappent tous les jours dans la composition des marbres, des pierres & des mines (1)? Seroit-il chimérique de croire que des regards plus exercés & plus profonds démêleroient dans ces

(1) On trouva dans le mois d'octobre 1764, en fouillant dans une mine de fer, près du lac Water (2) en Suède, le cadavre d'un mineur qui avoit péri sous un affaissement de la terre : il avoit contracté la propriété du fer.

(2) Dans le Westrogothland ou Gothie occidentale, province de la Gothie proprement dite, au Sud de la Mer Baltique.

matériaux les dépouilles antiques qu'ils renferment, à-peu-près comme nous démêlons les caractères Celtiques ou Runiques dans les vieux édifices où ils sont entrés ? Quelle surprise n'eût pas causé à nos ancêtres, il y a trois cents ans, la voix qui leur eût dit qu'on trouveroit un jour les restes d'une nation qui existoit dans les Gaules dix-huit cents ans auparavant, cependant ces dépouilles ont été trouvées ; pourquoi ne trouveroit-on pas celles du peuple qui précédoit ?

Nos descendans seront peut-être un jour plus heureux ; il viendra un temps où le fer de la charrue, & le torrent des pluies, à force de dégrader les coteaux, & d'en réduire le revêtissement, mettront l'ancienne terre à nu ; où l'isthme de Panama, rompu par l'Océan, laissera de vastes côtes à découvert, & la Mer Méditerranée à sec ; les villes, les arts des peuples qui habitoient sur ce sol avant qu'il fût inondé, sortiront de dessous les sables qui les couvrent ; l'observateur ira les chercher ; & si ses recherches pénètrent jusque dans des couches inférieures, peut-être trouvera-t-il d'autres preuves d'une révolution pareille, & plus ancienne ; car il n'y a rien de nouveau dans les évènemens de la nature.

La terre, ainſi expoſée aux yeux des hommes, révélera les ſecrets qu'elle cachoit; c'eſt alors qu'elle leur fera connoître des générations anciennes, & étrangères à l'hiſtoire; les Atlantes, regardés comme fabuleux, deviendront peut-être réels; des villes enſévelies par des tremblemens de terre, par la chûte des montagnes, par l'irruption de la mer & le débordement des fleuves, des nations éteintes ſous un ciel peſtilentiel, des hommes d'une figure ſurprenante, des animaux inconnus, conſervés par la pétrification, les étonneront par leur apparition, & les débris qui en exiſteront, exerceront les génies ſyſtématiques, & feront naître chez eux autant de queſtions qu'il s'en élève parmi nous ſur ce point ſi ſimple, qu'il y a eu, dans les époques les plus reculées du paſſé, des hommes qui ont été les jouets de la fureur des élémens, comme nous ou nos deſcendans le feront un jour.

Il réſulte de-là que l'hiſtoire des premiers temps n'eſt pas perdue; à la vérité, elle eſt rompue, & n'exiſte qu'en morceaux; mais, pour la rétablir, il n'eſt queſtion que de recherches, & les actes du paſſé viendront ſe placer dans les mains laborieuſes qui entreprendront de les raſſembler. Les ſciences

& les arts ne paſſent pas comme le temps, ils s'impriment ſur la terre bien plus profondément que les ſiècles, avec qui ils ſe montrent, & leur prérogative eſt de ſe repréſenter lorſqu'il y a déja long-temps que les autres ſont oubliés. Ils vivifient les Etats, ils changent les hommes, & la ſurface du globe; d'agreſte & d'inculte qu'elle étoit, ils la rendent belle & productive; au lieu d'un ſauvage, ils font de l'homme un être majeſtueux & puiſſant, dont l'empire s'étend ſur la nature & les élémens, & qui ſe ſert de la terre comme d'une planche où il grave ſa mémoire. C'eſt en vain que le temps, exerçant ſes fureurs, engloutit tout-à-coup une génération d'hommes éclairés; les ignorans, que les ſiècles ſuivans rapportent, ſur leurs débris, s'étonnent à la vue de leurs reſtes; & lorſque la terre les a enſevelis dans une ſeconde couche, c'eſt aux générations ſuivantes qui fouillent dans les deux à en faire la diſtinction : l'une brute, leur paroît mépriſable comme la matière qu'elle renferme : l'autre différenciée par les fragmens d'ouvrages ſavans, & par les belles formes que conſervent encore les marbres & les métaux, paroît à leurs yeux avec l'éclat d'une terre mêlée de diamans, & avec la vénération due aux hommes éclairés qui l'ont habitée; ils respectent leurs dépouilles, ils admirent leurs connoissances, ils payent à leur mémoire un juste tribut d'éloges, en même temps qu'ils laissent tomber un œil méprisant sur la couche barbare qui forme une barrière entre eux & les siècles lumineux dont ils voient les vestiges. C'est ainsi, qu'après cinquante siècles, les belles formes que prirent les arts sous la main généreuse de Louis XIV, & le génie dont les anima le souffle créateur de ce grand Roi, feront encore dans les ruines l'admiration des hommes qui habiteront la Gaule, quand même elle seroit couverte de Turcs & de Tartares.

Depuis tant de temps que le philosophe s'écrie, que la terre ouvre ses flancs, & qu'à l'inspection des couches qui composent son volume, elle les étonne, & les instruise comme par la lecture des feuilles d'un livre lumineux, elle a été sourde à ses cris; mais la constance de l'observateur a triomphé de son opiniâtreté; il a pénétré avec le fer dans quelques-uns de ses replis, & a porté un œil avide dans les cavités qu'elle a creusées, & sur les matières qu'elle a rejetées dans des momens de fureur. Quel étonnant spectacle, que l'homme forçant la nature, l'obligeant à se développer & à lui révéler les ſecrets qu'elle ſe propoſoit de cacher, ou qu'elle réſervoit pour d'autres temps! Les vérités ſont rarement les fruits du haſard, elles ne ſe montrent guère qu'à ceux qui les cherchent. C'eſt ſur ces obſervations que le philoſophe & l'hiſtorien ont fondé leur travail & pourſuivi leurs études: l'hiſtorien, ſur-tout, a ſenti que c'eſt ſur de telles recherches, ſur la garantie de pareils monumens, que doivent être fondés ſes récits pour ces temps perdus, dont les titres ſont uſés, & la tradition oubliée; il a jugé avec raiſon que c'étoit dans le ſein de la terre qu'il devoit puiſer ſes preuves.

La ſurface des Gaules, par exemple, offre aux regards de l'obſervateur une vaſte collection d'antiquités en tout genre; elle lui rappelle que ces contrées, avant que d'avoir été habitées par les Francs, les Bourguignons, les Viſigoths, les Bretons, les Normands, l'avoient été par les Romains; que les Grecs & les Aſiatiques les y avoient précédés; que les Phéniciens & les Carthaginois les avoient fréquentées avant ces derniers, & avoient établi un commerce avec les Celtes, qui étoient les premiers habitans connus de cette terre. A la vérité, les monumens hiſtoriques du moyen âge finiſſent là;

mais

mais ces Celtes, pour être les plus anciens peuples connus, étoient-ils les premiers? Et ne peut-on pas penser qu'ils avoient paru à la suite d'une révolution qui en avoit fait disparoître d'autres; qu'ils n'étoient que des acteurs arrivés après le dernier changement de décoration, puisqu'à une profondeur très-considérable, & sous des rochers très-épais, on a trouvé des hommes pétrifiés (1)? Ainsi voilà un chaînon de plus à la chaîne des Antiquités Gauloises, & il faut qu'elle s'étende encore à une grande distance pour arriver jusqu'à cet objet séparé du corps. Il suffit de ce détail pour sentir le prix des monumens historiques que fournit la terre, & pour faire voir jusqu'où l'histoire peut parvenir dans tous les pays en suivant cette méthode, puisque la population des Gaules, qui ne passe pas pour être une des plus anciennes, remonte à une époque si éloignée, qu'on n'ose en fixer la date.

Le temps est arrivé où l'historien ne sera plus borné par des époques récentes, où il abandonnera les chartres & les autres titres aussi frais & aussi fragiles : il sentira que pour faire l'histoire des hommes

(1) Voyez M. de Buffon, hist. nat.

& des ſiècles, il faut d'autres ſecours que le papier: il s'élevera au-deſſus de la nuit des temps; il obſervera l'hiſtoire dans ſon immenſe étendue; il l'embraſſera avec le monde; curieux de la développer avec ſon âge & ſes révolutions, il cherchera les titres de famille du genre humain égarés ou enfouis ſous les décombres des ſiècles : la terre ſera ſon chartrier, les ſciences & les arts ſes indicateurs; l'hiſtoire naturelle lui fournira des preuves, l'aſtronomie des rênſeignemens, la ſculpture & l'architecture des échantillons, à la vue deſquels il jugera des époques par leurs variétés, leurs nuances, la profondeur de leur enfouiſſement, & le temps qui a dû s'écouler juſqu'à leur fabrique. Les veſtiges du travail de l'homme ſur la terre, ou dans ſes entrailles, conduiront ſon deſcendant juſqu'à lui; ſa main cherchant dans les ténèbres ſouterraines, reculera de ſurpriſe en rencontrant celle de ſon aïeul; alors il aura une idée du temps qui les ſépare; il n'a eu juſqu'ici que des conjectures, l'hiſtoire reſſemblant à une mine dont on n'a encore exploité que la ſuperficie.

Les générations des hommes s'écoulent ſur la terre ainſi que les ondes d'un fleuve; comme lui elles s'élèvent & s'abaiſſent, elles s'épuiſent ou diſparoiſſent avec le ſol ſur lequel elles paſſent, comme les eaux tariſſent & abandonnent leur lit; les unes reparoiſſent ſous un autre ciel, les autres dans un nouveau lit. Telle eſt la marche de tout ce qui eſt mobile depuis la création, mais le ſéjour des hommes laiſſe, comme celui des eaux, des traces ſenſibles ſur le globe, les premiers par leurs dépouilles, les ſecondes par leurs ſables & leurs coquillages que la mer & la terre couvrent : elles n'en exiſtent pas moins, il n'eſt queſtion que de lever le voile.

Il en eſt donc aujourd'hui de l'hiſtoire des peuples comme de celle de la nature; une partie ne peut être étudiée que dans la terre. Le naturaliſte & l'hiſtorien ſe diſputent ſes couches, cherchent à déchiffrer, chacun de leur côté, ces caractères anciens qu'elle renferme, pour les approprier à leur genre d'étude. Juſqu'ici les hommes n'ont enviſagé que les objets qu'ils avoient ſous les mains, ſans ſonger qu'ils fouloient aux pieds d'innombrables & précieux matériaux; ils ont travaillé, dans le genre hiſtorique, ſur ce qu'ils ont vu ou ſur ce qu'ont écrit leurs ancêtres; s'ils veulent remonter plus haut, il faudra qu'ils changent de marche, & qu'abandonnant les traditions qu'on trouve à la ſurface de la terre, ils aillent chercher dans ſes entrailles les ſecrets qu'elle a voulu cacher. Des morceaux de métal, dont la rouille épaiſſe dérobe le mérite, ſeront les caractères qui leur révéleront ces ſecrets, & la pétrification rapportera ſous leurs yeux les formes primitives que la nature avoit conſervées ſous ce fidèle cachet; car la terre eſt la plus belle bibliothèque de l'hiſtoire ancienne, & la ſeule qui puiſſe inſtruire l'homme ſur des époques & des découvertes qu'il eſt peut-être encore bien éloigné de ſoupçonner.

Le temps moiſſonnant dans ſa courſe les générations ſucceſſives, & effaçant ſous ſes pas les montagnes, les profondeurs & les traces des révolutions qu'éprouve le globe, a caché aux yeux des humains juſqu'aux traces de leur berceau, & ne leur permet plus de s'aſſurer de l'époque préciſe des grands évènemens; il en eſt cependant d'eſſentiels, ſur leſquels il pourra s'inſtruire, en appelant tout-à-la-fois à ſon aide & les cieux & la terre, tel que le ſéjour des hommes dans les contrées Polaires; il s'aſſurera, par le ſecours de l'aſtronomie & de la phyſique du globe, des dates de l'habitation de ces climats & de leur refroidissement; il calculera le degré de chaleur nécessaire aux éléphans pour vivre dans la Tartarie; il supputera le temps qu'il a fallu, pour que cette chaleur soit descendue au terme où elle est, pour que l'homme ait trouvé la période sex-cent solaire, pour que les Chinois aient calculé l'éclipse centrale du soleil plus ancienne de deux mille cent cinquante-cinq ans que l'Ere Chrétienne; il examinera combien il a dû s'écouler de siècles avant les observations astronomiques de Babylone remontant à quatre mille dix-neuf ans, avant la construction des pyramides d'Egypte, avant les prestiges opérés sous le Roi Pharaon par les sages & les magiciens de ce prince, avant que les Indiens eussent frappé ces monnoies si anciennes connues sous le nom de *Pagodes*, avant qu'ils eussent écrit le Védam qu'on lit depuis cinq mille ans, qu'ils eussent inventé l'art d'écrire bien plus ancien, & fixé sur le papier la pensée fugitive. Il ne perdra pas de vue sur-tout que ces monumens avoient été précédés par d'autres; que ces traits, qui nous paroissent perdus dans l'antiquité, étoient alors les derniers de l'histoire moderne; que des hommes aussi habiles dans les sciences & les arts, devoient avoir, aussi bien que nous, une histoire ancienne, & que la jeunesse de la nôtre fait un contraste ridicule avec la vieillesse du globe. Il semble que les hommes aient voulu ramener la terre à leur goût en la faisant toujours tenir à l'adolescence.

Mais s'il existe encore des preuves de quelques évènemens passés, s'il existe des yeux assez perçans, tels que ceux des Buffon, des Pallas & des Bailly, pour les appercevoir, il y en a beaucoup d'autres plus récens, sur l'existence desquels nous sommes forcés de nous en tenir à la simple tradition. On ne trouve plus guère de positions anciennes telles qu'elles nous ont été dépeintes, & la plupart de celles que nous avons, ressemblent peu aujourd'hui aux descriptions qu'on nous a laissées; cependant ces relations n'en sont pas moins vraies; les grands évènemens dont j'ai parlé, trop éloignés ou trop imperceptibles dans leur marche pour être sentis dans le court espace de la vie humaine, sont accompagnés d'autres plus sensibles pour l'homme, & démontrés à ses yeux. La couche de terre sur laquelle nous sommes, est sujette à mille changemens; il semble que chaque endroit ait eu ses momens de prospérité & de disgrace; tel pays qui a été peuplé & couvert de Villes opulentes, n'offre plus que des ruines, tandis que celui qui étoit désert présente à son tour une population nombreuse & de somptueux édifices. Les cantons que nous habitons, sont également soumis à cette vicissitude; chaque partie est à son tour abandonnée & occupée; tel coteau, qui étoit décoré d'une superbe maison dans le siècle dernier, n'est plus couvert que de ruines, & tel autre qui étoit alors ingrat & méprisé, est devenu un lieu fécond & délicieux. Des inondations qui ont fait couler dans le vallon la terre qui revêtissoit cette colline, des débordemens qui ont ensablé cette plaine fertile, la secousse d'un tremblement de terre qui a obstrué les canaux de cette source pour la faire jaillir ailleurs; telles ont été les causes les plus ordinaires des variations que nous avons éprouvées, telle est celle des phénomènes que nous voyons, & de beaucoup de contradictions apparentes que nous trouvons dans l'histoire, parce que des changemens survenus depuis, ont contrarié les récits des historiens, & mis en défaut leur topographie.

J'abandonne cette immense perspective, & ce vaste plan, que je n'ai fait qu'entrevoir dans les fouilles que j'ai faites, dans celles que j'ai observées, dans les vues profondes que renferment la Théorie de la terre de M. de Buffon, les ouvrages de MM. Gebelin & Bailly, pour m'occuper de l'hiſtoire des Gaules, & de ſes premières époques atteſtées par les monumens, & les preuves que fournit la terre. Ce ne ſont pas des Ecrivains étrangers, des traditions ſuſpectes, ce ſont les titres du pays même que j'ai conſultés; c'eſt aux inſcriptions qu'ont laiſſées nos pères, c'eſt aux traits de leur ciſeau que je m'en ſuis rapporté; ces caractères ſont trop groſſiers pour ne pas être vrais, ils ont été tracés dans un temps où l'on ignoroit le menſonge & l'art de feindre.

Il faut cependant bien ſe garder d'ajouter une confiance aveugle à tous les monumens qu'on donne pour antiques : j'en convaincrai par ce ſeul trait que je tiens de M. le Marquis de Thiard, très-inſtruit dans la connoiſſance de l'antiquité, & dont les lumières m'ont été ſouvent utiles : ce Savant, qui a fait l'hiſtoire de Semur, dont l'égliſe a été bâtie en 1075, a remarqué, en obſervant le tombeau de Dagobert Ier, érigé à Saint-Denis en 645 ou 688 (1), qu'un bas-relief qu'on donne pour

(1) V. hiſt. de l'Abbaye de S. Denis, par Dom Félibien 1706 *in-fol.*

être

être de cette dernière date, eſt de la première, & d'un ciſeau contemporain, s'il n'eſt pas le même; il y a uniformité dans les traits & reſſemblance dans les ſujets, conçus & exprimés ſelon l'eſprit du onzième ſiècle. Dans l'un, on voit Dagobert qui paſſe dans une barque reſſemblante à celle de Caron, & deux Evêques qui l'attendent pour l'arracher des griffes des diables. Sur le bas-relief de Semur, le duc Robert, fondateur de l'Egliſe, eſt environné d'Eccléſiaſtiques, & mené dans une barque que conduit un vieillard à longue barbe; la ſculpture eſt dans le même goût, & les deſſins, aux diables près, ſont les mêmes : ce qui indique l'identité des idées & des temps, & ce qui ne ſe rapporteroit ni à la date du tombeau, ni au règne de St. Louis, où D. Montfaucon place ce monument. J'ai trouvé la même erreur ſur deux ſtatues qui ſont à l'entrée de l'égliſe de Moutier-Saint-Jean, dans le cloître, elles repréſentent Clovis & Clotilde, fondateurs de ce Monaſtère: on les fait remonter à la date de ces Princes, dont elles ſont bien éloignées.

Les deſcriptions ſont pleines de pareilles erreurs; on lit dans celle de Bourgogne, qu'on a trouvé à Joux-la-Ville des antiquités Romaines : j'ai été pour les voir ; je n'ai trouvé que des piliers, des débris d'une Eglise ou d'une Chapelle dans le goût Gothique, construite dans le neuvième ou dixième siècle ; ce qui est sans replique, c'est que je me suis convaincu, à la vue des titres, que ce bourg & les environs étoient encore couverts par la forêt d'Hervaux dans le neuvième siècle, temps où Gérard de Roussillon & Miles de Noyers firent les premières concessions de ce terrain. D. Montfaucon lui-même s'est trompé, lorsqu'il a mis à la tête des monumens de la Monarchie Françoise les figures du portail de Saint-Germain-des-Prés comme un ouvrage du sixième siècle, tandis qu'il n'est que du treizième.

Ces traits suffisent pour donner une idée des erreurs que peut commettre un Rédacteur confiant ; j'en pourrois citer bien d'autres, mais la citation en est moins utile que la défiance qu'ils doivent inspirer ; aussi ai-je vérifié avec le plus grand soin les recherches antérieures : je ne m'en suis pas tenu à la tradition, j'ai été curieux de voir autant qu'il a été en moi les sources où les auteurs ont puisé, les lieux qu'ils ont cités ; j'ai tâché par-là de remédier aux omissions des uns & aux exagérations des autres, de concilier leurs contradictions, & de distinguer le vrai au milieu de leurs incertitudes. J'ai tenu moi-même la ſonde, & l'ai portée le plus profondément qu'il m'a été poſſible dans la nuit du paſſé. Je ſens qu'il lui manquoit la main de M. l'abbé Velly, mais je ne l'ai priſe qu'à ſon défaut, & long-temps après l'époque où la mort a enlevé l'Ecrivain le plus propre à cette tâche. Combien plus ſenſiblement encore ai-je reſſenti ſa perte, lorſqu'arrivé aux temps connus, j'ai deſiré de les préſenter avec cette clarté & cette élégance qui font le principal caractère de cet Hiſtorien! Les hommes ont un genre diſtinct, quelques efforts que puiſſe faire l'imitation; cette hiſtoire en eſt la preuve; écrite par quatre mains différentes, chaque partie porte l'empreinte de ſon auteur. Il eſt auſſi une vérité qui ne vous échappera pas, MONSEIGNEUR; c'eſt que les temps obſcurs & les recherches antiques prêtent peu à l'élégance du ſtyle. Le crayon rapide & ſublime de Boſſuet n'a tracé ſi majeſtueuſement l'Hiſtoire ancienne, que parce qu'il n'eſquiſſoit que les plus grands traits, & les entaſſoit dans un cadre étroit; il eût deſcendu de quelques degrés, & eût paru moins noble, s'il eût erré dans des détails, ſi, au lieu d'écrire l'hiſtoire des Rois & des ſiècles, il eût écrit celle des hommes & des années. Combien ſon éloquence, ſemblable par ſon feu & ſa rapidité, au brillant éclair, lorſqu'il peignoit la grandeur & la chûte des peuples, eût perdu de ſon éclat ſi elle n'eût eu pour ſujet que l'origine graduelle & le développement phyſique & moral de ces mêmes peuples! Les idées & le ſtyle noble des premiers Ecrivains, proviennent ſouvent des ſommets où ils ſe ſont élevés pour ne voir qu'en grand.

Ce n'eſt pas que je doute que ce ſublime Ecrivain eût conſervé ſon caractère au milieu de ces objets abſtraits. Si la force de ſa touche, ſi la vivacité de ſon coloris euſſent foibli pour un moment, ſon pinceau eût bientôt repris toute ſa vigueur en peignant les exploits de nos premiers Pères, les conquêtes rapides & brillantes des Celtes, la puiſſance de leurs colonies, le génie impétueux & le courage indomptable de ces émigrans, la terreur de notre hémiſphère; car toutes les nations qui nous avoiſinent, ont anciennement ſubi notre joug, nulle ne s'eſt ſouſtraite à l'épée du Gaulois, & les traces de ſon dialecte exiſtantes ſur toutes ces contrées, ſont les marques des fers qu'il y répandit. L'éloignement de l'Aſie ne put la garantir de la ſervitude d'un peuple qui ſembloit avoir les ailes de la victoire ; deux fois il pénétra dans ſon ſein, & deux fois elle plia ſous le Conquérant ſorti des bords de la Loire ou de la Seine. La première de ces invaſions remonte aux temps les plus reculés, & n'a d'autres preuves que la langue Phrygienne iſſue de la Celtique ; la ſeconde a pour époque la fondation de la Galatie, & l'ébranlement des Trônes de l'Aſie mineure, tributaires pour la plupart de cette nation.

Si nous jetons les yeux autour de nous dans l'Europe, nous trouvons que tout ce qui approche de notre nation, porte encore l'empreinte de ſes chaînes. La Celtiberie & la Galice, en Eſpagne, prouvent par leur dénomination le peuple qui en fut le vainqueur, & qui laiſſa ſon nom ſur ces contrées comme un monument de ſa victoire, comme un témoignage aux yeux de la poſtérité, que l'Ibérien avoit été ſubjugé par le Celte ; que le Gaulois avoit établi ſa domination juſqu'au fond de la preſqu'Iſle, & avoit appelé *Galecia* cette dernière partie de ſa conquête. La moitié de l'Italie en avoit retenu le nom de Gaule Ciſalpine ou Colonie

Gauloiſe au-delà des Alpes. La Bohême porte encore le nom des Boïens ſes fondateurs. L'Angleterre elle-même a été ſoumiſe dans l'origine; la religion des Celtes, leur langue transférée dans cette Iſle, les traces de l'idiôme Celtique exiſtantes encore aujourd'hui dans le pays de Galles, le nom de Welches porté par les Gallois comme par les anciens Gaulois, ſont autant de preuves qui déſignent les premiers dominateurs de la Grande-Bretagne; le Celte triompha autrefois par ſes armes, comme ſon deſcendant triomphe aujourd'hui par les arts. Il eſt de ſon deſtin d'être, ou le dominateur, ou le modèle des autres peuples.

L'hiſtoire n'a pas méconnu ces vérités; mais elle n'a pas jugé à-propos de les approfondir & de les développer, dans l'appréhenſion de répandre de l'ennui ou de s'enfoncer dans les routes ténébreuſes de l'antiquité. Elle a paſſé ſur ces époques avec la même rapidité que le temps; elle ne s'eſt appéſantie que ſur les ſiècles parfaitement connus, ſur ceux qui nous avoiſinent, & dont la deſcription s'allie mieux avec nos notions; elle a négligé de cultiver la partie la plus ſombre & la plus éloignée de ſon domaine; elle ne s'eſt attachée qu'à celle qui l'entoure, & qui eſt pour ainſi dire ſous ſa main.

Il eſt bien plus difficile aujourd'hui de ſe rapprocher de ces époques, de remonter juſqu'à l'endroit où la chaîne a été rompue, & d'en réunir les anneaux. Ce n'eſt point une entrepriſe facile à exécuter, que de vouloir ſaiſir l'eſprit de peuples cachés, en quelque façon, ſous la pouſſière de tant de ſiècles. Pour peindre leurs mœurs & leurs émigrations, il faudroit avoir été témoin de ces grandes ſcènes dont l'Europe & l'Aſie furent le théâtre. A la vérité, l'étude de l'hiſtoire & les découvertes de l'antiquité nous rendent contemporains des hommes les plus anciens; mais ils ne nous donnent, ni cette aſſurance, ni cette profonde connoiſſance qu'acquiert un témoin oculaire; auſſi a-t-on cherché à y ſuppléer par la recherche des monumens qui atteſtent les temps antérieurs à la conquête des Romains; quant à ceux où cette contrée étoit ſous leur joug, on a eu recours à des preuves d'un autre genre, que ces conquérans ont laiſſé ſur cette terre. Chaque évènement mémorable y a été célébré par une médaille dont le revers porte l'empreinte. On en a fait une collection auſſi curieuſe que pénible; on a accumulé ſur-tout celles des Empereurs qui ont fait leur ſéjour dans les Gaules; on a rapproché toutes ces pièces;

on les a liées comme les anneaux de cette chaîne hiſtorique. Cette tradition ſûre éclaircira les autres, en fera diſparoître les contradictions, & nous inſtruira comme par la voix de ces anciens dominateurs. On ſuivra, autant que l'on pourra, la même méthode pour les Règnes des premiers Rois Francs.

Les travaux, les difficultés à vaincre dans l'exécution d'un pareil projet, n'échapperont pas, MONSEIGNEUR, à votre pénétration, & détermineront votre indulgence en faveur de cet Ouvrage. Quant à ſon mérite, on lui en accordera à coup ſûr ſi vous le jugez digne d'occuper un de vos momens.

HISTOIRE

HISTOIRE DE FRANCE AVANT CLOVIS.

DES GAULES, ET DES MŒURS DE SES ANCIENS HABITANS.

LES Gaules étant devenues le théâtre de la Monarchie Françoiſe, & ſes habitans ayant formé les peuples qui conſtituent cette monarchie, la connoiſſance du ſol & des hommes eſt d'une néceſſité abſolue pour quiconque, voulant étudier l'hiſtoire du Royaume, eſt curieux de

* E

remonter jusqu'aux premiers siècles de son origine. Pour répondre à ce désir naturel à tout lecteur, à tout sujet de cet état, on a mis à contribution les chroniques & les anciennes traditions; on a imité les naturalistes, on a interrogé la terre; & si les réponses qu'elle a rendues par les inscriptions, les médailles, la forme des bronzes, des marbres, & des antiques, n'ont pas été aussi nombreuses, aussi satisfaisantes qu'on l'auroit désiré, il n'en faut accuser que le temps & l'insouciance de nos ancêtres, dont la main grossière a plus d'une fois secondé les efforts destructeurs en ensevelissant dans la terre les monumens dont elle se glorifioit, en jettant sans discernement dans les obscures fondations des temples & des autres édifices, des débris précieux aux sciences & à l'histoire (*a*). Mais quoique ces découvertes n'aient répondu, ni au désir, ni au besoin qu'on en avoit, elles auront cependant leur prix par la clarté qu'elles répandront sur quelques objets : elles paroîtront, malgré leur insuffisance, comme des rayons qui percent le nuage épais qui nous dérobe le passé.

La Gaule, cette vaste contrée, dont nous connoissons si peu les premiers temps, est située entre le treizième & le vingt-cinquième degré de longitude, & le quarante-deuxième & le cinquante-unième de latitude. Plus heureuse que les pays qui l'environnent, elle n'est pas froide

(*a*) Les fondations & les murs des Eglises d'Autun, de Mavilly, de Montbard, de Langres, de Dijon, de Beaune, d'Alise & d'autres villes de la Gaule, renferment assez de monumens Celtiques pour en faire une riche collection; c'est sous ces masses que sont cachés les premiers feuillets de notre histoire.

comme l'Allemagne, aride comme l'Efpagne, agitée par les tremblemens de terre comme l'Italie; mais fes habitans, affis fur un fol folide, font eux-mêmes des volcans qui ont fouvent agité & renverfé les autres Etats. Bornée au levant par le Rhin & les Alpes, au couchant par l'Océan, au nord par les canaux que forment le Rhin, la Meufe & la Mofelle, & au midi par la Méditerranée & les monts Pyrénées, elle étoit divifée en trois parties, diftinguées par quelques différences entre les dialectes & les mœurs, mais affez uniformes quant à la religion & au caractère. La Gaule Belgique comprenoit tout le pays qui eft entre le Rhin, la Seine & la Marne; la Gaule Aquitanique, celui qui eft entre la Garonne & les Pyrénées; & la Gaule Celtique, ou Gaule proprement dite, occupoit tout le continent qui s'étend du Rhin à l'Océan, de la Seine à la Garonne, & de la Méditerranée & des Alpes, à la Marne & à la Mofelle.

Ce pays, étendu & fécond, fitué fous un ciel tempéré, étoit borné au dehors par la mer, par des montagnes & des fleuves dont les eaux arrofoient fes frontières; une quantité prodigieufe de rivières & de ruiffeaux, femblables dans leurs ramifications aux veines d'un corps animé, portoient dans l'intérieur la fraîcheur & la vie; des bois touffus entretenoient l'ombrage des montagnes, dont l'emploi fembloit être d'étancher la foif des plaines pendant l'été, & paroiffoient comme des agens intermédiaires entre la terre & les nuages qu'elles arrêtoient fur leurs têtes, & répandoient enfuite dans les campagnes qu'elles dominoient. Si le fol étoit remarquable par la variété & l'excellence de ſes fruits, les rivières ne l'étoient pas moins par l'abondance des poiſſons & la différence des eſpèces : mais les forêts l'emportoient ſur tout, autant par la quantité des bêtes fauves qu'elles nourriſſoient, que par leur grandeur (*a*). Les Romains y trouvèrent l'Elan, aujourd'hui relégué dans le Nord; le Bizon; l'Uroch, ce bœuf énorme & farouche, dont la chaſſe étoit auſſi redoutable que glorieuſe, & de nombreux troupeaux de chevaux & d'ânes ſauvages, dont les peaux faiſoient la principale branche du commerce de ces peuples avec les autres nations. Ces préſens de la nature furent quelquefois funeſtes à ces contrées, excitèrent l'envie des peuples du nord, & leurs efforts pour s'en emparer répondirent à la beauté du climat & à l'impétuoſité de leurs déſirs.

Sur cette grande & belle contrée étoient répandus les Gaulois ou Celtes, peuples dont nous deſcendons. Sous ce nom on comprenoit alors tous les habitans de l'Allemagne, de la Suiſſe, de l'Illyrie, de la Lombardie & de la Celtibérie. Celtique ſignifioit dans cette langue climat froid; ce qui étoit véritable, ces pays étant hériſſés de forêts, couverts de lacs, & d'une température

---

(*a*) Il eſt parlé de l'Elan dans les Commentaires de Céſar. Les anciennes hiſtoires de France & de Bourgogne font mention de l'Uroch ou *Urus*, de ſa férocité, de la force & de la grandeur de ſes cornes. Il falloit que le Bizon fût commun & utile, puiſqu'il avoit un culte; car il nous reſte encore de ſes images, & nos Rois de la première race prenoient beaucoup de plaiſir à la chaſſe de cet animal. Pline & Strabon nous apprennent qu'il y avoit dans les Gaules de nombreux troupeaux de chevaux & d'ânes ſauvages.

convenable aux animaux du nord qui y étoient (*a*). La terre qu'ils habitoient les avoit vus paſſer par tous les degrés qui conduiſent de la ruſticité aux arts, & de la ſimplicité au luxe (*b*). Soit qu'ils en fuſſent originaires, ou qu'ils y fuſſent venus d'ailleurs, leurs commencemens n'avoient été que ceux des peuples ſauvages, chaſſeurs ou paſteurs; le carquois ou la houlette pourvurent long-temps à leurs beſoins, & furent leurs ſoutiens dans une terre qui renfermoit ſes tréſors dans un ſein avare, que le fer de la charrrue n'avoit pas encore ouvert. Partageant ce ſol avec les bêtes fauves que la population & l'agriculture firent diſparoître enſuite, ils n'eurent d'abord d'autres vêtemens que leurs peaux. Il ſemble que le temps qui ſe plaît à tout détruire, ait voulu nous humilier dans la jouiſſance orgueilleuſe des arts, en laiſſant ſubſiſter ſous ſa faulx & en nous remettant ſous les yeux un monument qui atteſte cette haute misère & cette ſimplicité qui furent alors le partage de nos ayeux. Ce monument (*c*) eſt le bénitier de l'égliſe de

(*a*) Pauſanias nous apprend que de ſon temps cette contrée étoit ſi froide, qu'on y voyoit des ours & des ſangliers blancs. Ce qui eſt très-probable, puiſqu'il y avoit des élans.

Diodore de Sicile dit que les fleuves y geloient régulièrement pendant les hivers, au point que les armées & les chariots paſſoient ſur la glace comme ſur des ponts.

(*b*) Les Druides enſeignoient qu'une partie de ces peuples étoit indigène; mais que d'autres, que des guerres fréquentes & l'accroiſſement de l'impétueux Océan chaſsèrent de leurs foyers, vinrent des îles les plus éloignées & des pays ſitués au-delà du Rhin, ſe joindre à eux. *Ammien Marcellin, chap. 9, tom.* 1.

(*c*) Les Druides avoient un collége à Mavilly auprès de Beaune; ſes débris, lors de la conſtruction de l'égliſe qui eſt fort ancienne, furent jetés dans les fondations : une colonne fut coupée en deux; une partie ſervit de bénitier,

Mavilly près de Beaune; on voit ſur une des faces un Gaulois armé d'une pique, & couvert de peaux de bêtes; le ciſeau eſt auſſi brut que le ſujet. Quelques morceaux de bois couverts de chaume ou de joncs, & revêtus de terre, compoſoient leurs maiſons, d'autres plus pareſſeux, ou trop pauvres encore pour élever de pareils édifices, continuèrent à habiter les cavernes dont ils avoient chaſſé les animaux, premiers propriétaires. Ce fut après cette conquête qu'ils devinrent vraiment maîtres & dominateurs du ſol. Bientôt, à l'imitation des renards & des ours qu'ils avoient chaſſés, ils ſe creusèrent de nouvelles demeures, & étendirent leur domination ſous terre, tandis que d'autres en prenoient poſſeſſion à la ſurface. Le pays qu'habitoient les Celtes proprement dits, offre encore aujourd'hui beaucoup de grottes & de cavernes (*a*)

ayant été creuſée, & l'autre de fonds baptiſmaux. M. le marquis de Migieux, auſſi célèbre par ſon érudition que par le beau cabinet d'antiques qu'il a formé, les a achetés de la fabrique, & les a fait tranſporter avec d'autres anciens monumens dans ſon château de Savigny, où on les voit actuellement. Ces colonnes ſont quarrées, d'une pierre à l'épreuve des injures du temps; il y a ſur chaque face des figures auſſi groſſières les unes que les autres; les yeux ſont ſans prunelles, & les proportions mal obſervées : on juge, à la ſimple inſpection, que c'eſt l'ouvrage d'une nation qui commence, comme on juge à la couleur de la pierre, à ſon air de vétuſté, qu'elle eſt de la plus haute antiquité. C'eſt ſur un de ſes côtés qu'on voit un Gaulois tenant une lance, & couvert d'une peau qui lui tombe comme un jupon juſqu'au milieu des cuiſſes; une autre peau, dont le poil eſt également en dehors, lui couvre les épaules en forme d'un manteau de pélerin : le reſte du corps eſt nu. Cette colonne paroît faire partie d'un des ouvrages par où la ſculpture commença ſon établiſſement dans les Gaules, quelque temps après l'arrivée des Phocéens, & bien avant les Romains; car elle n'eſt décorée d'aucun des ornemens qui caractériſent l'architecture de ces peuples.

(*a*) Outre celles citées & omiſes par l'abbé Courtépée dans ſon abrégé de

dont plusieurs sont en partie comblées : l'art qu'on rencontre dans quelques-unes, fait dire aux gens de la campagne que c'est l'ouvrage des Fées ; mais l'observateur n'y voit que les traces d'une main humaine & le berceau de la nation. Le curieux habitant des villes, qui quitte le marbre & l'architecture qui embellissent sa demeure, pour les aller visiter, est bien éloigné de penser que ces antres & ces lieux d'horreur furent autrefois le séjour de ses pères, le berceau de ses ancêtres ; & que peut-être cette possession, toute affreuse qu'elle est, leur a coûté du sang & des combats.

Pour savoir ce qu'étoient les Gaulois, ce ne sont ni des traditions obscures, ni d'anciens systêmes qu'il faut consulter ; ce sont les restes des temps où ils ont vécu, les traces de leur existence, & les monumens qui attestent leurs mœurs ; c'est à la terre qui les a engloutis à nous montrer, à l'inspection de leurs dépouilles, ce qu'ils ont été, leur histoire est écrite sur cette terre avec le burin des arts, dont le temps n'a pu encore effacer les traces ; ces caractères qui consistent dans les ruines des temples & les fragmens des statues qu'élevèrent des mains anciennes à une Mythologie plus ancienne encore, sont des restes de la carte historique de cette contrée, dont on trouve des morceaux à Autun, à Besançon, à Langres, à Beaune, à Alise, à Paris ; en Auvergne, en Languedoc, en Beauce, sur les bords du Rhin & du Rhône. Ces monumens & ces restes feront mieux leur histoire que

l'histoire de Bourgogne, le Langrois & tous les pays montueux de la Gaule Celtique en renferment encore beaucoup.

tous les livres. Auſſi eſt-ce à de pareilles autorités qu'on a eu recours de préférence.

Il réſulte de leurs indications, que les Gaulois n'étoient pas deſcendus des Scythes, comme quelques auteurs l'ont prétendu; leur origine étoit celle de tous les autres peuples placés ſur la ſurface de la terre. L'état de ruſticité leur étoit commun avec les autres nations de l'Europe; ils étoient, à l'arrivée des Phéniciens & des Grecs, ce qu'étoient les Grecs, *Pelaſgi*, à l'arrivée des Egyptiens; ce qu'étoient les Italiens, à l'arrivée des Grecs & des Phrygiens échappés au ſac de Troie; ce qu'étoient les Eſpagnols, à l'arrivée des Phéniciens & des Carthaginois; ce qu'étoient les Africains, à l'arrivée des Tyriens & des Grecs, les uns conduits par Didon, & les autres par Battus. L'Egypte elle-même, le flambeau de toutes ces contrées, tenoit les arts des Chaldéens, ceux-ci des Perſans, ces derniers des Indiens, qui les tenoient vraiſemblablement d'un peuple plus ancien. C'eſt ainſi que la lumière a gagné de proche en proche, & a ſuivi une marche qu'on ſoupçonneroit volontiers qu'elle a tenue plus d'une fois, & en plus d'un ſens, ſur le globe.

Il s'enſuit de cette deſcendance, ou de cette communication des peuples, que les Celtes ne venoient pas des Scythes, par la raiſon que les nations qui ſont ſorties de la Scythie, telles que les Chinois, les Perſans, les Indiens & les Chaldéens, avoient des connoiſſances dans l'aſtronomie & les arts, & que les Celtes n'en avoient aucunes. Ce fait paſſoit pour certain, il y a deux mille ans; puiſque les Druides, malgré la diſpoſition des hommes à remonter à une ſource illuſtre, convenoient que

que leurs ancêtres étoient originaires du sol sur lequel ils étoient. Et qui pouvoit en être mieux instruit?

Ces premiers habitans des Gaules furent sauvages pendant une longue suite de siècles. Jusqu'à l'arrivée des Phéniciens sur les côtes, & à la fondation de Marseille, ils ressemblèrent aux peuplades de l'Amérique; leur origine cependant, avant cette époque, devoit avoir une date bien reculée. Enfans d'une terre sur laquelle ils étoient nés, partagés en plus de cent peuples (*a*), combien ne leur avoit-il pas fallu de temps pour parvenir, malgré leur misère, leur ignorance & leurs guerres intestines, à un degré de population florissant, pour avoir établi les liens de religion & de police, qui tenoient assujettie toute cette contrée; pour être parvenus à la fusion du fer avec lequel ils forgeoient leurs armes, & pour avoir jetté ces prodigieux essaims qui désolèrent une partie de l'Europe & de l'Asie? Le peu d'art qu'ils employoient à la culture de leurs terres & à la construction de leurs demeures, leur étoit venu des Phéniciens & ensuite des Carthaginois que l'esprit de commerce avoit poussés sur leurs

(*a*) Selon Josephe, il y en avoit plus de 300 sous le règne de Néron. Mais doit-il être cru sur ce point, comme sur beaucoup d'autres?

Il est certain que les Gaules n'étoient pas infiniment peuplées sous nos premiers Rois, sans quoi ils n'auroient pas eu tant de forêts & de déserts à concéder à des monastères; il n'y auroit pas eu tant de terres sans propriétaires.

A l'époque des Romains, la population ne pouvoit pas être excessive, puisque beaucoup de villes & de bourgs sont de la fondation de ces conquérans, & sont marqués à leurs noms ou à ceux de leurs dieux : des peuples pasteurs, pour la plupart, ne pouvoient pas être aussi nombreux sur cette contrée que des peuples policés.

côtes; car il n'y avoit rien à acquérir du côté des Germains, encore plus ruſtres qu'eux. Mais ces connoiſſances étoient bien imparfaites : ils n'avoient que des idées & point de modèles. Ce fut alors que les Phocéens arrivèrent, & que les nouveaux murs de Marſeille attirèrent leurs regards. A la vue d'un peuple brillant par les arts, & d'une ville qui, ſortie ſous leurs yeux du ſein de la terre, dominoit, en naiſſant, ſur la mer & ſur le continent, l'eſprit d'imitation fit des progrès étonnans; le feu de l'émulation pénétra par-tout, & vivifia en moins de cent ans la face de ces vaſtes contrées; la mythologie des Grecs, aſſociée à celle des Gaulois, figura dans leurs temples, & les pierres où leurs idées furent alors repréſentées par un ciſeau novice, nous indiquent leur origine après un ſilence de 2400 ans. Ces ſtatues ſont ſans prunelles, comme celles des Grecs; on voit ſeulement qu'on a cherché à imiter leurs formes, ce qui indique les modèles qui ſervirent aux premiers eſſais, les maîtres qui donnèrent les premières leçons, & l'époque où elles furent données. Les arts iſolés dans ces domaines de l'ignorance n'avoient en leur diſpoſition que des mains barbares, & leurs plans exécutés par des ouvriers ſans principes, avec des inſtrumens groſſiers, ne produiſoient que des copies informes. Dans ces temps furent bâtis les colléges de Mavilly, d'Autun, d'Aliſe & du pays Chartrain; car les Druides étant les maîtres, eurent les premiers des maiſons; & ce qui nous en reſte ne paroiſſant que des eſſais, appuie cette conjecture. L'agriculture étant plus ſimple, & d'une utilité plutôt ſentie, fit des progrès plus rapides; les terres négligées jusque-là furent cultivées selon des principes fructueux & certains. Les Bourgades, à l'imitation de Marseille, furent entourées de murs; & la vanité, qui par-tout dirige les hommes, voulut que chaque peuple, pour donner une idée de sa puissance, bâtit au moins une ville plus ou moins grande & fortifiée dans le nouveau goût. Autun, Sens, Alise, Bourges, Nevers, Langres, Besançon, Arles, Vannes, Nantes se peuplèrent & s'enfermèrent de murs. L'antique barbarie s'éloigna à la vue de la société naissante & de l'aurore des arts; le costume sauvage & les peaux disparurent de dessus les nouveaux citoyens, qui bravèrent les injures de l'air sous des habits d'étoffes rudes & grossièrement fabriquées. Les nobles seulement conservèrent quelque chose de l'ancien costume, par rapport à la commodité des fourrures qu'ils portoient, & à l'air plus terrible qu'ils conservoient sous les dépouilles des animaux. Enfin cet usage disparut, & il ne resta de cette décoration que les légères traces que nous en voyons aujourd'hui sur les manteaux des Ducs & des Présidens-à-mortier. Les Gaulois ne parurent plus que revêtus de tuniques & de braies, espèce de chemises qu'on relevoit entre les jambes, & dont les bouts s'accrochoient à la ceinture, ce qui fit donner à la Gaule Celtique le surnom de *Braccata*; d'autres portoient des espèces de jupes flottantes, à-peu-près comme les montagnards d'Ecosse : mais le luxe & l'inconstance leur ayant fait abandonner ces habillemens pour prendre celui des Romains, ils établirent des fêtes pour perpétuer le souvenir de ces premiers temps & de leur simplicité; ceux qui les célébroient imitoient, autant qu'ils pouvoient, cet ancien & groſſier coſtume.

Tandis que leur police & leurs villes éprouvoient les effets de cette première & imparfaite révolution, leurs colonies ſe répandoient dans la Germanie, la Grèce & l'Italie, prenoient Rome elle-même, pénétroient juſqu'en Aſie (*a*). Mais Rome ſortit de ſes ruines plus éclatante qu'auparavant; elle ſe ſervit des aîles de la victoire pour porter les arts & les ſciences ſur toutes les terres de ſa domination, elle les appella pour partager avec elle la conquête de l'univers, & les aſſocia à l'honneur de ce grand triomphe. Les Gaulois au contraire ne firent que peu de progrès; & quoiqu'on en ait dit, les monumens qui nous reſtent d'eux atteſtent leur inexpérience, prouvent qu'ils étoient à peine ſortis de l'état de ſauvages, & qu'ils n'étoient pas familiariſés avec les arts (*b*).

(*a*) Cette émigration remonte à cinq cents quatre-vingt-dix ans avant l'ère chrétienne : cette expédition qui eut des ſuccès ſi prodigieux, qui changea une partie de la face du globe par le renverſement des trônes, le changement des mœurs, des langues, des religions & des gouvernemens, ſera rapportée dans la ſection ſuivante qu'on a cru devoir ſacrifier en entier à une relation auſſi intéreſſante pour la nation, & auſſi remarquable dans les faſtes de l'hiſtoire, les annales du genre humain.

(*b*) Outre les antiquités de ce genre rapportées par M. de Caylus, Dom Montfaucon, Dom Martene & M. le Goux de Gerland, on peut s'en convaincre à l'aſpect des monumens Celtiques ci-après : 1°. Deux figures ſculptées ſur une pierre, provenant des ruines d'un ancien temple bâti à Bligny-ſur-Ouche. 2°. La figure encaſtrée dans un mur d'une maiſon du village de Champignole. 3°. La ſtatue de Bacchus ou du Génie qui préſidoit à la ſource de l'Ouche : il eſt repréſenté le pied appuyé ſur un baril. 4°. Les deux figures qui ſont à Orches, paroiſſe de Saint-Romain. 5°. La figure d'un Druide, placée dans le mur du cimetière de Volnay, au nord. 6°. Celle d'un homme avec des cheveux

On en aura une véritable idée en les comparant, à l'arrivée de César, aux Mexicains lorſqu'ils furent conquis par Cortès; la difficulté que les Romains trouvèrent à les ſubjuguer ne provenoit pas des arts, mais de leur force prodigieuſe, de leur courage, & de l'uſage du fer qui manquoit aux habitans du Mexique.

Ces hommes groſſiers, plus indomptables que les animaux qu'ils avoient chaſſés & détruits, furent, avant que la fortune de Rome s'élevât contr'eux, des conquérans qui renversèrent les trônes les mieux affermis, & firent trembler l'Europe & l'Aſie. Depuis la conquête des Romains, principale époque de la grande révolution qui ſe fit dans leurs mœurs, ils ſe dépouillèrent de leur rudeſſe, ſe plièrent au joug des arts, aux caprices du luxe, & prêtèrent une oreille ſi attentive à la voix des ſciences & des plaiſirs, qu'ils devinrent, dans l'un & dans l'autre genre, les rivaux des Romains. Mais auſſi ils ceſsèrent d'être formidables, & devinrent la proie des Francs & des autres peuples barbares. L'eſprit militaire avoit dégénéré; la nation, amollie par la volupté (*a*), avoit

courts, & tenant une eſpèce de marteau, gravée ſur une pierre incruſtée dans le mur du jardin de la cure de Pouilli-ſur-Saône. 7°. Les cinq figures ſculptées ſur la pierre qui a donné, dans des temps d'ignorance, le nom de *Pierre-écrite* au hameau où on la voit, ſous de grands arbres, à deux lieues de Saulieu, ſur le grand chemin de Paris à Lyon par Autun. 8°. Les ſtatues qui ſont au château de Montjeu ou Montjovis proche Autun. 9°. Les colonnes de Mavilly, les figures qui ſont chez M. Baudot à Dijon, & pluſieurs monumens de cette eſpèce qui ſont chez M. de Migieux à Savigny proche Beaune. 10°. Beaucoup de pierres ſculptées, & repréſentant des ſujets Celtiques, dans les égliſes de Beaune, & dans les fondations & les murs des maiſons particulières.

(*a*) Salvain, au ſujet de la déſolation & du ravage des Gaules par les Francs

insensiblement perdu son énergie, jusqu'à ce qu'excitée par les Francs, & ranimée par le feu de leur courage, elle s'éleva au-dessus de toutes celles de l'Europe, & en devint la dominatrice.

Avant que de la considérer sous cette époque brillante, on va la voir passer par tous les degrés qui l'y conduisirent. On a saisi les traces précieuses de ce peuple, moins dans la vue de satisfaire une vaine curiosité, que dans l'espoir de réparer les fondations du corps historique de la Monarchie. Mais en remontant aussi haut, on verra disparoître les fictions, peut-être avec regret, parce qu'elles flattoient notre amour propre, & que la vérité n'a rien à nous donner en équivalent. La philosophie nous découvre, sans déguisement, notre origine: à l'aspect des monumens qu'elle nous présente, à la vue des restes grossiers de nos ancêtres, sortis de la terre

---

& les autres peuples barbares, s'écrie : » Lamentable désolation ! mais encore » moindre que ne méritoient la dissolution extrême & les péchés énormes des » peuples Gaulois, qui, étant endurcis dans leurs vices, devenoient plus méchans «.

Le même Auteur, au sujet de la prise & du sac de Trèves, Cologne, Metz, Toul, Verdun, Tongres & Reims, environ l'an 409, s'exprime ainsi : » Les » barbares étant presqu'à leur vue, personne ne s'en remuoit, personne ne » se préparoit à la défense ; les villes même ne songeoient pas à faire garde : » l'aveuglement étoit si horrible, qu'encore que personne ne voulût périr, » pas un néanmoins ne faisoit ce qu'il falloit pour ne pas périr. La fainéantise » & l'engourdissement, la nonchalance & la gourmandise, l'ivrognerie & la » lubricité les tenoient tous enveloppés ; & l'on pouvoit dire de ces misérables » ce que l'écriture sainte a dit de leurs pareils : que l'assoupissement du Seigneur » étoit tombé sur eux «.

Après cela, falloit-il des volumes pour prouver que l'Empire Romain devoit tomber, & pour expliquer les causes de sa chûte?

bruts comme ſes autres productions, elle nous avertit que nous ne ſommes pas d'une autre nature, & que le ſage doit renoncer à la folie d'une origine orgueilleuſe. Si quelque choſe peut nous conſoler après des ſonges auſſi flatteurs, c'eſt la conoiſſance plus certaine de notre origine, & la gloire de devoir tout ce que nous ſommes à notre génie, bien différens de ces colonies brillantes pour qui une mère patrie a tout fait.

Mais ſi les arts n'avoient encore rien accordé au bien-être de ces peuples, la nature en récompenſe avoit tout fait pour eux. Enfans d'une terre féconde, leur vigueur répondoit à celle de cette mère robuſte qui les avoit nourris du lait de la force & de la ſanté. Les Gaulois étoient d'une taille giganteſque (*a*); ardens & forts, ils

Figures des Gaulois.

(*a*) Les monumens qu'on a trouvés juſtifient ce portrait qu'en ont fait les écrivains de leur temps.

1°. On lit dans la deſcription particulière du duché de Bourgogne, tom. 4, pag. 125, qu'on trouva en 1759, au pied de la roche d'Anjoux, les oſſemens d'un Gaulois qui devoit avoir plus de ſix pieds de hauteur : le curé du lieu a encore deux de ſes bracelets de cuivre.

Page 176, qu'on trouva en 1771, à S. Loup de Varenne, un tombeau de marbre de ſept pieds ſept pouces, & large de quatre pieds; il eſt encore dans la cour du château.

Page 189, qu'à Saint-Martin-des-Champs on trouva dans un tombeau une médaille de Trajan avec des oſſemens qui annonçoient la taille la plus élevée.

Il y a dix ans, qu'en creuſant à Nolay on trouva un ſquelette de plus de ſept pieds de hauteur, avec une épée tellement rongée de la rouille, qu'elle étoit méconnoiſſable; les oſſemens tombèrent en pouſſière, à l'exception de l'os d'une jambe qui avoit encore aſſez de ſolidité pour être meſuré, & qui ſe trouva excéder de la largeur de la main celui de la jambe du plus grand des aſſiſtans. Le tombeau, qui eſt énorme, exiſte encore; il eſt ſous les fondations d'une petite maiſon bâtie auprès du cimetière. On a trouvé dans pluſieurs endroits de ce bourg des oſſemens d'une grandeur pareille.

portoient la tête haute, ils avoient le regard farouche, la voix éclatante, & leur aspect seul faisoit naître la frayeur qu'inspirent le courage & la force réunis. Car l'existence des géants n'est pas une chimère; les tombeaux ouverts & les ossemens mesurés nous l'ont démontrée. A ces faits je n'ajouterai qu'une preuve de la grandeur des premiers hommes, justifiée par celle de leur coudée: la seule mesure bien connue qui reste en ce genre, est celle qui nous est conservée sur le Nilomètre du Caire, & dont les proportions nous ont été données par le savant auteur des ruines de la Grèce;

On trouva l'année dernière dans les ruines d'Alise un dez à coudre; il étoit d'or, garni de caractères, apparemment Celtiques; il étoit d'une telle capacité, qu'il pouvoit contenir l'extrémité du doigt le plus gros; il fut vendu à un orfèvre: le syndic de Sainte-Reine courut après, mais trop tard; il étoit déja fondu. Pareil inconvénient arriva dans le même lieu, & à-peu-près à la même époque; on avoit découvert dans un souterrain un cadavre dont il ne restoit que les os, une médaille & un anneau d'or, tel que le pouce d'un homme actuel l'auroit à peine rempli: il fut vendu & fondu aussi-tôt, ainsi que la médaille; mais les fragmens des os existants paroissoient ceux d'un homme d'environ sept pieds.

J'ai fait fouiller à trente pas de cet endroit en 1784, & j'y ai trouvé un tombeau brisé, renfermant un squelette d'environ six pieds, à en juger par la mesure des os qui restoient, entr'autres, d'un fémur qui avoit six pouces moins une ligne de rotondité.

On trouva, il y a quelques années, sur le chemin d'Autun à la petite Verrière, un tombeau de plomb que les ouvriers fondirent; il renfermoit un squelette de six pieds au moins.

Qu'on ajoute à cela le tombeau du Roi Teutobochus, cet énorme géant dont parle M. de Buffon; la grandeur des os dont on trouva les fragmens dans celui du roi Childéric à Tournay; la relation d'Ammien Marcellin & de Sidoine Apollinaire; & on aura une preuve complette.

Voyez la relation publiée par Dom Cordova de Caso, de retour au mois de Juin 1786, qui atteste que la taille des Patagons est de six à sept pieds de hauteur.

elle

elle a vingt pouces de hauteur; elle répondoit dans ce ſens, ſelon M. Bailly, au Schœne Perſan, au Schœne Egyptien, à la Paraſange, & avoit été tranſmiſe aux anciens peuples par d'autres plus anciens. Les yeux des Gaulois étoient bleus, leurs couleurs vives; leurs cheveux blonds ou roux étoient flottans ou tortillés en treſſe, & leur figure reſſembloit à celle des Anglois, des Danois, des Saxons, des Circaſſiens, Géorgiens d'aujourd'hui. Deux cauſes ont contribué à effacer cette reſſemblance : le deſsèchement des lacs, le défrichement des forêts, qui ont rendu le ſol plus ſec, & lui ont fait perdre la température qui l'égaloit à ces régions; le mélange des Italiens & des Eſpagnols, dont le ſang comme un levain étranger, a altéré la maſſe générale, & a effacé peu à peu les anciens traits.

Ces nations, dans l'origine, ont joui des mêmes avantages; les Celtibériens en Eſpagne, les Toſcans de l'Apennin ſitués au milieu des forêts qui exiſtoient encore, étoient plus grands & plus beaux que les autres habitans de ces contrées qui, deſſéchés par le ſoleil ſur un ſol découvert & ne reſpirant qu'un air ſec, n'avoient pas la même force, & la fraîcheur des premiers; c'eſt ainſi que l'homme ſubit la loi du climat, & le ſuit dans ſes changemens de décoration. Une autre cauſe conſervatrice de la beauté du ſang Gaulois dans un climat favorable, étoit l'éloignement des maux que le luxe & la molleſſe accumulent ſur les nations qui s'y livrent. Les corps des enfans nourris par une mère ſaine & attentive, ſe développoient avec nobleſſe; il y en avoit peu de contrefaits, & comme les filles étoient libres dans leur choix, & n'époufoient que des hommes propres aux exercices de la guerre, & capables de figurer dans des bataillons, les individus difgraciés ne tranfmettoient pas leur race, & n'altéroient pas la population nationale. De la ceffation de cet ufage eft venu par-tout la dégradation des belles races primitives. Les Gouvernemens ont été mieux intentionnés pour les malheureux, que pour eux-mêmes.

Grandeur gigantefque.

On voit par là combien l'efpèce a dégénéré, & quel retranchement s'eft fait fucceffivement dans les forces & les facultés de notre nation. Ce n'eft plus ce corps coloffal & vigoureux, cette voix tonnante (*a*), cette attitude qui déceloit la force & infpiroit la crainte. Un corps rétréci, un fon de voix peu élevé, une attitude qui fe reffent de la foibleffe & de la dégénération de nos organes, ont fuccédé à la conftitution mâle & nerveufe de ces premiers enfans, que la nature avoit allaités à l'ombre

---

(*a*) On en jugera d'après ce portrait fait par Ammien Marcellin, témoin oculaire : » Les Gaulois font prefque tous de taille haute ; ils font blancs ; ils » ont les cheveux blonds, le regard farouche ; aiment les querelles, & font » démefurément vains. Plufieurs étrangers réunis ne pourroient foutenir l'effort » d'un feul d'entr'eux avec qui ils prendroient querelle, s'il appeloit à fon » fecours fa femme qui l'emporte encore fur lui par fa vigueur & par fes yeux » hagards : elle feroit redoutable fur-tout, fi enflant fon gofier & grinçant des » dents, elle s'apprêtoit de fes bras forts & auffi blancs que la neige, à jouer » des poings pour en donner des coups auffi vigoureux que s'ils partoient d'une » catapulte. Ils ont, pour la plupart, la voix effrayante & menaçante, lors » même qu'ils ne font pas en colère. Ils font généralement cas de la pro- » preté.

» Ils font propres à la guerre à tout âge ; le vieillard y va avec autant de » courage que la jeuneffe. Endurcis par le froid & le travail, ils méprifent tous » les dangers «.

des forêts ou dans les creux des rochers, & qu'elle avoit nourris d'une ſubſtance pure, que le luxe n'avoit pas altérée. Une pareille révolution n'a pu agir ſur les organes, ſans influer ſur les idées; & le moral a dû partager les pertes du phyſique. Si la tombe vouloit rendre, pour un moment, un des individus de cet ancien peuple, & que ce Celte antique vît ſes deſcendans, qu'il ſeroit étonné à la vue d'un tel changement! à la taille, à l'air, reconnoîtroit-il le Gaulois; ce géant au port terrible, à la voix effrayante? Il chercheroit en vain ce foyer qu'entretenoit un caractère impétueux & bouillant, il ne trouveroit que des étincelles; il ne verroit que des vivacités momentanées, à la place de ces paſſions violentes & terribles, & de ces accès, dont les tranſports étonnoient les autres hommes. C'eſt ainſi que le temps, en appeſantiſſant ſa main ſur nos têtes, a repouſſé nos corps vers la terre, d'où ils s'élançoient avec fierté; mais nous lui avons bien aidé par notre molleſſe & par notre éloignement de la nature. Au reſte, les nations voiſines ont commis à peu près les mêmes fautes, & ont eſſuyé les mêmes pertes; enſorte que nous allons d'un pas égal à notre ruine : cela ne diminue pas le mal, mais cet équilibre empêche le danger.

Céſar a eſquiſſé leur caractère; les traits qu'a tracés la main de ce conquérant, ſont reſtés gravés comme ſes actions, & ſont encore, après tant de ſiècles, remarquables par leur ſingulière reſſemblance. Ces peuples étoient, ſelon ſon témoignage, & celui d'Agathias, prompts dans leurs réſolutions, impétueux dans l'attaque, & ſe rebutant facilement; ils étoient emportés, téméraires & Caractère.

querelleurs : leur curiosité étoit excessive ; & pour la satisfaire, ils interrogeoient les passans & les étrangers qui pouvoient leur apprendre des nouvelles. Malgré son extrême vivacité, le Gaulois étoit le plus civil des barbares ; il étoit remarquable par sa propreté, & avoit déja le germe de la politesse & du bon goût, qui le font distinguer des autres peuples de l'Europe. On conclura de là, qu'il a conservé plus de traits de son caractére, que de sa figure.

Habillemens.

Leur habillement varia comme leur fortune, & fut toujours conforme à leur état : couverts de peaux tant qu'ils furent Nomades & sauvages, ils furent pendant une longue suite de siècles, sous cet antique & simple costume de la nature, qui nous rappelle le premier état des hommes, lorsqu'ils se nourrissoient de la chair des bêtes fauves & se couvroient de leurs dépouilles. C'étoit dans cet équipage qu'ils alloient à la guerre (*a*). Ce temps fut le siècle d'or des Gaules. Puisque le retour en est devenu aussi impossible que celui du présent pour nos descendans, nous ne pouvons nous y transporter qu'en idées : c'est un pays lointain que nous n'appercevons qu'en tournant la tête ; mais ces momens où un défaut de

(*a*) Outre le Gaulois représenté sur une des colonnes de Mavilly, tenant en main une pique & couvert de peaux qui lui couvrent la moitié du corps, on voit sur la même colonne un autre Gaulois prêt à partir pour un voyage. Il invoque les trois élémens : l'air, figuré par un oiseau ; l'eau, par un poisson ; & la terre, par un pied d'homme, posé. Il porte une barbe courte & un petit manteau qui lui laisse le corps presque nud. On voit encore dans la superbe collection d'antiques de M. le Marquis de Migieux, un Gaulois appuyé sur un bâton terminé par le haut en forme de béquille ; il est couvert d'un vêtement étroit qui ne lui descend que jusqu'aux cuisses.

luxe & une ignorance de beſoins rendoient la vie ſi ſimple, n'ont pu manquer de paroître chers aux perſonnes d'un caractère mélancolique & indolent; auſſi ſe les rappellent-elles encore aujourd'hui avec attendriſſement, comme une patrie heureuſe dont nous avons été chaſſés. La perte de ce Paradis Terreſtre, mérite-t-elle de ſi longs regrets, & n'en ſommes-nous pas bien dédommagés par les bienfaits des arts?

Ce furent les Phéniciens, enſuite les Phocéens, qui jetèrent chez les Celtes les germes du luxe & de l'émulation; alors ils eurent le ſaye, eſpèce de manteau court, de larges culottes, appelées braies, faites d'une autre pièce que la chemiſe, & des tuniques. Ces dernières étoient des eſpèces de robes percées au-deſſus, afin que la tête y paſſât. Cet habillement commode paroît très-ancien; & les hommes, dans l'origine des ſociétés, en ont ſenti l'avantage aux deux extrémités du monde. Nos navigateurs modernes l'ont trouvé à Otahiti & dans les iſles du Tropique (*a*). Les hommes ſont les mêmes dans tout l'univers, ils ſont ennemis de la contrainte, ils aiment leurs aiſes; mais le luxe l'emporte ſur la nature, & les force à s'embarraſſer dans les entraves de la mode. Sous le joug d'un peuple conquérant, brillant de la gloire de ſes ſuccès & des dépouilles des autres nations, la ſimplicité & la commodité ceſsèrent; l'habit vainqueur fut adopté, & le Gaulois devint preſque Romain par la robe comme par les mœurs. L'éclat de

(*a*) MM. Wallis, Byron, de Bougainville, Cook.

ce nouvel habit fut rehaussé par la propreté (*a*), qui étoit l'apanage des Gaulois attentifs à préserver leurs vêtemens des souillures de la malpropreté, ils attachoient une espèce de honte à une robe mal-propre ou déchirée, & faisoient un usage fréquent des bains froids; même pendant l'hiver. C'est ainsi que l'homme civilisé a l'art de s'entourer de la saison qu'il veut, & de se les approprier toutes, par la chaleur ou la légéreté des vêtemens, tandis que le sauvage en est la victime.

L'habillement des voituriers (*b*) étoit tel qu'il est aujourd'hui; il consistoit dans une robe courte de toile, qui leur tomboit sur les genoux; elle avoit de plus un capuchon : les harnois de leurs chevaux, leurs fouets dont la poignée étoit couverte de cuir, enfin tout leur costume étoit à-peu-près le même que celui de nos rouliers. Leurs voitures artistement faites d'osier, & semblables aux grands manequins dont nous nous servons pour des emballages, s'appelloient *Benna.* On a trouvé dans les pays de Langres & de Dijon, les monumens sur lesquels elles sont représentées : & encore

(*a*) Ammien Marcellin dit, en parlant des Gaulois : » Vous ne trouverez » dans ces contrées ni hommes ni femmes, fussent-ils des plus pauvres, qui » ayent des habits sales & déchirés «.

(*b*) On voit encore aujourd'hui une de ces voitures & deux voituriers le fouet à la main, dans le costume où on les a dépeints, dans la collection d'antiques, incrustés dans un mur de la maison de M. Baudot à Dijon. Plusieurs des figures qui sont dans la collection de M. le Président de Ruffey, sont revêtues de ces robes percées au-dessus.

Nota. Les matériaux de cette dernière collection n'ont été trouvés que depuis deux ans.

aujourd'hui on appelle dans ces cantons, Baines ou Bannes les paniers & autres grands ouvrages faits avec de l'ofier. L'efprit d'une nation eft ineffaçable; en vain s'éloigne-t-elle de fes anciens ufages, il en refte des traces, & le temps l'y ramène toujours.

L'art des Michel-Ange & des Palladio n'orna pas la demeure de nos premiers ayeux ; des rochers creux furent leurs premières voûtes, & des arbres élevés, leurs toits; ils réunirent l'avantage de ces deux abris dans des cabanes couvertes de feuilles ou de joncs. Les arts chez eux ne furent pas, comme en Egypte, le fruit d'un génie heureux qui devina leurs fecrets, & les força, par fes découvertes, à fervir l'homme, & à fatisfaire fes defirs & fon luxe: au défaut de ce beau feu, ils recueillirent quelques étincelles de la lumière que les Phéniciens & les Grecs firent briller en paffant fur cette terre: l'arrivée des derniers fur-tout, qui élevèrent les murs de Marfeille, leur fit naître l'envie d'imiter des ufages auffi commodes: leurs cabanes alors, furent changées en maifons. L'art fe perfectionna avec le travail, & des villes s'élevèrent de toutes parts, à la place de chétives habitations. Cependant ces nouvelles demeures n'étoient compofées que de bois & de terre glaife, matériaux peu propres à leur affurer une folidité à l'épreuve de plufieurs fiècles; ce qui doit mettre en garde contre le fentiment de quelques auteurs qui voudroient faire paffer pour Gaulois, des édifices qui font infiniment plus modernes (*a*) ; ces peuples ne connurent l'ufage des

Maifons.

(*a*) Vitruve, contemporain de Jules Céfar, & Strabon, de Tibère, nous

conſtructions ſolides, qu'avec les Romains : ce n'eſt pas qu'ils n'euſſent, avant eux, des monumens durables, mais ils l'étoient par leur maſſe, & non par l'effet de l'art. Leurs principales villes avoient des murailles fortes par leur épaiſſeur & la grandeur des pierres qu'ils y employoient, telles que celles d'Aliſe & de *Bibracte* (a). Les Colléges de leurs Druides, qui furent les premiers comme les plus grands bâtimens, étoient par le volume & la dureté des matériaux, à l'épreuve des temps. On voyoit encore, dans le ſeizième ſiècle, les ruines de celui de Mont-Dru, auprès d'Autun; il en reſte des pierres entières, d'après leſquelles M. le Goux a fait graver les deux augures & le ſacrificateur qui ſont rapportés dans ſon ouvrage. On voit encore des veſtiges de ceux d'Aliſe & de Mavilly. Les matériaux qui nous reſtent de ce dernier, ſont d'une dureté ſurprenante, mais en même-temps ils nous indiquent le défaut d'art; & la forme des colonnes donne lieu de croire que ces édifices étoient peu élevés, qu'ils étoient ſans couvertures, & que les Gaulois ignoroient, à cette époque, la manière de conſtruire des charpentes & d'élever des voûtes.

Ils n'eurent qu'une connoiſſance imparfaite des arts, avant les Romains; encore leur fut-elle funeſte, car ils en étoient à peine à l'ébauche de l'architecture, quand ces conquérans, profitant de leurs diviſions, s'emparèrent de leurs demeures, auxquelles des murs maſſifs donoient

apprennent que les Gaulois & les Eſpagnols ne bâtiſſoient leurs maiſons qu'avec de la terre graſſe, & que les toits n'étoient couverts que de chaume ou de joncs.

(a) Autun.

ſeuls

ſeuls la forme des villes, & s'en ſervirent comme d'un frein pour les contenir ſous le joug; tandis que les Germains moins puiſſans, & contre qui les Romains dirigèrent les plus grands efforts, bravèrent leurs forces, & repouſsèrent conſtamment leurs fers, parce que n'ayant pas de villes, le vainqueur ſans retraite, étoit obligé de ſe retirer. Mais ces habitations, ainſi que celles des Druides, étoient preſque toutes ſur des éminences, ce qui eſt un des caractères d'un peuple foible & nouveau; celui qui eſt ſur la montagne, ne craint pas la ſurpriſe; ſa poſition, qui ſemble être celle du commandement, flatte ſon orgueil; tandis que la force du lieu fait ſa tranquillité. C'eſt pourquoi les lieux élevés dans l'Aſie, s'appelloient Saturniens, parce que les hommes du temps de Saturne, c'eſt-à-dire dans le premier âge, y avoient établi leur demeure; & les Gaulois étoient peu éloignés de ce temps, ou il avoit eu une longue durée chez eux.

Le Gouvernement de ces contrées étoit ariſtocratique; les nobles & les Druides en partageoient les honneurs, & choiſiſſoient un chef annuel parmi les premiers; mais le pouvoir qui régiſſoit ces peuples, étoit le plus ſimple comme le plus naturel; le ſceptre étoit remis entre les mains de chaque père de famille : dominateur & deſpote dans ſa maiſon, il diſpoſoit à ſon gré de ſes facultés & de ſes enfans; vengeur ou rémunérateur, ſes ſentences étoient ſans appel : au reſte, rien n'étoit plus intime que la liaiſon du mari & de la femme, & plus vif que leur tendreſſe envers leurs enfans; ils les aimoient, comme font encore les peuples ſauvages du Nord, qui n'enten-

Gouvernement.

dent que le cri de la nature, & font fourds à la voix du luxe & des plaifirs; leur agrément étoit concentré dans leur famille, c'étoit dans fon fein qu'ils plaçoient leur bonheur. Avec de pareils fentimens, le pouvoir immenfe qu'ils avoient n'étoit pas dangereux, il étoit tempéré par la tendreffe & l'amitié; & un Celte étoit le protecteur, & jamais le tyran de fa famille. Il n'appartient qu'au luxe & à l'égoïfme, de faire taire les fentimens de la nature. Chez les Celtes où ces maux contagieux ne l'avoient pas corrompue, elle avoit toute fon énergie, & fes fentimens toute leur pureté. Les Gaulois étoient encore foumis à un pouvoir général; il réfidoit dans des affemblées qui fe tenoient tous les ans au champ de Mars (*a*) : là, fe rendoient toutes les perfonnes qui étoient en état de porter les armes. De ces diètes émanoient des ordres refpectables, exécutés fans oppofition, comme aujourd'hui dans les cantons de la Suiffe. Outre ces pouvoirs, qui régiffoient chaque maifon, chaque lieu, il y en avoit de généraux qui s'étendoient fur toutes les Gaules dans les grands évènemens, comme lorfque ces nations attaquées par Céfar, s'affemblèrent à Sens, à Bourges & à Autun, pour y former des confédérations, & lui oppofer toutes leurs forces réunies.

Les adminiftrateurs varioient dans chacun de ces Etats; dans les uns la nation étoit foumife à un Roi, dans les autres à un Sénat ou à un chef annuel; cette diver-

---

(*a*) Cet ufage fe conferve encore à Autun, où le Maire fait tous les ans la revue des habitans fous les armes dans le champ de Mars; cette revue eft fuivie d'un fimulacre de bataille.

ſité dans la forme du gouvernement de ces différens peuples, avoit occaſionné de longues diviſions & fait naître des rivalités, & des guerres que termina la conquête de Céſar; il éteignit toute haine nationale en mettant toutes ces puiſſances au même niveau, en ſoumettant toutes les têtes à un joug uniforme.

La Juſtice, cette partie précieuſe de l'adminiſtration d'un Etat, ne fut pas négligée par les Celtes; ſes oracles, chez eux, ſortoient, à la vérité, d'un organe groſſier, mais dévoué à l'équité; une main ſauvage tenoit ſa balance, mais elle étoit incorruptible. A ce ſimple tribunal, qui n'avoit de décoration que la vertu du Magiſtrat annuel, & le reſpect qu'inſpiroient les vieillards qui préſidoient, ſuccéda le Barreau Romain avec ſa pompe & ſes formalités. La juſtice alors devint lente & hériſſée de formes, elle coûtoit beaucoup à obtenir, & par cela ſeul devenoit une injuſtice, puiſque le pauvre ne pouvoit ſe la procurer. Combien celle des Francs dut plaire à ces peuples! qu'ils durent voir avec plaiſir le Comte du Palais tenant les plaids à la Porte (*a*) de nos premiers Rois, ſans frais & ſans autres Juſtice.

(*a*) C'étoit l'uſage de tous les peuples du Nord : les Turcs, iſſus des Tartares, en ont donné à leur Cour le nom de Porte, comme pour déſigner le lieu le plus reſpectable. Une entrée auſſi majeſtueuſe étoit la digne iſſue qui conduiſoit au Prince, & donnoit de lui la plus haute idée.

Tous les peuples guerriers déteſtent une juſtice lente & de formes; celle des Romains fut une des cauſes de la révolte des Germains ſous Arminius; leur fureur tomba ſur-tout ſur les gens de loi.

Les Francs aimoient mieux le code ſimple de la loi Salique, que l'énorme recueil des loix Romaines encore abrégées par Tribonien.

interprètes que les parties! Leur langage peu exercé, n'avoit pas assez d'art pour séduire le juge; la simplicité de leurs formules, ne laissoit aucune prise à la chicane qui provoque les sentences iniques. D'ailleurs, un tribunal public est rarement injuste; & quand on a tant de témoins de ses actions, on est vertueux, ne fût-ce que par décence.

Mariages.

Nos pères furent assez heureux pour vivre dans un temps où des raisons de convenance & des idées de fortune ne corrompirent pas leur bonheur, & ne forcèrent pas la beauté désolée à s'allier à la richesse & à la difformité. La liberté présida à leurs mariages, & jamais la contrainte; le goût les assortit, l'amour en forma les nœuds; la paix, le bonheur, des enfans sains & vigoureux, en furent le fruit. Dès qu'une fille étoit en âge d'être mariée, les parèns réunissoient dans un festin, tous les prétendans; là, elle donnoit la pomme en présentant à laver: celui qui le premier recevoit cet honneur, étoit l'objet de son choix; une lance, un cheval, des bœufs, étoient le premier hommage de cet amant, sous le pouvoir duquel elle passoit aussi-tôt. La soumission de ces femmes étoit telle, que Marculfe dans ses formules, rapporte la suivante, qui avoit lieu dans cette cérémonie : *Vous êtes mon maître & mon époux, & moi je suis votre humble servante.* (*a*). La fille du Roi n'en étoit pas plus exempte que celle du simple particulier (*b*), il n'y avoit pas de différence pour les devoirs;

(*a*) F. Marculf. Chap. 17.

(*b*) Justin en fournit la preuve, en rapportant le fait suivant: les Phocéens

elles rempliſſoient toutes ſans diſtinction, & celui d'avoir ſoin de leurs maiſons, & celui d'allaiter leurs enfans. L'adultère étoit ſévèrement puni, & le divorce autoriſé; mais il étoit rare entre deux perſonnes qu'un rapport de goût & d'humeurs avoit unies, entre un homme qui ſe rappelloit la préférence qu'il avoit obtenue ſur ſes rivaux, & une femme qui l'avoit préféré aux autres hommes. La polygamie étoit prohibée, les Princes ſeuls faiſoient quelquefois des exceptions à la règle : en un mot, les femmes étoient conſidérées (*a*); & ſi elles ne mangeoient pas avec leurs maris, en préſence des étrangers, c'étoit par un pur principe de décence & de réſerve.

Les armes de ces peuples ſauvages, furent d'abord peu offenſives; mais elles n'en étoient pas moins redoutables, parce que les ennemis, contre qui ils s'en ſervoient, n'en avoient probablement pas de ſupérieures; & dès qu'ils leur en connurent de meilleure trempe, ils en forgèrent de pareilles. La maſſue fut leur première arme; & l'arc, qui exigea plus de combinaiſons, Armes.

---

qui fondèrent Marſeille, ayant abordé ſur les côtes de Provence, députèrent Simos & Protis, deux de leurs compatriotes, vers le Roi du pays qui étoit probablement celui des Salyens; ils aſſiſtèrent au repas nuptial de Giptis, fille de ce prince; & la Princeſſe, frappée de la bonne mine de Protis, lui préſenta l'eau, & le choiſit pour ſon époux.

(*a*) Les femmes avoient part à l'adminiſtration, & s'il ſurvenoit des difficultés entre les principaux chefs, on s'en rapportoit à leur déciſion; il falloit même qu'elles formaſſent un tribunal, car il étoit convenu, au paſſage d'Annibal dans les Gaules, que les Carthaginois léſés par les Gaulois, pourroient ſe pourvoir au Conſeil des femmes Gauloiſes. Fauchet explique l'origine de ce tribunal dans ſes Annales.

fut la seconde. La première fut abandonnée, & on lui substitua le javelot, le dard, la pique, & une épée longue & tranchante, servant plus de taille que de pointe, & dont l'usage duroit encore du temps de Charlemagne, comme on peut en juger par celle qui nous reste de ce héros. Les Celtes avoient autant d'adresse que de vigueur, & cette adresse étoit forcée dans des hommes qui vivoient du produit de leur chasse : aussi Strabon nous dit-il, qu'outre les traits du carquois, ils en lançoient sans le secours de l'arc, d'une main si sûre, qu'ils perçoient les oiseaux. Tant d'adresse, jointe à une force étonnante, & à un courage indomptable, auroit dû les rendre invincibles, s'ils n'avoient pas fait tout ce qu'il falloit pour être vaincus. Ils se présentoient à l'ennemi la tête découverte, & le corps sans défense; souvent ils poussoient la témérité ou la présomption, jusqu'à combattre tout nuds (a), ils étoient d'une indiscipline qui étonnoit leurs ennemis mêmes : de-là viennent tant de défaites qu'ils eussent pu changer en victoires. De graves auteurs ont avancé qu'ils empoisonnoient leurs traits de chasse (b). Si ces peuples eussent connu l'affreux secret d'empoisonner le fer, comment les Romains les eussent-ils conquis ? ils avoient trop de blessés après chaque combat.

(a) En 528 de la fondation de Rome, les Gaulois combattirent nuds, contre les consuls Emilius & Attilius, à la bataille de Cannes & dans le combat que les Romains leur livrèrent depuis sur le mont Olympe en Phrygie.

(b) Pline, Dom Martin, l'abbé Courtépée.

Les Gaulois n'abandonnoient jamais leurs armes, ils les portoient avec eux dans les assemblées, dans leurs festins, dans leurs négociations (*a*), & jusque dans le tombeau ; cet usage est encore celui de tous les peuples sauvages, comme ils ne comprennent pas qu'il y ait d'autre considération que celle que peut donner la force, ils se montrent toujours sous l'appareil le plus imposant. Dans ces festins armés, où les mets consistèrent d'abord dans des viandes rôties sur des charbons, le plus brave ou le plus fort étoit servi & buvoit le premier. On se gorgeoit de nourriture, & on s'enivroit d'un vin qu'on buvoit dans des cornes de bœuf ou de bouc (*b*), ou dans les crânes des vaincus.

Leur courage étoit indomptable : il provenoit de leur véhémence & du sentiment de leurs forces extraordinaires. La chaleur de leurs combats avec les Romains, prouvée par le grand nombre des morts dans chaque action, en fait assez la preuve ; mais faute de discipline & de cuirasses, ils ressembloient, en attaquant leurs bataillons, à des bêtes féroces qui s'élancent contre un mur épais & s'y brisent. Lorsque la discipline eut subordonné leur courage à l'ordre, & que leurs corps robustes furent revêtus de l'armure Romaine, ils formèrent les meilleures troupes de l'Empire, & devinrent la terreur des ennemis, comme à Cannes, à Pharsale, sous Julien & au siége d'Amide. Courage.

(*a*) Le Gaulois Divitiacus, ce chef des Druides d'Autun & l'ami de César, ayant été envoyé à Rome, harangua le Sénat, armé & appuyé sur son bouclier.

(*b*) Pline, Dom Martin, l'abbé Courtépée.

Occupations.

Les occupations de ces peuples varièrent ſelon les différens états dans leſquels ils vécurent. Lorſqu'ils étoient Nomades, la garde des troupeaux faiſoit l'emploi de leur temps; la chair & le lait faiſoient leur nourriture, & la peau, leurs habits. Pendant que les uns veilloient à la conſervation des troupeaux, les autres détruiſoient les bêtes fauves, les pourſuivoient dans les forêts, & fortifioient leurs corps, naturellement robuſtes, par l'exercice de la chaſſe (*a*). Cette époque fut celle de leur plus grande force; c'étoit celle où la nourriture qu'ils prenoient étoit plus ſucculente; c'étoit celle où leurs corps étoient moins fatigués par le travail, où la terre leur payoit librement ſon tribut en troupeaux: celle où ils ne connoiſſoient pas l'or, la ſource de tous les maux, ou l'inquiétude & la ſoif de ce métal ne les agitoient pas; mais depuis qu'ils la forcèrent à le leur payer en grains, & qu'il fallut lui arracher avec le fer de la charrue & le ſecours des arts, ils commencèrent à perdre de la beauté de leur extérieur. (*b*). Le premier degré de décroiſſement arriva : mais auſſi ils furent plus occupés : cependant ils n'abandonnèrent pas les armes; les exercices militaires furent toujours ſacrés, & les

(*a*) Ils étoient très-experts à la chaſſe de l'Uroch, du Biſon, de l'Elan & des autres animaux. Nous voyons dans l'abrégé de l'hiſtoire de Bourgogne, qu'ils avoient des chiens couchans appelés *Veltragi*, & des chiens courans ou baſſets appelés *Seguſii*, parce qu'on les tiroit du Lyonnois. Ils célébroient des fêtes en l'honneur de Diane, à-peu-près comme nos chaſſeurs aujourd'hui en l'honneur de St. Hubert.

(*b*) On peut aſſigner cette époque à celle de la fondation de Marſeille, 600 ans avant l'ère Chrétienne.

momens

momens qui leur étoient destinés ne se ressentirent pas de ces nouvelles occupations. La jeunesse y étoit formée avec soin; l'exercice de l'arc, le jet du javelot & l'équitation étoient autant d'objets d'études sérieuses qui faisoient spectacle dans les cérémonies publiques. Autant ces devoirs avoient de charmes pour ces peuples guerriers, autant ils avoient d'éloignement pour le travail. Ce goût, qui est encore celui des sauvages de l'Amérique, montre combien ils en différoient peu. L'homme qui possède les arts, n'a jamais assez de temps; celui qui les ignore, en a trop, & en est accablé : privé de leurs secours, il est toujours sauvage & ennemi du travail; avec eux, il donne l'essor à son génie; tout lui devient occupation; les astres, la terre, les élémens, les plantes & les hommes sont autant d'objets qui attirent son attention, & qui lui fournissent des occasions innombrables de travail. Nos ancêtres ne les connurent pas; aussi féroces que les bêtes qu'ils poursuivoient, ils tournoient souvent leurs armes contre eux-mêmes, mangeoient, dormoient, & s'ennuyoient. Ils furent moins malheureux depuis leurs liaisons avec les Orientaux : sous les Romains ils connurent le prix du temps & des sciences; ils en firent un usage aussi honorable qu'utile, mais ils n'excellèrent pas également dans les jeux du théâtre & la danse; cette dernière étoit réduite à la grue qui se dansoit en rond, à peu près comme la première figure de nos contredanses, & qu'ils tenoient des Phocéens.

Ces hommes désœuvrés & ignorans étoient, par une suite naturelle de leur fainéantise, enclins au vin & à la boisson des liqueurs spiritueuses : des écrivains contemporains leur reprochent leur ivrognerie (*a*). Cependant leurs ſentimens dans leur inaction avoient de la nobleſſe; ils étoient généreux, même à l'égard de leurs ennemis, & exerçoient religieuſement les devoirs de l'hoſpitalité (*b*). On alloit au devant d'un étranger qu'on appercevoit, on ſe diſputoit à qui le logeroit; la réception dans l'intérieur de la maiſon répondoit à ces dehors affectueux. Le voyageur ne payoit nulle part; on ſe trouvoit trop heureux de l'avoir accueilli : ſi les proviſions de ſon hôte s'épuiſoient, on lui ménageoit un hoſpice abondant. Un Celte pouſſoit la prévoyance juſqu'à laiſſer ſa porte ouverte pendant la nuit, dans la crainte qu'un voyageur fatigué ou égaré paſsât outre. Celui qui refuſoit l'hoſpi-

(*a*) Les Marſeillois & les habitans de la Gaule Narbonnoiſe étoient les ſeuls qui euſſent des vignes avant Céſar. Les Belges avoient prohibé le vin, comme tendant à amollir le courage : les Celtes au contraire le recherchoient avec paſſion, au point qu'ils donnoient un eſclave pour un pot de vin. Après la conquête des Romains, ayant tiré du plant de la Provence & du Languedoc, ils le multiplièrent avec tant d'excès, que Domitien, l'an 92, ordonna d'en arracher la moitié, & défendit d'en planter davantage; ce qui s'exécuta juſqu'à l'ordonnance de Probus qui en encouragea la culture; évènement qui fut célébré par une médaille qu'on rappellera au règne de cet Empereur.

(*b*) Les Bourguignons ne voulant pas être en reſte de généroſité avec les Gaulois qu'ils confondoient ſous le titre générique de Romains, en ont fait un article eſſentiel de leur loi Gombette, conçu en ces termes : » Quiconque » aura refuſé ſa maiſon ou ſon feu à un étranger, payera trois écus d'amende; » ſi un voyageur demande le couvert à un Bourguignon, & qu'il lui montre » la maiſon d'un Romain, il payera au Romain trois écus & autant à l'étranger. » Le métayer qui aura refuſé l'hoſpitalité ſera fuſtigé «.

Ces anciennes & précieuſes mœurs ſe corrompirent bientôt au point que nous voyons en 544 un concile tenu à Clermont en Auvergne enjoindre aux prêtres d'exhorter leurs paroiſſiens à recevoir les paſſans, & à ne leur point vendre les vivres plus cher qu'au marché.

talité, étoit noté d'infamie & condamné à une amende pécuniaire.

Commerce.

Ces peuples, quoique puiſſans par leur population & riches par leurs métaux, ne figuroient pas avec l'éclat que devoient leur procurer ces avantages. La cauſe de cette obſcurité fut le défaut de commerce ; il n'avoit pas monté, dans ces lieux d'inertie, cette roue précieuſe avec laquelle il ſait faire circuler les richeſſes, multiplier les moyens, exciter l'activité & procurer l'abondance : ce n'eſt pas qu'il fût tout-à-fait inconnu ; mais il ſe réduiſoit à quelques échanges ſur les côtes de l'Océan, par Bordeaux, Nantes, Vannes & le port *Iccius*, qu'on ſoupçonne être Boulogne ; & ſur celles de la Méditerranée par Marſeille, avec des marchands Grecs & Phéniciens qui donnèrent le premier branle à la roue (*a*). Cette main motrice eſt encore connoiſſable par le poids dont elle ſe ſervoit; car la livre des

(*a*) Ce ne fut pas ſeulement dans les Gaules que les Phéniciens laiſsèrent des traces de leur commerce & de leurs traditions, on en trouve en Angleterre, où ils faiſoient le commerce d'étain, ſur les côtes d'Allemagne où ils faiſoient celui des fourrures. La mer Baltique avoit ſes colonnes d'Hercule; le nom de ce héros étoit connu dans ces contrées; chez des peuples féroces, où les forces du corps étoient en honneur, une pareille divinité ne pouvoit qu'être très-révérée; il exiſte encore des ſtatues de ce demi-dieu dans le coſtume du pays, c'eſt-à-dire, couvertes de peaux de bêtes; les Germains, à qui les Phéniciens avoient donné l'idée d'Hercule, voulurent à leur tour qu'on le crût Germain; cette manie a été celle de tous les peuples, delà la multiplicité des Hercules. Le culte d'Iſis étoit célébré chez les Suèves, comme à Tyr & à Paris; chez les premiers ſeulement elle étoit révérée ſous la forme d'un navire; c'étoit celle du premier qui leur apporta de nouveaux biens. Les Sauvages de l'Amérique prirent auſſi les premiers vaiſſeaux pour des êtres animés, l'homme eſt le même par-tout, il admire, il encenſe ce qui frappe ſes ſens.

anciens Gaulois étoit égale à celle des Romains ; ceux-ci l'avoient reçue des Grecs qui la tenoient ainsi que les Celtes, des Phéniciens ; la même main a taillé les mesures du commerce & des distances. Le pied Gaulois est celui d'Egypte, qui venoit de la Phénicie, & nous trouvons à un pied près le stade Gaulois semblable au Romain & à l'Alexandrin, la différence provient de ce que le calcul de M. d'Anville n'a pu être exact à cause de l'inégalité des lieux qu'il mesura. Mais ce mouvement étoit encore bien lent : il étoit réservé aux Romains, quoique peu partisans du commerce, d'en tendre les ressorts dans les Gaules, & d'en assurer la durée par le jeu qu'ils leur donnèrent sur un terrain vaste & uniforme. Cinq compagnies de négocians, sous la direction d'un Chef de Nautonniers (*a*), étoient chargées de l'approvisionnement des Gaules ; il se faisoit par les cinq grandes rivières qui les arrosoient. Le bien public que les Romains ne perdirent jamais de vue, & l'utilité de leurs fonctions en avoient fait des magistrats. Cette institution, qui remonte au temps de César (*b*), & peut-être plus haut, existoit encore à l'époque du démembrement des Gaules sous Honorius; chaque grande rivière avoit ses ports particuliers, Auxone, Verdun, Saint-Jean-de-Losne, paroissent, d'après les conjectures de l'historien de Bourgogne, & selon qu'on peut en juger par les

(*a*) M. le Goux de Gerland, pag. 106, donne la description du tombeau d'un de ces chefs, sur lequel on lit : *Nauta Avaricus.*

(*b*) V. les Commentaires de César : *Erant quinque corporati navigatione : Avarici, Ligerici, Sequani, Adruentii, Petrocorii.*

monnoies Gauloiſes qu'on y a trouvées, avoir été autant de ports ſitués ſur la Saône. Le commerce, ainſi honoré & appelé pour ſoutenir & nourrir l'état, couvrit les canaux de ſes richeſſes, & porta l'abondance & l'agrément juſques dans les fôrets & les montagnes.

Les monnoies Phéniciennes, Juives & Arabeſques, qu'on trouve encore dans les lieux les plus retirés, marquent les pas des Syriens ou de ces Juifs de la Bétique exilés par Nabuchodonoſor, que le voiſinage & l'eſprit de commerce auront pu rapprocher des Celtes.

Ce qui contribua le plus au développement du commerce, & aſſura ſes ſuccès, furent ces grandes Voies Romaines qui établirent la correſpondance entre toutes les parties de l'Empire; le commerce ſe jeta dans ces iſſues, & s'empara de ces voies dont l'utilité égaloit la magnificence. Tout diſparut avec les conquérans; mais après leur chûte, leur grandeur reſta imprimée ſur la terre; leur main eſt encore empreinte ſur les montagnes & dans les plaines. Leur puiſſance, telle qu'un volcan éteint qui a jeté des matières qui réſiſtent au temps, a couvert de vaſtes contrées de ſes débris : les marbres, les tronçons de colonnes, les médailles, les fragmens de leurs chemins étonnans, ſont les glorieux veſtiges de leur grandeur & de leur génie dans trois parties de l'univers. Ce ſont des monumens que la terre offre à ſes enfans comme des modèles à imiter, & un préſervatif contre l'amour propre, en leur faiſant connoître quels hommes l'ont habitée autrefois, & combien ils doivent peu s'énorgueillir de la fortune, puiſque ces hommes mêmes ſont tombés, & que de la plus formidable puiſſance qui ſe ſoit élevée ſur le globe, il ne reſte que des ruines.

L'uſage de la monnoie eſt fort ancien, ſa première fabrique tient aux ſiècles où les métaux fixèrent la cupidité des hommes; nous voyons dans la Geneſe que Jacob acheta le champ de Sichem cent brebis, ou cent agneaux. Homere nous dit que les armes de Glaucus valoient cent bœufs, & celles de Diomede neuf; ce qui ſignifie cent pièces ſur leſquelles étoient empreintes la figure d'un mouton ou d'un bœuf, parce que le commerce ſe faiſant en échange & en objets en nature, ces objets étoient devenus de réprélentation par les pièces monnoyées. Les richeſſes des premiers hommes ne conſiſtant qu'en bétail, ils chargèrent leur or & leur argent de l'empreinte des animaux. Cet eſprit avoit préſidé à la fabrique des premières monnoies Gauloiſes ſur leſquelles le cheval & le porc étoient repréſentés, parce que ces animaux faiſoient la richeſſe la plus apparente du ſol. L'art monétaire étoit donc plus ancien que Phidon & Lycurgue qu'on en donne comme les inventeurs. Les Lydiens l'avoient connu auparavant. Créſus & Gygés leurs Rois, avoient envoyé des pièces monnoyées parmi les préſens qu'ils avoient faits au Temple de Delphes. On connoît les Dariques du nom du premier Darius, ces Pagodes, ſi anciennes dans l'Inde, & ces premières pièces frappées à Athènes, repréſentant une chouette gravée par un burin, dont l'art groſſier paroît commencer avec la ville (*a*).

(*a*) V. au Cabinet du Roi, & dans celui de M. Henin à Verſailles.

La monnoie de Rome dans ſon origine fut de cuivre, & porta l'empreinte d'un agneau, d'un bœuf ou d'un porc; celle du Gaulois repréſenta ſur un métal groſſier la figure du cheval honoré par les Phéniciens ſes inſtituteurs, & du porc abondant chez les Eduens. La darique, ſous les Perſes fut d'or avec la figure d'un archer. Le Grec orgueilleux mit le premier ſa figure ſur ſes monnoies. Rome eſclave porta l'empreinte de ſes maîtres ſur les ſiennes, les figures de Pompée & de Céſar parurent les premières, la monnoie courante de la République fut décorée de la tête guerrière de Romulus & du tableau de la Louve ſa nourrice (*a*). Les Juifs n'eurent d'autre légende que Jéruſalem la ſainte, & un ſymbole agreſte comme une gerbe ou une branche d'olivier. Ce fut ainſi que les mœurs de chaque peuples ſe gravèrent ſur ſes monnoies; ils ne croyoient fabriquer que des objets de repréſentation, ils donnoient une idée de leur eſprit national.

On peut aſſurer, ſans crainte de ſe tromper, qu'un peuple puiſſant qui a l'uſage des métaux, a celui des monnoies; mais il n'eſt pas auſſi facile d'aſſigner ici l'époque où les premières ont été frappées : il y a des auteurs qui ſemblent croire que ce fut pendant la période qui s'écoula entre l'établiſſement des Phocéens & l'arrivée des Romains ; cependant, à en juger par celles qui nous reſtent (*b*), on ſeroit tenter de penſer

(*a*) Ces pièces qu'on trouve dans toute l'étendue qu'occupa l'Empire Romain, repréſentent un guerrier avec le caſque en tête, & au rèvers une louve allaitant deux enfans à la lumière de la lune.

(*a*) L'une eſt celle d'Ambiorix, roi des Eburons, qui tailla en pièces la

que l'art monétaire n'auroit commencé dans les Gaules, ainſi que beaucoup d'autres, qu'à l'arrivée des Romains. Les pièces les plus inſtructives de l'hiſtoire d'un peuple, ſont les monnoies; à leur inſpection on juge de ſes connoiſſances & de ſon antiquité. L'Inde, par exemple, eſt un pays fort ancien, puiſqu'il y a des pièces de monnoie qui remontent à une fabrique de plus de quatre mille ans; l'antiquité de ſes connoiſſances remonte bien plus haut, & doit être immenſe, à en juger par le temps qu'il a fallu aux hommes pour trouver les métaux, les travailler & en faire des ſignes de convention. Mais les Gaulois n'ont rien à offrir en ce genre; ce qu'ils ont laiſſé paroit, comme nous l'avons dit, l'effet de l'art monétaire des Romains, & une groſſière & récente imitation des Phéniciens & des Grecs. La découverte des ruines d'une ville Celtique ſituée du côté de Joinville confirme ce ſentiment, & prouve que l'art monétaire ne fut jamais connu dans les Gaules qu'après l'arrivée des Phéniciens & des Grecs. Les monnoies

légion commandée par Cotta ſous Céſar; l'autre, celle de Dumnorix, général des Eduens & frère de Divitiacus. Ces deux anciennes médailles, dont la première eſt rapportée par Bouteroue, & l'autre par le journal de Trévoux, ſont des monumens de la reconnoiſſance des Gaulois pour des hommes qui avoient défendu leur liberté. On leur offrit les prémices du nouvel art; car les autres médailles, telles que celle où on lit *Caballo*, celle où on lit *Aballo*, citée par M. Pellerin, ſont poſtérieures pour le ſujet & pour la fabrique.

Celle qu'on a trouvée dans le Doux, & qui repréſente un Bizon avec la légende *Bizontio*, n'eſt point une preuve, comme le prétend M. Chiflet, que l'art monétaire ait été connu avant les Romains dans la province des Séquanois. Le mot *Bizontio*, & l'empreinte hardie de l'animal, tiennent plus du Romain que du Celtique.

qu'on

qu'on a trouvées ne paroissent qu'une foible imitation de celles de ces peuples ; on voit que ces nations commerçantes leur en avoient fourni les modèles, & les avoient conduits à créer des signes de réprésentation. On a trouvé & on trouve tous les jours des pièces (*a*) Grecques & Orientales, à la vue desquelles ont été fabriquées les autres : mais la forme & la matière des copies indiquent l'état d'ignorance & de pauvreté du peuple imitateur.

Après que les Romains se furent établis dans les Gaules, la nation se trouva un composé d'anciens Celtes, de Grecs, d'Italiens, de Germains qui y avoient pénétré, & de Francs, qui étoient les derniers venus; mais le fond de la nation, ce qui constitua la masse de la population, furent les familles Gauloises, de sorte que le caractère du peuple le plus nombreux prit le dessus, & devint dominant. Ce caractère général a cependant eu ses nuances, que l'habitude & le climat ont conservées : à la vérité, l'esprit françois en général étoit le résultat de tous les autres; mais les peuples du Languedoc & de la Provence différoient de ceux de la Flandre & du Brabant ; ceux des bords du Esprit.

(*a*) MM. d'Ennery & de Tersan, deux des plus savans Antiquaires du siècle & possesseurs des plus riches collections, ont beaucoup de ces monnoies; le second a toutes celles qui ont été trouvées dans les ruines dont j'ai parlé : ils en ont aussi beaucoup de Phéniciennes, Grecques & Puniques, trouvées dans les Gaules. Dans le mois de Janvier dernier, le journal de Berry a annoncé qu'on avoit trouvé dans cette province deux pièces Arabesques : une Hébraïque représentant Moyse; une autre, appelée un Sicle, représentant la verge d'Aaron, & portant pour inscription *Jérusalem la Sainte* ; & six médailles Grecques de Philippe, père d'Alexandre.

Rhin, de ceux de la Guyenne. Malgré ces variétés l'esprit national s'appercevoit au premier coup d'œil, & un habitant de la France étoit tout autre qu'un Espagnol ou un Italien : aussi, après la fonte de tant de peuples étrangers dans le sang Celtique, l'esprit des habitans est encore aujourd'hui le même qu'il étoit du temps de César, *impétueux*, *prompts à se résoudre & se rebutant aisément.* La nation a englouti tous ces différens essaims, elles les a confondus dans son sein, & le climat a tout ramené à l'esprit qui lui est propre (*a*). Ce caractère primitif du Gaulois s'est conservé jusqu'à nous; son inconstance & sa légéreté lui font éprouver toutes les positions, & ne lui permettent guère de s'en tenir à une favorable; son esprit inquiet le porte au changement; il abandonne souvent le bien qu'il possède, pour courir après le mieux qu'il trouve rarement. Plus impatient que les autres nations, il semble courir au devant du temps qui le dévore ; à voir ses mouvemens, & ses regards fixés sur l'avenir, il ressemble à un pilote qui brûle d'arriver au port. Ses projets, ses desirs, ses vues, ses actions, tout tend au futur ; il daigne à peine s'appercevoir du présent.

(*a*) Quand le peuple conquis est immense vis-à-vis le peuple conquérant, & que ce dernier est, en quelque façon, noyé dans sa conquête, il finit par s'y fondre; de sorte qu'après deux ou trois siècles, il n'en reste plus de vestiges : le temps a effacé les différences, & les a ramenées au même niveau. C'est ce qui est arrivé à la Chine : envain les Tartares l'ont conquise plusieurs fois, ils s'y sont toujours perdus; le conquérant dispersé, trop foible & trop isolé pour lutter contre le climat & les mœurs de peuples innombrables, finit par les adopter.

Pourquoi cette fureur du temps à venir, qui n'arrivera que trop tôt? Il ne peut faire un pas que ce ne soit un degré vers son déclin. Pourquoi, possédant le trésor du présent, ne s'y arrête-t-il pas, n'en savoure-t-il pas la jouissance, ne s'appésantit-il pas sur la roue du temps, au lieu de courir après des chimères qu'il se propose vainement d'atteindre? Fol espoir qui ne se réalisera jamais, le caractère du François s'y oppose, son impétuosité est, & sera toujours, un obstacle à sa jouissance, ses pères en ont été la victime, il le sera à son tour! Il doit à son impétuosité, & de sanglantes défaites & des journées glorieuses. Nulle nation n'a encore été plus célèbre pour le coup de main; & le François actuel, ainsi que le Celte son aïeul, ne s'occupe guère du nombre de ses ennemis : il charge, & ne compte pas.

On retrouve la même témérité, la même confiance en ses forces dans cet usage, qu'une vanité préjudiciable a consacré de laisser tirer les ennemis les premiers, comme si la sûreté & le sang d'une nation n'étoient pas préférables à un point d'honneur si mal entendu.

La langue a eu aussi ses altérations & ses variétés; & après ses métamorphoses elle a paru plus brillante que jamais, & s'est élevée au rang des premières de l'univers. Elle fut dans l'origine (*a*) stérile & grossière; mais

(*a*) Elle ne dut rien dans son origine à celles qui existent actuellement, le savant Gebelin, après avoir pénétré plus avant jusqu'ici qu'aucun homme dans le labyrinthe des langues, a prétendu qu'elle étoit la langue primitive de l'Europe; que le Tudesque, l'Esclavon, le Mæsogothique, les langues Illyrienne, Grecque, Biscayenne, même la Carienne, la Lydienne, la Phrygienne en provenoient; si la Phrygienne sur-tout n'en est qu'un dialecte, cette langue

à la fondation de Marſeille, les caractères Grecs étant connus prévalurent inſenſiblement dans les affaires publiques. Le peuple conſerva cependant ſa langue juſqu'à l'arrivée des Francs; alors elle diſparut, & fut confinée dans le pays de Galles en Angleterre, où l'on en voit encore les traces, dans les montagnes ſur-tout, ce qui a fait appeler les Gallois Welches par les Anglois : c'étoit l'ancien nom des Celtes, & rien ne prouve mieux que ce pays étoit une colonie de Gaulois, puiſqu'il en avoit le nom, la langue & la religion. On trouve auſſi des traces de ce dialecte dans la baſſe Bretagne, & qui provient de ce que ce pays ne fut pas conquis par les Francs, mais poſſédé par les Bretons qui avoient le langage des Celtes (*a*). Cette langue ſe confondit en France avec la Tudeſque, dialecte Allemand qui étoit la langue des Francs, & cette dernière ſe conſerva juſqu'au règne de Charles-le-Chauve; on l'appeloit François Thiois. Juſques-là les actes étoient écrits en Latin ou en Tudeſque. A cette époque, l'Allemagne ſeule en demeura en poſſeſſion; mais cette langue n'eut l'excluſion en France, qu'après avoir contribué à former & à enrichir celle qui lui ſuccéda; car celle des Romains

ayant toujours paſſé dans l'Aſie & dans l'Egypte pour être la plus ancienne, il en réſulteroit, comme on l'a déja obſervé, que les Gaulois avoient pénétré en Aſie dans des temps ignorés, comme ils y pénétrèrent il y a plus de deux mille ans. Au reſte, Gebelin étoit François.

(*a*) Nous voyons la même choſe dans l'Iſlande, habitée autrefois par des peuples qui parloient la langue Runique, & dont les traces ſe ſont conſervées dans cette iſle : les pays de montagnes, par leur propre nature, ſe prêtent moins aux changemens.

s'étant établie avec eux, il se fit un mélange de cette dernière qui étoit celle des vainqueurs, de la Grecque qui étoit celle de l'Etat, du Celtique qui étoit celle du pays, du Tudesque qui étoit celle des derniers conquérans, & il résulta de cette confusion une cinquième langue qui fut composée des autres, & qu'on appela langue Romance ou Romain rustique. Dès le sixième siècle elle devint la langue des Gaules; quatre siècles après, c'est-à-dire dans le commencement du dixième, celle que nous parlons aujourd'hui vint à éclore. Brute & foible, elle sortit avec peine de ce chaos, & mit plusieurs siècles à se débrouiller : se débarrassant peu-à-peu de la langue Romance, s'enrichissant du Grec & de l'Italien qui se perfectionnoit, elle arriva à l'époque de François Ier, qui l'éleva en la rendant la seule active dans le royaume. De-là ses progrès & son éclat; de-là les Bossuet, Voltaire, Buffon, Raynal, enfans glorieux qu'elle mit au monde sept cents ans après sa naissance. Mais la langue Romance, reléguée vers les Alpes, bien avant ce Prince, s'y conserva long-temps; & on en distingue encore aujourd'hui les vestiges dans le pays de Vaud, le Valais & les environs.

Ce sont les guerres, ensuite l'amour-propre de chaque nation qui ont mis cette confusion dans le langage; les hommes étant faits pour communiquer, ils devroient être assez sages pour s'accorder à s'entendre, & à s'épargner les travaux de tant de langues différentes, dont l'étude occupe la moitié de leur vie sans les rendre plus instruits sur les choses; ils devroient, à l'exemple de ce qui se pratiqua sous les Romains, s'arrêter à une seule qui en deviendroit plus riche. Ce moyen uniroit d'un seul coup tous les hommes, ouvriroit toutes les communications.

Religion. L'homme a fait de tout temps ses Dieux à son image, parce qu'il n'a rien imaginé de plus parfait que lui, & il leur a donné son caractère & ses attributs; ils ont été noirs au midi; blancs au nord, & cela devoit être; il étoit dans l'ordre de la nature qu'ils portassent l'empreinte de leur origine : un enfant ne ressemble-t-il pas à son père? En voyant par-tout leurs dieux avec leurs goûts & leurs passions, ne diroit-on pas qu'ils ont pris à tâche d'assujettir le ciel à des formes terrestres? Ont-ils été sauvages & féroces; leurs dieux ont été cruels & couverts de peaux de bêtes : ont-ils connu les arts; leurs dieux étoient artistes, éclairés & bienfaisans, tels que Cérès, Mercure, Esculape, Apollon & Minerve. Chez les Phéniciens, peuples rusés, & chez les Grecs, instruits & partisans des sciences, Apollon & Mercure étoient les dieux chéris. Les Thraces belliqueux honoroient le terrible Mars; les peuples voluptueux de l'île de Chypre adoroient Vénus : Rome ambitieuse élevoit des autels à la Victoire & à Bellone; chaque peuple a ainsi déifié ses passions. Le Gaulois guerrier adora Esus, le dieu des combats; Taranis, le dieu du tonnerre; & Teutatès, celui de l'intelligence; mais, cruel & féroce, il les honora, selon son génie & son caractère, par des cruautés & des meurtres, & en versant le sang humain sur leurs autels. Quels autres honneurs pouvoient rendre au Dieu de la guerre des peuples qui décidoient tout par elle, & qui lui vouoient leurs prisonniers? C'étoit le même droit que celui des ſauvages de l'Amérique ; les idées de l'homme brut diffèrent peu. Mais, dans leurs beaux jours, lorſque leur éloquence, ſoutenue des ailes brillantes de l'imagination, s'élevoit avec nobleſſe, & ſubjuguoit les eſprits, ils rendirent des hommages éclairés à Minerve & à l'Hercule *Ogmius*, ce ſymbole de la force irréſiſtible qui provient de l'éloquence ; il étoit repréſenté avec des chaînes qui lui tomboient de la bouche, emblême du pouvoir d'un organe éloquent.

Dans l'enfance de la nation, lorſque des idées religieuſes vinrent la frapper dans les antres & dans les rochers où elle faiſoit ſa demeure, elle imagina un culte, & rendit aux divinités qu'elle s'étoit faites des hommages ſincères & peu éclairés. La preuve s'en eſt perpétuée par une eſpèce d'autel qui exiſte encore dans une caverne des montagnes de Rully (*a*), près de Châlons. Depuis ſa dévotion ſe reſſentit du progrès des arts, elle eut des temples & des oratoires ſouterrains (*b*) ; elle déifia enſuite, par un ſentiment de reconnoiſſance, beaucoup d'objets utiles : car, outre le ſoleil, nous voyons qu'elle rendoit auſſi un culte au vent de biſe & au Bizon, eſpèce de bœuf. Ce vent, ſi favorable aux productions de notre

(*a*) Cet autel eſt au fond d'une caverne appelée la cave Ravot, dans la gorge d'Anjoux. Il conſiſte en trois figures de divinités ſi groſſières & ſi anciennes, qu'on n'en diſtingue que quelques traits ; elles ſont tracées ſur le roc qui ſert de mur.

(*b*) On a découvert à Corſain, proche l'ancien lieu de Réome, il y a dix-huit ans, un petit oratoire en quarré avec la figure du ſoleil ſur un des murs & des figures effacées ſur les autres. Le pavé étoit en moſaïque. *Deſcrip. de Bourg. tom.* 5, *pag.* 218.

climat, avoit été apprécié par nos ancêtres; ils l'avoient envisagé comme une divinité tutélaire dont le souffle répandoit l'abondance & la salubrité. Les jours de leurs maisons, tournés de son côté, étoient ouverts à ses influences; ils l'invoquoient dans leurs prières (*a*), ils lui adressoient des vœux. Reconnoissans des services du bœuf, ils lui rendirent des hommages (*b*) en échange de ses travaux : les Egyptiens l'avoient fait avant eux, & les Gaulois ne firent pour le dieu Bizon que ce que les autres avoient fait pour Apis.

Ils revinrent dans la suite sur eux-mêmes, & se firent des dieux de leur nature; ils élevèrent des statues à Esus, à Taranis, à Teutatès. Celles de ces derniers ne furent dans le principe, selon Macrobe, que des figures quarrées, posées sur un cube, & qui n'avoient du dieu que la tête. Les gens de la campagne, au défaut du Teutatès terminal, élevoient des pyramides auxquelles ils rendoient un culte. Ce dieu, qui passoit chez les Celtes, comme chez les Egyptiens, pour l'inventeur des arts & le principe de l'intelligence & de la sagacité, étoit le plus universellement honoré (*c*). Les Gaulois, en ce point, différoient encore peu des Américains, qui avoient de

(*a*) Voyez Mézeray, & l'Histoire abrégée de Bourg. Auguste, pour plaire aux Gaulois, lui avoit élevé un temple.

(*b*) C'étoit un petit Bœuf de bronze avec des fers d'argent. M. de Caylus en a décrit un dans ses antiquités.

(*c*) On a trouvé beaucoup de ses statues dans le pays des Celtes : on en a découvert trois à Bouilland près de Beaune, une à Saint-Romain; il y en a une dans le château de Grandmont, tenant en main une bourse & un cornet.

petites

petites figures placées chez eux ou dans des niches. Le ſauvage des Gaules adoroit le Mercure Terminal; celui d'Amérique, une pierre (*a*) ſur laquelle ſa divinité étoit ſculptée : l'eſprit étoit le même; la différence du mode provenoit de ce que l'un de ces peuples étant fixe, avoit appuyé ſon dieu ſur une baſe ſolide, & que l'autre étant errant, avoit voulu un dieu portatif qui pût le ſuivre dans ſes courſes & dans ſes émigrations.

Le ſpectacle de la nature ſeul fait naître des idées religieuſes dans le ſein du ſauvage qui a perpétuellement ſes tableaux ſous les yeux; de-là vient que les premiers objets du culte d'un peuple nouveau ſont pris à la campagne, dans la claſſe des animaux & des végétaux, par rapport à leur utilité; enſuite dans celle des hommes forts & puiſſans, par rapport à la terreur qu'ils inſpirent & à la protection qu'ils accordent. Nous avons vu le Gaulois primitif ſuivre fidèlement cette marche naturelle; d'où l'on peut tirer l'induction qu'il n'étoit pas ancien, & ne deſcendoit ni des Scythes, ni des autres peuples antiques de l'Aſie, comme quelques Ecrivains l'ont avancé. C'eſt aux traits de reſſemblance qu'on juge de la deſcendance & de l'affinité des nations; la nation Gauloiſe n'en avoit aucun de commun avec ces peuples qui avoient tous des notions d'aſtronomie & une idée plus ou moins étendue des arts, que celui-ci ignoroit

(*a*) Les peuples de l'Amérique qui habitent ſur la rivière des Amazones & ſur l'Orenoque, les ſauvages de la Floride, de la nouvelle Eſpagne, avoient des pierres plates dont les deux extrémités ſe terminoient en pointe; ſur le milieu étoit ſculptée la figure de leur dieu. M. le Marquis de Migieux, dans ſa ſuperbe collection, en a de différentes eſpèces & de différentes couleurs.

totalement. Le culte des Celtes étoit celui des ſauvages : celui des nations de l'Aſie provenoit d'un culte plus ancien, qui avoit pris naiſſance dans les veſtiges de l'hiſtoire du premier âge, & dans le ſouvenir confus des révolutions du globe (*a*); auſſi les fêtes des Mages étoient-elles appelées des *Mémoriaux*, c'eſt-à-dire, des jours conſacrés à la commémoration des grands évènemens qui étoient arrivés ſur la terre. Après la deſtruction de la nation inſtitutrice, on apperçoit dans les ténèbres des ſiècles éloignés un reſte de ſes uſages & de ſes arts chez les Scythes, chez les Indiens & les Chaldéens; on voit d'un autre côté ſes hiéroglyphes gravés depuis le Nil juſqu'à la Chine & à la Tartarie; il ſemble même qu'on en découvre des traces au Pérou : mais on ne voit rien de pareil dans les Gaules, on n'apperçoit aucun rapport dans la religion & les uſages de ces nations & des Gaulois; d'où l'on croit pouvoir conclure que ces derniers étoient abſolument étrangers aux autres.

Le Gaulois étoit donc ſauvage & indigène; mais s'étant peu-à-peu civiliſé, & ayant acquis le goût & les arts de ſes vainqueurs, il prit inſenſiblement leur eſprit avec leurs ordres; il devint en quelque ſorte Italien, ou au moins il n'en différa que par la variété qui provient des caractères indélébiles du climat. Trop éclairé pour ne pas voir ce qu'il y avoit de révoltant dans les myſtères de ſa religion, & de dangereux dans le deſpotiſme de ſes Miniſtres, ſes inclinations & ſes goûts, imitateurs de ceux des

(*a*) On l'établira dans le premier Volume de l'Hiſtoire ancienne, précédant celle de M. Rollin.

Romains, lui firent encore adopter leur religion; elle fit chez eux des progrès rapides. Le Druidisme perdit la majeure partie de ses partisans, & cessa d'être la religion dominante; le culte des dieux de Rome se répandit partout, & beaucoup d'endroits en conservent encore les titres (*a*).

On voit par-là que ces peuples furent fort superstitieux; qu'à leurs dieux anciens ils joignirent ceux de leurs conquérans, adoptèrent les rêveries de la fable, & encensèrent presque tous les dieux de la Phénicie, de la Grèce & de l'Italie : ils allèrent aussi loin que les habitans de cette dernière contrée qui divinisèrent tout hors Dieu; élevèrent, comme eux, des temples & des autels en honneur des morts, des évènemens heureux & des fleuves (*b*). La preuve en est encore écrite sur deux pierres, faisant partie de deux temples ou de deux autels, l'un élevé par un mari à sa femme (*c*), & l'autre

(*a*) Venarcy auprès de Semur dérive de *Veneris ara*; Dienay auprès de Dijon, d'un temple de Diane; Isurtille, de celui d'Isis; Luce, de celui de Lucine; Beaune, de celui de Belenus; Ozenai, de celui d'Osiris; Jansigny, de celui de Janus; Orgeux, des Orgies qu'on y célébroit. L'Autunois a une foule de noms provenant de la même source; ils sont rapportés par Ladoue, ancien Ecrivain qui souvent force l'étymologie.

(*b*) Voyez l'inscription trouvée par l'abbé le Bœuf sur une des faces de l'autel élevé en l'honneur de la rivière d'Yonne, par Tetricus. *Aug. sacr. deab. Icauni, T. Tetricus African. d. s. dd.*

La galère de bronze trouvée vers la source de la Seine. Cet *ex voto* déposé dans le cabinet de M. le Président de Bourbonne, à Dijon, devoit être placé dans un Temple érigé en l'honneur du fleuve.

(*c*) On en a trouvé une dans les ruines d'Alise ou Alexia, qui annonce que Virgula érigea à Moristasgus, son père, le temple ou le portique où se trouvoit cette inscription : *Deo Moristasgo.*

par une fille à ſon père (*a*). Les Druides commençoient alors à décliner ; ils n'avoient plus ce crédit immenſe & abuſif dont nous allons rendre compte.

Druides.

Les Prêtres ont gouverné preſque toutes les nations ; mais ils n'imposèrent à aucune un joug auſſi dur que celui ſous lequel gémirent nos ancêtres. Leurs Druides, ſous des dehors d'auſtérité & de gravité, avec leſquels on en a toujours impoſé au peuple, cachoient une ambition ſans bornes ; le deſpotiſme & une cruauté atroce étoient maſqués par un extérieur hypocrite & par des principes d'une ſage morale. Quand Céſar n'eût fait en faveur des Gaulois que de les ſouſtraire au pouvoir de ces terribles maîtres, ils euſſent dû lui pardonner leur conquête, & le regarder comme leur bienfaiteur.

Les Druides étoient pris dans les familles les plus diſtinguées ; l'adminiſtration de la juſtice leur étoit confiée, ainſi que l'éducation des nobles ; ils avoient le droit d'élire conjointement le ſouverain Magiſtrat ; la nobleſſe de leur extraction, la dignité de leur état leur attiroient la vénération des peuples. Elle étoit portée à un tel degré, qu'ils pouvoient arrêter deux armées prêtes à combattre. Nous voyons dans les commentaires de Céſar, que Diviciacus, prince des Druides de la république des Éduens, diſpoſoit des affaires du gouvernement ; ils y influoient beaucoup dans chacune des provinces où ils demeuroient. Leur chef, qu'on pouvoit regarder comme la perſonne la plus conſidérée des Gaules, portoit une

(*a*) M. le Goux de Gerland rapporte cette inſcription.

couronne de larges feuilles de chêne, & son assistant tenoit un sceptre en forme de croissant (*a*).

Le culte des Druides avoit beaucoup d'affinité avec celui des prêtres Egyptiens, Ethiopiens & Phéniciens: on entrevoit dans les nuages de l'antiquité, qu'ils avoient été leurs instituteurs: on trouve dans les différens Colléges sacerdotaux les mêmes dogmes, sur-tout celui de l'immortalité de l'ame; dans les temples les mêmes divinités, emblêmes des planètes; le même culte déféré aux animaux utiles; enfin la même vénération envers le Soleil adoré sous les noms de Mithras (*b*) & d'Osiris; l'Egyptien lui sacrifioit des hommes roux, probablement sur les rapports qu'il trouvoit entre leur chevelure & la face rayonnante de cet astre; il immoloit des filles au Nil : le Gaulois sacrifioit à Mercure des hommes de tout sexe & de tout âge. Le culte d'Isis étoit célébré à Paris comme à Memphis, celui de Bélenus étoit commun à Beaune & à Palmyre. La figure de ce dieu trouvée dans les fondations d'un temple Gaulois, & celles des divinités découvertes dans l'Eglise de Notre-Dame, assise sur le temple d'Isis, prouvent les rapports des deux cultes. Par l'effet de l'ambition naturelle à l'homme, & de la tendance de la Théocratie au pouvoir suprême, les Prêtres, dans ces différens Etats, étoient en possession des honneurs & des biens, ils dominoient sur les esprits & sur

(*a*) V. Thomas, Histoire d'Autun, part. 1, pag. 51.

(*b*) Sur le tombeau de Chindonax, trouvé auprès de Dijon, on lisoit cette inscription : » *Dans ce bocage de Mithras, ce tombeau couvre le corps de Chindonax, Grand-Prêtre; arrière-impies, les dieux sauveurs gardent mes os* «.

les Rois ; le chef des Druides portoit un ſceptre, ainſi que celui des prêtres d'Héliopolis.

Les principales demeures des Druides, outre le pays Chartrain où réſidoit leur chef, & où ſe tenoit tous les ans une aſſemblée générale, étoient ſur une montagne peu éloignée d'Autun, appelée Mont-drû (*a*), *Mons Druidarum.* Elle eſt de forme ronde ; ſes flancs ſont caverneux, & ſon ſommet hériſſé de bois élevés. On voyoit encore les ruines de cette ancienne habitation dans le ſeizième ſiècle : il n'en reſte plus que deux pierres, l'une repréſentant deux augures, & l'autre un ſacrificateur ; M. le Goux en a donné la deſcription.

2°. Sur une colline à Mavilly dans le Beaunois. Cette colline, dit M. l'abbé Gandelot, eſt entourée de hautes montagnes, autrefois couvertes de bois ; ſa ſituation reſſemble à celle du fameux temple de Delphes. On y a trouvé des monumens de la plus haute antiquité, dont pluſieurs ſont rapportés dans ſon Ouvrage, & les autres dépoſés au château de Savigny.

3°. Sur une autre colline entre Aliſe & Flavigny, appelée Mont-druau ; ſur celle de Mont-bard, *Mons Bardorum ;* ſur celle de Druye dans l'Auxerrois ; à Druſi, maintenant Droiſſi proche Soiſſons ; ſur les hauteurs qui avoiſinent Dijon, au bas deſquelles on a trouvé le tombeau de Chindonax, chef des Vacies ; au bois Drû à Antigny dans l'Auxois : d'où on peut conjecturer qu'il y

(*a*) Monſieur le Chevalier de Jaucourt a été trompé, en plaçant le Mont-dru dans l'Auxois.

en avoit auprès des grandes villes, comme dans les lieux extrêmement ſolitaires.

Ils étoient partagés en différens ordres : les uns étoient poètes, & célébroient les actions des grands hommes, tels étoient les Bardes; les Eubardes, ou Eubages, profeſſoient la médecine & la philoſophie ; les Saronides dictoient les loix, enſeignoient la jeune nobleſſe, & décidoient des affaires : les Vacies étoient les ſacrificateurs ; enfin, les Druides en corps étoient tout. Ils portoient une robe longue & un long manteau par deſſus, avec un capuchon tombant. Leur viſage triſte (*a*) & ſombre étoit hériſſé d'un barbe grande & touffue, & leur tête étoit entourée d'un bandeau & d'une couronne de chêne ; car cet arbre étoit ſacré pour eux, il faiſoit l'objet d'un culte ridicule dont trop d'auteurs ont traité pour en parler encore.

Leur morale dans l'origine étoit ſublime, leurs préceptes ne tendoient qu'à la pureté des mœurs; ils enſeignoient un être ſouverain au-deſſus des ſens, & une ame immortelle, animant ſans ceſſe de nouveaux corps au ſortir de ceux qu'elle abandonnoit. Tenoient-ils des Orientaux ce ſyſtême de la renaiſſance & du retour à la lumière, du paſſage ſucceſſif du néant à la vie & de la vie à la mort; ou bien la vue de la mort alimentant la vie

(*a*) Les deux figures qui ſont ſur la pierre, deſſinée par M. le Goux de Gerland, ſont dans ce coſtume; l'une a un air phlegmatique & ſévère, l'autre eſt dans l'attitude d'un homme qui obſerve. Ces deux figures repréſentent des hommes triſtes, de ces perſonnes dures & auſtères, dont le ſouci, l'ambition & l'inſociabilité rident le front. Au reſte, les Gaulois dans l'origine avoient le phlegme des Anglois. Voyez ce qu'en dit Julien.

par ses victimes, la leur avoit-elle fait naître ? Quoi qu'il en soit, ces motifs si propres à affermir l'homme contre les secousses des passions, à le porter à la vertu & à la valeur, leur méritèrent une considération dont ils abusèrent dans la suite. Passant du moral au physique, ils enseignoient l'éternité de la terre, & sa durée infinie; les préceptes des Phéniciens étant les mêmes, on voit à découvert la source d'où ils sont émanés. Pendant que les uns instruisoient la jeunesse, les autres, dans le sein de la retraite & le silence de la méditation, acquéroient dans la médecine & dans la botanique des connoissances qui tournoient au bien de la société, par le sage emploi qu'ils savoient en faire. Fatigués d'être nécessaires, ils voulurent commander; ils assujettirent les peuples qu'ils avoient instruits : cette innovation ne rencontra pas de grands obstacles; la considération & le respect dont ils jouissoient, leur frayèrent les chemins de l'autorité chez des hommes qui, n'ayant reçu d'eux que des biens, s'imaginoient que ce changement alloit leur en procurer de nouveaux.

Pour parvenir à ce pouvoir souverain, pour lequel ils avoient quitté le caractère respectable de sages & de bienfaiteurs de leur nation, il fallut avoir recours à des moyens dignes du rôle qu'ils vouloient jouer; ils appelèrent à leur secours, comme tous les usurpateurs, la fourberie, l'avarice, la politique cruelle : plus habiles que le peuple, ils eurent le talent de déguiser à ses yeux les funestes passions dont il devint la victime. Alors le mal succéda au bien; des principes révoltans & monstrueux étouffèrent des principes justes & honnêtes : la nation fut

fut opprimée par ses instituteurs. Son aveuglement étoit tel, & l'habileté de ses oppresseurs si raffinée, qu'elle se reposoit sur eux de son sort, dans le moment même où ils exerçoient leurs fureurs sur ces hommes toujours prévenus en leur faveur, même au milieu des maux qu'ils leur faisoient souffrir. On établit des mystères, à l'ombre desquels on se jouoit de la crédulité du vulgaire, certains jours d'assemblées dans lesquelles on traitoit de l'esclavage & des cruautés qu'on vouloit exercer sur ce peuple, qui croyoit, de son côté, qu'on travailloit à améliorer son sort. Comme on vouloit se réserver toute l'autorité, & que les sciences & les secours en donnent beaucoup sur des ignorans & des indigens, on n'écrivoit rien. Les Druides se transmettoient leur savoir pendant un noviciat de vingt ans (*a*); ils étoient le centre de toutes les connoissances, elles étoient exclusives pour tout autre. On devoit arracher certaines plantes qu'on savoit utiles, sans regarder & en détournant les yeux; les Druides, qui en connoissoient la propriété, en recueilloient seuls le fruit en vertu de ce principe tyrannique.

C'étoit un principe aussi sacré que bien établi, que les Druides ne devoient supporter ni impôts ni charges publiques, & qu'ils ne devoient pas s'exposer à la guerre; mais ce dernier principe n'étoit observé que lorsqu'il

(*a*) Souvent même ils passoient en Angleterre pour s'instruire dans des écoles célèbres qui étoient dans le pays de Galles sur-tout; ces écoles étoient très-renommées du temps de César, & très-fréquentées par les Druides Gaulois.

s'agiſſoit de l'intérêt de l'Etat, il étoit violé auſſi-tôt qu'il étoit queſtion du leur; dès qu'on l'attaquoit, ils voloient à ſa défenſe. Leurs principaux dogmes conſiſtoient dans l'obligation d'aſſiſter à leurs inſtructions & aux ſacrifices qu'ils faiſoient dans les bocages ſacrés, de ne confier le ſecret des ſciences qu'à ſa mémoire, de ne point diſputer ſur leur religion, ni d'en révéler les myſtères; ils conſiſtoient encore dans la punition du larcin, de l'oiſiveté & du meurtre, dans les devoirs envers les morts, dans la puiſſance abſolue des pères de famille, dans le droit exceſſif de vie & de mort ſur leurs enfans, dans le meurtre des priſonniers de guerre ſur leurs autels, & dans les ſacrifices de victimes humaines lorſque l'Etat étoit en péril ou menacé. A ces principes, ils avoient joint la maxime générale, qu'il ne pouvoit proſpérer qu'autant que leur corps ſeroit riche & puiſſant, que c'étoit là le ſigne de ſa grandeur. Non contens de dominer ſur les opinions, ils exerçoient un pouvoir terrible ſur les perſonnes; ils avoient le droit de punir de mort, & de rejeter de la participation de leurs myſtères ceux qui s'oppoſoient à leurs avis, ce qui étoit un genre de mort civile, en ce qu'on fuyoit le frappé d'anathême. Leur doctrine dégénérant de ſa pureté primitive, ils admirent des dieux étrangers, & leur firent partager leurs autels avec le Dieu univerſel, immenſe & incompréhenſible. Ce nouveau culte les conduiſit au comble de l'atrocité & à la ſoif du ſang humain; ils ſacrifièrent des hommes à l'affreux Teutatès, ils égorgèrent leurs ſemblables en l'honneur de cette divinité imaginaire. Souvent ils mêloient parmi les victimes les malheureux objets de leur haine & de leurs vengeances : ces passions effrénées étoient les dignes dispositions qu'ils apportoient à ces horribles sacrifices. Toutes les victimes ne se prenoient pas dans le sein de la patrie ; la guerre en fournissoit, les prisonniers étoient dévoués à ces sanguinaires divinités. Quelquefois les Druides les prenoient des mains des Gaulois, devenus aussi barbares qu'eux ; ils les immoloient sur des autels, ou les enfermoient dans des statues colossales faites d'ozier & entourées de matières combustibles, & marioient le chant de leurs hymnes infernaux & homicides aux cris des victimes.

Ils tenoient ce rite affreux des Phéniciens & des Carthaginois, les premiers égorgeoient des hommes sur les autels de Bal ou Bélenus, & les autres jetoient leurs enfans dans les bras de la statue embrasée de Saturne. Les Romains cherchant à se rendre propice la terre qu'ils vouloient conquérir, enfouissoient dans son sein des victimes vivantes. Les Egyptiens qui sacrifioient des filles au Nil, & les Ethiopiens des garçons au Soleil, & des filles à la Lune, semblent être les instituteurs de ce culte barbare : par quelle fatalité tant de nations se sont-elles accordées à honorer la divinité par des meurtres ?

Comme les Druides étoient les dépositaires des arts, il ne reste guère de monumens Celtiques que dans les endroits qu'ils ont habités ; aussi est-ce des décombres de ces antiques demeures qu'on a tiré les monumens qui attestent leur existence, leur cruauté & l'atrocité de leurs sacrifices. Outre ceux qu'on a trouvés dans les ruines des colléges d'Autun & de Mavilly, on voit encore aujourd'hui deux pierres (*a*) tirées des démolitions de l'ancien temple de Bélenus (*b*), bâti à Beaune, & qui ſont entrées vers l'onzième ſiècle dans la conſtruction de deux piliers de l'Egliſe de cette Ville : ſur l'une & ſur l'autre ſont repréſentés ces maſſacres imputés aux Druides, ces affreux ſacrifices de victimes humaines. Ces pierres perpétuent la mémoire de ces atrocités, en même temps qu'elles portent à l'ame de celui qui les contemple le ſouvenir du malheur de nos ayeux, du ſang qui fut répandu, & des meurtres dont l'humanité gémit encore. A cette preuve de la cataſtrophe du genre humain alors exiſtant, on retient avec peine ſes pleurs, on ne voit qu'avec indignation & ſerrement de cœur les chênes qui entourent les ruines qui ſervirent autrefois d'aſile à des

(*a*) L'une de ces pierres repréſente un homme nud, étendu ſur une eſpèce d'autel; l'autre, deux Druides en robes longues, foulant deux têtes de vieillards : dans l'eſpace qui les ſépare, eſt un maſſacre d'hommes, de femmes & d'enfans, jetés pêle-mêle, qu'un d'eux repouſſe de la main en détournant les yeux.

(*b*) La figure du Dieu a été trouvée gravée ſur une pierre provenant des ruines de ſon temple : il eſt repréſenté, comme chez les Perſes & les Phéniciens, avec un air fort & robuſte, & un rayon de lumière ſur le front; il eſt preſque nud, & tient dans ſa main le livre des myſtères mithiaques : preuve que les Gaulois avoient acquis des Phéniciens. Cette figure eſt gravée dans l'hiſtoire de Beaune. L'inſcription du tombeau de Chindonax au boſquet de Mithras, & le buſte du dieu Bélenus ſont des preuves certaines de la mythologie des Phéniciens, ce ſont des traces précieuſes de leur croyance & de leur paſſage. Il faudroit en inférer que les Druides auroient adopté ce culte, l'auroient aſſocié au leur, ou qu'ils auroient permis à quelques-unes des habitations Phéniciennes ou étrangères qui ſe gliſsèrent parmi les Celtes, de conſerver leur religion; car l'inſcription du tombeau annonce un Prêtre de Mithras, & non un Druide; il faut auſſi convenir que toutes les nations ont eu un penchant pour le culte du Soleil.

hommes auſſi cruels : ſucceſſeurs de ceux qui ont été témoins de tant de ſcènes affreuſes, ils ſemblent placés comme pour les rappeler aux hommes, & les guérir à jamais de la ſuperſtition, à la vue des maux qu'elle leur a faits.

Mais, comme ſi ce n'eût pas été aſſez d'un ſexe armé contre la nature, la ſuperſtition les avoit aſſociés tous deux à ſes attentats; le ſexe le plus doux avoit été entraîné aux plus affreux excès par l'enthouſiaſme, qui ſouvent éclate chez lui avec plus de fureur encore. Des femmes avoient été admiſes à ces horribles myſtères. Cette inſcription, trouvée à Metz, *Arete Druis Antiſtita*, prouve qu'elles étoient ſoumiſes à des ſupérieures; elles étoient répandues dans toute la Gaule, puiſque ce fut une de celles de Tongres qui prédit à Dioclétien ſon avènement à l'Empire. Retirées dans des déſerts ou dans des grottes, l'eſprit ſéduit par des diſcours trompeurs & fanatiques, le caractère endurci par la ſolitude & par des ſpectacles dénaturés, elles étoient devenues pires que leurs maîtres, & faiſoient aſſaut de cruauté avec eux. Revêtues d'une ſimple tunique blanche attachée ſur l'épaule avec une agraffe, entourées d'une ceinture d'airain, on les voyoit, le fer à la main, traîner les captifs ou les malheureuſes victimes dévouées à leurs divinités, & les égorger ſur leurs infâmes autels. La prêtreſſe de Diane en Tauride, celles qui ſuivoient les armées des Cimbres, des Ambrons, & qui immoloient les captifs, agiſſoient par le même principe. Les femmes ont ſouvent partagé les forfaits des hommes, mais ce n'eſt qu'après qu'elles y ont été excitées. Sous les Romains, il exiſtoit encore de ces prêtreſſes, mais réduites au ſeul emploi de la divination : nous en voyons une jouer, en 72, un grand rôle dans la guerre de Civilis, ainſi que Veleda & Ganna en Germanie ſous Trajan. Elles étoient diviſées en trois claſſes, dont l'une gardoit le célibat, l'autre alloit habiter tous les ans un jour avec les maris, & la troiſième étoit ſubordonnée aux deux autres. Leur vie ſolitaire, le myſtérieux attaché à la divination à laquelle elles ſe livroient, ont donné naiſſance à la Féerie ſi célébrée depuis par les Romanciers.

Quand les Romains eurent conquis les Gaules, ils firent ce que Gélon avoit fait avec les Carthaginois : ils défendirent les ſacrifices humains; Céſar voulut réduire Teutatès à de ſimples invocations, comme depuis le Calife Omar força le Nil à ſe contenter d'une lettre au lieu d'une fille; mais les Druides, déja outrés contre un Gouvernement qui avoit ſappé leur autorité, n'eurent que peu d'égards à ces ordres; leurs ſacrifices furent moins communs, & toujours auſſi cruels. Tibère fut obligé de les condamner aux peines qu'ils faiſoient ſouffrir à leurs victimes; Néron fit brûler leurs retraites & leurs bois ſacrés. Le peuple, habitué au joug des Romains & à leur culte, les trouva plus doux, & abandonna les Druides; mais ceux-ci étoient trop épris d'un culte qui leur avoit procuré un rang auſſi élevé, ils ne purent ſe déterminer à l'abandonner. Forcés à ſe déſiſter des ſacrifices ſanguinaires, ils ſe rejettèrent du côté de la divination, & ſubſiſtèrent dans ce dernier emploi juſqu'à Charlemagne; mais ils étoient encore nombreux à l'arrivée des Francs dans les Gaules; & juſqu'à ce que leurs Rois plus éclairés euſſent pris les mœurs des Romains, ils jouirent encore de quelque considération sous un peuple ignorant, curieux de savoir l'avenir. Alors elle tomba, & ils disparurent; mais ce ne fut que dans le septième siècle, qu'ils finirent entièrement. Les figures du Temple de Bélenus, bâti après César, nous convainquent que leur culte étoit encore en vigueur, malgré la défense faite par le Sénat l'an 95 avant notre ère, & malgré celles des Empereurs Tibère, Claude & Néron; ils étoient encore en honneur du temps d'Aurélien, puisqu'Ausone, dans un éloge fait en faveur des professeurs des écoles de Bordeaux, loue *Patera* & *Phebidius* qui descendoient des Druides. Dans le sixième siècle, ces Druides devins conservoient encore l'esprit de leur premier état, puisque Théodebert ayant pénétré en Italie, & s'étant emparé de Pavie, ses gens sacrifièrent des victimes humaines; sur quoi Procope dit : » Les » François, devenus Chrétiens, observent encore une » grande partie de leurs superstitions; ils offrent des vic» times humaines «. A ces traits, on ne peut reconnoître que les Druides & les Gaulois; car le culte des Francs n'étoit pas aussi cruel.

Les Celtes, qui fuyoient le luxe, s'avisoient, par la plus singulière des bisarreries, d'avoir du faste & de la vanité lorsqu'ils n'étoient plus. Leurs funérailles étoient somptueuses : on brûloit les corps des principaux avec leurs armes, leurs chevaux & leurs meubles les plus précieux Cette manie tient cependant moins au luxe qu'à des idées générales. Dans le Tonquin & la Tartarie, on enterroit encore, dans le siècle dernier, une partie des trésors & des esclaves du défunt avec son cadavre. Funérailles.

Plusieurs peuples du Septentrion, les Grecs mêmes (*a*) enterroient ou brûloient leurs morts avec leurs armes & des effets précieux. Alaric, Charlemagne & beaucoup de Princes du Nord furent enterrés de la sorte. L'idée qu'au moment du réveil général, les hommes se relèveroient & se serviroient des moyens que la générosité de leurs enfans leur auroit laissés, étoit très-répandue. Delà cette coutume barbare d'enterrer les vivans pour honorer les morts.

La construction intérieure de la grande Pyramide d'Egypte donne à penser qu'on avoit enfermé des hommes vivans dans le tombeau du Pharaon qui y fut inhumé : on est tenté de le croire à l'inspection des trous & des jours ménagés jusqu'au cachot de ces vivans ensévelis.

Comment les hommes ont-ils pu inventer un aussi cruel usage, il n'y a que le despotisme le plus outré, le mépris des humains, qui ait pu engager le tyran à honorer par le sang la cendre de son prédécesseur! L'usage de conserver ou de brûler les cadavres, semble aussi s'éloigner du vœu de la nature; la vraie sépulture des corps est la terre; la main des mortels n'ayant pu les tirer du néant, ne doit pas empêcher qu'ils n'y rentrent, il faut que l'homme qui est sorti de la terre y retourne; la conservation du cadavre d'un Monarque, loin de donner une idée de sa grandeur, le rapetisse & le diminue aux yeux du spectateur qui considère ce qui

(*a*) Nous voyons dans Homère qu'Achille jeta les armes de Patrocle dans le bûcher avec des chevaux & des chiens, & immola douze jeunes Troyens.

en reſte. C'eſt bien pis, s'il n'a rien fait pour ſe ſauver de l'oubli, le mépris ſe joint au dégoût du ſpectacle.

La piété envers les morts étoit une partie eſſentielle du culte des Gaulois ; leurs monumens, à cet égard, étoient ſi multipliés & ſi ſolides, qu'il nous en reſte encore. Le pays des Belges, celui des Celtes ſur-tout, offrent des tertres & des reſtes de pyramides dont la baſe eſt exiſtante. Le monument de cette eſpèce (*a*) qui ſe ſoit le mieux conſervé, eſt la pierre de Couhard auprès d'Autun ; c'eſt un reſte encore élevé d'une haute pyramide aſſiſe ſur le tombeau d'un Roi Gaulois, ou avec plus d'apparence, de Divitiacus (*b*), chef des Druides. La conſtruction myſtérieuſe de cette pyramide eſt comme celle d'Egypte, on n'a pu encore trouver le tombeau de ſon fondateur ; c'eſt ainſi qu'on reconnoît à chaque inſtant dans les Gaules les traces du génie Egyptien : on les trouve juſque dans les cavernes, témoin celle d'Auvergne d'où on tira la momie qui eſt dépoſée au Cabinet du Roi. La crainte de la violation des tombeaux a été générale, & a de tout temps inſpiré aux hommes de grandes précautions : outre celles priſes

(*a*) Il y a encore à Pierre & à la Chapelle-ſous-Brancion les reſtes de pareilles pyramides. L'abbé Courtépée remarque fort judicieuſemunt qu'en Bourgogne pluſieurs endroits ont pris le nom de Pierre-pointe, Pierre-écrite, Pierre-levée, Pierre-fite, d'une roche ou d'une eſpèce de pyramide, élevée ſur un tombeau Gaulois. Le mot *Petra* ſignifioit, ſelon lui, monument ſépulchral ſur la hauteur.

(*b*) Ce qui l'a fait ſoupçonner eſt une médaille d'or trouvée auprès, il y a près de cent cinquante ans, portant cette inſcription : *Gloria Æduo. Druid. que*, qui ne pouvoit s'appliquer qu'à Divitiacus.

par les Rois d'Egypte qui se faisoient renfermer dans le secret de leurs pyramides, on connoît celles des Rois de Tonquin, de Samarcand & des Incas du Pérou dans l'autre hémisphère. Les Chefs & les Rois de cette nation, voulant laisser après eux une idée de la grandeur dans laquelle ils avoient vécu, étoient enterrés sur des éminences, & ce tombeau ainsi exhaussé étoit encore surmonté d'une pyramide. Pourquoi cet usage leur étoit-il commun avec les Egyptiens & les sauvages des isles du Tropique (*a*), qu'ils ne connoissoient pas? C'est parce que les hommes ont toujours eu des idées d'une fausse grandeur, que l'orgueil les suit par-tout, & même leur survit.

Au lieu d'une pyramide, les personnes d'un rang commun avoient une pierre sculptée, selon le goût du temps: ce qui nous en reste annonce la grossièreté & l'antiquité de l'ouvrage. Des deux tombeaux de cette espèce (*b*) que

---

(*a*) Les pyramides ou statues Terminales que M. Cook a vues à l'isle de Pâques, & les terres qu'il a remarquées, ainsi que les voyageurs qui l'ont précédé dans les morais ou cimetières d'autres isles.

(*b*) L'une de ces pierres est à l'entrée d'un hameau, qu'on appelle la Pierre-écrite, sur la route de Paris, de Saulieu à Autun. Elle est au pied d'un grand arbre, & est de granite du pays : elle est brute, & les figures, qui sont grossières, représentent un homme, une femme & trois enfans, dont l'un fait un ouvrage de poterie. Le mari tient en main un instrument avec lequel, probablement, il fabriquoit ses ouvrages. Ils sont vêtus de ces robes dont le sommet avoit une ouverture par où la tête passoit. Il y a au bas une inscription Celtique à demi-effacée, que M. de Migieux, très-instruit dans cette langue, prétend signifier *Potier de terre*.

L'autre pierre est chez M. de Migieux même : elle est blanche & offre deux figures à-peu-près dans le même costume, avec une inscription Celtique, signifiant *Archer*.

On a aussi trouvé à Gevrey, proche Dijon, une pierre, reste d'un tombeau d'un ouvrier en fer, appelé *Emeluncus*.

nous connoissons, l'un est celui d'un archer & de sa femme, & l'autre, d'un potier de terre & de sa famille; ce qui prouve que dans toutes les classes on avoit la fureur des mausolées, & qu'on cherchoit à se précautionner contre l'oubli de la tombe. Il y en avoit qui, pour les rendre plus durables, alloient jusqu'à les tailler dans le roc (a). Beaucoup de ces morts, & presque tous ceux qui sont rapportés par M. le Goux de Gerland, sont représentés avec une urne ou un vase en forme de gobelet. Quoique les antiquaires ne soient pas d'accord à cet égard, il y a apparence que ce sont des urnes, parce que dans plusieurs tombeaux & dans plusieurs champs qui servoient de cimetières aux Gaulois, tel que le champ des urnes à Autun, à Clamerey, Châlons-sur-Saône, Tilchâtel, Verdun, on en a trouvé beaucoup de verre & de terre; &, ce qui paroît décisif, ce sont ces lettres trouvées sur l'une d'elles: *C. J. Suri;* cendres de Julius Surus. Les cabinets des antiquaires sont pleins de ces vases, ainsi que de lampes sépulcrales: plusieurs de ces tombeaux portoient des inscriptions de la plus belle morale (b), ce qui donne à connoître que les

(a) Il y en a trois de cette nature à Aubigny-la-Ronce, bailliage de Beaune; ils sont taillés dans un seul bloc de grais de quarante pieds de circonférence, & de quatorze ou quinze de hauteur.

(b) Chorier, dans ses antiquités sur Vienne, p. 500, rapporte celle-ci: *Si vous ne trouvez plus les cendres dans cette urne, songez à la belle ame contre qui il ne fut jamais rien dit.* Il rapporte encore la suivante: *Ici se découvre tout le secret de la vie humaine.* D. Martin en rapporte une, qui annonce la croyance des Gaulois sur les deux substances dont le corps est composé: *Leve le voile & médite sur le composé des substances qui s'unissent & se séparent.*

Druides avoient fait de grands progrès dans cette ſcience, & que les Gaulois, leurs diſciples, étoient imbus de leurs principes. Ces anciens monumens nous ont encore appris deux choſes : l'une, que les Gaules, après la conquête des Romains, ne renfermoient pas ſeulement des légions pour leur garde, mais encore des branches des premières familles de Rome (*a*); l'autre, que les Gaulois qualifioient les individus d'une même lignée par leur nombre ordinal (*b*).

Tels furent les mœurs, les uſages & la Religion des Gaulois, plus ou moins groſſiers, ſelon les temps. Leur variation fut ſuſceptible de trop de nuances pour prétendre les peindre toutes, car il eſt certain qu'un peuple en change toutes les fois qu'il arrive des révolutions chez lui; elles varient avec le climat, les connoiſſances & le gouvernement. Cette loi eſt auſſi naturelle que celle du changement des productions, lorſque le ſol en éprouve. Le phyſique par-tout entraîne le moral, & l'oblige à le ſuivre dans ſes métamorphoſes. La Gaule a-t-elle été couverte de forêts & de lacs? ſes habitans ont eu le teint blanc, ils ont été chaſſeurs & paſteurs. La terre a-t-elle été découverte & aſſainie? ils ont été agriculteurs, leur teint a été brun, ils ont changé de figure ainſi que le

---

(*a*) Nous en avons la preuve par cette inſcription du tombeau de Paulianus, fils de Paul, de la famille des Aniciens, conſidérable à Rome, & établie à Langres où on a trouvé pluſieurs fragmens de leurs tombeaux, entr'autres celui-ci ſur lequel on lit : S. M. M. N. E. M. PAULIANI PAULI FILIUS ANNICICUS.

(*b*) On en juge par cette inſcription trouvée ſur un tombeau, dans les environs de Dijon : *Aperinus Adebugi III.*

climat ; avec les Druides, ils ont été barbares ; avec les Romains, ils ont été humains & polis : quand leurs montagnes hériſſées de forêts étoient froides, & leur terrain humide, ils ſe nourriſſoient de lait & de chair ; aujourd'hui que le ſol eſt ſec, & les montagnes découvertes, ils ſe nourriſſent de bled & de vin. Le climat eſt le grand légiſlateur des hommes ; ſa loi eſt ſi impérieuſe, qu'on peut la regarder comme la volonté d'un deſpote qui veut que ſes ſujets obéiſſent à ſes caprices, & ſuivent aveuglément ſes impreſſions. Ces mœurs & ces uſages, bruts dans l'origine, n'eurent, pendant bien des ſiècles, que des traits mal gravés & peu ſtables dans chaque genre, juſqu'à ce qu'ils s'arrêtaſſent à un caractère fixe. On peut rapporter cette époque à l'arrivée des Phocéens. Leurs mœurs prirent une teinte de celles des peuples Orientaux ; les Druides mirent leurs ſciences à contribution ; & la nation, leur langue. Leurs arts enrichirent les Gaulois : le fer fut travaillé, & devint terrible dans leurs mains ; l'or fut ramaſſé avec ſoin, & ſervit d'ornement aux plus riches ; la laine fut filée, & donna des habits ſouples & chauds ; des maiſons ſolides, au lieu de cabanes, vinrent les ſouſtraire aux injures de l'air. Alors ils connurent l'aiſance ; mais ils ne ceſsèrent pas d'être barbares : ils ne furent réellement en poſſeſſion des arts, qu'après avoir ſubi le joug des Romains. Leurs mœurs & leurs uſages s'enrichirent de ceux de leurs conquérans. Leur Religion & leurs Prêtres, perdant inſenſiblement de leur crédit, les pratiques religieuſes des Romains furent adoptées ; & bientôt cette nation, qui, un moment auparavant, étoit dans les ténèbres de la barbarie, s'éleva au niveau des maîtres du monde. On va exposer la cause d'une révolution aussi prompte, ainsi que les succès qui la suivirent, & les scènes qui la précédèrent.

PREMIERS TEMPS CONNUS.

LES premiers peuples, dont les relations avec nos pères ſoient venues à notre connoiſſance, ſont les Phéniciens. Ces antiques dominateurs de l'Océan, dont la puiſſance s'étendoit ſur toutes les mers, dont l'induſtrie mettoit à contribution toutes les parties de l'Univers, & dont le commerce lioit tous les hommes, furent les premiers étrangers connus qui osèrent aborder dans cette contrée, y établir les points de communication dont les fondemens exiſtent encore, & que cette terre offre, après tant de ſiècles, comme un hommage envers ſes antiques inſtituteurs. Ils ont diſparu, mais leur génie & l'empreinte de leur main ſont reſtés ſur ce ſol, & y ſont auſſi remarquables que dans les autres pays de l'Univers qui ſe glorifient de ces premiers maîtres.

Laiſſons à l'hiſtoire ancienne le droit de repréſenter Tyr dans la gloire de ſon triomphe, lorſque cette Reine de la mer, aſſiſe au milieu des eaux, étendoit ſes bras autour du monde, ſourioit avec dédain ſur les armées des Deſpotes attachées au rivage, & enchaînoit tous les peuples par ſes relations, ſes colonies & ſes armes. Il ne m'appartient pas, dans le plan que je me ſuis propoſé, de l'enviſager dans cet état de ſplendeur; je me borne à la conſidérer ſous le point de vue qui intéreſſe cette contrée; je ſuis ſon pavillon dans les climats glacés des

Gaules; je me présente à l'époque où ces navigateurs qui sembloient avoir pris à tâche de lier tous les hommes par le commerce, & d'unir toutes les terres par la marine, abordèrent pour la première fois sur les côtes de cette contrée sauvage, comme les Européens firent dans ces derniers siècles sur la plage de l'Afrique & de l'Amérique; car les grandes scènes de la nature sont les mêmes quant au fond, le temps & les circonstances apportent seulement quelques changemens dans les décorations. Les présens qu'ils firent aux barbares habitans de ces climats consistèrent en outils, en meubles grossiers, qu'ils leur donnèrent en échange de cuirs & de bétail, car le Gaulois n'avoit alors rien de plus à offrir.

Telle fut l'origine du commerce qui s'établit dans les Gaules; les Phéniciens ne lui donnèrent d'autre point d'appui que la modération avec laquelle ils en usèrent, & les liens d'amitié qui les unirent aux Celtes : envain eussent-ils voulu leur en imposer d'autres, & ils le sentirent bien; car ils n'essayèrent pas à fonder des colonies, & à élever des citadelles qui eussent fait ombrage à ces peuples puissans & belliqueux, qui n'auroient pas manqué de repousser leurs entreprises, ce qui leur auroit suscité une guerre ruineuse au lieu d'un commerce utile. Les Rhodiens, pour avoir méconnu ce caractère peu endurant des Gaulois, expièrent leur erreur par la ruine de la colonie qu'ils avoient fondée à l'embouchure du Rhône, qui en a retenu son nom. Les Phocéens de Marseille n'ont été redevables de leur salut qu'à l'évènement heureux qui favorisa, comme on l'expliquera, la fondation de leur ville; il ne fallut pas moins depuis, que

que leur génie & leur valeur pour empêcher la ruine de leur patrie.

Les Phéniciens, ſans être inſtruits par ces évènemens qui n'arrivèrent qu'après leurs premières relations avec les Gaules, agirent à l'égard de ſes habitans comme s'ils les euſſent toujours connus; ils ne les effarouchèrent pas à la vue des chaînes que renferment ordinairement les remparts & les tours, ils ſe contentèrent de l'uſage des ports & de communications amicales; auſſi ne voyons-nous aucune colonie Phénicienne ſur les côtes Celtiques, tandis que celles d'Eſpagne, de Grèce & d'Afrique en étoient couvertes. Cette différence provint de l'eſprit des peuples, dont les premiers, bouillans & impétueux, firent, dès la première entrevue, connoître le danger de les offenſer. D'un autre côté, les Phéniciens étoient inſtruits des pertes qu'éprouve une colonie qui prend pied contre le vœu des anciens habitans; les longues & ſanglantes guerres qu'ils avoient été obligés de ſoutenir contre les Turditains (*a*) pour la fondation de Cadix, & des autres places de la Bétique, ne leur inſpiroient pas l'envie de réitérer dans les Gaules des ſcènes auſſi meurtrières, & moins utiles à tous égards; car, en admettant qu'ils euſſent triomphé, les remparts iſolés qu'ils euſſent élevés dans la Celtique, n'euſſent jamais été auſſi avantageux à leur puiſſance que Cadix, cette clef de la Méditerranée, cet entrepôt de l'Univers.

Les Phéniciens, qui ſembloient avoir des ailes pour traverſer les mers, avoient auſſi la patience & le courage

(*a*) Dans l'Andalouſie à l'Occident.

ſi néceſſaires au commerce dans la lenteur de ſes opérations ; ils pénétrèrent dans les différentes provinces de la Gaule, remontèrent ſes rivières, & laiſsèrent par-tout des traces de leur génie & de leurs arts, reconnoiſſables encore aujourd'hui par les veſtiges de leur mythologie, les traits de leur ciſeau, les médailles, les pièces de monnoie qu'ils apportèrent, & les tombeaux qu'ils creusèrent. Ils furent les premiers commerçans, comme les premiers inſtituteurs de cette contrée : quoique les Grecs & les Carthaginois y aient laiſſé une mémoire plus récente & mieux gravée, elle n'a pas effacé celle des Phéniciens, & nous avons rencontré plus d'une fois dans le tableau des mœurs Celtiques des traits de reſſemblance qui décèlent leur origine.

L'apparition des Phéniciens ſur cette terre, leur commerce, leurs relations intérieures, ne ſont point de ces rêves hiſtoriques, à l'aide deſquels un écrivain entreprend de rehauſſer la gloire de ſa nation, & d'en illuſtrer l'origine ; c'eſt un fait étayé par des preuves, c'eſt une tradition dont les caractères originaux ſe repréſentent encore dans le ſtyle & le génie Phénicien, tels qu'ils furent gravés dans le principe : ces monumens tiennent à leurs arts & à leurs idées ; il paroît que les uns & les autres ont été également répandus dans les Gaules ; ils nous retracent leurs opinions exprimées dans les figures des Divinités qu'ils encenſoient : ces ſtatues ont pu n'avoir été élevées qu'après eux par la main des Phocéens, mais ſi l'on n'en eſt redevable qu'à ces derniers, il paroît qu'ils ont ſoigneuſement conſervé les idées que les Phéniciens avoient introduites, & qu'ils ont cherché à immortaliſer le culte qu'ils avoient apporté dans les Gaules. Ces caractères sont :

1°. La figure d'Isis sculptée sur une des faces des colonnes de Mavilly, le plus ancien monument Celtique connu ; elle y est représentée avec son voile, telle qu'elle étoit honorée en Egypte & en Phénicie.

2°. La face de Bélenus, Bal, ou le Soleil, ce dieu des Phéniciens, exprimée sur une des pierres qui servit à la construction de son Temple à Beaune, temple qu'on soupçonne de fondation Phénicienne, car le culte du Soleil étoit répandu dans la Celtique, comme le prouve le monument suivant.

3°. Le tombeau de Chyndonax, grand-Prêtre de Mithra, ou du Soleil, trouvé dans la contrée de Poussot, à un demi-quart de lieue de Dijon, par le médecin Guenebauld; découverte publiée sous le titre de Réveil de Chyndonax : on a accusé cette relation d'enthousiasme & de charlatanisme, mais en ne la considérant que dépouillée d'évènemens étrangers, & réduite à sa juste valeur, il en résultera toujours que le Soleil avoit un Temple & des Prêtres dans les environs de Dijon, & à Beaune qui n'en est pas à une grande distance.

4°. Parmi les Antiques déterrés dans la Cathédrale de Paris (*a*), qu'on soupçonne avoir été construite sur les débris d'un Temple d'Isis, il se trouve deux figures qui paroissent appartenir à la Mythologie Phénicienne. L'une est celle d'un homme tenant un sceptre d'une main, & s'appuyant de l'autre sur la tête d'un cheval, animal ho-

(*a*) Le 16 Mars 1711.

noré dans Tyr & dans Carthage, & qu'elles déployoient sur leurs drapeaux.

L'autre est celle d'un Dieu armé de la foudre, avec une Autruche, emblême du Soleil.

5°. La Mythologie des Phéniciens différant peu de celle des Egyptiens, l'Egypte ayant passé sous le joug des premiers (*a*), leurs mœurs n'ont pas dû s'éloigner les unes des autres; ainsi les usages Egyptiens que nous trouvons introduits dans les Gaules, y ont été apportés par les premiers avec les leur (*b*). La Momie trouvée dans un souterrain en Auvergne, & déposée au cabinet du Roi, peut tenir à ces temps, & être considérée comme une preuve du séjour des Phéniciens sur cette contrée.

6°. Les médailles Arabesques, Juives, Orientales & Puniques qu'on a trouvées, & dont les cabinets des antiquaires s'enrichissent tous les jours, semblent porter au plus haut degré de conviction les relations des Tyriens avec les Celtes, & la connoissance que ces premiers eurent des Gaules.

7°. L'identité des poids & des mesures des deux nations est un grand argument en faveur de leur commerce, & certainement on n'accusera pas Tyr d'avoir emprunté les instrumens des Gaulois, & de tenir d'eux la balance qu'elle portoit dans tous les marchés de l'Univers.

8°. L'astronomie des Celtes, si toutefois on peut donner ce nom aux plus obscures notions, remontoit à celle des Phéniciens, qui, plus occupés de leur commerce que

(*a*) Les Dynasties des Rois pasteurs Phéniciens en Egypte.

(*b*) Voyez la médaille, n°. 1, explicative de l'astronomie des Egyptiens.

de l'inſtruction de leurs alliés, ne leur en avoient pas donné de grandes leçons; mais un principe qu'ils tenoient d'eux, & qu'ils cultivèrent malheureuſement trop à la honte de l'humanité, fut celui des ſacrifices humains: ce trait, tout affreux qu'il eſt, fournit encore une preuve de la communication de nos pères avec les Phéniciens, & de l'adoption de leurs uſages.

A l'aſpect du commerce, on peut juger de la puiſſance & de la ſplendeur d'un Etat; lorſque les ailes déployées, il s'élance des ports d'un Empire, ou bien en parcourt les provinces d'un vol rapide, on peut décider de ſon opulence & de l'activité de ſes ſujets, comme on peut augurer de ſa foibleſſe & de leur misère lorſqu'on le voit croupir dans la fange des côtes, ou ſe traîner lentement dans l'intérieur. Tel fut celui des Celtes qui ne put être excité par l'activité de celui de Tyr. La cauſe en étoit ſimple; les Phéniciens, euſſent-ils eu encore plus d'énergie, ne pouvoient forcer la nature dans un pays où tout étoit dans la plus grande ſtagnation. L'homme y étoit brut, plein de préjugés, il n'avoit ni arts, ni moyens, ni chemins de communication; mais ce qui ſera à jamais à la gloire des Tyriens, & ce qui dépoſera toujours en faveur de leur conſtance & de leur génie, c'eſt qu'ils furent, malgré tant d'obſtacles, malgré la nature & les hommes, y fonder un commerce utile. Il devint même un tronc qui porta des branches fort étendues, car ils trafiquoient tout-à-la-fois ſur les deux mers, ſur les côtes d'Angleterre, dans le canal, & juſque dans le cœur de ces deux contrées; ils exploitoient en même-temps les mines d'étain des iſles Caſſitérides, qui ſont, dans l'opinion la mieux établie, les Sorlingues & le pays de Cornouaille, & celles d'argent des Pyrénées. Ce métal fournit une cargaiſon ſi abondante dans un voyage, qu'ils en chargèrent juſqu'au poids de leurs ancres (*a*).

Le premier négoce des Phéniciens avec les Celtes conſiſta, comme nous l'avons vu, en pelleteries, qui ſont les richeſſes des peuples Nomades, tels qu'étoient alors les Gaulois; les dépouilles des Elans, des Bizons, des Ours qu'ils tuoient à la chaſſe, de leurs Bœufs qui étoient très-grands, & ſur-tout de l'Ure monſtrueux, dûrent paroître précieuſes aux Phéniciens qui ne connoiſſoient que les cuirs foibles & pelés de l'Aſie & de l'Afrique. Bientôt après ils firent des traites de bétail, ſoit pour rafraîchir les équipages, ſoit pour les tranſporter ailleurs. Le bois de conſtruction devint une partie eſſentielle, & fut appréciée par un peuple navigateur; l'abondance des matériaux de cette eſpèce ſoutint depuis le commerce immenſe de Marſeille, & la rendit la rivale de Carthage ſur les mers. Mais l'exploitation des mines parut l'objet le plus avantageux : outre celles d'argent des Pyrénées, il y en avoit d'or en Provence & en Languedoc; les Tyriens tiroient ce métal de la terre, ou l'achetoient en paillettes, que les eaux des fleuves détachoient des rochers, & que les peuples riverains cherchoient dans les ſables qui avoient ſuccédé aux inondations; ils donnoient en échange du fer, des armes, du cuir, des étoffes groſſières, des vins, des liqueurs ſi ſéduiſantes pour tous les Sauvages, des vaſes d'or & d'argent, des bracelets &

(*a*) Diodore de Sicile.

des pièces monnoyées, puiſqu'on en trouve encore dans la terre (*a*).

Les objets qui faiſoient la matière de ce commerce ont droit de nous étonner aujourd'hui, mais qu'on ſe porte pour un moment au temps où il ſe faiſoit, & l'étonnement ceſſera. Ce n'eſt pas le commerce qui a varié, mais le ſol; auſſi inconſtant que ſes habitans, il s'eſt plu à changer de coſtume. Sombre, froid, humide, couronné de bois touffus, couvert d'animaux de différentes eſpèces, tel étoit l'aſpect ſous lequel il ſe montroit dans ces ſiècles reculés. La décoration a changé; aujourd'hui c'eſt une contrée riante, couronnée de pampres au lieu de bois, qui s'eſt enveloppée d'un air ſec au lieu de la température humide qui la couvroit? Elle a ſubſtitué au ſouffle glacial des Aquilons, l'haleine des Zéphirs & des vents tempérés; elle a relégué ſous le pole l'Ours, l'Ure, l'Elan, & tous les animaux barbares qu'elle tenoit de ſa correſpondance avec le Nord; elle s'eſt ſouſtraite à ſon Empire, & s'eſt rangée ſous celui du Midi : il ſemble qu'elle ait dépouillé les rides de la vieilleſſe pour revêtir les graces de l'adoleſcence.

La nature qui eſt ſans fard, n'a pas voulu que les hommes priſſent le change; en ſe prêtant à ce changement, elle a laiſſé ſur cette terre des monumens de la révolution, empreints de ſon ſceau primitif. Il exiſte encore des montagnes chevelues, reſtes des anciennes forêts; des lacs, reſtes des napes d'eau qui couvroient

(*a*) V. le détail que donne le Journal de Berry du mois de Janvier 1785, de celles trouvées dans cette province.

les plaines; des Ours relégués dans les rochers escarpés des Alpes & des Pyrénées, & d'autres animaux du Nord, tels que la Martre, le Castor, la Loutre, la Marmotte; & dans le règne végétal des Sapins, des Bouleaux, une espèce de Chêne blanc tenant de la nature du Cèdre, qu'on trouve sous le Cercle Polaire (*a*). Ces vestiges sont aux yeux de l'Observateur & du Naturaliste autant de preuves de l'ancienne température du climat, & du changement qu'il a éprouvé.

Cette observation n'est pas étrangère à l'histoire; son œil doit s'arrêter sur les révolutions que le sol a subi, comme sur celles qu'ont éprouvé les hommes; son pinceau doit les représenter avec la même fidélité, parce que les premières ont une influence marquée sur les autres, & que l'homme n'est que le sujet du climat modifié par les arts & la raison. Le changement dont on vient de rendre compte en est la preuve; la métamorphose du physique dans les Gaules qui a amené celle du moral, y a aussi produit celle du commerce; il étoit avant cette époque ce qu'il est aujourd'hui, relatif aux mœurs & au climat; & le Phénicien, qui achetoit alors les peaux de nos bêtes fauves, étoit à cette contrée ce que lui sont à présent le Russe & l'Anglois, achetant ses modes ou ses vins délicieux.

La communication une fois établie entre les deux peuples, il s'ensuivit une relation qui adoucit un peu les

(*a*) Cet arbre inaccessible aux ravages des insectes, & dont les charpentes de quelques anciens bâtimens sont encore composées, a été pris dans ces temps modernes pour le Châtaignier.

mœurs

mœurs des Celtes, & leur fit faire un premier pas hors des limites de la barbarie, mais ce pas fut l'ouvrage d'une férie de fiècles : cette lenteur provint peut-être de ce que les Phéniciens, agiffant felon l'efprit des peuples commerçans, penfoient plus à leurs intérêts qu'à inftruire des étrangers. La politique leur avoit appris qu'ils trouveroient plus d'avantages à traiter avec des ignorans qu'avec des êtres inftruits ; & cette politique étoit conforme au génie de leur nation qui cachoit fes découvertes, & auroit voulu, pour ainfi dire, dérober aux hommes la connoiffance les uns des autres. Les Carthaginois, en venant partager les profits de leur commerce, ne firent rien pour l'inftruction des Celtes ; ils fortifièrent feulement l'affreux précepte des facrifices humains.

Les Gaules, avec les avantages de ces relations & le fecours d'une longue fuite de fiècles, étoient parvenus à un haut degré de population : il étoit même devenu exceffif pour un peuple Nomade, toujours trop refferré en raifon de fes befoins, au lieu que le peuple artifte ou cultivateur fe plaît à être nombreux, & devient plus floriffant à mefure qu'il a plus de bras, & de fecours mutuels à efpérer. Ce nombre d'hommes féroces, entaffés dans une même contrée, renouvella l'idée fi ancienne chez les nations, de faire des divifions ; il fallut que les cadets de cette grande famille abandonnaffent à leurs aînés le patrimoine de leurs pères, & allaffent chercher de nouvelles demeures & une nouvelle patrie. Avant que d'ouvrir la digue à ce torrent qui inonda l'Europe, fe porta jufqu'en Afie en renverfant & les forces des peuples, & les trônes des Rois : avant même que de faire connoître la ſource d'où il s'échappa, on va remonter à des révolutions du même genre, plus anciennes encore, & dont les traces ont été ſaiſies dans l'étude des langues, leur comparaiſon & la recherche de leur origine.

Dans l'eſpace qui remonte au-delà des évènemens dont nous avons connoiſſance, les Celtes s'étoient déja répandus ſur une partie du globe : comme les peuples émigrans ſont preſque toujours vainqueurs, ils avoient laiſſé leur dialecte pour preuve de leur Empire ſur de grands pays. Les contrées dont les langues paroiſſent dériver de la leur, & ſortir de la Celtique comme d'un tronc commun, ſont l'Angleterre; la Celtiberie (*a*), la Galice en Eſpagne; la Lombardie, la Toſcane en Italie. La Grèce; l'Illyrie (*b*), la Carie, la Lydie (*c*) & la Phrygie en Aſie. A la vérité, l'invaſion de Belloveze & de Sigoveze porta ſur tous ces pays, & on pourroit en induire que les traces de la langue Celtique n'ont été qu'un mélange de celle des vainqueurs & des vaincus à cette époque; mais lorſqu'on conſidère que c'eſt le Celtique qui fait le fond de ces langues, que le Phrygien ſur-tout qui n'en eſt qu'un dialecte, a toujours paſſé dans l'Aſie pour être un des plus anciens, on voit que ces pays ont été conquis dans des temps perdus pour la tradition; & que l'émigration, exécutée ſous Ambigat, ne fut que la répétition de ce qui s'étoit fait dans les ſiècles précédens. On en concluera que le Gaulois Nomade, habitant dans un climat froid,

(*a*) Aujourd'hui la Caſtille Vieille & l'Aragon.

(*b*) La Croatie, Morlaquie, Dalmatie & Boſnie.

(*c*) Ces deux Contrées font partie de la Natolie & de la Caramanie.

étoit, par ſa population & ſa poſition, le conquérant naturel des pays Méridionaux, comme le Tartare, placé ſous une même température, l'eſt devenu depuis.

La domination des Celtes ſur ces pays n'étoit pas ſeulement reconnoiſſable par le langage, mais par leur dénomination en pluſieurs endroits. Les noms de Galécie & de Celtiberie, portés par de vaſtes contrées de l'Eſpagne, atteſtoient leur conquête par les Celtes, en même-temps que la langue Cantabre, différente de l'Eſpagnol, & rapprochée du Celtique, indiquoit ſa ſource. Preſque tous les noms des peuples & des villes, conſignés dans l'ancienne Géographie de l'Angleterre, ſont Gaulois, ce qui joint à la conformité des mœurs, des uſages, de la religion, démontre clairement que le Celte, dans les temps les plus reculés, franchit la mer comme les montagnes, & ſoumit à ſon Empire les Iſles comme le Continent. Cette parfaite conformité exiſtoit encore du temps de Céſar; les mœurs antiques n'avoient pas été altérées chez ces Inſulaires comme dans la Gaule Aquitanique, & ſur-tout en Eſpagne par le commerce des Phéniciens, des Carthaginois, & des autres peuples navigateurs, auſſi voyons-nous que les Druides alloient encore, à l'époque de la conquête des Gaules, étudier dans les écoles d'Angleterre, & y puiſer comme dans une ſource pure. Quant aux climats qui n'offrent que leur dialecte pour preuve de l'ancienne conquête, on en parlera avec plus de certitude dans la Section ſuivante.

ÉMIGRATION

DE BELLOVEZE ET DE SIGOVEZE.

Fondation des Colonies Gauloises, 590 ans avant l'Ere Chrétienne.

PARMI tant de peuples que renfermoient les Gaules, il y en avoit quelques-uns qui étoient beaucoup plus puissans que les autres; les voisins de ces nations prépondérantes étoient leurs alliés ou leurs vassaux. Dans le nombre des puissances qui pouvoient être regardées comme les grandes roues de ce corps politique, figuroient les Eduens, les Senonois, les Berruyens, les Auvergnats, les Sequanois, les Bellovaques. Les Berruyens, à la suite d'une longue chaîne de révolutions, avoient pris le dessus, & leur Roi Ambigat, après un règne glorieux, voyoit dans sa vieillesse presque toute la Celtique soumise à ses loix. Ce qui prouve quelle étoit alors l'étendue de sa domination, c'est que les armées qu'il donna à ses neveux étoient un composé de toutes les nations de cette contrée, tels que les Manceaux, les Lingons, les Senonois, les Eduens, les Insubriens, les Boyens, les Tectosages. Si ces peuples eussent formé autant de cantons libres, ils eussent eu des chefs de leur nation, comme cela se pratiqua depuis dans les Croisades, & ils ne se fussent pas accordés à se ranger d'un commun accord ſous les étendards de deux Princes étrangers pendant qu'ils avoient les leur. Une pareille ſoumiſſion ne peut être que l'effet d'un ordre ſupérieur, indépendant d'un choix libre : on voit des vaſſaux qui marchent ſous le Général que leur a donné le Souverain.

Tant de peuples nombreux, ſoumis à la puiſſance d'Ambigat, lui firent redouter l'eſprit remuant de ſes nouveaux ſujets. Leur jeuneſſe hardie & téméraire lui parut un feu qu'il falloit au plus vîte jeter chez l'étranger, avant qu'il eût le temps d'incendier ſon propre pays; c'eſt le fruit ordinaire des longues guerres, il n'en reſte que des troupes menaçantes pour l'Etat qui les a armées, s'il ne trouve pas le moyen de les diſſiper, & de leur donner une proie à dévorer au dehors. Le vieux Roi de Bourges avoit autant à redouter de ſa famille, que de ſes ſujets. Ses neveux Belloveze & Sigoveze avoient ce génie entreprenant à charge à une patrie, mais convenable à des avanturiers. Leur oncle, en habile politique, mit à profit leur ambition en lui préſentant une perſpective flatteuſe; il projeta des expéditions lointaines auxquelles il invita la nation, & il en confia le commandement à ces hommes bouillans. Il ſe défaiſoit à la fois de ſujets inquiets & remuans, & de neveux auſſi dangereux pour ſa famille que pour le repos de ſes Etats. Cet expédient a été imité plus d'une fois depuis.

L'expédition publiée, les chefs nommés, tout génie téméraire, tout guerrier ennuyé du repos vint ſe ranger ſous les étendards des deux fléaux qui devoient ravager la terre chacun dans un ſens différent. L'audace des chefs, l'amour de la guerre, la fougue de la jeunesse, la richesse de la proie, rassemblèrent trois cents mille combattans sous les drapeaux exterminateurs : à peine furent-ils élevés, que l'homicide essaim s'envola, il se partagea, & prit la route que lui indiqua la main douteuse du sort. Si jamais spectacle dut faire trembler les nations, ce fut celui que donna la Gaule à l'Univers, lorsqu'elle jeta hors de son sein ces deux effroyables armées, qui, flottant sur leur plan de conquête, glaçoient tous les peuples d'effroi à l'aspect de la foudre suspendue, & incertaine sur le choix des têtes qu'elle frapperoit. Les destins ont parlé; le Levant & le Midi sont livrés au glaive des Celtes, & le reste du monde est rassuré. Ce fut ainsi que, deux mille ans après, l'Europe vint fondre de nouveau sur l'Asie, que le Midi fut encore livré aux Gaulois sous le nom de François, & que les Croisés donnèrent une seconde représentation des sanglantes tragédies qu'avoient joué leurs ayeux sur ces contrées près de vingt siècles auparavant.

Sigoveze, à la tête des soldats sortis des provinces du Midi, telles que le Languedoc & le Bourbonnois, traverse l'Allemagne comme un trait, renverse sur son passage les armées de la Germanie, & pénètre jusque dans le cœur de la Bohème, alors hérissée de forêts. Ce fut à cette époque que ce pays sauvage fut ainsi nommé, en mémoire de la prise de possession qu'en firent les Boiens, ou peuples du Bourbonnois; ils y posèrent les fondemens d'une puissance qui subsista jusqu'au règne d'Auguste, temps où elle tomba sous les armes de Maroboduus, Roi des Marcomans. Ce déluge s'étendit jusque dans la Pannonie (*a*), jusqu'aux frontières de la Thrace, & y porta la redoutable Colonie des Gaulois Scordisques, recommandables par leur valeur, & les guerres qu'ils soutinrent sur-tout contre les Romains. Ces terribles conquérans, loin de leur en imposer, furent forcés de mesurer leurs armes avec eux pendant plus d'un siècle.

Ces Colonies, à leur tour, en fondèrent d'autres; car environ trois cents ans après ces établissemens, animées de l'esprit de leur Métropole, & guidées par la même politique, elles jetèrent hors de leur sein de nombreux essaims, qui se dirigèrent sur la Grèce; ces féroces guerriers que leur patrie déchaînoit contre les nations éloignées, & qu'elle leur montroit comme une proie, fondirent tout-à-la-fois sur la Macédoine & l'Illyrie. Cette émigration eut de commun avec la première qu'elle fut comme elle composée de deux armées, dont l'une étoit sous la conduite de Belgius, & l'autre sous le commandement de Brennus; nous allons les voir paroître tour-à-tour dans la Grèce, devenue le théâtre de leurs fureurs, & l'objet de leur cupidité depuis que les conquêtes d'Alexandre y avoient fait passer les dépouilles de l'Asie. La nation qu'ils commandoient étoit celle dont les Ambassadeurs firent une si fière réponse à Alexandre-le-Grand, lorsque ce Prince, de retour de ses conquêtes, reçut les Envoyés de presque tous les peuples. Ayant demandé aux Gaulois ce qu'ils redoutoient le plus dans l'Univers, & s'attendant à leur voir dire que c'étoient ses armes, ils

(*a*) Partie de la Hongrie.

répondirent qu'*ils ne craignoient rien dans le monde que la chûte du ciel.*

Déja Belgius, qui commandoit la première division, avoit franchi les sommets glacés des montagnes de la Thrace, ravagé les pays qui s'étoient trouvés sur son passage, renversé tout ce qui s'y étoit opposé, & étoit arrivé sur les frontières de la Macédoine à la tête d'une armée victorieuse. La terreur qui précédoit sa marche étoit telle, que les Rois & les nations, même les plus éloignés, venoient le supplier de leur accorder son amitié, & achetoient la paix au prix qu'il vouloit y mettre, s'estimant heureux de l'obtenir, quelque dures qu'en fussent les conditions (*a*).

» Ptolomée Céraunus étoit alors assis sur le trône d'Alexandre, il étoit fils du sage & heureux Ptolomée, à qui l'Egygte échut lorsque les Officiers du héros se distribuèrent ses Diadêmes, & partagèrent la plus riche dépouille qu'ait jamais laissée conquérant. La cruauté, la trahison lui en avoient ouvert le chemin, il y étoit monté teint du sang du Roi Séleucus, le dernier des successeurs d'Alexandre qu'il avoit fait assassiner, & de ses neveux fils du Roi Lysimachus, & de sa sœur Arsinoé. Ce Prince fut le seul qui ne parut pas frappé de la terreur commune, il s'imagina qu'il seroit aussi heureux dans la guerre que dans le crime; mais l'armée qu'il commandoit, n'étoit plus cette phalange victorieuse de l'Orient; il eût cependant pu suppléer à ce défaut de courage & de discipline

(*a*) V. Justin.

par le nombre des troupes. Il pouvoit rappeler celles qu'il avoit données à Pyrrhus, ſon gendre, pour ſon expédition contre les Romains, & accepter le ſecours de vingt mille hommes que lui offrit le Roi des Dardaniens; car ce Prince effrayé de l'orage qui menaçoit ſon allié, & de la réſolution qu'il avoit priſe de l'affronter, le pria d'attendre la jonction de ſon armée, & de ne point commettre la ſienne ſeule au haſard d'une bataille contre une multitude féroce & belliqueuſe. Ptolomée ne rappela pas ſes troupes, & rejeta avec hauteur les conſeils & les offres de ſon allié, comme injurieux à une puiſſance qui, ſeule, avoit triomphé de toutes les forces de l'Aſie. La préſomption qui lui ſuggéra cette réponſe, lui dicta encore celle qu'il fit à Belgius qui lui propoſoit d'acheter la paix. » La crainte, répondit-il aux Ambaſſadeurs, » vous engage à me demander la paix; mais apprenez que » vous ne l'obtiendrez qu'en me donnant des otages, & » qu'en me livrant vos armes «. Les Gaulois, indignés de cette bravade, déployent leurs enſeignes, marchent à lui, taillent ſon armée en pièces; il eſt bleſſé, pris, ſa tête paſſe auſſi-tôt à l'extrémité d'une lance, elle eſt élevée comme le principal trophée de la victoire. Les Gaulois vengèrent les crimes de ce Roi, & punirent ſa préſomption. Mais la leçon fut ſans fruit, car ſix cents ans après, à peu de diſtance de ce champ de bataille, l'Empereur Valens refuſant d'attendre les ſecours que lui amenoit ſon neveu Gratien contre des barbares ſortis des mêmes climats, perdit, comme Ptolomée, la bataille & la vie «.

Pendant que les Gaulois, enivrés de leur victoire,

ravageoient la Macédoine dans une profonde ſécurité; les vaincus ralliés ſous le commandement de Soſthènes, l'un de leurs généraux, fondent ſur les vainqueurs, en maſſacrent une partie, & diſperſent l'autre. Ce ſuccès valut à Soſthènes la couronne de Macédoine qu'il avoit ſu défendre, mais ſa tête ne la porta pas long-temps.

Brennus, qui commandoit la ſeconde diviſion, étoit tombé ſur les Triballiens & les Illyriens, il pilloit leur pays, prenoit leurs places, & leur faiſoit une guerre ſanglante lorſqu'il apprit la victoire de Belgius ſur les Macédoniens, enrichis des dépouilles de l'Orient; il abandonne auſſi-tôt les nations pauvres & belliqueuſes avec qui il étoit aux priſes, ne laiſſe qu'une diviſion de ſon armée pour continuer la guerre qu'il avoit commencée, & accourt avec la majeure partie de ſes troupes partager les richeſſes de la Macédoine. Il trouva les choſes bien changées à ſon arrivée; les Gaulois étoient en fuite devant l'armée de Soſthènes, mais il fit auſſi-tôt tourner la chance : ſon armée excédoit cinquante mille hommes, celle du nouveau Roi étoit de beaucoup inférieure, auſſi eſſuya-t-il le ſort de ſon prédéceſſeur, il perdit la bataille & la vie; & les Gaulois vainqueurs ravagèrent de nouveau, ſans obſtacles, toute la Macédoine.

Mais Brennus veut avoir tous les tréſors de la Grèce à la fois; la ſoif de l'or s'allume dans ſon ſein, & devient plus ardente à meſure qu'il l'a ſatisfait. Poſſeſſeur de tout celui qu'il a ravi aux Macédoniens, il ſe trouve pauvre s'il n'a pas en ſon pouvoir celui que la piété des peuples a amoncelé dans le Temple de Delphes. Il ſort de la Macédoine, accourt au pied du Mont-Parnaſſe, contemple d'un œil avide l'édifice ſacré qui étoit au ſommet, & en dévore d'avance les richeſſes. A la marche de cette armée ſacrilége, les Phocéens s'étoient réfugiés dans le Temple; Brennus y donne un aſſaut, les Phocéens animés par le déſeſpoir, excités par les Prêtres d'Apollon, & favoriſés par la poſition du lieu, précipitent les Gaulois du haut des rochers, les écraſent par la chûte des pierres qu'ils font rouler ſur leurs bataillons, & profitant du déſordre où ils les ont mis, fondent ſur ces ſoldats éperdus, bleſſés pour la plupart, & achèvent la déroute de l'armée : il n'y eut que ſix mille hommes de tués, mais un orage affreux qui ſuccéda à cette action, acheva ſa ruine. La foudre tombant à coups précipités ſur ce camp malheureux, fut ſuivie de torrens de pluie; le froid & la neige ſuccédant à l'inondation, firent périr de faim & de misère la plus grande partie de ces féroces guerriers; Brennus, déſeſpéré par ſes revers & par la douleur de ſes bleſſures, ſe perça de ſon épée. Cette armée, la terreur de la Grèce, compoſée de plus de cent mille hommes, ſe trouva enfin réduite à dix mille, fuyans ſous la conduite d'Acichorius, l'un des Généraux de Brennus; languiſſans, abattus, & attaqués par les peuples chez qui ils paſſoient, qui avoient tous leur haine à ſatisfaire, & leur vengeance à exercer, il ne s'en ſauva qu'un très-petit nombre. Le coup que quelques bergers Phocéens portèrent à ce coloſſe ſuffit pour l'anéantir : mais que l'arme dont ils ſe ſervirent étoit redoutable! c'étoit celle de l'opinion; elle donna une énergie ſurnaturelle au vainqueur, elle effraya le Gaulois, glaça ſa valeur, &

excita contre lui l'indignation des peuples. On ne brave pas impunément la Divinité, même imaginaire ! Ce grand châtiment de l'impiété, cette sanglante leçon pour les hommes arriva 278 ans avant l'Ere Chrétienne, la 3e. année de la 125e. Olympiade.

Pendant que les armées & les Rois s'anéantissoient tour-à-tour, & que le feu de la guerre embrasoit la Macédoine, un nouveau Roi parut, à la lueur de son flambeau dans ces champs de mort, sur ce théâtre de carnage. C'étoit Antigonus-Gonatas, fils de Démétrius Poliorcetes; ainsi que son père traversé par la fortune, la différence qu'il y eut entr'eux, fût que le fils n'éprouva ses rigueurs qu'au commencement de son règne, & que le père en fut accablé sur la fin. Vaincu d'abord par Ptolomée Céraunus après la mort de Seleucus; malheureux contre Ptolomée Philadelphe, il s'étoit réfugié dans les places les plus éloignées du Royaume d'Alexandre : à la suite du violent orage qui avoit bouleversé la Macédoine, il vit le trône renversé, les Rois Gaulois, Macédoniens, & leurs armées, étendus sur des champs de bataille, l'horreur & la consternation régnans autour de ces scènes sanglantes. Il s'élance hors de sa retraite, reprend les rênes du gouvernement, fait entendre sa voix à ses anciens sujets, rétablit l'ordre, & rassemble leurs forces. Jamais précaution ne fut plus utile, comme on va le voir; elle étoit d'un Roi qui avoit connu la disgrace.

Voilà un nouvel orage qui vient fondre sur la Macédoine; il sortoit de la même région que les précédens; la division Gauloise que Brennus avoit laissée aux prises avec les (*a*) Getes, les Illyriens & les (*b*) Triballiens, avoit pris le chemin de la Grèce après avoir battu ces peuples & ravagé leur pays. Ce nouvel ennemi envoye des Ambaſſadeurs à Antigonus, ſous prétexte de lui offrir la paix à prix d'argent; mais leur but étoit d'examiner ſon camp & les richeſſes qu'il renfermoit. Le Roi étoit accouru à la défenſe de ſes frontières; inſtruit par l'exemple de ſes prédéceſſeurs, il n'eut garde d'affronter la tempête, & d'aller s'expoſer à une défaite certaine en combattant contre une nation invincible en pleine campagne; il ſe retrancha dans ſon camp ſur les bords de la mer, à peu de diſtance de ſa flotte, & reçut les Ambaſſadeurs ſous la tente : comme il ſoupçonna leur deſſein, il étala la plus grande magnificence, & laiſſa entrevoir de la négligeance à la garde de ſon camp. L'une & l'autre nation crut avoir rempli ſon but, & travailla à l'exécution de ſon projet. Les Gaulois réſolurent d'aſſaillir le camp des Macédoniens pendant la nuit; & ceux-ci en ayant enlevé tout ce qu'il y avoit de précieux, ſe retirèrent dans une forêt voiſine à la faveur des ténèbres. Les Gaulois, plus braves que ruſés, donnent dans le piége, attaquent ces retranchemens qu'ils s'imaginent recéler tant de tréſors, & trouvant leur eſpérance trompée, pénètrent juſqu'aux vaiſſeaux qui étoient ſur la côte. Pendant qu'ils s'occupent de leur pillage, Antigonus ſort en bon ordre de ſon embuſcade, fond ſur ces troupes ſurpriſes & en déſordre,

---

(*a*) Les Getes habitoient la Moldavie & la Tranſylvanie, occupées depuis par les Daces.

(*b*) Les Triballiens habitoient la Bulgarie Méridionale.

les passe au fil de l'épée, & chasse leurs restes fuyans loin de ses Etats.

Les Gaulois ne tardèrent pas à prendre leur revanche; Pyrrhus, cet aventurier couronné, qui passa sa vie à courir d'expéditions en expéditions, étoit de retour de la guerre qu'il avoit portée aux Romains & aux Siciliens; ce génie incendiaire, ennemi de tout repos, enflamma bientôt toute la Grèce. Huit mille hommes d'infanterie, cinq cents cavaliers, restes de sa puissance passée, parurent en corps d'armée sur les frontières de la Macédoine; les Gaulois frémissant de leur défaite, impatiens de laver leur honte dans le sang ennemi, ne voyent pas plutôt les étendards d'Epire déployés contre Antigonus, qu'ils accourent en foule se ranger à l'entour, & s'associer à la fortune variante de Pyrrhus. Le Roi de Macédoine, à la tête d'une armée plus nombreuse, mais moins aguerrie que celles des ennemis, vient à leur rencontre, il est défait, seize de ses Eléphans sont pris, & il se sauve à Tessalonique. Pyrrhus, maître de la haute Macédoine & de la Thessalie, veut aussi-tôt le devenir de la Grèce & de l'Asie; il marche dans le Péloponèse contre Argos & Lacédémone. A cette nouvelle Antigonus sort de Tessalonique, & rentre de nouveau en campagne pour disparoître aussi-tôt. Car Ptolomée, fils de Pyrrhus, commandant un camp composé de Grecs & de Gaulois, le battit si complètement, qu'il ne lui resta que huit cavaliers dans sa fuite. Antigonus vaincu, la Macédoine soumise & pillée, Ptolomée rejoignit son père devant Lacédémone, leur armée montoit alors à près de trente mille hommes; Pyrrhus fut néanmoins obligé d'en lever le siége, & de prendre ses quartiers d'hiver dans la Laconie (a). Pendant cet intervalle, Antigonus, profitant de leur absence, avoit recouvré son Royaume, & marchoit à la tête d'une nouvelle armée contre le Roi d'Epire & les Gaulois qui s'avançoient contre Argos. *Areus II*, Roi de Lacédémone, voulant arrêter leur marche, attaqua leur arrière-garde où combattoient les Gaulois & les Molosses; le combat fut sanglant; les Gaulois firent assaut de valeur avec les Spartiates; Ptolomée qui commandoit y fut tué; le choc des deux nations qui étoient l'effroi des autres, ne pouvoit être que terrible. Enfin, Pyrrhus entra dans Argos, & y fut tué. Après ce coup (b), la Grèce fut tranquille. Antigonus jouit en paix de la Macédoine, les Gaulois n'y reparurent plus: nous allons les voir prendre leur champ de bataille ailleurs.

Une nouvelle carrière leur est ouverte; ils font, dans le sein de la Thrace & de l'Asie; plus heureux qu'en Grèce; ils y fondent des Etats. Les soldats de Belgius, dissipés par la mort de leur chef, s'étoient réunis sous Léonorius & Lutatius, deux chefs d'une émigration particulière (c). Les Thraces sont battus, & les vainqueurs maîtres de la Propontide, prennent, pillent Byzance, menacent l'Asie de dessus le rivage opposé. La mauvaise intelligence de deux frères leur

---

(a) Un des six pays qui formoient le Péloponnèse, aujourd'hui la Morée.

(b) La 127e. Olympiade, 272 ans avant Jésus-Christ.

(c) Selon Mézeray.

en facilite l'entrée. Zypoëtés, Roi de Bithynie, étant mort, avoit laiſſé ſon Royaume à ſes deux fils Nicomède & Zypoëtés. La guerre s'éleva entre eux; Nicomède, plus habile, fait auſſi-tôt alliance avec les vainqueurs de la Propontide, aſſure par un traité la tranquillité aux Byzantins, & invite les Gaulois à venir réunir leurs forces aux ſiennes; le prix de leur ſecours devoit être une partie du Royaume de ſon frère. La négligence du gouverneur des côtes Aſiatiques pour le Roi de Macédoine, prépara l'exécution du traité; les Gaulois lui ayant ſurpris trois barques & deux galères, paſsèrent le détroit, & allèrent incendier l'Aſie. Cet évènement arriva à-peu-près dans le même temps que la défaite de Brennus à Delphes.

Les Gaulois échappés à la défaite de ce chef, ceux qui avoient ſurvécu à Pyrrhus, ſe réfugièrent dans la Thrace; ils ſe réunirent à ceux qui y étoient demeurés. Reſtes de tant de nombreuſes armées, l'eſprit de leur patrie revint en eux, l'eſpoir vient les ranimer; malgré leur petit nombre, ils bravent les plus redoutables puiſſances, fondent un Royaume au conſpect des Thraces & des Getes, & ce nouvel Etat eſt formé de leurs provinces: des peuples auſſi braves ne ſe laiſsèrent pas ainſi dépouiller ſans combats; mais la victoire ſe déclara pour les étrangers contre les anciens habitans, & leur ſang cimenta les fondemens du Royaume de Tyle, nom de la ville capitale, élevée à quelque diſtance de Byzance: cette dernière en devint tributaire, ainſi que la plupart des villes de la Propontide; & le Roi de Tyle, dans ces contrées, devint le poids qui fit pencher

cher la balance. Revenons à l'armée qui forma un Royaume en Asie.

Le Celte, poussé par son impétuosité au milieu des Nations Asiatiques, y répandit l'effroi ; ce guerrier féroce, au milieu d'hommes amollis & timides, les fit trembler ; déjà l'armée de Zypoëtés est en fuite, il est chassé de la Bithynie ; & Nicomède n'osant manquer à sa parole, leur a donné la moitié des conquêtes. Cette partie de la Bithynie prit le nom de ses vainqueurs, & s'appela Galatie. Ce peuple victorieux inspira une telle terreur, malgré le petit nombre de son armée qui n'excédoit pas vingt mille hommes, qu'il rendit tributaires presque toutes les nations qui sont entre le Mont Taurus & la mer. Divisés en trois corps, sous les noms de Boiens, Tectosages & Tromes ; ils s'élançoient des bords du fleuve (*a*) Halys, & tenoient en respect les peuples qui étoient devant eux ; les Boiens contenoient les Ioniens & les Eoliens ; les Tromes les côtes de l'Hellespont ; les Tectosages les peuples du Continent. Ils devinrent bientôt si redoutables, qu'ils furent les arbitres de la destinée des Rois, & l'appui de leur trône ; celui qui en avoit été précipité, trouvoit, en implorant leur secours, le bras qui l'y faisoit remonter ; celui qui vouloit en renverser son ennemi, ne croyoit pouvoir y réussir que par le choc de leurs armes : enfin, les Gaulois étoient la terreur ou le soutien desRois de l'Asie.

(*a*) Fleuve qui prend sa source dans la chaîne du Taurus, qui est dans ce qu'on appeloit autrefois la Petite-Arménie, & qui, après un assez long cours, vient se jeter dans la Mer Noire au-dessus de Sinope. On l'appelle aujourd'hui Kisil-Ermark.

Ces tyrans de l'Aſie dégénèrent en brigands ſuperſtitieux ; accoutumés à favoriſer les diviſions des familles pour s'enrichir de leurs dépouilles, ils prirent le parti d'Antiochus contre ſon frère Seleucus, Roi de Syrie ; l'armée du premier moins nombreuſe, mais composée de Gaulois, mit les Aſiatiques en fuite à la bataille d'Ancyre. Sur le bruit qui ſe répandit que Seleucus avoit été tué, ces troupes mercenaires arrêtent auſſi-tôt Antiochus, préſumant que l'Aſie alloit devenir leur proie après l'extinction de la maiſon Royale. Antiochus fut obligé de ſe racheter à force d'argent ; Eumènes, Roi de Bithynie, profitant de la diviſion du général avec ſon armée, & de la perte qu'elle avoit faite, l'attaqua à l'improviſte, la battit, étendit le Royaume de Bithynie, & fit rentrer les Gaulois dans leurs limites. Contenus par un voiſin redoutable, ils commencèrent à le paroître moins, mais ils continuèrent toujours à figurer dans les troubles de l'Aſie, & à marcher ſous les drapeaux des Princes qui les payoient le mieux. Acheus, général du Roi de Syrie, voulant chaſſer Attalus, Roi de Pergame, de l'Eolie, implora le ſecours des Gaulois ; ils accoururent à ſes offres, chaſsèrent l'ennemi, & alloient le pouſſer juſque dans ſes Etats lorſqu'il ſurvint une éclipſe de lune : ces ignorans, tremblant à la vue de ce phénomène, ſe retirent auſſi-tôt, abandonnant & le Général Syrien, & le Roi de Pergame. Telles furent les ſuites de l'expédition de Sigoveze : on va détailler les évènemens qui accompagnèrent celle de Belloveze.

Ce prince part à la tête de cent cinquante mille

combattans, fournis par les peuples qui ſont ſur la Seine, tels que les Manceaux, les Senonois, les Lingons, auxquels ſe joignirent les Eduens, les Inſubriens (*a*), & quelques cohortes des nations méridionales; il paſſe le Rhône, & arrive ſur les côtes de la Provence. Tandis qu'il examine les ſommets eſcarpés des Alpes, & qu'il médite ſur les moyens de les franchir, des étrangers arrivent dans ſon camp, ils implorent ſa protection contre les ennemis qui s'oppoſent à leur établiſſement, & à la fondation de leur ville; leur demande eſt accompagnée de préſens qui ouvrent ſon cœur à leur prière. Ces étrangers étoient les Phocéens, qui, fatigués des vexations qu'exerçoient les Gouverneurs de l'Aſie mineure prépoſés par Cyrus, avoient abandonné les murs de leur patrie au conquérant, à-peu-près comme l'homme libre laiſſe ſon manteau dans la main du tyran qui veut l'arrêter; guidés par le génie courageux de la liberté, ils cherchoient un climat plus heureux; deſcendus ſur la plage de Provence, ils jetoient les fondemens de la ville de Marſeille. Comme l'hiſtoire de cette ville eſt liée à celle des Gaules, puiſque c'eſt de ſon enceinte qu'eſt parti le premier rayon de lumière qui a principalement éclairé cette contrée, on va expliquer ſon origine & ſes commencemens.

Une flotte d'audacieux Phocéens, ſortie des ports de

(*a*) D'Anville en fait des peuples du Lyonnois; Philippe de Pretot, dans ſon Atlas, leur donne le même placement; Tite-Live, liv. 5, chap. 54, dit qu'ils étoient déja établis en Italie à l'arrivée de Belloveze.

l'Asie mineure, avoit relâché à l'embouchure du Tibre. Les Romains les accueillirent avec bonté, leur accordèrent généreusement les secours & les rafraîchissemens dont ils avoient besoin, parurent prendre un vif intérêt au sort de ces émigrans, & à celui de la Colonie qu'ils alloient fonder. Cette flotte, partant sous les auspices de l'amitié, arriva sur les côtes de la Provence. L'emplacement & le port, qui furent depuis couverts par les tours & les vaisseaux de Marseille, parurent au premier aspect, si favorables à ces peuples commerçans & navigateurs, qu'ils résolurent d'y fixer leur établissement. Situés entre les Salyes & les Liguriens, nations également féroces, instruits peut-être de la catastrophe des Rhodiens, qui, ayant osé s'établir à l'embouchure du Rhône, furent exterminés par ces peuples, sans qu'il en restât d'autres traces que le nom qu'en avoit retenu le fleuve; ils envoyèrent des Ambassadeurs au Roi de la contrée. Ce Roi étoit celui des Salyes, dont la puissance s'étendoit sur les côtes de la mer, depuis l'embouchure du Rhône jusqu'à Fréjus. Le hasard, dans cette rencontre, favorisa les Phocéens. Ce Prince marioit sa fille, & étoit occupé des préparatifs de la nôce, quand Simos & Protis, chefs de l'ambassade, lui furent annoncés; ils lui présentent le symbole de la paix, une branche d'olivier, alors inconnu dans ce climat sauvage, & qui depuis en fit la richesse; ils lui demandent son amitié, & la liberté d'élever une ville dans le lieu de ses Etats où ils ont débarqué. Nannus, c'étoit le nom du Roi barbare, les reçut gracieusement, & les fit asseoir au festin parmi les convives. Le mariage étant dans ce pays un acte libre, la fille choisissant ordinairement son époux, celui des jeunes gens de la compagnie, à qui elle présentoit à laver, étoit l'objet de son choix. Nannus, au milieu du festin, fait entrer sa fille, & lui ordonne de présenter l'eau. On n'a pas de peine à concevoir que la bonne mine des Grecs, leur politesse, leur esprit, & le bon goût de leurs habillemens, les mettoient bien au-dessus des Gaulois, couverts d'étoffes grossières, ou des dépouilles hérissées des bêtes fauves. Aussi Giptis, c'étoit le nom de la jeune Princesse, en fit-elle la différence au premier coup-d'œil. Elle fut droit à Protis, le plus jeune des Ambassadeurs, & lui présenta à laver. La volonté, dans cette occasion, étoit si respectée, l'idée du bonheur, que les descendans de ces hommes brutes, mais sages, ont pris à tâche de contrarier depuis, y étoit si attachée, que personne ne murmura de voir la pomme donnée à un étranger. Ce fut ainsi que la fortune, qui se plaît quelquefois à récompenser le mérite, sourit à ce Grec errant, & isolé sur un rivage étranger. Elle accorda tout à la fois à cet aimable jeune homme, une épouse, l'amitié des peuples voisins, l'alliance du Roi, la permission d'élever une ville, & les secours nécessaires à une pareille entreprise.

Alors s'élevèrent les Tours de Marseille, les premières, probablement, qui furent bâties dans les Gaules. Le commerce appela les Nations dans son Port, & leur fraya des routes qui sont encore aujourd'hui plus connues & plus fréquentées que jamais. Rivale de Tyr & de Carthage dès sa naissance, les vaisseaux y abordoient de toutes parts, les étrangers accouroient augmenter le nombre de ſes citoyens. L'activité & le courage ne furent pas les ſeules qualités des Marſeillois ; leur bonne foi dans le commerce, leur générofité, leur reconnoiſſance envers leurs alliés, & la conſtance de leur amitié, les rendirent auſſi reſpectables par leurs vertus, qu'ils étoient redoutables par leurs armes.

Ils n'étoient pas encore parvenus à ce haut degré de gloire; leur ville étoit encore dans l'enfance, lorſque Nannus étant mort, tous les peuples voiſins, qui voyoient d'un œil jaloux la gloire & la force naiſſante de la Colonie, perſuadèrent à Comanus, ſon fils, de ſe hâter de détruire une puiſſance qui prenoit un accroiſſement ſi rapide ; le conſeil ayant été goûté, la ruſe & la perfidie furent aſſociés à ſon exécution. On choiſit un jour de fête où Marſeille, ſans défiance, recevoit beaucoup d'étrangers ; le Roi fit entrer parmi eux les plus déterminés de ſes guerriers, tandis qu'il fut ſe poſter avec une armée derrière des montagnes peu éloignées : il devoit entrer dans le moment où la ville, enſevelie dans le vin & le ſommeil, ne pouvoit lui oppoſer aucune défenſe. C'en étoit fait de Marſeille, lorſqu'une des parentes du Roi révéla le complot à un jeune homme qu'elle vouloit ſouſtraire à la ruine commune. Celui-ci en avertit auſſi-tôt les Magiſtrats ; les ſujets de Comanus ſont arrêtés & maſſacrés ; lui-même eſt pris dans ſes propres filets : on lui donne le ſignal convenu, il accourt, & eſt tué avec ſept mille des ſiens. Si ce coup hardi garantit les Grecs de la ſervitude, il ne les ſauva pas de la fureur de ces peuples, qui leur faiſoient une guerre cruelle, & cherchoient à étouffer cette puiſſance au berceau; mais il étoit du destin de Marseille de devoir son existence aux Rois Gaulois; elle étoit dans cet état de crise, quand tout-à-coup Belloveze arrive à la tête de sa formidable armée. La prudence & le génie des Grecs les servit parfaitement en cette occasion. Ils captivent, par leur éloquence & leurs présens, ce chef barbare; alors celui-ci déclare que Marseille est sous sa protection; la terreur de ses armes dissipe ses ennemis, la ville respire, & c'est sous le bras destructeur du conquérant, qu'elle acquiert de nouvelles forces.

Déja Belloveze est sur la cime des Alpes, il voit l'Italie, & se déborde dans ses plaines avec la rapidité d'un torrent. Les Tusces, les Ombres, quelques autres peuples établis dans ce climat, disparoissent sous l'épée du vainqueur, ou fuient devant lui. Toute la Lombardie, depuis les Alpes jusqu'à la Marche d'Ancone, tombe sous ses armes, & forme une puissance qui eût été bien plus redoutable sans les divisions qu'elle éprouva : alors furent fondées Milan, Come, Verone, Bresse, Sienne. Ces Colonies furent fatales à plus d'un peuple; car deux cents ans après, une de leurs armées, commandée par Brennus, pénétra jusque dans l'Etrurie, & assiégea Clusium, l'une de ses principales villes; les Romains envoyèrent à ce Prince des Ambassadeurs, dont l'imprudence leur attira ses armes.

Les Romains, enflés de leurs succès sur les petits peuples du Latium, ayant déja le germe de cet orgueil, qui leur faisoit croire que la gloire de leur nom n'avoit pu manquer de parvenir aux nations les plus éloignées, que leurs vœux devoient être des volontés pour elles,

& que la crainte de leurs armes devoit les faire pâlir d'effroi, dirent à Brennus que les Clusiens étoient leurs alliés, qu'il eût à se retirer. Ce chef audacieux témoigna qu'il avoit aussi peu de frayeur des Romains, que des Etruriens. Les Ambassadeurs, outrés du peu de déférence du Prince Gaulois aux volontés de la République, dépouillent aussi-tôt le caractère d'Envoyés, pour jouer le rôle de guerriers, ils se mêlent parmi les assiégés, & combattent contre leurs ennemis. Brennus, irrité de cette violation du droit public, envisageant plus comme ses ennemis ceux qui venoient l'insulter & l'attaquer, qu'une nation qui ne l'avoit pas provoqué, abandonne aussi-tôt les Clusiens, & marche droit à Rome. La terreur l'y devance, on s'assemble en tumulte, on forme à la hâte une armée, elle va au-devant de l'ennemi, ils sont en présence sur les bords de l'Allia; les Romains sont taillés en pièces, les fuyards sont poussés jusque dans la ville; les Gaulois y arrivent aussi-tôt, la saccagent, la brûlent; & voilà une puissance détruite pour une imprudence. Heureusement qu'il existoit encore un germe. Une poignée de citoyens, renfermés sur la pointe d'un rocher, formoit la souche de l'Empire qui devoit un jour couvrir la terre. Une surprise, un degré de constance de plus dans les vainqueurs, eût fait disparoître la puissance qui, depuis, sapa la leur, & presque toutes celles de l'univers. Il y avoit sept mois que le siége du Capitole duroit; les assiégés étoient réduits à la dernière extrémité; les Gaulois, favorisés par les ténèbres d'une nuit épaisse, étoient déjà parvenus au sommet du rocher, ils avoient le glaive levé pour immoler leurs victimes:

victimes : encore quelques minutes, & il n'étoit plus de Romains, mais à quoi tient la destinée des empires. Celui de Rome fut sauvé par un oie : au bruit que fait cet oiseau, effrayé par l'éclat des armes, Manlius accourt, se précipite sur les assaillans ; les Romains se réveillent, secondent son courage, renversent leurs ennemis mal affermis, & chancelans sur les pointes des roches. La constance des assiégeans ne fut pas à l'épreuve de l'or, ils consentirent à laisser racheter la forteresse qu'ils alloient prendre, & la prétendue victoire de Camille, si vantée par les historiens Romains, se réduisit à en compter le prix avec l'argent des Marseillois, comme nous le verrons dans un instant.

Les ennemis de l'Italie fondoient sur elle des deux extrémités de la péninsule ; Denis-le-Tyran, vainqueur des Siciliens, avoit porté la guerre chez les Brutiens, & ravageoit la pointe de l'Italie pendant que Brennus, ayant pénétré dans l'intérieur, déchiroit son sein : ces deux fléaux se joignirent par leurs Ambassadeurs ; la renommée voltigeant entre leurs camps, les avoit instruits de leurs exploits réciproques ; ils resserrèrent, par les nœuds de l'alliance, l'estime qu'ils avoient conçue l'un pour l'autre, nœuds que le voisinage, qu'ils sembloient desirer, eût bientôt rompus, puisqu'ils n'étoient fondés que sur le sang des hommes, dont la soif s'allume dans le conquérant à mesure qu'il l'a satisfaite, & lui fait détester également tout Etat rival ou voisin.

Nous voilà à l'époque de la rançon du Capitole : ces orgueilleux Romains, ces maîtres de la terre & des Rois, vont devoir leur existence à la libéralité de quelques négocians. Des marchands ſortis des côtes de la Provence, ſont guidés par un mouvement de compaſſion, & c'eſt Rome qui l'excite, ils rachètent ſes citoyens, ils rétabliſſent ſa puiſſance qui avoit diſparu, & retournent à leur commerce. Quels étoient ces négocians qui, dans les intervalles de leurs occupations, rendoient la vie aux Empires, & qui faiſoient reparoître à leur gré la puiſſance Romaine éclipſée ; c'étoient les Marſeillois.

Marſeille, dont les fondemens avoient été affermis par la main de Belloveze, tourna toutes ſes forces ſur mer. Son commerce excita la jalouſie de Carthage, une querelle de pêcheurs fut le ſignal de la guerre entre les deux Républiques, elles ſe précipitèrent l'une ſur l'autre, & enſanglantèrent la Méditerranée de leurs combats; les flottes Africaines furent battues, & les vainqueurs, auſſi intrépides ſur terre que ſur mer, attaquèrent avec la même hardieſſe les Gaulois & les Liguriens. La victoire ſuivit conſtamment leurs drapeaux, & étendit leurs limites aux dépens de ſes peuples; mais ils ſe rendirent dignes de ſes faveurs par le noble uſage qu'ils en firent. Ils appelèrent les Arts ſur la terre conquiſe, ils l'embellirent de leurs chef-d'œuvres en même-temps qu'ils l'enrichirent des tréſors de l'agriculture ; la vigne & l'olivier verdirent ſur les coteaux d'où s'élançoient le chêne & le ſauvage bouleau ; des moiſſons abondantes remplacèrent les bruyères ; le ſol changea ſon aſpect ſombre & agreſte en un coſtume riant & agréable ; l'habitant quitta ſa barbarie pour ſe façonner au joug de l'urbanité Grecque ; l'air devenu ſocial, adoucit sa température ; dégagé des vapeurs humides qui l'appésantissoient, il devint plus sain & plus chaud ; le ciel parut plus beau, n'étant plus voilé par les exhalaisons d'une terre fangeuse, il fit luire sur la Provence les jours sereins des plus beaux climats. Les Marseillois, à la vue de leur bonheur, au spectacle du génie de la création, déployant ses aîles brillantes, & animant leur patrie sous son souffle vivifiant, reconnurent la protection des Dieux, & envoyèrent des Ambassadeurs à Delphes chargés de riches offrandes pour le Temple d'Apollon.

Les Envoyés, au retour de cette pieuse ambassade, relâchent à l'embouchure du Tibre dans l'espérance d'y voir leurs alliés ; ils n'étoient plus, leur patrie avoit disparu sous les flammes, & ses habitans sous le fer de leurs ennemis ; les Marseillois, au lieu de leurs amis, trouvent l'armée Gauloise assiégeant le Capitole, ils apportent cette triste nouvelle dans leur ville, elle y répandit un deuil général. Les bons traitemens que les Romains avoient fait autrefois à leurs pères, furent payés en cette occasion ; ces généreux alliés crurent avec raison que des regrets, quelque vifs qu'ils soient sont de foibles secours pour l'amitié dans le besoin, que c'est alors qu'elle exige des effets. Ils prennent aussi-tôt tout l'or du trésor public, chaque particulier se fait un honneur d'augmenter la somme ; ils volent au camp des Gaulois, complètent la quantité du précieux métal exigé pour la levée du siége ; & par un secours aussi noble que prompt, rendent à Rome la vie & la liberté. Rome sentit la grandeur du service, & fut apprécier la magnanimité de ſes alliés. Pénétrée de reconnoiſſance, elle reſſerra par les liens les plus forts l'alliance qui exiſtoit déjà entr'eux, leur aſſura dans ſes Etats les plus beaux priviléges, & les diſtinctions les plus flatteuſes, tel que le droit de ſiéger à ſes ſpectacles, & de figurer au nombre de ſes citoyens.

De la Conquête des Colonies Celtiques, & des approches des Gaules par les Romains.

CE débordement impétueux comparable au flux de la mer, fut comme lui ſuivi du reflux: nous avons vu le Gaulois vainqueur de tous les peuples qu'il a attaqués, ſubjuguer une partie de l'Europe & de l'Aſie, une puiſſance dont il avoit renfermé les reſtes ſur un rocher, qu'il tenoit ſous ſon glaive, & qu'il pouvoit anéantir ſi la ſoif de l'or ne l'eût pas captivé, va renaître de ſes cendres, & le ſubjuguer lui-même avec le reſte du monde.

Conquête de la Gaule Ciſalpine.

Les deſtins ſont changés, la fortune a mis de nouveaux poids dans ſa balance; le Romain fait rétrograder la puiſſance du Celte, il fait inſenſiblement les approches de la Gaule, il coupe peu-à-peu les branches de ce vigoureux tronc en s'emparant des Colonies Celtiques: on va voir ſon avancement graduel par la conquête de tous ces poſtes avancés; entrepriſe dont l'exécution remplira trois ſiècles, & finira par porter les Aigles Romaines au pied des Alpes, qu'elles franchiront bientôt.

Ce fut dans l'Italie où les Celtes avoient frappé les coups les plus ſenſibles à la puiſſance Romaine, que cette dernière leur fit d'abord ſentir le poids de ſes armes; ce fut l'effet de ſon accroiſſement dans cette partie de l'Europe, d'où elle devoit enſuite s'élever ſur l'Univers. Les Romains étant parvenus avec leur or à éloigner du centre de l'Italie le redoutable Brennus, pansèrent les plaies que leur avoit fait le fer du conquérant, rallièrent les restes épars de ce corps mutilé, ranimèrent les étincelles du feu de la liberté; la même ame vivifia bientôt cette puissance avec les mêmes vertus & les mêmes passions; le patriotisme, l'héroïsme d'un côté, l'ambition & la soif du sang de l'autre : déchaînés de nouveau contre les autres peuples de l'Italie, ils imposèrent, après quatre-vingts ans de combats, leur joug à ceux qui étoient situés au centre; l'étendue de leurs possessions les mit à côté de celles que les Gaulois avoient acquises dans le temps qu'ils renversoient les trônes, & anéantissoient les Républiques. Avant que de commencer ce combat à mort qui dura pendant deux siècles, & précipita tour-à-tour dans le tombeau les générations des vainqueurs & des vaincus, les deux peuples se rencontrèrent en différentes occasions, & signalèrent chaque fois leur haine & leur acharnement. L'une des plus célèbres est la suivante.

Les Gaulois qui dominoient dans la Lombardie, fortifiés des armées qui arrivoient de l'autre côté des Alpes, attaquoient sans cesse les puissances voisines, & portoient au loin dans leurs expéditions le pillage & la mort. Rome, victorieuse des peuples qui l'entouroient, méditoit un plan de conquêtes plus vaste lorsqu'une armée Gauloise arrive sur les bords de l'Anio (*a*) : le souvenir de celle qui étoit arrivée sous Brennus aux

(*a*) Aujourd'hui le Teverone.

bords de l'Allia (*a*), inſpire aux Romains une crainte ſalutaire ; leur armée nombreuſe, (car aucun citoyen n'étoit diſpenſé de porter les armes quand il s'agiſſoit de défendre la patrie contre les Gaulois) vint camper en préſence de l'ennemi dans un poſte avantageux ; les Gaulois ne pouvant les attirer à une bataille, les défièrent à un combat ſingulier ; l'un d'eux, fier de ſa taille coloſſale, appela le plus brave des Romains. Manlius, digne deſcendant de celui qui les avoit précipités du Capitole, s'indigne à la vue d'un ennemi qui le brave ; il vole à lui armé d'une courte épée, & attaque le géant. Les deux armées, les yeux attachés ſur ce combat de qui ſemble dépendre leurs deſtins, font des vœux chacune pour leur guerrier. La multitude accoutumée à juger par les apparences, n'héſite pas à prononcer en faveur du Celte : ſon air féroce, ſa taille élevée, la maſſe de ſes armes, lui font regarder ſon triomphe comme ſûr ; les Gaulois jettent un coup-d'œil inſultant ſur les Romains, reportent enſuite leurs regards ſur la lice, leur défenſeur n'étoit plus ; Manlius, auſſi prompt que la foudre, a paré ſes coups, l'a percé de ſon épée, ſon corps énorme a fait gémir la terre ſous ſa chûte : ſon vainqueur jouit de ſes dépouilles, & l'armée Gauloiſe conſternée abandonne le Latium, & va porter plus loin ſes ravages ; le ſuccès de ce combat devient le pronoſtic de tous ceux qui vont ſe livrer entre les deux peuples ; la défaite du Celte va ſe répandre ſur toute ſa nation.

I. A l'époque de la dernière invaſion de l'Italie par

(*a*) Aujourd'hui Rio Caminato, ou di Miſſo, dans la campagne de Rome.

les Gaulois sous Belloveze, le pays des vaincus avoit été partagé en différens Etats par les conquérans; après plusieurs révolutions, ils se trouvoient au nombre de quatre qui se mesurèrent tour-à-tour, & souvent tous ensemble contre les Romains : on les connoissoit sous le nom de Gessates, Boiens, Insubriens & Senonois; ces derniers occupoient le Duché d'Urbin, la Marche d'Ancone; les Boiens, les Contrées qui s'étendoient depuis la Romagne jusqu'au Pô; les Gessates & les Insubriens, le Duché de Milan. Dans ces scènes sanglantes, dans ce combat aussi long que cruel, nous allons voir, par les efforts réitérés & soutenus des deux peuples, jusqu'où se porta le courage des Gaulois, jusqu'où alla la fortune de Rome pour triompher d'ennemis aussi braves, chez qui le dernier soupir de la liberté ne s'exhala qu'après des torrens de sang.

Les Samnites, ces courageux défenseurs de la liberté de l'Italie, soutenoient contre les Romains une guerre qui, par sa longueur & ses malheurs, les conduisoit à une ruine certaine; trop foibles pour lutter seuls contre un ennemi aussi opiniâtre que formidable, ils invoquèrent le secours des Gaulois, & des Toscans. L'an 458 de la fondation de Rome, fut remarquable par l'expédition militaire des deux peuples confédérés : au bruit de leur marche, les Romains alarmés réunissent toutes leurs forces sous les deux Consuls; les Gaulois ont passé l'Apennin, taillé en pièces à Clusium un corps de six mille hommes, & arrivent en présence de l'ennemi, portant en trophée les têtes des vaincus au bout de leurs lances. Les deux peuples sont aux prises: l'un l'un des Consuls combat les Toscans & les Samnites ; & l'autre fait tête aux Gaulois. La fortune varie selon la valeur des guerriers ; les Toscans & les Samnites plient, tandis que les Gaulois font plier les Romains ; la victoire alloit couronner leur courage, lorsque le Consul Décius se dévouant à la gloire de sa patrie, se précipita dans leurs rangs, ranima ses soldats par cet acte d'héroïsme, qui eût été inutile si Fabius l'autre Consul, vainqueur des Toscans, ne les eût chargés en queue, tandis qu'ils combattoient contre les troupes de son collègue, & contre le corps de réserve commandé par Marcius & Scipion ; les Gaulois, accablés sous tant d'ennemis, abandonnent enfin le champ de bataille au vainqueur, mais il le paya du sang de ses plus braves soldats, dont sept mille furent tués dans la seule division qui avoit composé l'aile aux ordres de Décius.

Les Gaulois qui avoient figuré sur ce théâtre sanglant, étoient les Senonois, ils avoient perdu dans cette journée leur Roi avec une partie de son armée, leur défaite avoit ajouté le desir de la vengeance à la haine des Romains ; aussi douze ans après ils entrent en Toscane, & forment le siége d'Aretium, (aujourd'hui Arezzo), ville alliée de Rome ; à cette nouvelle, au secours que demandent les assiégés, le Sénat envoie des Ambassadeurs aux Senonois ; leur Roi Britomaris, dont le père avoit péri dans la bataille précédente, étoit un barbare qui se jouoit du droit des gens, & qui n'en connoissoit d'autre que celui du glaive, il fit couper en morceaux les Ambassadeurs Romains : au récit de cette atrocité, toutes les forces de la République font en mouvement, trois armées font sur pied, & agissent avec des succès differens; l'une, sous la conduite du Consul Dolabella, entre dans le pays des Senonois, met tout à feu & à sang, & bat leur armée. Les Gaulois devant Arezzo prennent leur revanche, taillent en pièces l'armée commandée par Métellus, &, poursuivant leur victoire, marchent droit à Rome. Tout-à-coup la scène change, le succès si fatal à cette nation, en ce qu'il la rend téméraire, la perdit encore en cette occasion; enivrés de leur victoire, ils méprisent la troisième armée qui venoit à leur rencontre, sous les ordres du Consul Domitius. Les Romains opposent à un courage aveugle les ressources de la tactique, & les forces qui naissent de la supériorité de la discipline & de l'avantage du poste. La victoire se déclare pour le peuple qui avoit le plus fait pour la mériter, l'armée téméraire est vaincue & presqu'exterminée. Pendant ce temps, le Consul Dolabella poursuivant ses succès, porte le dernier coup à la puissance des Senonois en Italie. Cette nation avoit fait un dernier effort; les guerriers qui lui restoient, secondés des Boïens & de quelques tribus de Toscans, formoient une armée qui défia la fortune de Rome sur les bords du lac Vadimon (*a*). Le Consul, en ce jour, fit disparoître cette nation de l'Italie, le champ de bataille devint son tombeau & la prison de son Roi. Ce cruel Britomaris, traîné en triomphe par son vainqueur, expia dans les supplices son infraction au droit des gens.

(*a*) Aujourd'hui Lago Basanello dans l'Etat Ecclésiastique.

Les Romains entrèrent en vainqueurs dans le Picenum, (la Marche d'Ancone) y établirent des Colonies, dont quelques-unes rappellent encore par leur nom (*a*) la domination des anciens conquérans. Tel fut l'extinction de la première Colonie Gauloise, & la première conquête des Romains sur les Celtes, conquête qui va s'étendre sur toute la nation ; car le mouvement d'impulsion une fois donné au conquérant, il ne connoît plus de bornes ; sa faim augmente à mesure qu'il dévore.

Rome, occupée à son tour à défendre ses foyers contre un ambitieux du même caractère qu'elle, & par cette seule raison très-dangereux, borna pour lors ses conquêtes au nord de l'Italie, pour s'occuper de sa défense au Midi. Après avoir lutté contre la valeur du Roi d'Epire, ensuite contre les forces de Carthage, la supériorité qu'elle acquit par ses victoires, autant que par sa constance dans les défaites, ne lui permit plus de voir sans indignation à ses côtés des ennemis qu'elle avoit été forcée de laisser en paix pendant près de soixante ans. Il faut convenir aussi que si Rome brûloit de faire la guerre aux Gaulois, ceux-ci étoient animés du même desir : entre deux peuples aussi mal disposés pour la paix, il ne fallut pas de grands prétextes ; le Picenum, pris par les Romains sur les Senonois, fut celui à l'aide duquel les deux nations firent éclater leur animosité.

Jamais les Romains n'avoient réuni autant de com-

(*a*) Sinigaglia.

battans, toute l'Italie étoit en armes; Polybe & d'autres Hiſtoriens font monter le nombre des ſoldats à plus de ſept cents mille hommes : quatre armées formidables partent en même-temps. Les Gaulois des trois nations, Inſubriens, Geſſates & Boïens, réunis en corps, s'avancent fièrement au milieu de ces nombreuſes armées, ils étoient déjà auprès de Cluſium en Toſcane (aujourd'hui Chiuſi) lorſqu'ils rencontrèrent la première; leurs Rois Anéroëſte & Concolitan remportèrent, entre cette ville & Feſule, (Fieſoli) une victoire déciſive ſur le Préteur de Toſcane qui la commandoit : une partie expire ſous les coups des Gaulois, & l'autre ſe retire ſur des hauteurs, où le vainqueur alloit la forcer lorſque le Conſul Emilius, à la tête d'une autre armée, vint à ſon ſecours; les Romains ſe réuniſſent, & les Gaulois regagnent leur pays chargés de dépouilles, lorſqu'ils voient le chemin de la retraite coupé par le Conſul Attilius. Preſſés entre deux puiſſantes armées, les Celtes ſe forment en gros bataillons, font face à la fois en tête & en queue à leurs ennemis : au courage des combattans, à la haine qui les animoit, ſe joignoit chez les uns le déſeſpoir, & chez les autres l'aſſurance qui naît du grand nombre. Le carnage eſt affreux, l'un des Conſuls expire ſur le champ de bataille; cependant les Gaulois, malgré leur valeur, ſont obligés de céder au nombre, à l'armure & à l'épée Romaine terrible contre des hommes à demi-nuds, armés de ſabres plians qui ne frappoient que de taille; ils ſont enfoncés de toutes parts, & laiſſent ſur le champ de bataille quarante mille hommes avec un de leurs Rois, tandis que l'autre, chargé de fers, va ſervir au triomphe de ſes vainqueurs.

Quelque déciſive que fût cette bataille, elle ne procura aux Romains que l'avantage de ſauver leurs provinces du pillage; le Conſul qui reſtoit campa ſur les terres des Boïens, commença le plan de conquête qu'en firent ſes ſucceſſeurs, & ces ſucceſſeurs furent conſtamment pris parmi les plus grands Capitaines de la République. Fulvius, Flaccus, Manlius Torquatus, appelé une ſeconde fois au Conſulat, pourſuivirent cette guerre avec toute la vigueur que leur inſpiroit la victoire & la force de leurs armées. Les Gaulois attaqués par des ennemis auſſi opiniâtres, auſſi nombreux, multiplièrent en vain leurs efforts, ils furent pouſſés après une multitude de combats juſqu'au Pô, qui devint pour un moment la ligne de ſéparation des deux peuples.

Les Romains profitant des avantages de la fortune, redoublèrent d'efforts pour anéantir des ennemis auſſi dangereux; les nouveaux Conſuls Furius & Flaminius, chargés du ſoin de cette guerre importante, eurent ordre de paſſer le Pô. Ils le paſsèrent au confluent de l'Adda, ce fut le premier eſſor que les aigles Romaines prirent dans ces régions. A ce paſſage, le cri du ſalut commun ſe fit entendre, & raſſembla une armée puiſſante, qui, par ſa valeur & ſes opérations militaires bien dirigées ſur un ſol connu, força l'ennemi à repaſſer le fleuve. Il falloit s'en tenir là; mais le Gaulois, toujours téméraire dans le ſuccès, franchit le fleuve à ſon tour, & perdit dès-lors tous ſes avantages; ſa poſition dans ce pays ſe trouva ſemblable à celle des Romains dans le ſien : on en vient aux mains, l'armure & la tactique Romaine triomphent, la moitié de l'armée Gauloiſe eſt tuée ou faite priſonnière ; mais le Pô, après la campagne, ſe trouve encore la barrière entre deux puiſſances.

Marcellus, ce rival d'Annibal, appelé à juſte titre l'Epée de Rome, fut en effet une arme formidable contre les Gaulois. Ce Général paſſa le fleuve, & porta la guerre chez les Inſubriens. Les Gaulois, à la vue du coup qui alloit anéantir leur puiſſance, n'invoquèrent d'autre ſecours que leur génie militaire, & ce courage toujours ſupérieur aux défaites. Viridomar, Roi des Geſſates, accourut au ſecours de ſes alliés, & les deux peuples réunis remirent de nouveau leur deſtin au ſort des combats. La fortune de Rome prévalut, les Gaulois perdirent dans cette journée déciſive leur armée & la liberté ; leur Roi, honteux de ſurvivre au déſaſtre de ſa nation, voulut en tirer vengeance ſur le général Romain, il ne fit qu'ajouter à ſes lauriers, il tomba lui-même ſous ſes coups, augmenta ſon triomphe de la conſécration des dépouilles opimes au temple de Jupiter, & d'un ſpectacle nouveau depuis Romulus & Coſſus (*a*). Le vainqueur alors foula aux pieds la liberté Gauloiſe, & étendit ſon joug juſqu'aux Alpes.

Les Celtes Ciſalpins vaincus portoient en frémiſſant leurs chaînes, lorſqu'un évènement imprévu vint les rompre pour un moment. Un conquérant déchaîné des

(*a*) Cet évènement arriva dans la 139e. Olympiade, 222 ans avant Jéſus-Chriſt.

côtes d'Afrique, vainqueur de l'Efpagne, des Allobroges & des Alpes, apparoît fur leurs fommets glacés. Le Romain accourt en armes, le Gaulois embraffe la fcène d'un regard avide, il voit avec étonnement l'étranger, femblable au Dieu de la victoire, renverfer les armées de Rome, moiffonner fes légions, & attaquer fa puiffance jufque dans fon centre ; fa joie égale fa furprife, il joint fes forces à celles d'Annibal, unit à fa haine le reffentiment de fes injures, & marche fous fes drapeaux. Jamais ce modèle des grands généraux n'eût ébranlé la puiffance Romaine fans la jonction des Gaulois ; les Efpagnols & les Africains étoient réduits à une poignée de combattans, les Gaulois faifoient la principale force de fon armée, & ils combattirent à Cannes avec tant de courage, que fur cinq mille cinq cents hommes que perdit Annibal, il y en eut quatre mille de leur nation. Si cette journée, fi celle de Thrafimène, fi les malheurs de Rome mirent le comble à leur fatisfaction, leur défefpoir dut être égal, lorfqu'enveloppés dans les défaftres de Carthage, ils furent obligés de plier comme elle fous un ennemi vainqueur & irrité.

Fin du Royaume de Thyle.

II. Que le Gaulois dut être redoutable à l'époque où il envahit la Grèce & l'Afie, puifque fes armées, même vaincues, fondoient des états ; victorieux, il renverfoit des trônes ; vaincu, il en élevoit de nouveaux : les troupes de Brennus, battues & difperfées devant Delphes, s'étoient réunies fous les drapeaux de Commontorius ; fous ce nouveau chef, elles reprennent leur audace & leur afcendant, attaquent les Thraces, & fondent, à force de courage & de victoires, le Royaume de Thyle situé sur la Propontide (*a*), & au milieu de leurs tribus belliqueuses. Les Rois de ce petit Etat, redoutables par leur audace & la hardiesse de leurs entreprises, jouoient le premier rôle parmi les Monarques & les peuples de ces climats ; les uns étoient leurs alliés, les autres leurs tributaires, tous les redoutoient également. Les Byzantins & d'autres nations de la Thrace figuroient parmi les derniers. Une seule circonstance suffit pour donner une idée de leur pouvoir, & jusqu'où peuvent s'étendre les droits du courage.

Les Byzantins voulant se décharger du poids de leur tribut sur les autres peuples, avoient imposé des droits considérables sur les vaisseaux qui passoient dans le Pont-Euxin ; les Rhodiens, ces fiers républicains qui avoient repoussé les armes des Rois de Macédoine, combattirent & ne payèrent pas ; les Byzantins appellent à leur secours Attale, Roi de Pergame ; les Rhodiens se fortifient de l'alliance de Prusias, Roi de Bithynie : Prusias & ses alliés battent les Byzantins, cette guerre alloit avoir les suites les plus funestes pour leur Etat, lorsque Cavarus, Roi de Thyle, parut sur la scène ; il ordonna aux combattans de remettre l'épée dans le fourreau, condamna Prusias à rendre ce qu'il avoit pris sur les Byzantins, & affranchit les Rhodiens du droit de péage.

Ce barbare, qui commandoit à une poignée d'hommes, & qui parloit en maître aux Rois & aux peuples voisins, réunit par sa témérité toutes leurs forces contre lui ; les nations guerrières de la Thrace, indignées de plier sous

(*a*) Aujourd'hui la Mer de Marmora.

une puiſſance étrangère, ſi petite en comparaiſon de celles qui l'entouroient, s'arment toutes à la fois, & accourent venger leur ſervitude & leurs défaites paſſées; les Gaulois, fiers de leurs anciens triomphes, combattent ſans daigner compter leurs ennemis, mais le nombre cette fois l'emporte ſur la valeur : malgré leur courage, ils furent vaincus, & leur défaite fut ſi entière, qu'ils reſtèrent preſque tous avec leur Roi ſur le champ de bataille. Cette journée mit fin au Royaume de Thyle.

III. Les Galates ou Gaulois d'Aſie, malgré les bornes étroites de leurs poſſeſſions, étoient parvenus au plus haut degré de conſidération que puiſſent procurer les armes : il n'y avoit pas de guerres où ils ne jouaſſent un rôle, & leur rôle ſur ce théâtre ſanglant étoit preſque toujours le premier : nulle ligue qui ne ſe crût toute puiſſante avec leur appui, nul allié qui ne ſe crût ſûr de vaincre avec eux ; deux fois il prirent parti dans la querelle des puiſſances qui ſe diſputoient l'empire du monde, & deux fois la balance de la fortune qui penchoit du côté des Romains, s'arrêta au poids qu'ils y mirent.

Conquête de la Galatie.

Tandis qu'Antiochus, vainqueur de l'Aſie, ſe meſuroit avec les Romains dans la Grèce, & oppoſoit au torrent de leur fortune les plus nombreuſes armées, les Gaulois ſes confédérés attaquoient le Roi de Pergame, allié de Rome; comptant ſur leur valeur plus que ſur leur nombre, puiſqu'ils n'étoient que quatre mille, ils fondent ſur l'Ionie, renverſent les armées d'Eumènes, & l'aſſiègent dans ſa capitale. Ce ſiége mémorable d'une grande ville, entrepris par une poignée d'hommes, ne peut être excusé que par la témérité Gauloise, qui fut encore punie en cette occasion. Eumènes, tremblant dans sa capitale, invoque les Romains & les Achéens; Diophane, élève de Philopemen, est aussi-tôt envoyé au secours; ce général habile, secondé des Grecs qu'il avoit amenés, vainquit les Gaulois, & leur fit payer par leur défaite la hardiesse d'assiéger avec quatre mille hommes une ville puissante protégée par une armée.

La guerre, après cet échec, ne fut plus qu'une chaîne de malheurs; Eumènes, débarrassé des Gaulois, seconda les efforts des Romains, les introduisit dans l'Asie, où ils abattirent Antiochus. Les victorieux tournèrent alors leurs armes contre la nation qui leur avoit porté un coup si sensible dans le commencement de la guerre. Les Galates, malgré la différence de leurs forces, si foibles en comparaison de celles de leurs ennemis, virent d'un œil intrépide l'orage qui alloit fondre sur eux; ils n'implorèrent pas les secours de peuples efféminés, vaincus ou tremblans au nom de Rome : leur espoir fut en leurs propres forces; le climat de l'Asie qui a toujours énervé les peuples guerriers, n'avoit pas influé sur eux, le feu de leur courage subsistoit avec leurs mœurs primitives, & le mouvement d'impulsion, donné à leur départ des Gaules, duroit encore; tandis que tant de Rois fuyoient devant les étendards Romains, ils les attendirent fièrement, & les reçurent sur la frontière les armes à la main. Ces Républicains trouvèrent dans ces climats amollis des ennemis dignes d'eux. Les peuples d'Asie furent spectateurs d'un sanglant combat, entre les deux plus belliqueuses nations qui existassent alors. Les Gaulois, forcés de céder à la discipline Romaine, reculèrent, mais ne se crurent pas encore vaincus; la honte de leur défaite se changea en fureur, ils crurent avoir les droits à la victoire, puisqu'il leur restoit du sang & des armes; ils ramassent toutes leurs forces, & vont porter leur dernier effort contre le vainqueur : cet effort, dirigé avec l'élan du désespoir, est vain; la fortune de Rome triomphe de nouveau près d'Ancyre, & la Galatie est soumise pour un moment.

La fortune travailloit alors à humilier ces conquérans: elle forgeoit au pied du Caucase la foudre dont elle alloit les frapper en Asie; elle veilloit sur ce Mithridate qui tint pendant quarante ans les destins douteux entre Rome & lui, qui lutta pendant tout ce temps contre ses forces, & partagea l'intérêt de l'Univers entre sa puissance & la leur. Accoutumé, dès l'âge le plus tendre, à braver les périls, les jeux de son enfance avoient été des exercices sanglans; familiarisé avec le danger des poisons & les périls des combats, doué d'un courage inébranlable, d'un génie plein de ressources, maître de ses passions, sa prudence & sa politique guidèrent sa haine contre les tyrans des nations. Assez pénétrant pour sentir que l'homme n'est supérieur que par l'étude, l'expérience & la comparaison, il traça la route que Pierre-le-Grand suivit depuis, il s'absenta de ses Etats, étudia l'esprit, les forces & la science militaire des autres peuples. Enrichi des découvertes de leurs arts, & possédant leurs sciences, il fut l'émule des Grecs dans l'éloquence, & des Romains dans la guerre. Ses premiers coups tombèrent sur les Scythes; en triomphant de cette nation belliqueuse, c'étoit aiguiſer ſes armes contre les Romains, & s'eſſayer au trône de l'Aſie. Ces Scythes, invincibles contre les Lieutenans d'Alexandre, contre Philippe ſon père & contre Cyrus, reçurent la loi de Mithridate; aguerri par ce ſuccès, plus puiſſant par cette conquête, il y ajouta le Pont & la Cappadoce. Alors il manifeſté ſon projet, tous les peuples de l'Orient ſont invités à y prendre part. Tygranes, Roi d'Arménie & de Syrie, les Sarmates (*a*), les Baſtarnes (*b*), deviennent ſes alliés: à la vue de ces puiſſants étendards levés contre les Romains, les Gaulois rompent leurs liens, s'uniſſent au Roi de Pont, & ſecondent ſa fortune; elle étoit telle, que tous ces corps réunis formoient plus de trois cents mille combattans, ſous les ordres de ce fier rival de Rome.

Les grands coups ſe portèrent en Bithynie & en Cappadoce; les Romains ne s'étoient pas endormis à la vue de l'orage qui alloit fondre ſur eux: trois corps d'armée, de quarante mille hommes chacun, marchèrent ſous trois Généraux; Nicomède, Roi de Bithynie, s'y joignit avec une armée d'environ ſoixante mille hommes. La diviſion que commandoit ce Prince, fut celle qui ſe meſura la première contre l'armée de Mithridate, ſon ennemi perſonnel. Il perdit la bataille, ſes richeſſes, ſon camp, & ſe ſauva en Bithynie avec les débris de ſon armée auprès de la ſeconde diviſion, commandée par Aquilius;

(*a*) Les Sarmates d'Aſie habitoient ſur les rives du Tanaïs & du Volga, aujourd'hui la Circaſſie.

(*b*) Les Baſtarnes (partie de la Pologne) demeuroient au de-là du Boriſthène, aujourd'hui le Dnieper.

ils ne furent pas plus heureux, ils furent entièrement défaits, leur camp fut pris, & la terreur fut telle, que le reste de cette armée se dissipa, ainsi que la troisième division, au point que les Généraux crurent n'être en sûreté qu'en se sauvant dans les isles de l'Archipel, & Nicomède à Rome. Aussi-tôt toutes les villes de l'Asie ouvrent leurs portes à Mithridate; la Phrygie, la Mysie, la Carie, la Lycie, la Pamphilie & la Paphlagonie (*a*) le reconnoissent pour leur Souverain; Athènes se soumet à ses loix, il domine tout-à-la-fois dans la Grèce & dans l'Asie. Les Généraux Romains sont livrés entre ses mains, il les fait massacrer, & avec eux cent mille de leurs citoyens distribués dans les villes de l'Asie : ce fut dans ces momens de succès que ce cruel vainqueur, ayant convoqué son armée, lui adressa la superbe harangue rapportée par Trogue Pompée, & abrégée par Justin : on n'en cite que le passage suivant relatif à cette histoire.

» Il s'en faut bien que les Romains soient invincibles, » après les victoires que vous venez de remporter sur eux » en Bithynie & en Cappadoce; rien n'est plus connu que » leurs défaites par Pyrrhus, par Annibal & par les Gau- » lois; la renommée a pris soin de répandre les exploits » de ces derniers, lorsque sortis de la Gaule Transalpine, » ils ont soumis de vastes contrées en Italie, & y ont fait » des conquêtes plus étendues encore que dans cette Asie, » qu'on dit moins belliqueuse. Gaulois qui paroissez parmi » les peuples rangés sous mes étendards, votre nation n'a » pas seulement vaincu Rome, elle l'a prise, à l'exception

(*a*) Tous ces pays font partie de l'Anatolie & de la Caramanie.

» d'un rocher dont le poids de ſon argent, & non la force » de ſes armes, l'a éloignée : vous n'en êtes pas moins la » terreur du nom Romain, malgré la diſtance qui vous » ſépare des autres Gaulois ; vous avez le commun avec » eux le courage & la diſcipline, vous leur êtes même » ſupérieurs par l'expérience & le génie militaire, qui a » été obligé de lutter contre celui des Thraces & des » Illyriens, & de ſe faire un chemin au milieu de leurs » armes terribles pour parvenir juſqu'en Aſie «.

C'étoit ainſi que ce Prince éloquent, habile dans l'art de connoître les hommes, élevoit le cœur de ſes ſoldats vers la victoire, & excitoit leur courage par des récits glorieux, propres à aiguillonner l'honneur national. Mais bientôt les revers de Mithridate ſuccédèrent à ſes victoires ; Scylla fit rentrer le torrent dans ſon lit ; le Roi de Pont, furieux de ſes pertes, s'en prit à l'inconſtance des Gaulois, il les accuſa de trahiſon, fit arrêter leurs chefs appelés Tetrarques, & les fit maſſacrer avec leurs familles ; de douze qu'ils étoient, il ne s'en ſauva que trois ; Mithridate vengea les Romains de la défection des Gaulois ; c'eſt ainſi que le conquérant, dont l'ame eſt pétrie de fiel & d'orgueil, confond, dans ſes élans de cruauté, amis & ennemis, & frappe avec l'aveuglement de la mort.

Conquête de la Colonie des Gaulois Scordiſques.

IV. De toutes les nations Celtiques qui s'établirent au loin, aucune ne fut plus féroce que celle des Gaulois Scordiſques ; aſſis ſur les bords du Danube au confluent de ce fleuve & de la Save, ils habitoient la province connue de nos jours ſous le nom de Boſnie ; placés entre les féroces Germains, les Thraces & les Illyriens belliqueux, ils furent obligés pour conserver leur existence au milieu de ces redoutables ennemis, d'acquérir & de conserver la supériorité des armes, ils l'avoient apportée en sortant de leur patrie, ils la maintinrent par leurs victoires & le feu de leur courage; pour soutenir ce courage si nécessaire dans leur position, ils outragèrent la nature, & instituèrent un culte de sang en l'honneur du Dieu des combats : comme tous les barbares, ils confondoient la férocité avec la valeur; au lieu de soutenir le caractère belliqueux de leur nation par des institutions mâles & des mœurs sévères; ils préférèrent la soif du sang, des mœurs atroces, une religion cruelle, & des spectacles sanglans; ils faisoient brûler leurs ennemis, éventroient leurs femmes grosses, ou les immoloient sur les autels de Mars; ils buvoient dans leurs crânes, & portoient leurs chevelures en trophée; nous avons vu dans ce siècle les mêmes horreurs en Amérique : les premiers principes du droit de la guerre ont été aussi monstrueux dans les deux hémisphères; triste exemple de l'homme qui dédaignant les lumières de l'intelligence, ne connoît que le sens animal, qui ignorant les ressorts puissans de l'honneur, les ressources supérieures du sentiment, & d'une religion éclairée, adopte des moyens dont on n'apperçoit pas même les traces chez les animaux les plus féroces.

Dès que les Romains, vainqueurs de l'Illyrie, se furent approchés de cette nation, la paix ne put pas subsister entre de pareils voisins; la guerre fut déclarée, elle fut longue & sanglante, & le début en fut fatal aux Romains : le Consul Caton entra sur les terres de l'ennemi à la tête de l'armée de la République, il trouva bientôt celle des Scordiſques. Le Général Barbare; inſtruit dans l'art de la guerre, n'eut garde de combattre en pleine campagne ces légions ſupérieures à ſes troupes par la diſcipline, & inébranlables par leur maſſe, il les attira dans une forêt, où l'infanterie, coupée par les arbres & les rochers, pouvoit être attaquée par pelotons; les Scordiſques voyant les Romains engagés, fondent ſur ces corps diviſés, combattent corps à corps; la tactique devient inutile, la connoiſſance des lieux, la manière de combattre, tout milite pour les Gaulois : enfin, la victoire couronne leur courage, le Conſul eſt défait, ſon armée eſt détruite, les vainqueurs pourſuivent les fuyards, parvenus dans l'impétuoſité de leur courſe, juſqu'à la mer Adriatique, ils s'indignent contre cette barrière qui ſouſtrait leurs ennemis à leurs coups, & dans l'accès de leur fureur, ils lancent leurs traits contre les flots, acte qui fait mieux connoître le caractère de ce peuple qu'un volume de longues diſſertations.

Les vainqueurs, à leur tour, entrent dans les provinces Romaines, & ravagent la Dalmatie & l'Iſtrie. La guerre, depuis cette époque, continua entre les deux peuples avec des ſuccès variés; pluſieurs Conſuls triomphèrent à la vérité, mais les victoires qu'ils remportèrent étoient peu déciſives, puiſque cette guerre dura plus de trente ans, & ne fut terminée que par la fortune & la valeur de Sylla.

V. L'Ibérien fut de tout temps un peuple généreux, frugal, patient, diſcret & courageux, ſon caractère ne s'eſt jamais démenti, ancien ſur le ſol qu'il habite, le bonheur

bonheur qu'il y goûtoit, y avoit, dès la plus haute antiquité, attiré les Nations étrangères; il a toujours défendu ses foyers avec courage, contre les Phéniciens, les Carthaginois, les Romains & les Gaulois; mais ceux de ces peuples qui s'y sont soutenus, ont participé aux bienfaits de la nature, le climat les a mis au niveau de ses anciens habitans, les a pliés à ses loix, c'est ce qui étoit arrivé aux Celtes qui avoient conquis une partie de cette péninsule : à la bravoure de leur nation, ils avoient réuni la constance & le flegme naturel à la contrée qu'ils habitoient; les Romains en firent l'épreuve.

Ces conquérans, après la chûte de Carthage, & les victoires de Scipion en Espagne, possédoient la Bétique & les provinces de cette péninsule situées sur la mer Méditerranée. Parmi les peuples assis sur les rives de l'Océan, les uns étoient absolument indépendans, tels que les *(a)* Asturiens & les *(b)* Cantabres qui ne furent entièrement soumis que sous Auguste; les autres, tels que les Lusitaniens, les Celtibériens *(c)*, paroissoient dans une espèce de soumission. L'histoire ici ne fixe son attention que sur les derniers issus des Celtes, anciens conquérans de cette partie de l'Espagne.

La terreur qui suit la victoire s'étoit dissipée; six ans s'étoient écoulés, les Celtibériens qui avoient eu le temps de connoître leurs ressources, virent avec indignation une puissance étrangère qui venoit les braver, & leur

(*a*) Habitans des Asturies, & de la partie Septentrionale du Royaume de Léon.

(*b*) Habitans de la Biscaye, & du Nord de la vieille Castille.

(*c*) Les Celtibériens occupoient l'Aragon & la vieille Castille.

apporter des fers du fond de l'Italie ; réunis aux Carthaginois, ils n'avoient fait que des efforts impuissans ; réduits à leurs seules forces, ils ne craignirent pas d'attaquer les tyrans de l'Ibérie, car les exactions des Romains justifioient ce titre : cette guerre commença sous d'heureux auspices, & fut une des plus cruelles que les Romains aient eu à soutenir. La première campagne ne fut pas heureuse pour eux. Le Préteur Sempronius Tuditanus commandoit alors leur armée ; il fut vaincu, perdit une partie de ses troupes, & vint mourir de ses blessures dans la province Romaine.

Le Consul Caton vengea, l'année suivante, l'honneur de la République. Les Celtibériens vainqueurs avoient chassé les Romains jusqu'en Catalogne ; leur armée étoit campée dans cette province, tandis qu'un corps de dix mille hommes étoit allé appuyer la révolte des Turditains (*a*). Caton, par la supériorité de ses manœuvres & par son courage, vainquit les ennemis, prit leur camp, & en fit un grand carnage ; il apprend en même-temps que les Romains de la Bétique sont réduits aux abois, il marche aussi-tôt au secours ; mais les Espagnols, plus réservés après la dernière action, évitent d'en venir à une bataille ; le succès du Consul se borne à ravager la Turditanie, il laisse son armée au Préteur, & va combattre sur les rives de l'Ebre avec un simple détachement.

Le feu de la guerre continuoit à embraser l'Espagne, il étoit aux deux extrémités ; au midi, les Romains étoient aux prises avec les Lusitaniens ; au nord, avec les Celtibériens, mais le succès en fut par-tout heureux

(*a*) Partie de l'Aragon & du Portugal.

pour les premiers. Le Préteur Atinius vainquit les Lusitaniens, mais fut tué; & Manlius Acidinus ayant remonté l'Ebre auprès de Numance, livra une bataille aux Celtibériens, & remporta sur eux une victoire complette, car il laissèrent douze mille hommes sur le champ de bataille, & deux mille prisonniers entre les mains de l'ennemi. La guerre, depuis cette journée, ne fut plus qu'une alternative de succès entre les deux nations, jusqu'à l'époque où elle devint plus animée, & où elles se portèrent des coups plus répétés & plus décisifs. Cette époque fut celle de la guerre contre Viriathus & les Numantins: comme le premier est étranger au but de cet ouvrage, on ne s'occupera que de ce qui concerne les seconds.

Numance étoit la capitale des Arévaques (*a*), le plus puissant des peuples connus sous le nom des Celtibériens: de-là est venu le titre de Numantins, donné aux nations qui composoient cette Confédération. Le Consul Fulvius attaqua d'abord les Gaulois nommés *Belli*; ceux-ci secourus par les Arévaques, lui livrèrent un combat dont le succès fut douteux; il fut suivi d'un second, dont les suites firent connoître les vainqueurs; les Romains rétrogradèrent, & ne purent empêcher la prise d'Ocilis (*b*), dont le Consul avoit fait sa place d'arme : ce dépôt des vivres & de la caisse de l'armée fut pillé par l'ennemi, & paya les frais de la campagne.

La campagne suivante se borna à la prise d'Ocilis par le Consul Marcellus, qui fit part au Sénat des proposi-

(*a*) Habitans une partie de la vieille Castille.

(*b*) Orihuela, dans le Royaume de Valence.

tions de paix des Celtibériens, & du desir qu'il avoit d'y adhérer ; le Sénat pensa tout autrement, ses principes n'étoient pas de traiter avec un ennemi redoutable, mais de l'abattre. L'idée qu'on avoit à Rome de la valeur des Celtibériens, les preuves qu'ils en avoient données, eussent fait avorter ce projet sans le courage de Scipion l'Africain ; car les jeunes Romains effrayés des périls de cette guerre, & sourds aux invitations de prendre des postes militaires, furent tirés de leur léthargie par l'exemple de Scipion ; il abdiqua un emploi pacifique qui l'appeloit en Macédoine pour aller soutenir, en qualité de Tribun, la gloire du nom Romain en Espagne.

Malgré le traité fait entre le Consul Marcellus & les Celtibériens, par lequel il fut convenu que ces derniers seroient réputés amis & alliés du peuple Romain, les Vaccéens (*a*), l'une de leurs tribus, furent attaqués par le Consul Lucullus son successeur, il s'empara d'abord de deux places, alla mettre le siége devant Palantia la capitale ; les assiégés s'y défendirent courageusement, les Celtibériens y affamèrent les assiégeans, s'emparèrent de leurs convois, leur firent lever le siége, & les poursuivirent dans leur retraite.

Rome mit à la tête de ses armées le Consul Métellus, qui, pendant deux ans, tint tête aux Celtibériens, & fit même des conquêtes dans leur pays ; pendant ce temps Viriathus, leur allié, tailloit en pièces les armées de la République, & battoit constamment leurs Généraux dans

(*a*) Peuples qui habitoient partie dans la Castille vieille, partie dans le Royaume de Léon.

la Bétique & la Lusitanie. Rome s'épuisoit à faire passer de nouvelles armées; malgré la continuité de ses mauvais succès sa constance se soutint, & un nouveau Général parut sur les frontières avec trente mille hommes d'infanterie, & deux mille chevaux.

Ce nouveau Général étoit Quintus Pompeius, il assiégea d'abord Numance, ensuite Thermeste; forcé d'abandonner ces deux siéges, son expédition se bornoit à poursuivre des brigands qui infestoient l'Aragon, lorsqu'il apprit la mort de Viriathus: toutes les forces Romaines parurent alors sous les murs de Numance, mais la victoire étoit dedans; les Celtibériens, nombreux & aguerris, firent une sortie si vigoureuse sur les assiégeans, qu'ils les défirent & les chassèrent de leurs pays. Le Général Romain, désespérant de vaincre, aima mieux traiter, & fit la paix.

Cette paix ne fut pas ratifiée par le Sénat, & Popilius, successeur de Quintus Pompeius, recommença la guerre; le succès fut tel qu'il devroit toujours être, la justice triompha; les infracteurs du traité furent punis, & les Romains expièrent du prix de leur sang, sous les remparts de Numance, leur aversion pour la paix, & la violation du traité; ils furent vaincus dans une sortie, & leur défaite ajouta aux lauriers de leurs ennemis.

Rome confia le soin de sa vengeance au Consul Mancinus, la victoire se déclara constamment pendant toute la campagne en faveur des Celtibériens; ils chassèrent les Romains de devant Numance, les poursuivirent dans leur retraite, les enfermèrent dans un défilé où le Consul, & Tibérius Gracchus, son Questeur, firent un nouveau traité qui eut le ſort du premier ; la République ſe crut déliée en livrant le Conſul aux ennemis, qui, plus généreux que les Romains, ne voulurent pas le recevoir.

Cette mauvaiſe foi des Romains, car ils l'ont manifeſtée contre tous les peuples qui leur ont fait eſſuyer des échecs, a cependant été un des principaux moyens qui les ont fait parvenir à l'empire univerſel ; parce qu'étant vaincus, ils empêchoient le vainqueur, par un traité, de profiter de ſes avantages, ils ſe jouoient du traité, & recommençoient une guerre dont la crainte de tomber entre les mains d'un ennemi irrité, & la leçon acquiſe par leurs fautes paſſées, les faiſoit ſortir avec ſuccès, il en réſultoit une obligation de vaincre : il arrivoit de-là que tout peuple qui avoit attiré leurs armes étoit perdu, parce qu'il n'y avoit plus de paix, plus de graces à eſpérer, & qu'ils ne poſoient les armes qu'après avoir entièrement conſommé ſa ruine. Comment un plan auſſi révoltant par ſon orgueil & ſa perfidie, toujours conſtamment ſuivi, n'a-t-il pas ouvert les yeux à tous les peuples ? Comment ont-ils pu ſe voir joués, dégradés les uns après les autres, plutôt que de prendre la réſolution généreuſe d'exterminer ces ennemis des autres nations, ces hommes perfides & hautains, dont la conſidération ſe bornoit aux murs de leur ville, & dont le mépris s'étendoit ſur tout le reſte de l'univers.

Cette guerre étonnante, dans le cours de laquelle les Celtibériens avoient repouſſé les forces du plus puiſſant empire de la terre avec les plus foibles armées, car Numance n'avoit pas plus de huit mille guerriers, continua encore pendant deux ans, & leur fut également glorieuſe ; mais enfin la haine perſévérante de Rome triompha, & le temps marqué pour la ruine de cette puiſſance Gauloiſe arriva. La République, frémiſſant d'indignation, déchaîna contre Numance le deſtructeur de Carthage ; alors la diſcipline fut rétablie dans les troupes, le courage du Général anima les ſoldats, & la victoire quitta la ville pour habiter dans le camp qui l'aſſiégeoit. Une armée de ſoixante mille hommes diſtribuée dans des forts qui s'élevoient contre la place, & dans des lignes qui préſentoient une enceinte fortifiée, rendirent inutile la valeur des Numantins : en vain ils voulurent renverſer les remparts des aſſiégeans, en vain ils offrirent la bataille ; l'ennemi la refuſa, & repouſſa leurs attaques contre ſes poſtes fortifiés ; leurs alliés contenus n'osèrent les ſecourir ; & les Galliciens, ſeul peuple Gaulois dont ils pouvoient eſpérer l'aſſiſtance, plioient alors ſous les armes de Brutus, l'un des Généraux Romains ; il les vainquit en pluſieurs rencontres, & conquit leur province, alors tomba la puiſſance des Gaulois Eſpagnols ; Numance, ſans eſpoir, n'ayant pas même la conſolation de pouvoir combattre un ennemi qui vouloit la réduire par la faim, aima mieux périr que de lui livrer les armes qui l'avoient fait tant de fois triompher. La fin déplorable de ce peuple généreux, dont le courage étonne, & dont le ſouvenir excite encore des regrets, eſt un des plus affreux évènemens qu'on puiſſe rencontrer dans l'hiſtoire : agités par le déſeſpoir, & pouſſés par la faim, les aſſiégés ſe ſervoient de nourriture les uns aux autres, ils égorgèrent leurs femmes

& leurs enfans pour les dérober à l'esclavage ; après avoir souffert tout ce que le malheur de leur position, tout ce que des actes aussi dénaturés ont de déchirant pour des cœurs généreux, ils mirent le feu à leur ville, & s'y précipitèrent eux-mêmes, dérobant ainsi leurs personnes à l'esclavage, & leurs dépouilles à l'avidité des Romains.

Conquête de la province Romaine, ou Narbonnoise dans les Gaules.

Les Aigles Romaines, après les victoires de Marcellus, après celles qui firent rentrer dans la servitude les Gaulois Cisalpins, affranchis par Annibal, n'avoient jamais pénétré au-delà des Alpes; ces barrières de la nature, qui avoient paru jusqu'alors celles de séparation des deux peuples, les avoient arrêtés. L'an 598 de la fondation de Rome (*a*), elles les passèrent d'un vol victorieux, & parurent pour la première fois dans l'enceinte de l'ancienne Gaule. La République qui n'envisageoit qu'avec effroi cette source de tant de peuples guerriers, de tant d'armées redoutables, eût encore différé long-temps ses attaques contre cette puissante contrée, sans un évènement qui avoit le double avantage de lui en ouvrir les portes, & de lui assurer une retraite. Cet évènement qui servit de prétexte à son invasion, fut la querelle de Marseille avec deux petits peuples Liguriens qui vexoient ses Colonies de Nice & d'Antibes. Rome qui ne cherchoit qu'une occasion, prit le parti de Marseille son alliée; elle envoya des Ambassadeurs à ces deux hordes de barbares; ceux-ci qui ne

(*a*) En la 161e. Olympiade, ou 155 ans avant l'Ere Chrétienne.

faisoient

faisoient pas plus de cas de Rome que de Marseille, insultèrent les Ambassadeurs ; les Romains sensibles à cette injure, mais ravis du prétexte qu'elle fournissoit, envoient aussi-tôt le Consul Opimius avec une armée. Le pays des deux peuples ennemis est saccagé, les habitans des principales enceintes sont réduits en esclavage, ou envoyés à Rome pour y être punis de leur offense ; les Liguriens accourent au secours de leurs voisins, ils sont taillés en pièces ; & le pays des vaincus augmente la puissance de Marseille, ses ennemis deviennent ses sujets.

Cette première apparition des Romains dans les Gaules donna une grande idée de leurs armes, & resserra encore davantage les liens de leur alliance avec Marseille : ce fut alors que parut plus frappante que jamais la faute qu'avoient fait les Celtes en souffrant la fondation de cette ville ; ne permettant sur leurs côtes aucuns établissemens étrangers, ils s'étoient relâchés en faveur d'un seul, & il fut la cause de leur perte ; cette porte de leur pays qui se trouvoit entre les mains d'un autre peuple, fut ouverte à leurs ennemis, & cette ville devint le dépôt des chaînes qu'ils étendirent sur toute la Gaule; il est vrai que la faute avoit été sentie aussi-tôt que commise, elle alloit être réparée sans Belloveze, qui, ne prenant plus d'intérêt à une contrée qu'il quittoit, prépara sa servitude en favorisant les tours étrangères qui s'élevoient contre la liberté de sa patrie. Mais si les Gaulois firent une grande faute, Marseille n'en fit pas une moindre en appelant les Romains ; si moins aveuglée par son ressentiment, & plus éclairée sur ses vrais intérêts, elle eût cherché à pacifier ses différents avec des peuples dont elle faisoit seule le commerce, & que sa position lioit à leur sort, elle n'eût pas appelé une puissance ambitieuse qui, après avoir subjugué ses ennemis, l'asservit elle-même ; elle réalisa la fable de ce fier animal qui emboucha le frein pour se venger du cerf son ennemi.

Marseille satisfaite de son allié qui avoit caché sous ses présens les chaînes qu'il lui préparoit, le rappela vingt-huit ans après au sujet d'une nouvelle guerre qu'elle avoit avec les Salyes ou Salluviens, nation la plus puissante de la Provence. Le Consul Fulvius partit aussi-tôt, débarqua, vainquit les ennemis, vint triompher à Rome, & laissa son armée qui commença sous son successeur les établissemens qui préparèrent la conquête des Gaules. Ce successeur fut Sextus Calvinus, qui, après différentes opérations militaires peu décisives, remporta une victoire mémorable dans le lieu sur lequel est bâtie la ville d'Aix.

La fondation de la première ville Romaine dans les Gaules, mérite qu'on arrête l'attention du lecteur sur ce fait important. Fatigués & aigris des tableaux de destruction que nous avons vus jusqu'ici, nous rencontrons avec plaisir au milieu de ces scènes de carnage un homme qui édifie, qui répare d'une main les maux qu'il a faits de l'autre. L'heureuse situation de son camp, les eaux qui y jaillissoient lui fit naître l'idée de le changer en ville ; un chef ferme, ami du bien, & qui le desire ardemment, parvient toujours à le faire ; le Proconsul au milieu de la guerre, en présence de l'ennemi, & sur ſon ſol, entreprit (*a*). ce que par-tout ailleurs on ne faiſoit pas au ſein de la paix, & dans ſa patrie même; la ville d'Aix s'éleva pour commander à la province, & ſon nom latin d'*Aquæ Sextiæ* eſt un hommage qui fera vivre le nom de ſon fondateur plus long-temps, & qui le rendra plus recommandable que ſes victoires.

Si Marſeille n'eût vu d'abord que des colonies Romaines s'établir à côté d'elle, elle eût murmuré; le vainqueur étoit trop adroit pour ſe démaſquer ſi-tôt, il pouſſa ſes armes triomphantes ſur les côtes de la Ligurie, les aſſujettit, & les donna à cette ville alliée, préſent que Marſeille reçut avec tranſport, & dont l'objet eût été à charge à Rome par rapport à la grande étendue de côtes qu'il falloit défendre, & de ſujets mal diſpoſés qu'il falloit contenir; le commerce ſeul pouvoit donner un dédommagement, mais Rome n'étoit pas commerçante: ce don fut donc plutôt un effet de ſa politique, que de ſa généroſité envers ſon alliée; car en même-temps qu'elle lui accordoit cette liſière ſtérile & éloignée, elle gardoit les plaines qui étoient ſous ſes yeux, elle avançoit ſes colonies juſque ſous ſes murs.

Il ſe formoit alors dans les Gaules une puiſſante ligue en faveur des Salluviens; leur Roi Teutomalius réfugié chez les Allobroges, imploroit leur puiſſance, & celle des Arverniens ou Auvergnats; les Romains, de leur côté, trouvèrent des alliés qu'ils n'eſpéroient pas; ces alliés étoient les Eduens ou Autunois, qui, commettant les mêmes fautes que Marſeille, introduiſoient dans le

(*a*) L'an 630 de Rome, 124 ans avant Jeſus-Chriſt.

ſein de leur patrie l'ennemi qui devoit l'aſſujettir ; les ſentimens de ces peuples, & le rôle qu'ils vont jouer, néceſſitent une explication préliminaire, néceſſaire à la connoiſſance des nations qui vont figurer ſur le théâtre de la guerre, tant dans ce Chapitre que dans le ſuivant.

La Gaule méridionale étoit partagée entre différens peuples, qui, tour-à-tour, avoient joué le premier rôle : le ſceptre avoit paſſé alternativement entre les mains des Berruyens, des Eduens, des Sequanois, des Auvergnats ; ces derniers avoient alors la puiſſance prépondérante, la domination du Roi de Clermont s'étendoit depuis le Bourbonnois juſqu'à la mer, & au Rhône ; ce n'eſt pas qu'il jouît en ſouverain de tout ce pays, mais les peuples compris dans cet eſpace étoient ou ſes ſujets, ou ſes alliés, ou ſes vaſſaux : ce prince puiſſant par ſes poſſeſſions, l'étoit également par ſes richeſſes ; il s'appeloit Bituitus, ſon père Luerius avoit été le Monarque le plus magnifique des Gaules, ſa libéralité avoit été juſqu'à la profuſion, & l'Hiſtoire a conſervé de lui des traits dignes du luxe & du faſte d'un deſpote oriental. Outre ces puiſſances majeures, il y en avoit du ſecond ordre qui ſe mouvoient dans le ſens des plus grandes, ou ſéparément, telle que celle des Allobroges qui occupoit la Savoie & le haut Dauphiné ; l'air de commandement que lui donnoit ſa poſition ſur les montagnes, la faiſoit aller de pair avec les plus conſidérables.

Les Eduens, dont Bibracte (aujourd'hui Autun) étoit la capitale, & dont la domination couvroit le Bourbonnois, le Nivernois, le Lyonnois, & la partie méridionale de la Bourgogne, étoient alors aux prises avec les Allobroges & le Roi d'Auvergne; il y a apparence que la victoire se déclaroit pour ces derniers, puisque les Eduens vinrent implorer le secours des Romains, & commencèrent dès ce moment avec eux l'alliance qui leur a valu le titre de frères & d'alliés de ce peuple, & à leur ville celui de sœur de Rome : ces titres furent la monnoie avec laquelle Rome paya leurs secours, & leur zèle à asservir leur patrie; tant que les hommes existeront, cette monnoie aura son cours, parce que la vanité, supérieure à la prudence, leur fera toujours regarder comme précieux les titres d'alliés, ou d'amis de ceux qui seront en réputation de force ou de puissance.

Les Romains se mettent en campagne pour la querelle de leurs nouveaux alliés en apparence, c'étoit le prétexte qui cachoit leur ambition; les Allobroges & les Auvergnats accourent venger tout-à-la-fois leur propre intérêt & celui du Roi des Salluviens; Domitius, qui avoit succédé au fondateur d'Aix, marche au-devant des alliés; les deux armées se rencontrent auprès d'Avignon, & ensanglantent les rives du Rhône par un violent combat : la discipline des Romains, le secours de leurs éléphans qui mirent en fuite la cavalerie Gauloise, leur valurent la victoire, leurs ennemis abandonnèrent le champ de bataille couvert de vingt mille de leurs soldats.

Cette défaite n'abattit pas les Celtes, elle ne servit qu'à ajouter le sentiment de la vengeance à celui de la haine : pendant que le Général Romain, poursuivant sa victoire, s'empare de toute la contrée assise entre la Durance & l'Isère, les vaincus font d'immenses préparatifs ; le Roi d'Auvergne a augmenté ſes troupes de celles des Rutheniens, peuples du Rouergue, il vient chercher ſes ennemis. Fabius avoit ſuccédé à Domitius, il ſuccéda à ſa gloire & à ſes victoires, il ne commandoit que trente mille hommes, & l'armée des confédérés étoit immenſe. La préſomption de Bituitus le perdit; dans le moment où, mépriſant le petit nombre de ſes ennemis, il néglige les précautions les plus ordinaires, Fabius fond ſur ſes troupes mal ordonnées, en culbute une partie dans le fleuve, & fait un grand carnage de l'autre ; la perte fut telle, qu'elle monta à plus de cent mille hommes. Le Roi auſſi accablé de cette défaite qu'il avoit été préſomptueux auparavant, demanda la paix, ſe rendit dans le camp des Romains à leur invitation, & ce qui ſera à leur honte éternelle, ils le chargèrent de chaînes, & Rome partagea la perfidie de ſon Général en conſervant le priſonnier qui en étoit le fruit.

Alors commença dans la Gaule la puiſſance qui devoit l'engloutir toute entière, la province Romaine ſe forma des pertes des vaincus, elle fut compoſée de la Provence, du Dauphiné, de la Savoie & du Languedoc, dont les peuples diviſés paſsèrent ſous le joug Romain, les uns comme ſujets, les autres comme alliés ; les Tectoſages, ou habitans de Toulouſe, étoient du nombre des derniers, & Marcius Narbo qui ſuccéda à Fabius trois ans après ſa victoire, ayant élevé Narbonne, en fit la capitale des pays conquis. Dès-lors cette partie démembrée de la Gaule, & attachée à l'empire Romain, fut appelée Gaule Narbonnoiſe pour la diſtinguer de la

Gaule libre; mais il manqua peu après de perdre cette province & l'Italie même, par l'effet d'un évènement extraordinaire dont on va rendre compte.

L'antiquité vit ſouvent, pour le malheur des peuples, la renaiſſance d'un fléau qui a déſolé ſucceſſivement toutes les parties de l'Univers. Ce fléau étoit l'émigration des nations qui, quittant leurs foyers par néceſſité ou par inconſtance, tomboient ſur d'autres; ces dernières ſe portoient à leur tour ſur une contrée qui ſe couvroit de nouveaux habitans foulant les cadavres des anciens. La première chûte occaſionnoit de longues caſcades, d'où jailliſſoient la terreur & la mort. Le premier coup porté, le contre-coup ſe faiſoit ſentir juſque dans les régions les plus éloignées. L'invention de la poudre à canon a mis fin à ce fléau. L'homme, à l'aide de la foudre qu'il s'eſt forgée, eſt ſolide ſur la terre qui l'a vu naître. La mort, enfermée dans les tubes d'airain qui protègent une ville, fait de ſes remparts le tombeau d'un eſſaim d'émigrans.

Malheureuſement pour l'Europe, ſur-tout pour les Romains & les Gaulois, ce terrible remède n'exiſtoit pas lorſque des hordes nombreuſes de Cimbres & de Teutons vinrent fondre ſur leurs provinces, & en firent le théâtre de la guerre & de la déſolation. Ces peuples barbares qui couvroient la terre de ſang & d'incendies, dont la férocité lutta contre le courage des Gaulois, la valeur & la fortune des Romains, ſortoient du fond de la mer Baltique qui les avoit chaſſés de leurs foyers par un de ces évènemens que nous avons vu ſe renouveler en Hollande. Vainqueurs de tous les autres peuples, nous allons les voir échouer conſtamment contre les

Colonies Gauloifes. Après différentes marches en Allemagne, ils tombèrent fur la Bohême; les Celtes-Boïens, poffeffeurs de ce Royaume, le défendirent avec courage, & repoufsèrent les affaillans. Ils defcendirent fur les rives du Danube, attaquant indifféremment les peuples qu'ils rencontroient; ils fe trouvèrent à côté des redoutables Scordifques. Cette nation guerrière ne démentit pas en cette occafion la réputation que fa valeur lui avoit acquife, elle les reçut l'épée à la main fur la frontière, les attaqua fans égard au nombre, & les chaffa dans la Norique (*a*). La guerre que les Cimbres avoient foutenue contre des peuples auffi belliqueux, les avoit aguerris; cependant ils firent une réponfe très-modérée au Conful Papirius Carbon, qui leur demanda la raifon du ravage qu'ils faifoient dans la Norique, alliée de Rome (ce qui n'étoit pas). Ce faux prétexte annonçoit des difpofitions à provoquer l'ennemi; mais fa modération ne donnant pas de prife au Conful, celui-ci, fier de commander à des Romains, fut l'attaquer à Gorice, & fut honteufement défait.

Les Cimbres, enhardis par ce fuccès, furent bientôt en état de braver les Romains par l'augmentation fubite de leurs forces. Arrivés en Suiffe, les Ambrons & les Tigurins (*b*), deux peuples de cette contrée, fe joignirent à eux; alors ils attaquèrent à la fois les Gaulois & les Romains; ayant pénétré dans le cœur des Gaules, le poids de la guerre tomba fur-tout fur les Auvergnats, elle fut accompagnée d'accès de rage & de cruautés

(*a*) L'Autriche.

(*b*) Ceux du canton de Soleurre & de Bafle.... Ceux de Zurich.

inconcevables,

inconcevables, un seul trait tiré des Commentaires de César en fait la preuve. La famine ayant réduit, comme on le verra dans le Chapitre suivant, les Gaulois enfermés dans Alise au plus furieux désespoir, Critognatus, un des chefs Auvergnats, proposa de manger les femmes & les enfans, disant que leurs ancêtres en avoient usé de la sorte dans la guerre contre les Cimbres & les Teutons. Cela est d'autant plus vrasemblable, que les Gaulois d'Espagne avoient déja fait la même chose à Numance, & que leur caractère extrême en tout pouvoit les porter à cet acte horrible, le comble du malheur.

Pendant que les Cimbres faisoient une guerre si cruelle aux Gaulois, ils envoyèrent demander des établissemens aux Romains : sur leur refus, ils attaquèrent le Consul Silanus, & le vainquirent. Les Tigurins, de leur côté, passant par le pays des Allobroges, pour venir joindre leurs alliés, battirent & tuèrent le Consul Cassius. Les Cimbres alors se jetèrent sur la province Romaine, Toulouse se révolta & se joignit aux ennemis. Le Consul Cépion la reprit, & la pilla; mais, bientôt après, il fut défait lui-même, ainsi que son Collègue Mallius; leurs deux armées furent si entièrement détruites, qu'il en échappa à peine dix mille hommes. On porta le nombre des morts, dans ce combat, si fatal à la République, à quatre-vingt mille.

Si les Cimbres eussent été aussi habiles à profiter de leurs succès, qu'ils étoient braves sur un champ de bataille, c'en étoit fait de la province Romaine, & peut-être de l'Italie, où le découragement & la consternation étoient universels; mais ces barbares ne connurent pas ce qu'ils pouvoient, ils abandonnèrent des ennemis abattus pour en aller attaquer un nouveau dans l'Espagne. Ce nouvel ennemi étoit les Celtibériens; à la nouvelle de la visite qu'ils alloient leur rendre, ces Peuples & leurs alliés se mirent sous les armes pour les recevoir. La guerre qu'ils soutinrent contre ces terribles assaillans, fait le plus grand honneur à leur courage & à leur conduite. Les Cimbres, toujours malheureux contre les Colonies Celtiques, furent encore obligés d'abandonner celle-ci après avoir essuyé différens échecs. Ils retournèrent alors contre des ennemis, dont ils croyoient n'avoir plus qu'à achever la défaite. Mais les choses étoient bien changées; le courage étoit revenu aux Romains à mesure que les Cimbres s'éloignoient; la République avoit confié sa destinée à Marius. Cet habile Général fit expier à ces féroces nations leurs anciens triomphes, & sauva, en les exterminant auprès d'Aix, la province Romaine & l'Italie.

Toutes les colonies Celtiques avoient passé sous le joug des Romains, à l'exception de la Bohême, dont les Celtes ne furent dépouillés que par Maroboduus, Roi des Marcomans sous le règne d'Auguste, & de l'Angleterre, dont nous allons esquisser la conquête. L'interversion, dans l'ordre des évènemens, sera compensée par la clarté qu'elle répandra dans le récit.

Conquête des Celtes Bretons.

L'habitant de l'ancienne Albion plia, comme toutes les nations voisines, sous l'épée des Celtes; & cette isle, à l'arrivée des Romains, étoit couverte des trophées & des marques de la domination de ces premiers conquérans. Deux grands caractères annonçoient encore son ancienneté & son étendue, savoir, la langue & la religion; le dialecte & le culte religieux de cette isle étoient celui des Gaulois. La conformité de langage étoit telle, que les deux nations s'entendoient, & communiquoient librement; les Druides s'y étoient établis, & s'y étoient maintenus dans un degré de considération, tel que ceux des Gaules venoient s'instruire dans leurs Colléges, surtout dans ceux du pays de Galles, où le Druidisme s'éteignit le dernier. Cette ressemblance dans les opinions, dans la langue & dans les mœurs, étoit encore fortifiée par celle des noms de peuples & d'habitations; c'étoient autant de preuves de la conquête des Celtes, & d'hommages rendus aux nations qui l'avoient faite; c'étoient pour la plupart les plus proches de l'isle, celles que le voisinage avoit excité à l'usurpation. On y trouvoit les Artésiens, les Belges occupant le pays qui est entre l'Océan & la Tamise, & les Parisiens dominant sur les côtes, depuis Hull jusqu'à la rivière de la Varre.

Rien n'est moins problématique que la conquête de l'Angleterre par les Celtes; l'époque de leur domination n'est pas aussi sûre, cependant on la croit ancienne, antérieure à l'époque où Ambigat réunit la Celtique sous ses loix, & remontant à un temps où les peuples du Continent Gaulois, partagés en différentes puissances, portoient ailleurs leur esprit d'inquiétude; mais l'isle entière ne subit pas le joug. Les Celtes, en s'emparant de l'Angleterre, firent refluer vers le Nord ses anciens habitans, qui, soutenus par le nombre, protégés par les montagnes & les forêts, repoussèrent les attaques des conquérans, & maintinrent contre leurs efforts une liberté qu'il ne fut pas au pouvoir des Romains, eux-mêmes, de leur enlever. Ce peuple guerrier a fondé le royaume d'Ecosse; descendant d'une des plus belles nations qui soient sur le globe, il ne peut que donner une haute idée de celle d'où il sortoit, soit qu'elle provînt du sang Celtique, avant que l'isle fût séparée du Continent, soit qu'elle fût un reste de celles qui habitoient ce vaste pays, dont les montagnes d'Ecosse, les isles Hébrides (*a*) & les Orcades sont que des fragmens.

La manie des conquêtes, la gloire des entreprises difficiles, furent les motifs qui poussèrent César sur les côtes de cette isle. Vainqueur des Gaulois, il colora la guerre qu'il portoit chez leurs voisins, du prétexte de se venger des secours qu'ils avoient fournis aux premiers. Sa descente fut heureuse, mais il manqua payer chèrement cette audacieuse expédition; la tempête ayant brisé & dissipé ses vaisseaux, les insulaires, rendus plus entreprenans par la position critique de leurs ennemis, tombèrent sur des légions dispersées, & en auroient fait un grand carnage, si César ne fût promptement accouru à leur secours.

Un ennemi, plus redoutable que les Bretons, lui fit prendre le chemin des Gaules, c'étoit la mauvaise saison accompagnée des tempêtes qui pouvoient détruire sa flotte, & lui interdire tout retour; il prit ses quartiers d'hiver dans la Belgique, & reparut avec le printemps dans l'isle, suivi de troupes plus nombreuses. Les Insulaires qui s'étoient attendus à son attaque, n'avoient rien négligé

(*a*) Aujourd'hui Westernes.

de ce qui pouvoit contribuer à leur défenſe. Caſſivellaunus, l'un des Rois qui régnoient au delà de la Tamiſe, étoit le rival que les peuples confédérés opposèrent à Céſar. Le Romain le battit en différentes occaſions, & le chaſſa de l'autre côté du fleuve : Caſſivellaunus, devenu plus circonſpect par ſes défaites, évita toute action, & fit traîner la guerre en longueur. Ce parti ne pouvoit convenir à Céſar, à qui il falloit des ſuccès prompts & déciſifs; il pourſuit ſon ennemi, que ſes chariots éloignoient ou approchoient des Romains, & qu'il oppoſoit, comme un rempart, à leur cavalerie; il marche à la principale ville ou habitation, y donne l'aſſaut, & l'emporte avec toutes ſes richeſſes, dont les plus précieuſes conſiſtoient en grains & en bétail. Cet échec & la défection de quelques alliés obligèrent Caſſivellaunus à capituler, il donna des ôtages, & paya un tribut dont l'iſle ſe libéra enſuite, affranchiſſement dont elle jouit juſqu'à la conquête d'Agricola, époque où expira la liberté des Celtes-Bretons. Ils étoient, à l'arrivée de Céſar, inférieurs aux habitans de la Gaule & de l'Eſpagne; pauvres, ignorant le commerce & les arts, ils paroiſſoient montés à la façon des peuples nomades, ſur des chariots errans à la ſuite de leurs troupeaux qui ont de tout temps fait leur richeſſe. Au lieu de villes, ils n'avoient que des enceintes défendues par des foſſés & des bois, ils en faiſoient en temps de guerre le dépôt de leurs familles & de leur bétail. Etoient-ils pourſuivis? la fuite les déroboit à l'ennemi, & la chaîne de leurs chariots arrêtoit ſa cavalerie. C'étoit leur ſalut; car d'ailleurs ils furent conſtamment défaits en bataille rangée; ils furent la proie de tous les conquérans qui les attaquèrent,

Gaulois, Romains, Saxons, Danois & Normands. Ce n'eſt qu'après avoir paſſé par tous ces degrés d'humiliation, que ce peuple s'eſt élevé au premier rang; il eſt ſans contredit l'un des plus généreux qui figure aujourd'hui ſur le globe. Le magnanime Spartiate tiroit ainſi ſon origine du Pélaſge ſauvage, & aſſervi par les Colonies de l'Egypte & de la Phénicie.

CONQUÊTE

Des Gaules par les Romains.

ARRIVÉS à l'époque de la plus grande révolution qu'aient éprouvé les Gaules, nous allons remarquer par quels évènemens extraordinaires la fortune se déclara contre les Gaulois, comment elle signala son inconstance, & ajouta à l'humiliation & à la douleur des vaincus, en les faisant passer sous le joug d'une puissance qu'ils avoient abattue quatre siècles auparavant, qu'ils avoient réduite à quelques individus, retirés sur la pointe d'un rocher, qui furent encore dans un moment des victimes sur lesquels ils eurent le bras levé. Plus l'état des Romains fut désespéré, plus leur condition fut fâcheuse & leur puissance affoiblie, plus leur énergie, leur grandeur & leurs entreprises leur font honneur, en ce qu'ils n'ont eu de ressources qu'en eux-mêmes, que dans les foibles moyens que leur avoit laissé la pitié de leurs vainqueurs, & que, s'élevant de la poussière d'un champ de bataille qui avoit été, à proprement parler, leur tombeau, ils asservirent leurs vainqueurs, & enchaînèrent l'univers, autant par leurs armes que par leur génie.

Ces conquérans ne voyoient plus que les Gaules qui fissent ombrage à leur puissance; à l'ambition de les aſſervir ſe joignoit le reſſentiment des injures paſſées; leur domination s'étendoit alors ſur les trois parties du monde : Carthage étoit renverſée, la Grèce ſubjuguée, les Rois d'Aſie avoient diſparu, ils venoient d'abattre Mithridate à l'aide de la fortune & de la rébellion : vainqueurs de l'Eſpagne au Caucaſe, du Caucaſe à l'Egypte, ils ne voyoient pas ſans dépit les Gaules fièrement aſſiſes au milieu de tant de pays ſubjugués; mais l'appréhenſion d'un ennemi auſſi redoutable, étoit un frein à leurs deſirs. L'ambition d'un particulier fit ce que Rome n'oſoit faire, & la fortune, toujours propice aux Romains, leur dénoua encore le nœud de cette difficile entrepriſe.

Le plus actif, le plus ambitieux des Romains, Céſar venoit d'être nommé Gouverneur de la Gaule Ciſalpine & de la Narbonnoiſe, deux provinces dont nous venons de leur voir faire la conquête ſur les Gaulois & ſur leurs Colonies. Tout le Continent des Gaules, ſous les trois diviſions de Celtique, Belgique & Aquitanique, étoit alors ſous les loix de pluſieurs Rois & de pluſieurs Républiques, preſque toujours en guerre les uns avec les autres : accoutumés à appeler des ſecours étrangers, ils invoquèrent dans leurs diſcordes inteſtines celui du nouveau Gouverneur, introduiſirent ce redoutable ennemi dans le ſein de leur patrie, & ſe livrèrent tour-à-tour à ſes armes; la voix de la liberté les avertit trop tard de leur aveuglement; affoiblis & trop étudiés par un vainqueur qui ſavoit profiter de leurs fautes, ils voulurent en vain ſecouer ſes chaînes; leurs efforts ne firent qu'aggraver leur ſervitude, & reſſerrèrent tellement les liens de leur eſclavage, qu'il dura près de cinq cents ans,

&

& éteignit leur fierté naturelle : on va retracer les détails de ce grand évènement.

Dans le temps que se formoit à Rome ce Triumvirat, si funeste à sa liberté, l'ambition également active sur les Alpes, en formoit un pareil dans la Gaule : un Suisse, qui en étoit l'ame, avoit fait avec deux Celtes une confédération qui devoit mettre la Gaule sous leur joug; mais les Suisses furent plus sages que les Romains, Caton seul s'opiniâtroit à faire punir César, l'auteur de la guerre; la République lui laissa effectuer ses entreprises : celle des Suisses, au contraire, poursuivit si vivement le Citoyen qui avoit osé conspirer contre sa liberté, qu'il fut obligé de s'ôter la vie; mais les projets de l'ambitieux Orgetorix furent effectués après sa mort, les préparatifs qu'il avoit faits pour la conquête d'une partie des Gaules furent suivis; & son plan d'invasion concerté avec Castinus de Besançon & Dumnorix d'Autun, fut exécuté.

Les Suisses séduits par les projets de conquête d'Orgetorix, méprisant leur Patrie, & ne soupirant qu'après la possession des Provinces méridionales des Gaules, dont ce Chef leur avoit donné la plus haute idée, descendent des montagnes qui les ont vu naître, brûlent leurs villes & leurs villages pour s'interdire tout espoir de retour, n'emportent avec eux que les vivres nécessaires pour leur expédition, & l'espérance, la première richesse des conquérans; dans le nombre de ces émigrans, composé de trois cents soixante-huit milles ames, on comptoit quatre-vingt-douze mille guerriers, jouissant alors d'une réputation de bravoure, qui n'a fait que s'accroître depuis. Un détachement de Boïens, issus des anciens conquérans de la Bavière, s'étoit joint à ce redoutable essaim; il dirigea son vol par la province Romaine: César, qui en étoit Gouverneur, prit de si sages précautions, qu'il lui fut impossible de franchir le Rhône. Les Suisses, rebutés par la résistance qu'ils trouvoient au passage du fleuve, & fuyant la disette qu'ils commençoient à éprouver sur les terres des Allobroges qu'ils avoient dévastées, prirent la résolution de pénétrer dans les Gaules par la Franche-Comté; les liaisons qu'ils avoient dans ce pays, le crédit de Dumnorix, leur y firent livrer les passages; déja ils traversoient la Saône, lorsque César paroît, tombe sur la partie qui étoit encore au-delà de la rivière, & la taille en pièces, passe la Saône lui-même, & se trouve en présence de l'ennemi. Les Eduens, dont les Suisses ravageoient les possessions, avoient imploré les secours de César, & celui-ci, commençant à manquer de vivres, se retiroit vers leur Capitale, lorsque les Suisses, trompés par cette marche qu'ils prenoient pour une retraite, osèrent l'attaquer. Le lieu où est aujourd'hui bâti Cussy-la-Colonne (*a*), fut célèbre par la première bataille & la première victoire de César dans les Gaules; les Suisses furent vaincus, & leur perte fut si considérable, qu'ils fuirent vers Langres, au nombre de cent trente mille seulement. César poursuivit aussi-tôt les restes de cette immense émigration, & les réduisit à capituler. Les

---

(*a*) Ce village est ainsi appelé à cause de la colonne érigée en ce lieu par Auguste, en l'honneur de la victoire de son grand-oncle. Ce monument, un des mieux conservés des Gaules, existe encore en entier; ses bas-reliefs expriment le sujet, & des médailles trouvées autour l'indiquent.

conditions furent qu'ils retourneroient dans leur pays, où ils ne rentrèrent qu'au nombre de cent dix mille. Ce ſont ces échappés au glaive des Romains, qui ont formé la tige de la nation Helvétienne, nation libre, & l'une des plus magnanimes qui ſoit ſur le globe.

Cette victoire rendit le nom de Céſar célèbre, & les armes Romaines, devenues ſi redoutables, furent de nouveau dirigées contre un autre ennemi des Gaulois, qui, implorant Céſar comme leur protecteur, l'invitoient à devenir leur maître; car ce Général qui avoit ſes vues, ne négligeoit aucune occaſion d'abattre les ennemis étrangers, afin que la terreur de ſon nom les contînt, & les empêchât de le troubler dans la conquête qu'il méditoit.

L'ambition, auſſi exaltée au nord qu'au midi de l'Europe, faiſoit alors germer le même deſſein dans la tête d'un Allemand. Arioviſte, c'eſt le nom de cet ambitieux, méditoit la conquête des Gaules lorſque la victoire de Céſar le plaça à côté de lui : ces deux Chefs ne ſe méconnoiſſoient pas, ils avoient été juſque-là liés des nœuds d'une amitié & d'une eſtime apparente, Céſar avoit fait déclarer ce Roi Germain allié du peuple Romain; mais cet allié devint un ennemi dès qu'il fut un voiſin, & ſurtout un voiſin redoutable. Invité par les Auvergnats & les Sequanois à prendre part dans leurs querelles contre les Eduens, il paſſa le Rhin d'abord avec quinze mille hommes, combattit, rétablit l'équilibre, & bientôt, ſecondé d'un plus grand nombre de guerriers, fit pencher la balance en faveur de ſes alliés; les Eduens, vaincus à la bataille d'Amagetobrie (*a*), furent contraints de souscrire à la loi du vainqueur, ils donnèrent des otages, & payèrent un tribut; si quelque chose put les consoler de leur désastre, ce fut le sort de leurs ennemis qui devint plus à plaindre encore que le leur. Arioviste, à la tête de cent vingt mille hommes qu'il avoit introduits dans leur pays, en prit une partie, & étendit sur l'autre sa domination barbare, de sorte que les vainqueurs & les vaincus gémissoient également sous sa tyrannie.

Depuis quatorze ans que ce Prince étoit entré dans les Gaules, il n'avoit eu d'autre demeure que la tente; étendant sans cesse ses Colonies, transportant en quelque façon la Germanie dans les Gaules, tenant continuellement ses troupes en haleine par une vie dure & militaire, les Gaulois ne l'envisageoient que comme un vautour qui se dispose à fondre sur sa proie; ils ne se trompoient pas, la conduite & les préparatifs du Roi Germain annonçoient assez ses projets; ils touchoient à leur exécution, lorsque les députés des Gaulois, complimentant César sur sa victoire, lui dénoncèrent ce nouvel ennemi. Divitiacus, Chef des Druides d'Autun, parla avec beaucoup de véhémence contre la tyrannie de cet étranger, il s'étendit sur les plaies qu'il avoit faites à sa Patrie, l'alliée des Romains, sur le danger où étoient les Gaules, & finit par implorer la protection des armes Romaines.

Il n'en falloit pas tant pour décider César à attaquer

(*a*) Aujourd'hui Pesmes, en Franche-Comté.

un Prince qui ne pouvoit être que ſon ennemi, dès qu'il avoit les mêmes projets de conquête; cependant, voulant conſerver les dehors d'une alliance ſimulée, il lui fit demander une entrevue : Arioviſte répondit fièrement que s'il vouloit parler à Céſar, il iroit le trouver, qu'il falloit que Céſar en fît autant. Céſar ne répliqua à une réponſe auſſi hautaine, qu'en envoyant des Ambaſſadeurs qui lui déclarèrent, au nom de Rome, qu'il eût à rendre aux Eduens leurs otages, à ceſſer toutes hoſtilités avec eux & leurs Alliés, & à ne plus faire paſſer de Germains dans les Gaules, que c'étoit à ces conditions qu'il devoit conſerver l'amitié de la République. La fierté d'Arioviſte ne ſe démentit pas : » de quel droit, dit-il » aux Ambaſſadeurs, les Romains viennent-ils me preſcrire » la manière dont je dois en uſer envers les nations que » la victoire a ſoumis à mon Empire, eſt-ce que je » m'ingère dans leur Gouvernement? Allez, répondez » à Céſar que le titre d'Allié n'eſt pas un titre d'exemption » de tribut; l'épée qui l'a impoſé aux Eduens, ſaura le » défendre contre les Romains, & s'il oſe m'attaquer, » il apprendra à ſes dépends ce que peut la valeur des » Germains «.

Céſar marche auſſi-tôt, & s'empare de Beſançon, mais ſon armée ne partage pas ſon courage; les ſoldats effrayés des rapports que les Gaulois leur avoient faits des Germains, de leur force, de leur valeur & de leur nombre, ſont ſaiſis d'une terreur panique; Céſar, indigné que des troupes qui marchoient ſous lui montraſſent de la frayeur, les rappelle bientôt au ſentiment courageux dont ils venoient de faire preuve contre les Suiſſes, auſſi redoutables que les Germains. Les armées n'étoient plus qu'à six lieues de distance, lorsqu'Arioviste fit demander une conférence ; les deux chefs, accompagnés de dix cavaliers seulement, s'abouchèrent, & ne se séparèrent que plus disposés à en venir aux mains ; la fierté d'Arioviste, qui ne vouloit le céder à personne, ne pouvoit se concilier avec celle des Romains qui ne plioit nulle part. César ne pouvant fléchir l'orgueil Germanique par son éloquence, prit le parti de l'abaisser par ses armes ; ce qu'il fit aussi-tôt : quoique les Germains fussent beaucoup plus nombreux, & qu'ils combattissent avec un grand courage, la discipline des Romains & le génie de leur Général les firent triompher : la majeure partie des Germains fut tuée ou noyée dans le Rhin ; Arioviste, après avoir perdu son armée & sa famille, se sauva sur une nacelle ; le malheur des vaincus fut tel, qu'un corps de Suèvres qui venoit joindre Arioviste, voyant sa défaite, se jetta sur les fuyards, & tua une partie de ceux qui s'étoient sauvés au-delà du fleuve. Ainsi, César acheva dans la première campagne deux guerres considérables, éloigna de la Gaule les étrangers qui lui en disputoient la possession ; & pour se l'assurer, distribua ses troupes en quartier d'hiver dans le pays des Séquanois & des Eduens, qu'il chercha à éblouir sur leur esclavage par le titre fastueux d'allié du peuple Romain.

La terreur des armes de César en imposa aux étrangers, mais les Belges, les plus fiers & les plus belliqueux des Gaulois, ne virent pas sans indignation les Romains dominer dans la Celtique, & camper sur leurs frontières ; le joug imposé à leurs voisins, leur parut un reproche fait à leur valeur, une infraction à l'indépendance des Gaules, & les camps Romains autant d'orages prêts à fondre sur eux. Le danger que court la liberté allume tous les courages, on brûle de se mesurer avec le conquérant, le cri de guerre retentit des bords de la mer aux rives de la Seine & du Rhin: trois cents mille hommes marchent aux Romains. Cette nouvelle réveille toute l'activité de César, il quitte aussi-tôt la Gaule Cisalpine, rassemble ses troupes, & vole au-devant des Belges; sa célérité prévint leur attaque: pendant que les ennemis unissent les nombreux bataillons de leur ligue, il tient conseil à Sens. Divitiacus, à la tête des Eduens, porte aussi-tôt la guerre chez les Beauvoisins, un des peuples confédérés, & les Rhémois abandonnant la cause des alliés, viennent se rendre à César; ils lui offrent des vivres, & lui demandent sa protection;. à ces marques de soumission, ils joignent les détails les plus instructifs sur les forces des Belges, leur manière de faire la guerre, & la marche qu'ils tenoient. Les alliés, instruits de leur défection, font de leur pays le théâtre de la guerre, ils se jettent sur Fismes, l'une de leurs principales villes. César accourt, les Belges lèvent le siége à la vue des troupes Romaines, mais c'est pour les combattre: ici l'intention de César n'est point d'en venir à une action, il se contente d'observer l'ennemi, il veut auparavant connoître son nombre & ses talens militaires; dominant sur cette armée par l'avantage de sa position, il lui en impose, autant par son intelligence guerrière que par ses armes; ce qu'il avoit prévu arriva; les vivres commencèrent à manquer à cette multitude, la diverſion de Divitiacus en rappela une partie à la défenſe de ſes foyers, cette armée s'éloigna à pas précipités, bientôt il n'y eut plus de diſcipline, les bataillons diviſés prenoient en déſordre le chemin de leur pays, plus empreſſés d'arriver qu'occupés de la défenſe commune : cette retraite reſſembloit à une véritable déroute. Céſar, devant qui l'ennemi ne faiſoit pas de fautes impunies, fond ſur ſes troupes éparſes, & les maſſacre ſans réſiſtance ; le carnage dura autant que la pourſuite, la nuit ſeule l'arrêta. Au bruit de cette défaite, Soiſſons ouvre ſes portes au vainqueur, Amiens, Noyon reçoivent ſes loix, Beauvais même ſe rend, ſes habitans ſont reçus à compoſition à la prière de Divitiacus, qui devint leur interceſſeur auprès de Céſar : ainſi, toute la Picardie & l'Iſle de France tombèrent ſous les armes des Romains; le Haynaut ſeul leur oppoſa une barrière, ce ne fut que par la plus difficile & la plus ſanglante des victoires, que Céſar parvint à la forcer.

Les Nerviens & les Atrébates (*a*), peuples féroces, iſſus des Germains, avoient uni leurs étendards, & ſe propoſoient d'être les vengeurs des Gaules : on comptoit dans leur armée ſoixante mille guerriers, mais ils eſpéroient plus encore de leur courage que de leur nombre; leur terrain, entre-coupé de haies élevées & épaiſſes, leur donnoit beaucoup d'avantage contre la cavalerie Romaine, & même contre l'infanterie qu'ils forçoient, par la nature du lieu, à combattre diviſée & en pelotons.

(*a*) Ils habitoient l'Artois & le Hainaut.

Trop

Trop fiers pour fouffrir que les Romains fiffent la première attaque, ils fondirent fur les légions auffi-tôt qu'elles eurent paffé la Sambre; fans donner le temps à l'ennemi de fortifier un camp, ils l'attaquèrent de tous côtés; le fuccès de ce premier choc fut tel, que la cavalerie Romaine fut mife en déroute, & les fuyards pouffés jufqu'aux villes voifines, y annoncèrent la défaite entière de l'armée : un corps de cavalerie auxiliaire de Trèves qui venoit à fon fecours en fut fi perfuadé, qu'il retourna fur fes pas. Les Nerviens & les Atrébates attaquent auffi-tôt l'infanterie avec la même fureur, & ont d'abord le même fuccès, plufieurs légions enfoncées & difperfées, les officiers bleffés ou étendus fur la pouffière, offrent à Céfar le fpectacle d'une défaite, mais il lui reftoit encore des reffources : elles étoient en lui-même; il arrache le bouclier d'un foldat, fe montre à la tête de fes troupes, les réchauffe du feu de fon courage, & leur donne l'exemple en fe précipitant fur l'ennemi; en même temps la dixième légion, ce corps invincible, fond fur lui; auffi-tôt les deftins changent, le champ de bataille, auparavant le théâtre de la gloire des Nerviens, devient leur tombeau, la victoire ceffe, & le carnage commence. La race & le nom des peuples du Hainaut furent prefqu'éteints dans ce jour; en moins d'une heure, le glaive des Romains anéantit de deffus la terre jufqu'au nom d'un peuple généreux.

Céfar, vainqueur, pouffa fes conquêtes jufqu'au Rhin & à la Meufe; mais ce fut au prix d'une feconde victoire. Les Attuatiques, alliés voifins des Nerviens, habitant alors la partie baffe de la contrée qui fut depuis appelée Toxanderie, & qui a été le berceau de la Monarchie Françoise, marchoient au secours de leurs alliés quand ils apprirent leur malheur. La crainte d'un pareil sort les fit reculer, ils s'enfermèrent dans la plus forte de leurs places (*a*), joignirent les secours de l'art à ceux de la nature; mais ces foibles remparts faits de terre, ou de matériaux peu solides, & élevés par des mains inhabiles dans l'art de fortifier les camps, n'inspirèrent aucune crainte à César; la seul disposition de ses machines suffit pour effrayer les assiégés, qui firent de leurs fortifications le cas qu'elles méritoient quand ils eurent comparé leurs forces à celles des machines Romaines. Ils demandèrent à capituler: César exigea qu'ils se rendissent à discrétion, & qu'ils lui apportassent leurs armes; ils les jetèrent dans leurs fossés qui en furent comblés, dit l'auteur des Commentaires, mais ils n'élevoient ce monceau d'armes, ils ne le rendoient si volumineux que pour mieux tromper leurs ennemis, & les endormir à côté d'un peuple désarmé; car à peine la nuit eut-elle répandu ses ténèbres sur le camp Romain, qu'ils fondirent sur lui armés du fer le plus tranchant qu'ils avoient réservé à dessein. César, toujours également vigilant dans un pays ennemi, étoit sur ses gardes, les assiégés furent battus & repoussés dans la place; le vainqueur y entra, & en fit vendre tous les habitans

(*a*) On a varié sur cette place, on a prétendu tour-à-tour que c'étoit Bois-le-Duc, Namur, Liége : c'est beaucoup hasarder que de vouloir déterminer le lieu d'une place qui n'étoit entourée que d'un simple retranchement, & couvert d'habitations grossières qui furent détruites, puisque les habitans furent vendus.

à l'encan : vengeance qui dut paroître humaine au milieu de ces ſcènes de carnage.

Tandis que Céſar ſubjuguoit la Belgique, la Celtique achevoit de recevoir le joug des Romains. Nous avons vu leur Général dominer ſur les Sequanois, les Eduens, les Rhémois & les Senonois, il ne manquoit plus à ſes conquêtes, dans la Celtique, que la contrée des Armoriques aujourd'hui la Bretagne, & une partie de la Normandie. Cette contrée, formant la pointe du continent qui s'avance au-delà de l'embouchure de la Loire & de la Seine, étoit occupée par différens peuples, qui, au bruit des victoires de Céſar, à la vue des troupes de Publius Craſſus, l'un de ſes Lieutenans, vinrent jurer hommage aux Romains, & leur donnèrent des otages pour ſûreté de leur foi. La domination Romaine s'étendit dans les Gaules, après la ſeconde campagne, ſur toute la Belgique & la Celtique, il ne reſtoit plus que l'Aquitanique; les conquérans, campés ſur les bords de la Loire, en méditoient la conquête lorſqu'ils furent forcés de revenir dans la Celtique, & de cimenter par de nouvelles victoires les fondemens d'une domination mal affermie.

Parmi les peuples qu'une ſoumiſſion momentanée venoit d'attacher au joug Romain, étoient les Venetes, habitans des côtes de la Bretagne. Vannes, aſſiſe ſur les côtes de la mer, étoit alors la Tyr de l'Océan Gaulois. Ses vaiſſeaux qui ſe traînoient ſur les côtes de l'Angleterre & de la mer Germanique, lui inſpirèrent une audace qu'elle fit éclater par la détention des Ambaſſadeurs Romains, elle ſe propoſa de les garder juſqu'au renvoi des otages qu'elle ſe repentoit d'avoir donnés. Cette infraction ouvrit la troiſième campagne de Céſar : il accourut auſſi-tôt du fond de l'Illyrie, fit couvrir la Loire d'une flotte, & deſcendit en Bretagne avec ſes légions. Son active prévoyance fut cauſe du ſuccès de cette guerre, car les Venetes n'eurent pas plutôt levé l'étendart de la révolte, & réſolu d'attaquer les conquérans, qu'ils firent part de leur projet à tous les peuples voiſins, & les engagèrent à partager l'honneur de cette grande entrepriſe; la célérité de Céſar déconcerta ces meſures, les Venetes furent réduits à combattre avec leurs ſeules forces : trop foibles pour lutter ſur terre avec la fortune de Rome, ils laiſsèrent à la difficulté du ſol qu'ils habitoient le ſoin de les défendre; les lagunes, les montagnes & les bois, furent les plus grandes difficultés que les Romains euſſent à ſurmonter; obligés de combattre à la fois contre l'ennemi & contre la ſituation des lieux, leur génie & leur courage triomphèrent de tout, ils parurent enfin aux portes de Vannes : Céſar, campé ſur les bords de la mer, du haut des rochers qui dominent ſur cet élément, fut témoin du combat qui décida du ſort de la guerre.

Brutus qui commandoit la flotte avoit deſcendu le fleuve, & étoit venu ſe préſenter devant le port de Vannes; ſes vaiſſeaux propres à manœuvrer ſur une rivière, ſouvent peu profonde, n'étoient, à proprement parler, que des barques; les vaiſſeaux de Vannes n'étoient auſſi que des barques, mais plus élevées; les Bretons, malgré la force & le nombre de leurs navires, & combattant ſous les yeux de leur patrie & pour ſa conſervation, furent battus par un ennemi plus foible à tous égards. Se fiant sur la supériorité de leurs vaisseaux, négligeant d'assaillir ceux des Romains, les soldats qui montoient ces derniers coupoient leurs cordages avec de longues faux, & alors ils tentoient ce que leurs ennemis auroient dû faire, ils couroient à l'abordage, & s'emparoient de chaque navire qu'ils attaquoient. Ce trait décèle au premier coup-d'œil que le soldat Romain étoit bien supérieur alors au Gaulois, & que ce dernier n'étoit pas exercé dans les combats maritimes. Vannes paya chèrement sa légèreté & son inexpérience dans la guerre. Le vainqueur, irrité de sa révolte & de la captivité de ses Ambassadeurs, fit périr le Sénat de cette malheureuse ville, vendit ses habitans, & effaça jusqu'aux traces de son ancienne splendeur.

Les habitans de la Normandie & du Perche voyant les Romains aux prises avec les Bretons, voulurent concourir avec ces derniers à la liberté des Gaules. Viridorix, Roi des Unelles, nation qui occupoit le Cotentin, étoit le chef de la ligue; ne dédaignant aucun moyen de fortifier son parti, il avoit grossi ses troupes de tous les vagabonds qui se trouvoient dans les Gaules; le laboureur tiré de la charrue, le malfaiteur poursuivi, le citoyen proscrit, le Gaulois irrité par la domination Romaine, marchoient également sous ses enseignes : Sabinus, Lieutenant de César, n'avoit à opposer à cette multitude que sa prudence, & une armée peu nombreuse; retranché dans son camp, il attendit tranquillement que l'impétuosité Gauloise vint lui offrir la victoire. Son espoir ne fut pas déçu. Viridorix méprisant un ennemi qui s'enfermoit, & qui affectoit les dehors de la peur, ne doute plus du succès, sa seule crainte est que sa proie ne lui échappe, il accourt aux retranchemens Romains d'un pas si précipité, que ses soldats sont hors d'haleine en arrivant. Aussi-tôt deux portes du camp s'ouvrent, Sabinus fond sur ces troupes essoufflées, en fait un grand carnage, & poursuit les fuyards. César & lui sont instruits en même temps de leurs victoires réciproques, & la Bretagne & la Normandie rentrent ensemble sous le joug des conquérans. L'ambition des Romains ne voyoit plus à acquérir que la Gaule Aquitanique, & le pays des Morins situé à l'extrémité de la Belgique. César ne pouvoit rester tranquille tant qu'il voyoit à conquérir. Deux armées prennent la route des pays libres, & vont y porter des fers; il commandoit la première, & Crassus, fils du Triumvir, conduisoit la seconde. Indigné que les Morins & les Ménapiens, peuples qui habitoient la Flandre & le Brabant, ne voulussent pas reconnoître sa domination, il leur porta la guerre. Ici elle varia comme son génie; le pays étant couvert de forêts, & entrecoupé de marécages, l'ennemi se cantonnoit dans ces retranchemens naturels; aussi-tôt César adapte sa méthode militaire à la position des lieux & aux circonstances; il fait abattre les bois, en fait des forts pour son armée, & poursuivant ainsi l'ennemi à mesure que le sol se découvre, il lui prend la majeure partie de son bétail qui faisoit sa richesse. Les malheureux Ménapiens alloient enfin être poussés jusqu'au Rhin, lorsque la saison pluvieuse vint à leur secours, & les sauva pour cette fois. L'activité du Romain étant enchaînée ſur ce ſol gras & marécageux, il fut obligé d'abandonner ſon entrepriſe, il vint camper dans la Normandie, & contenir par ſa préſence un ennemi inconſtant, à peine ſoumis. Craſſus, de ſon côté, fit tout plier juſque ſur les bords de la Garonne; il apprend que les Sontiates (*a*), nation aguerrie, qui avoit combattu contre les Romains, & les avoit vaincus en deux rencontres, ſe préparoient à le recevoir. Jugeant de l'ennemi qu'il a en tête par ſes actions, il redouble de force & de prudence; aux troupes que lui a donné Céſar, il joint celles des alliés, & celles que peut lui fournir la province Romaine dont il eſt proche. A la tête de cette armée, il marche aux Sontiates. Ces peuples, en ce jour, ne démentirent pas leur ancienne valeur; ils tinrent tête aux Romains, & rendirent long-temps la victoire douteuſe : enfin, la fortune de Rome l'emporta. Les Sontiates vaincus, mais non ſoumis, implorent les ſecours de leurs alliés; les Cantabres, nation Eſpagnole, qui étoit de ce nombre, paſſent les Pyrénées, & ſe joignent aux débris de l'armée battue. Les chefs Eſpagnols, plus circonſpects, ſe décident à ne rien donner au haſard, ils ſe contentent d'affamer l'ennemi, & de l'obliger à fuir : ce plan commençoit déja à s'effectuer, lorſque Craſſus, qui en ſentit tout le danger, connut qu'il ne pouvoit éviter ſa perte qu'en prenant un parti vigoureux; il le prit en attaquant le camp ennemi; ſa témérité fut heureuſe, les alliés forcés furent exterminés, & le fruit de cette victoire fut la ſoumiſſion de l'Aquitaine, à l'exception de

(*a*) Ou Sociates, dans le Diocèſe de Lectoure.

quelques villes situées sur les montagnes, que l'hiver défendit contre l'épée des Romains. Alors rien ne méconnut la loi du vainqueur; sa volonté fut respectée de l'Océan au Rhin, du Rhin à la Méditerranée; César, en trois campagnes, fit tomber ce colosse, qui, quelques siècles auparavant, avoit pesé sur une partie de l'Univers.

Les Gaules, tremblantes sous les légions qui étoient dans leur sein, étoient dans un état de paix qui fut bientôt troublé sur le Rhin; les Usipètes (*a*) & les Tenctères (*b*), peuples Germains placés à côté des Suèves, avoient été expulsés par ces redoutables voisins; ces deux nations émigrantes fuyant les armes du vainqueur, avoient battu les Ménapiens, passé le Rhin, & pénétré dans les Gaules du côté du Brabant. Le succès de leur invasion appartenoit en partie à la haine que les Gaulois portoient aux Romains, & à la protection secrète qu'ils accordoient aux émigrans; ces dispositions n'échappèrent pas au génie pénétrant de César, aussi lorsque ces peuples lui proposèrent de leur accorder une patrie dans les Gaules, & de les prendre à sa solde, il leur répondit qu'il ne souffriroit jamais qu'ils s'établissent au-delà du Rhin, & il leur ordonna de le repasser, & de se joindre aux Ubiens que les Suèves attaquoient, & qui, par cette jonction, seroient plus en état de résister à l'ennemi commun. Cette proposition ne pouvoit pas s'accorder avec le dessein de ces peuples, qui n'y répondirent qu'en attaquant la cavalerie de César. Les Romains essuyèrent dans cette première rencontre l'échec le plus ignominieux

(*a*) Dans le Comté de Zutphen, au Duché de Gueldres.

(*b*) Dans la Westphalie.

nieux qu'euſſent encore éprouvé leurs armes, huit cents cavaliers Germains réduiſirent à une fuite honteuſe cinq mille des leurs. Céſar, plus frappé des ſuites d'un pareil combat que de la perte qu'il y avoit faite, employa toutes ſes reſſources, appela à ſon aide juſqu'à la perfidie; les ennemis lui ayant envoyé des Ambaſſadeurs, il les retint, & marcha droit à leur camp; les Germains ſurpris ne firent qu'une foible réſiſtance, une partie fut maſſacrée dans la fuite, & l'autre fut noyée dans le Rhin; le vainqueur irrité, & voulant effrayer les Allemands qui paſſeroient le fleuve par le ſort de leurs compatriotes, étendit ſa vengeance juſque ſur leurs femmes & leurs enfans, il les fit maſſacrer dans leur fuite par ſa cavalerie, qui eut l'inhumanité d'exécuter cet ordre atroce. Ces deux hordes d'émigrans qui avoient fait l'eſpérance des Belges, furent preſqu'exterminées dans un ſeul jour. Ce coup atterа à la fois les Gaulois & les Germains, & Céſar toujours plus actif, même après la victoire, profitant de la conſternation générale, paſſa le Rhin ſans oppoſition, il enchaîna le fleuve par un pont, & fut le premier des Romains qui parut en armes ſur l'autre rive; la terreur le devançoit: au bruit de ſon arrivée, pluſieurs nations lui demandèrent ſon alliance, & lui donnèrent des otages; les Sicambres qui avoient attiré ſes armes, ſe cachèrent dans leurs forêts: le vainqueur, pendant dix-huit jours, brûla leurs habitations, & ravagea leurs terres à ſon aiſe: il repaſſa enſuite le fleuve ſans conquête à la vérité, mais après avoir imprimé aux nations Germaniques une telle crainte, qu'elles ne le troublèrent plus guère dans la conquête & la possession des Gaules.

Les Gaulois, dans la campagne suivante, appelèrent à leur tour la trahison & la perfidie, il ne manqua à leur succès qu'un degré de plus pour faire de leur pays le tombeau des Romains; le feu de la révolte couvoit dans ces provinces; les habitans de Chartres avoient massacré leur Roi, ou leur chef Tasget dévoué aux Romains; ceux-ci envoyèrent une légion pour venger sa mort. Le Général des Eduens entreprit de se soustraire à leur domination; Dumnorix, c'étoit son nom, étoit frère de Divitiacus, il commandoit la cavalerie d'Autun, & accompagnoit César, qui menoit à son expédition d'Angleterre toute la noblesse des Gaules; car il lui paroissoit plus utile de l'associer à ses exploits, que de la laisser fomenter des révoltes dans les provinces. Dumnorix, à la vue du conquérant prêt à s'élancer sur une terre étrangère, sentit réveiller toute son ambition; le moment où il seroit occupé à combattre en Angleterre, lui parut propre à le chasser des Gaules; il pria César de le dispenser de se hasarder sur un élément auquel il n'étoit pas fait; il allégua jusqu'à la religion d'un vœu contraire qu'il avoit formé. César qui connoissoit le langage des fourbes & la marche de l'ambition, qui redoutoit le courage & l'inquiétude de ce chef, n'eut garde de lui accorder sa demande. Alors l'Eduen le voyant prêt à l'embarquer, partit sans congé. César, sentant tout le danger de ce départ, fit courir après lui un corps de cavalerie, avec ordre de l'amener mort ou vif. Dumnorix atteint répondit fièrement qu'il étoit libre, & que sa République n'étoit pas soumise à une volonté supérieure. On lui fit voir qu'il n'y avoit plus de volonté dominante dans les Gaules que celle de César; il fut tué sur le champ, & sa cavalerie reconduite au lieu de l'embarquement.

Les habitans de Trèves manifestoient une mauvaise volonté constante à l'égard des Romains; César les soupçonnant d'entretenir des correspondances avec les Germains, donna la principale autorité dans leur ville à Cingetorix qui lui étoit dévoué au préjudice d'Indutiomare qui en avoit joui : ce dernier dissimula, & profitant de l'expédition de César en Angleterre, alla souffler le feu de la révolte dans l'esprit d'Ambiorix, Roi des Eburons *(a)*, & versa dans son cœur la haine implacable qu'il nourrissoit contre les Romains.

César, de retour de son expédition d'Angleterre, avoit distribué ses légions dans différens quartiers d'hiver; la disette des vivres, occasionnée par la sécheresse de l'été, l'avoit forcé à cette division toujours dangereuse dans un pays nouvellement soumis : sa prudence, malgré le revers qu'il éprouva, ne fut cependant pas en défaut; connoissant le caractère indomptable des Belges, il plaça dans leurs provinces seules son armée, composée de huit légions & cinq cohortes. Ces cinq cohortes & la dernière des légions furent portées à l'extrémité de la Gaule, entre le Rhin & la Meuse, pays alors habité par les Eburons. Dans l'appréhension que ces différens corps ne fussent attaqués, il porta la prévoyance jusqu'à rester

(*a*) Aujourd'hui la Gueldre.

dans les Gaules tant que les fortifications de ſes camps ne ſeroient pas entièrement achevées.

Un peuple brave, terraſſé par des armes d'une trempe ſupérieure, frémiſſant de ſa défaite, doit faire trembler ſon vainqueur lors même qu'il le tient renverſé ſous lui, parce qu'il doit ſoupçonner qu'il va appeler la trahiſon à ſon aide, & ſuppléer à ſes forces par cette reſſource; auſſi les Romains, pour s'être trop fiés ſur leurs ſuccès, & pour n'avoir pas aſſez craint le déſeſpoir des vaincus, payèrent de leur ſang la leçon qu'ils reçurent de craindre encore même après la victoire. Ambiorix, ce Roi des Eburons, dont la haine avoit été ranimée par celle d'Indutiomare contre le conquérant des Gaules, aſſembla ſecrètement ſes troupes, & fondit à l'improviſte ſur le camp des Romains; mais ces guerriers qui ne ſe laiſſoient guère ſurprendre, le repouſsèrent avec courage : alors il eut recours à la fraude qui le ſervit mieux; il repréſenta aux Romains qu'il n'avoit pris les armes qu'à la ſollicitation de ſa nation; que les ſentimens de reconnoiſſance qu'il conſervoit des bienfaits de Céſar, & d'amitié envers Sabinus leur chef qui avoit été ſon hôte, l'engageoient à faire tenir à ce dernier un avis ſalutaire; que la Gaule entière étoit en armes; que chaque peuple devoit attaquer la garniſon Romaine qui campoit ſur ſon territoire; que les Germains, appelés au ſecours de la confédération Gauloiſe, avoient paſſé le Rhin, & ſeroient en préſence avant deux jours; que le ſeul parti convenable au ſalut des premiers, étoit le prompt abandon de leur camp, & leur jonction avec la légion la plus prochaine.

Ce conſeil ſpécieux diĉté en apparence par l'amitié, mais donné par un ennemi ſous les armes, partagea le camp en deux ſentimens différens. Sabinus & Cotta, Lieutenans de Céſar, ne l'envifagèrent pas du même côté; Sabinus, plus crédule & moins ferme, fut d'avis de le ſuivre ainſi qu'une partie des Officiers; l'autre ſe rangea à l'opinion de Cotta, qui ſoutint avec ſageſſe qu'on ne devoit pas prendre conſeil de ſes ennemis. Malheureuſement l'opiniâtreté de Sabinus triompha; les ſoldats abandonnent les retranchemens qui faiſoient leur ſalut; Ambiorix qui les voit défiler, les compte comme autant de victimes qu'il va immoler à ſa haine; il les laiſſe s'enfoncer à deux mille pas du camp dans une vallée étroite dont les coteaux ſe trouvèrent tout-à-coup hériſſés par les troupes placées en embuſcade, ce fut ce lieu qu'il marqua pour être le terme de leur gloire & de leur vie. Après s'être long-temps défendu contre des ennemis ſupérieurs par le nombre, & la poſition des lieux, Sabinus toujours crédule eut encore la foibleſſe d'aller, malgré ſon Collègue, s'aboucher avec Ambiorix qui le fit maſſacrer ſur l'heure. La mort de Cotta fut plus digne d'un Romain, il combattit avec un courage invincible, & expira ſur le champ de bataille. Les ſoldats Romains ſans chefs, accablés de bleſſures, réduits à un petit nombre, eurent encore le courage de regagner leur camp, & de s'y défendre juſqu'à la nuit; cet effort de ces troupes généreuſes ne fut pas le dernier. Eclairées ſur leur malheur & ſur le ſort qui les attendoit, elles bravèrent la fortune & leur vainqueur en s'entretuant pendant la nuit; il n'échappa de cette légion & de ces cinq cohortes que quelques fuyards, qui, portant au camp de Sabinus la nouvelle de ce désastre, y firent prendre les précautions les plus sages & les plus courageuses pour se garantir contre un sort pareil.

Ambiorix eût acquis une gloire immortelle sans la lâche perfidie qu'il employa, car il fit tout-à-la-fois dans cette journée l'office de Capitaine & de soldat, vengea sa patrie de la tyrannie des Romains, & les poursuivit avec une activité qui leur eût été fatale, si elle n'eût pas été en opposition à celle de César. Il arriva aussi-tôt que la nouvelle de sa victoire chez les Attuatiques (*a*), il étoit suivi de ses troupes : son éloquence guerrière, son succès récent les déterminent, ils se joignent à lui; le lendemain, il apparoît dans le Hainaut chez les Nerviens; la révolte éclate de toutes parts & il fond, à la tête d'une armée nombreuse, sur la légion de Cicéron, frère de l'Orateur : cette légion, campée sur le sol où est actuellement Tournay, étoit dans une parfaite sécurité lorsqu'elle vit fondre cet orage imprévu. Les soldats qui étoient hors du camp furent massacrés, & ceux qui étoient dedans furent attaqués avec une impétuosité qui eût réussi, si ils n'eussent pas eu un chef aussi habile à prendre un parti prompt, que courageux dans le danger; Cicéron repoussa l'assaut avec une valeur qui ne se démentit pas pendant les jours suivans : autant ce chef mettoit de génie à fortifier son poste & à se maintenir dans ses retranchemens, autant Ambiorix, qui redoutoit l'arrivée de César, mettoit d'ardeur à les emporter; sa

(*a*) Peuples du Brabant Oriental.

pénétration, le désir de vaincre, lui firent imiter ses ennemis, il devint leur émule dans l'art d'attaquer les places, justice que lui rendit César lorsqu'il lui eut fait lever le siége. Rebuté par la résistance qu'il éprouve, il abandonne le redoutable costume des combats, & prend de nouveau celui de la perfidie, il tient à Cicéron le langage avec lequel il avoit séduit Sabinus, lui répréfente les mêmes dangers, lui offre les mêmes sûretés pour se retirer, & lui annonce de plus le désastre de Cotta & Sabinus. Le Tribun plus Romain encore à la nouvelle du désastre de ses citoyens, & à la vue du danger, lui répond fièrement que c'est à César qu'il faut s'adresser, que les Romains n'attendoient pas pour prendre un conseil, qu'il sortît de la bouche de l'ennemi.

César instruit à Amiens du danger de sa légion, vole à son secours avec sept mille hommes, Ambiorix prend aussi-tôt son parti, & s'avance pour le combattre; la présomption toujours funeste aux habitans des Gaules, perdit ce chef & son armée. César, à la vue des troupes nombreuses qu'il avoit en tête, se retrancha & donna des marques d'une frayeur simulée. Les Gaulois aussi-tôt abandonnent l'avantage de leur poste, escaladent le camp Romain, ceux-ci en sortent en même-temps, & fondent sur eux, la victoire fut complette; César joignit Cicéron le même jour, vit avec admiration sa belle défense, & les travaux des Gaulois; leur attaque avoit été si vive, & la défense si belle, qu'à peine comptoit-on parmi les assiégés un homme sur dix sans blessures. La joie que ressentoit César d'avoir délivré sa légion, fut remplacée par la plus vive douleur lorsqu'il apprit le malheur de

Sabinus ; il jura de tirer une vengeance éclatante d'Ambiorix, d'Indutiomare & des Eburons, le premier échappa ſeul à ce vœu ſanguinaire.

Pendant qu'Ambiorix pouſſoit vivement les Romains, Indutiomare avoit repris ſon autorité dans Trèves, en étoit ſorti à la tête d'une armée qui menaçoit d'exterminer la légion de Labienus, campée ſur le territoire des Rhémois ; il avoit pris ſes meſures, & donné ſes ordres pour aſſaillir ce camp le lendemain, lorſque la nouvelle de la victoire de Céſar, remportée le matin, arriva le ſoir juſqu'à lui ; il décampa auſſi-tôt, & ramena ſes troupes à Trèves. Cette retraite ne fut pas la ſeule ; à la nouvelle de la défaite de Cotta & de Sabinus, toutes les puiſſances Gauloiſes, croyant qu'il ne falloit plus qu'un effort pour briſer le joug Romain, coururent aux armes : on vit en même-temps ces conquérans attaqués dans le Hainaut, dans la Champagne, dans la Beauſſe, dans la Bretagne & dans la Bourgogne ; mais l'inſurrection n'étant pas générale, & les Romains étant ſecondés par des alliés puiſſans, tels que les Eduens, les Rhémois & Vercingentorix, chef des Auvergnats, gendre d'Indutiomare, ils calmèrent la rébellion auſſi promptement qu'elle s'étoit manifeſtée. Céſar battit Ambiorix ; Indutiomare abandonna Labienus à la nouvelle de la victoire de Céſar, & l'armée de Bretagne ſe diſſipa à la même nouvelle ; mais Indutiomare, retiré à Trèves, eut honte d'avoir moins fait pour la cauſe commune qu'Ambiorix, & contre un ennemi moins puiſſant ; il raſſemble de nouveau ſon armée, l'augmente de toutes les forces qui ſont en ſon pouvoir, & marche en Champagne. Cingetorix, qui

qui veilloit au ſalut des Romains autant que l'autre à leur deſtruction, fit aſſembler toute la cavalerie qu'il put trouver parmi les partiſans des Romains; ce corps auxiliaire fut reçu dans le camp de Labienus. Son ennemi, fier du nombre de ſes troupes, prit pour timidité la prudence avec laquelle il s'enfermoit dans ſes retranchemens, & paya de ſa tête ſa préſomption; car Labienus étant venu fondre à l'improviſte ſur ſon armée, après avoir recommandé de ne s'attacher qu'à lui, obtint dans le même moment la victoire, & la tête du chef ennemi qui lui fut apportée après le combat. Cet évènement ramena la tranquillité dans le nord des Gaules pendant l'hiver, il ne reſta en armes que les Carnutes (*a*) & les Sénonois.

Céſar agiſſant en maître des Gaules, tint à Paris les Etats-Généraux. Cette ville renfermée à cette époque dans les bras de la Seine, ſortit de la fange & des marais ſur leſquels elle étoit conſtruite, pour jouer le premier rôle qu'elle a toujours conſervé depuis dix-huit cents ans: ſa poſition la fit alors choiſir, & lui aſſura une ſplendeur qui ne ceſſera que lorſque, devenue une tête trop peſante pour cet Etat qu'elle commence à écraſer par ſa grandeur & ſon luxe, elle tombera d'elle-même; ou lorſqu'un Souverain, voulant animer tous ſes Etats à la fois, partagera le principe vital concentré en cette ville énorme, & la diviſera entre pluſieurs capitales. Dans cette Aſſemblée générale, la première qui ait été tenue,

(*a*) Habitans de la Beauſſe.

parurent tous les peuples de la Gaule, à l'exception de ceux de Sens, de Chartres & de Trèves; il n'en résulta que la connoissance plus profonde que les Gaulois acquirent de leur esclavage; & les mesures secrètes qu'ils prirent alors pour s'en affranchir, comme la suite le prouvera.

La sixième campagne s'ouvrit contre les Senonois & les Carnutes; Accon, chef des premiers, voulut envain les mettre en état de défense dans leurs villes, il ne put lui-même pourvoir à la sienne; il fut arrêté pendant que ses concitoyens donnoient des otages, & imploroient la clémence du vainqueur, sollicitée en leur faveur par les Eduens; les Rhémois rendoient le même service aux Carnutes; alors le sentiment de la vengeance guida sans obstacle les Aigles Romaines contre Ambiorix & les Eburons.

Ce chef étoit aux mains avec Labienus : le Lieutenant de César fortifié par la jonction de deux légions, que son Général lui avoit envoyées, observoit les mouvemens des ennemis depuis la défaite & la mort d'Indutiomare, lorsqu'il lui tomba sur les bras une armée formidable. Ambiorix, après avoir ranimé le courage de Trèves abattu par le dernier échec, avoit joint ses forces aux siennes, suscité contre les Romains une partie des peuples de la Belgique & les Germains. Un vallon, creusé par une rivière qui le traversoit, séparoit les deux armées; Labienus ayant appris que les Germains étoient prêts à faire leur jonction, désiroit de combattre avant leur arrivée, & y parvint en provoquant par une fuite simulée la témérité d'Ambiorix; il descend dans le vallon pour courir après sa prétendue proie. L'armée Romaine tombe du haut de son poste sur l'ennemi, & remporte sur lui une victoire signalée : Ambiorix se sauve dans la forêt des Ardennes; les Germains qui avoient passé le Rhin, reprennent le chemin de leur pays, & Trèves tombée au pouvoir des Romains, est remise à Cingetorix. Sur ces entrefaites César arrive avec le projet d'exterminer Ambiorix avec les Eburons, & de châtier l'audace des Germains qui avoient passé le Rhin en faveur de ses ennemis.

Il passe le Rhin, s'assure de l'amitié des Ubiens, & marche contre les Suèves, mais ils ne l'attendirent pas; ils se retirèrent au fond de la forêt Noire auprès des Cherusques que ce rempart séparoit d'eux; César, après avoir ravagé une seconde fois leur pays, coupe la partie de son pont qui regardoit la Germanie, & laisse subsister l'autre avec un fort, & une garnison comme une verge menaçante pour la Contrée opposée. Au massacre des habitans, à l'incendie des Bourgs, on reconnoît qu'il est dans le pays des Eburons; mais la victime après laquelle soupiroit sa vengeance, lui échappe. Ambiorix, surpris dans un château situé au milieu des bois, se sauve à leur faveur en abandonnant à la rage & à l'avidité du vainqueur tout ce qu'il a de plus cher : César le fait poursuivre, le fait demander à tous les peuples voisins; il divise son armée en trois corps, & laisse Cicéron dans le camp de l'infortuné Cotta avec tous les bagages : ces mesures menaçantes, sa célérité, ses ravages, ne lui paroissent pas encore proportionnés à son ressentiment, il craint qu'une nation odieuse ne lui échappe à la faveur des forêts qu'elle habite ; il appelle tous les voisins ; il invite les Germains eux-mêmes au massacre : l'avidité fait taire tout autre sentiment ; tout s'arme contre les malheureux Eburons, ils n'ont plus d'asyle contre des alliés qui connoissent leurs retraites, ils sont rayés du nombre des nations Gauloises, & Cativulcus, l'autre Roi de ce peuple infortuné, tenant la coupe du poison qui va le précipiter au tombeau, maudit son Collègue, & sa haine opiniâtre qui avoit fait le malheur de sa patrie.

Pendant que les Romains immolent tant de victimes à leur vengeance, les Ministres de leurs cruautés s'apprêtent à les traîner eux-mêmes sur l'autel, où ils font ces sanglans sacrifices. Les Sicambres, appelés pour la destruction des Eburons arrivent dans le cours de leurs meurtres au pied des retranchemens qui renferment les bagages des Romains, ils préfèrent tout d'un coup le butin le plus riche, & fondent sur le camp. Les Romains surpris réussirent à la vérité à défendre leurs remparts, & à en repousser l'ennemi, mais les soldats qui sont dehors, ont le sort des Eburons, & tombent sous le fer des Germains, qui, dans leur soif insatiable pour le sang, répandent indifféremment celui des amis & des ennemis ; César, après cette punition d'une vengeance outrée, ramène ses troupes à Rheims, où il tint une seconde Assemblée générale. La clémence n'en fut pas le résultat, la tête d'Accon, Auteur de la révolte des Senonois, tomba sous la hache d'un Licteur aux yeux des députés. Détestans alors leur vainqueur, indignés de leur esclavage, ils vont répandre dans leur pays la rage dont leur cœur étoit plein : nous allons en voir les terribles effets dans la campagne suivante.

Après tant de succès si constamment obtenus, après tant d'ennemis vaincus, après six ans de victoire, dans le moment où César croit jouir de sa conquête, elle est prête à lui échapper, la querelle des deux peuples va de nouveau être remise à la décision de l'épée. On va esquisser cette campagne mémorable qui fut la septième des Romains dans les Gaules, cette campagne de sang qui fit de la patrie de nos pères leur tombeau, & qui anéantit à jamais l'antique liberté des Gaules. Nous avons vu jusqu'ici les efforts opiniâtres & constans des peuples de la Belgique contre le joug Romain ; les peuples de la Celtique & de l'Aquitaine vont figurer à leur tour sur le théâtre de la guerre, toutes leurs forces sont rassemblées, le grand ressort de la nation est tendu ; & sa détente va presque repousser les Romains jusqu'en Italie ; la Gaule alloit être libre sans le génie & le courage de César, ou plutôt sans les destins qui vouloient tout asservir à cet homme extraordinaire, jusqu'à sa patrie.

A peine César fut-il parti pour l'Italie, que les chefs des Gaulois qui s'étoient abouchés aux Etats de Rheims, s'assemblèrent avec le plus grand secret, car c'étoit dans les solitudes des forêts du pays Chartrain ou des environs ; là, ils déplorèrent les malheurs de leur patrie, gémirent sur leur servitude, & sur la mort d'Accon, & résolurent de faire un dernier effort pour recouvrer leur liberté, ou de périr les armes à la main ; Vercingentorix de Clermont, ce gendre d'Indutiomare, dont le père avoit tenu le premier rang dans les Gaules, & avoit commandé dans l'Auvergne, y aſſiſta : on ſe ſépara après cette réſolution ſecrète, & les Carnutes ſe chargèrent de donner le ſignal de la révolte.

Ce ſignal fut annoncé par le ſon de la trompette, & par le maſſacre des Romains dans *Genabum* (*a*), la nouvelle en fut portée à l'inſtant dans toute la Gaule; Vercingentorix l'apprit le jour même dans Clermont, ſitué à plus de cinquante lieues de l'endroit où s'étoit paſſé ce premier acte de guerre : on ne ſera pas étonné de la promptitude de cette nouvelle, quand on ſaura que les Gaulois, dans l'attente des grands évènemens, plaçoient des hommes de diſtance en diſtance ſur la cime des montagnes, & comme ils avoient la voix très-forte, la parole ſuivant la chaîne arrivoit en peu de temps à ſon extrémité. Vercingentorix auſſi-tôt ſe met en armes, après quelques débats ſe rend le maître de Clermont, s'en fait proclamer Roi, envoie des Ambaſſadeurs à tous les peuples de la Celtique & de l'Aquitaine, pour les engager à l'union à laquelle ils avoient conſenti dans la dernière aſſemblée. Tous accèdent à ſon invitation; toute la Gaule, à l'exception d'Autun & de Rheims, s'arme contre les Romains, & Vercingentorix, d'un conſentement unanime, eſt proclamé chef de la confédération. Le nouveau Roi des Gaules partage auſſi-tôt ſon armée, en donne une partie à Lucteric, l'un des Princes

(*a*) Orléans.

du Quercy, auquel il commet la défenſe de l'Aquitaine, tandis qu'il marche avec l'autre diviſion en Berry.

Lucteric oblige les peuples de l'Aquitaine à ſe déclarer pour lui. Il s'aſſure de leur fidélité par des otages, & des ſuccès de la campagne par la réunion de leurs forces. A la tête d'une puiſſante armée, il marche droit à la province Romaine, & ſe propoſe d'attaquer Narbonne; Vercingentorix, de ſon côté, entre en Berry. Les peuples de cette province appellent à leur ſecours les Eduens; ceux-ci ſe mettent en campagne, mais auſſi mal diſpoſés pour les Romains que les Berruyens, ils ſe retirent ſans vouloir paſſer la Loire, alléguant des prétextes frivoles; les autres, pendant cette retraite, font leur compoſition avec Vercingentorix, & augmentent ſes forces par leur jonction.

Céſar, à cette nouvelle, accourt de l'Italie, ſe jette dans Narbonne, raſſure la province menacée, & ranime le courage des Romains; voyant le danger auſſi grand qu'il étoit, il meſure ſon plan ſur ſon étendue; aux légions qu'il a dans les Gaules, aux troupes que lui a fourni Pompée, il joint celles de ſes gouvernemens d'Illyrie & de la province Romaine; il appelle à ſon ſecours ces féroces enfans du Nord, ces Germains belliqueux endurcis aux combats, il en forme un corps qui, guidé par ſon génie, va devenir le plus ſûr inſtrument de ſes victoires; ſuivi de l'infanterie la mieux diſciplinée, & de la cavalerie la plus redoutable, il va chercher le rival que lui oppoſent les Gaules : ce rival n'étoit point indigne de lui; ſon plan de campagne, ſes conſeils, les talens qu'il déploya dans ses campemens, le choix de ses Lieutenans, sa valeur, enfin la conduite de cette guerre, tout annonce qu'il étoit digne du titre qu'on lui déféra, & qu'il ne lui manqua, pour laisser un grand nom, que d'avoir un autre ennemi que César.

Luctéric se retira en Aquitaine, & César, malgré la rigueur de l'hiver, se fraye un chemin à travers les neiges, & pénètre jusque dans l'Auvergne; les peuples alarmés appellent aussi-tôt Vercingentorix; il quitte le Berry, & vole au secours de sa patrie; César content de cette diversion, laisse son camp sous la conduite de Brutus, passe en Dauphiné, y rassemble les troupes qu'il y avoit laissées, & va rejoindre les deux légions qu'il avoit à Langres; pendant qu'il marche jour & nuit, il roule dans son esprit les moyens de retenir sous son obéissance les peuples Gaulois, qui ne sont pas encore déclarés; il passe par Autun, espérant dissiper, par sa présence, les mauvaises intentions qui fermentoient dans le cœur des principaux habitans dont ce chef prévoyant se défioit; il joint ses légions à Langres, y rassemble celles qui étoient éparses dans la Celtique, & vient fondre sur le Berry à la tête de cette formidable armée. Il s'assure de Sens, où il laisse une forte garnison, & arrive devant *Novodunum* (*a*) après s'être emparé de Château-Landon & d'Orléans. Déja les habitans de la ville assiégée capituloient lorsque l'armée de Vercingentorix parut. Ce Prince assiégeoit Gergovie, l'une des places appartenantes

(*a*) Nancey, ou Nouan-le-Fuselier.

aux

aux Eduens, lorſqu'il apprit l'irruption de Céſar en Berry, il marcha ſur le champ à lui, & rompit la capitulation par ſon arrivée ; il ſe donna aux portes de la ville un grand combat de cavalerie ; les Gaulois combattant ſous les yeux de leur chef, & pour la délivrance d'une de leurs villes, alloient vaincre lorſqu'un bataillon Germain, envoyé par Céſar, donna la victoire aux Romains, les vaincus regagnèrent leur camp ; la place, prix du combat, demeura aux Romains qui marchèrent d'un pas rapide contre Bourges.

Vercingentorix les ſuivit, réfléchiſſant à la célérité, aux reſſources, aux avantages qu'avoit eus le Général Romain, il ſentit que la méthode qu'on avoit employée juſqu'alors étoit vicieuſe, il propoſa à ſes Officiers de la changer, d'adopter une nouvelle manière de faire la guerre, & de lui donner pour baſe la prudence ; à l'éloignement de toute action déciſive, il voulut qu'on joignît le ravage des campagnes, ſeul moyen de triompher des ennemis par la diſette & la misère : ce conſeil ſi juſte fut exécuté avec tant de rigueur, que plus de vingt villes, & une multitude de villages, furent brûlés. Les Romains, campés ſous une ville forte, vaillamment défendue, manquant de tout, n'avoient pas même l'eſpoir de pourvoir à leurs beſoins en forçant le camp ennemi ; car Vercingentorix, fidèle à ſon plan de défenſe, l'avoit aſſis ſur des hauteurs environnées de marais. Dans cette poſition avantageuſe, il bravoit les Romains, & ſembloit veiller au ſalut de la ville. Dans cette triſte conjoncture, le ſoldat Romain fut plus invincible que jamais ; il triompha de la ſaiſon, de la faim, de la perfidie de ſes alliés, des attaques des aſſiégés, & de la cavalerie du camp. Sa perſévérance & ſon courage furent récompenſés par la priſe de la ville, qui fut enfin emportée d'aſſaut ſous les yeux des Gaulois; les habitans furent paſſés au fil de l'épée; à peine en réchappa-t-il huit cents, auxquels le camp de Vercingentorix ſervit d'aſile. Ce coup conſterna les Gaulois, & ne fit qu'accroître le crédit de leur Roi, parce que c'étoit contre ſon avis, qu'on avoit ſoutenu ce ſiége.

Céſar, après ce ſuccès, fit marcher Labienus contre les peuples qui ſont au-delà de la Seine, & vint aſſiéger Clermont, la Patrie de Vercingentorix. Ce dernier y accourut, ſe campa avec la prudence qu'il avoit montrée à Bourges; pour cette fois elle fut récompenſée, il eut la gloire de ſauver ſa Patrie, & d'en faire retirer l'ennemi; Céſar, juſque-là invincible, après avoir été repouſſé avec perte dans un aſſaut, & avoir livré deux combats de cavalerie, où Vercingentorix combattit avec un avantage égal, paſſa la Loire, & alla rejoindre Labienus à Sens.

Pendant qu'il faiſoit cette jonction, tout réuſſiſſoit à Vercingentorix; Teutomatus, l'un des Rois de l'Aquitaine, étoit venu le joindre à la tête d'une armée, les Eduens avoient rompu avec les Romains. Préférant le joug national à une domination étrangère, ils avoient fait alliance avec le Roi des Gaules; leurs Géneraux Viridomarus & Eporedorix s'étoient emparés de Nevers, & avoient fait main-baſſe ſur les richeſſes & les proviſions des Romains qui y étoient renfermées; non-ſeulement César avoit perdu un riche dépôt, & les secours de cette puissance, mais l'un & l'autre étoient employés contre lui; les Envoyés de Vercingentorix ayant ranimé le courage de toutes les nations Gauloises, & amené leurs Députés à Autun, où ce Prince fut de nouveau proclamé Généralissime de la confédération Celtique, & fut reconnu en cette qualité de tous les peuples de la Gaule, hors ceux de Langres & de Rheims qui tenoient encore pour les Romains.

Heureusement pour César, Labienus étoit à Sens quand il arriva. Ce Général étoit de retour de son expédition contre les Parisiens & les Sénonois; les Armoriques qui habitoient Rouen, vinrent au secours des deux peuples attaqués, pendant que les Beauvoisiens y marchoient d'un autre côté. Camulogenus, Roi de Rouen, à qui on avoit déféré le commandement, se campa si avantageusement, qu'il rendit inutile la valeur Romaine; le superbe quartier, connu aujourd'hui sous le titre de marais, l'étoit véritablement alors; le chef Gaulois, couvert par ce rempart, brava les inutiles travaux des Romains sur un sol sans consistance. Labienus ne s'opiniâtra pas à consolider un terrain aussi mouvant, il marcha à Melun dont il s'empara, delà revint à Paris; la révolte des Eduens, la retraite de César, lui firent penser à la sienne : il la fit en si bon ordre, que les ennemis ayant osé l'attaquer, perdirent la bataille & leur chef. Après cette victoire, il se rendit à Agendicum (*a*), où étoient tous les bagages des Ro-

(*a*) Sens.

mains; il fit ſa jonction avec Céſar, & celui-ci ayant réuni toutes ſes forces, ne penſa plus qu'à ſe faire jour à travers les armées Gauloiſes pour regagner la province Romaine, comme le ſeul aſyle qui lui fût ouvert, tant ſes affaires parurent déſeſpérées dans un moment.

Vercingentorix, après avoir détaché deux corps, dont l'un devoit attaquer le Dauphiné, & l'autre le Languedoc, ſe mit en marche à la tête d'une nombreuſe armée; ſes ſuccès l'enivrèrent, & lui firent abandonner la ſageſſe du plan auquel il les devoit; il repréſenta aux yeux des Gaulois, les Romains moins comme un ennemi qui ſe retiroit, que comme une proie qui leur échappoit, il les exhorta à ne pas laiſſer perdre l'occaſion d'exterminer une puiſſance qui alloit de nouveau ſortir de ſes foyers pour les ſubjuguer ſi on l'y laiſſoit rentrer. Ce conſeil s'accordoit trop bien avec le caractère du peuple qu'il commandoit, pour n'en être pas ſuivi : on court après l'armée Romaine qui traverſoit en bon ordre le pays de Langres, pour ſe rapprocher de la province Narbonnoiſe, qui s'étendoit juſqu'à la Franche-Comté. Cette armée étoit la plus nombreuſe que Rome eût encore employée dans les Gaules; celle des ennemis ne l'étoit pas moins, auſſi ne balancèrent-ils pas à attaquer; ce fut ſur les bords de l'Armanſon (*a*) que ſe livra cette bataille, cauſe de tous les malheurs de Vercingentorix, il la perdit; ſa cavalerie, dans laquelle il avoit la plus grande confiance,

(*a*) Entre Tonnerre & Montbard, ainſi qu'on l'a vérifié d'après la Topographie des Commentaires de Céſar.

fut mise en déroute par la formidable cavalerie Allemande, & l'armée vaincue se retira sous les murs d'Alise, capitale des Mandubiens (*a*), nation dépendante des Eduens; dès le lendemain César paroît, il examine la ville située sur une montagne escarpée de tous côtés, il juge au premier abord qu'elle est imprenable; mais faisant attention que l'armée des Gaulois est enfermée dans ses murs avec Vercingentorix, il considère attentivement le local; & la position des lieux augmentant son audace naturelle, il prétend finir la guerre d'un seul coup, il forme aussi-tôt le projet de prendre la ville, l'armée & les Princes Gaulois qu'elle renferme; il entoure la place d'un retranchement d'onze mille pas d'étendue. A la vue de cet ouvrage menaçant, Vercingentorix tente de nouveau le sort des armes : les Romains, occupés à défendre des ouvrages imparfaits & étendus, en auroient peut-être été chassés sans le choc de la cavalerie Allemande, qui défit encore la cavalerie Gauloise; Vercingentorix, repoussé dans la ville, prit aussi-tôt son parti, mais en patriote & en vrai guerrier, il commanda aux cavaliers de sortir de la place pendant la nuit, avant que les lignes des Romains fussent achevées, d'aller chacun dans le lieu de leur demeure, & d'en amener tout ce qui étoit en état de porter les armes; que pour lui son dessein étoit de s'enfermer dans la place, & de la défendre, ainsi que la liberté des Gaules, jusqu'à la dernière extrémité.

A peine la cavalerie fut-elle sortie de la ville, qu'elle alla répandre l'alarme dans les Gaules, & solliciter des

(*a*) Dans le Duesmois, diocèses d'Autun & de Langres.

ſecours en faveur de Vercingentorix ; tous les peuples s'arment à l'envi, la liberté anime tous les courages, deux cents quarante mille hommes d'infanterie, & huit mille chevaux viennent tenter un dernier effort ſous les murs d'Aliſe, un ſeul mois avoit ſuffi pour tous ces préparatifs, tant l'honneur national a toujours été puiſſant chez ce peuple.

Vercingentorix & Céſar, dans cet intervalle, travailloient chacun de leur côté ; les travaux du Romain avoient fait voir à ſon ennemi la faute qu'il avoit commiſe en combattant, & en s'enfermant enſuite dans une place forte à la vérité par ſon élévation, mais peu fournie de vivres, environnée de rivières & de vallées qui ſe prêtoient aux foſſés, & aux retranchemens dont ſon ennemi l'entouroit ; en effet, quiconque verra les lieux, malgré les révolutions qu'ils ont éprouvées, jugera qu'il étoit facile à Vercingentorix de faire ſa retraite à l'aide des vallons, des hauteurs & des forêts dont ce ſol étoit entrecoupé, & de ſe retirer chez les Eduens, dont le pays étoit d'un accès encore plus difficile : il crut remédier à ce qu'il n'avoit pas fait, en faiſant entrer dans la ville les proviſions & les grains qui échappoient à la vigilance des Romains, avant que le cercle des retranchemens fût fermé.

Il n'en étoit pas de même de Céſar, dont le génie beaucoup plus vaſte ſe propoſa auſſi-tôt de tirer tout le parti poſſible de la faute de ſon ennemi. Redoutant ſes ſorties, & ne craignant pas moins les attaques des Gaulois qu'il s'attendoit à voir arriver au ſecours, il forma des retranchemens qui ont, avec juſte raiſon, paſſé pour un chef-d'œuvre. Ces lignes étoient défendues par un foſſé de quinze pieds de profondeur, il étoit rempli d'eau par le gonflement des rivières arrêtées par des digues dont on voit encore les veſtiges (*a*) ; le boyau

---

(*a*) Dans les années de ſécherеſſe, comme en 1784, lorſque les eaux de la rivière ſont à ſec, on remarque des pièces de bois tranſverſales qui ſervirent aux digues, on trouve dans la terre des poutres encore conſervées & imprégnées de ſels terreſtres.

Cette Cité, effacée du nombre des villes, & ſur laquelle la charrue paſſe aujourd'hui, offre encore par ſes inſcriptions des traces du règne Romain. Dans un procès-verbal que je fis dreſſer ſur les lieux en 1784, de pluſieurs découvertes, je conſignai les trois inſcriptions ſuivantes.

T. J. Cl. profeſſius, Niger. omnibus
Honoribus. apud Æduos &
Lingonas functus. deo Moritaſgo.
Porticum. teſtamento poni
Juſſit ſuo nomine & juliæ
Virgulinæ uxoris. & filiarum
C. L. profeſſæ & juliæ virgulinæ.
. . Julia. virgula. filia mœreus poſuit :

La ſeconde étoit ſur une pierre qu'a emportée M. le Comte de Lavau.

1.
Eae. victoriæ
2.
Argutus
3.
Sabinii
4.
Lupi. Sept.

V. S. L. M.

étoit ſurmonté d'un rempart de douze pieds, & étoit précédé par des puits & des foſſes placés de diſtance en diſtance; un foſſé plus profond encore entouroit la ville, & ces fortifications étoient défendues par des tours. Aſſuré de la force de ſes retranchemens, Céſar attendoit que l'armée des Gaulois vînt ſe briſer contre eux, & que la famine lui amenât Vercingentorix.

Elle faiſoit les plus grands ravages dans la place, le déſeſpoir qui l'accompagne avoit déja enfanté de ces délibérations atroces qui font frémir d'horreur. Critognatus, l'un des plus grands ſeigneurs d'Auvergne, propoſa de ſubvenir au défaut de vivres en mangeant les Mandubiens, qui n'étoient pas en état de porter les armes; il cita l'exemple de ſes ancêtres, qui en avoient uſé de la ſorte dans la guerre contre les Cimbres & les Teutons, & finit par dire que quand même il n'y auroit pas d'exemple de pareilles actions, la liberté de ſa patrie, & le bien de la cauſe qu'ils défendoient, l'exigeoient dans cette occaſion; les Gaulois étoient naturellement humains, l'affreuſe propoſition de l'Auvergnat les fit frémir, mais leur courage, leur haine contre les Romains, ſurmontèrent la nature & le ſentiment, & il fut arrêté qu'on auroit recours à cet horrible expédient

La troiſième eſt ſur une pierre qui a roulé dans le vallon d'Arcey.

CVSSIBI.
VIVOS
FECIT.

ſi

ſi le ſecours attendu différoit. Cet arrêté étoit une inſpiration du déſeſpoir, un accès de rage, dont les Gaulois, intérieurement, cherchoient à éviter les ſuites; car, autant pour alléger la place, que pour ſouſtraire à leurs regards tous objets de tentation, ils expulsèrent les Mandubiens, & ces malheureux errants entre les murs de la ville & le camp de Céſar qui les fit repouſſer, expirèrent en maudiſſant également les Gaulois & les Romains.

Enfin le ſecours tant déſiré arriva; aux cris de joie que pouſsèrent les aſſiégés, le cœur de Céſar treſſaillit; ſur le point de riſquér le tout, à l'approche du moment qui alloit décider du ſort des Gaules & du ſien, ſon courage redoubla, & jamais il ne fut mieux ſervi par ſon génie; il donne les ordres les plus précis, diſtribue les poſtes ſelon les talens de ſes officiers; & du haut d'une éminence, il embraſſe d'un coup-d'œil toute la Scène; ſemblable au génie de la guerre, il préſide ſur tout le camp, & porte par-tout la victoire avec lui. La formidable armée des Gaules, commandée par Comius, Roi d'Arras, Viridomarus, Eporedorix, Généraux des Eduens, & Vergaſillaunus, couſin du Roi d'Auvergne, ſe déploie autour des fortifications Romaines, & les attaque avec fureur; les trois premiers chefs qui avoient ſervi ſous Céſar, étoient des ennemis auſſi redoutables par leur valeur que par leur expérience. Vercingentorix tombe du haut d'Aliſe ſur les retranchemens, & y donne l'aſſaut de ſon côté, pendant que les Gaulois les attaquent de l'autre; les Romains animés d'un courage invincible, défendus par les fortifications les plus meurtrières pour les aſſaillans, réſiſtent à tout, il ne leur falloit pas moins que la force de leur poſition contre des ennemis à qui la faim, l'honneur & le déſir de vaincre ou de périr, faiſoient braver la mort. Les lignes de Céſar, du côté de la ville, étoient ſi fortes & les approches ſi dangereuſes, que les aſſiégés, malgré leur courage, ne faiſoient que des efforts impuiſſans, périſſoient dans les foſſés, ou expiroient ſur les pieux cachés en terre, car le Romain qui avoit preſſenti tout ce dont le déſeſpoir les rendroit capables, avoit multiplié les dangers de leur côté, & caché la mort par-tout ſous leurs pas; déja le jour commençoit à baiſſer, & les attaques des Confédérés qui avoient commencé à midi, ſe renouvelloient avec plus de fureur encore. Céſar, dont la cavalerie avoit combattu une partie de la journée, raſſembla la cavalerie Allemande, & la fit tomber en gros eſcadrons ſerrés ſur celle des ennemis. Ce coup fut celui de la victoire; les Gaulois enfoncés prirent la fuite, & furent pourſuivis juſqu'à leur camp.

Cette première affaire décida du ſort des autres; elle ſoutint le courage des Romains, & abattit celui de leurs ennemis: ils paſsèrent la journée ſuivante à former un nouveau plan d'attaque, & l'exécutèrent au milieu de la nuit, ſur la partie des lignes la plus éloignée. Marc-Antoine & Trébonius, qui y commandoient, s'y défendirent avec vigueur, quoiqu'ils euſſent affaire aux aſſaillans & à Vercingentorix, qui avoit dirigé ſon attaque de ce côté. Ce combat nocturne étoit plus l'effet de la fougue que de la prudence des Gaulois, car s'ils avoient peine à se défendre pendant le jour, des dangers qui entouroient les lignes, comment pouvoient-ils espérer d'y échapper pendant la nuit; aussi en furent-ils la victime. Après avoir laissé une partie de leurs plus braves combattans dans les fossés creusés & dans les piéges tendus autour des lignes, ils rentrèrent dans leur camp avec le jour. Le mauvais succès de ces attaques ne rebuta pas les confédérés; ils résolurent de faire une dernière tentative, sous la conduite de Vergasillaunus, que les liens du sang devoient rendre plus ardent à la défense de Vercingentorix. Ce nouveau chef, secondé des meilleures troupes, assaillit les retranchemens du côté du septentrion. L'intrépidité de ses soldats, la diversion que fit Vercingentorix mit pour un moment les Romains en danger, & leurs lignes à la veille d'être forcées, lorsque César envoya Labiénus au secours de Régulus & d'Antistius, Tribuns des deux légions, qui défendoient le poste attaqué; il y marcha lui-même, & fixa la victoire. Sédulius, Roi de Limoges y fut tué; Vergasillaunus fut pris : ses soldats poursuivis jusque dans le camp, y répandirent l'effroi, & aussi-tôt cette nuée d'ennemis se dissipa; les Romains en tuèrent ou prirent la majeure partie dans cette fuite. Cette journée décida du sort des Gaules, & les fit tomber en entier dans les mains de César. Nous avons vu dans les siècles derniers, le même évènement se renouveller dans le Nouveau Monde, lorsque les Mexicains, poursuivant Cortès qu'ils avoient forcé à la retraite, vinrent perdre dans la vallée d'Ottomba, leur liberté & leur empire.

A la vue de cette déroute, Vercingentorix ſentit tout ſon malheur. La famine, plus puiſſante encore que Céſar, mit à ſes pieds la garniſon d'Aliſe. Ce vainqueur entouré de ſes officiers, & aſſis devant ſon camp, ſe fit rendre les armes par les chefs des vaincus, & les retint pour ſervir à la pompe de ſon triomphe, ce jour de deuil pour les Gaulois, témoins de l'humiliation de leur Roi traîné après le char de ſon vainqueur. Tous les priſonniers furent diſtribués aux ſoldats, à l'exception de ceux d'Autun & d'Auvergne, que le Romain, auſſi habile politique que grand guerrier, ſe propoſoit d'employer à conquérir les eſprits de leurs concitoyens, comme il avoit conquis leur pays. Il les leur rendit ſans rançon : cette généroſité eut un effet auſſi prompt qu'utile, car ces deux nations vaincues par les armes & par les bienfaits, furent ſoumiſes ſans retour. Céſar, après cette mémorable campagne, diviſa ſes troupes dans les provinces, & paſſa l'hiver à Autun pour façonner au joug cette Métropole des Gaules.

Les mouvemens que fit la Gaule après cette campagne, reſſemblèrent plutôt aux convulſions d'un corps agoniſant, qu'aux efforts vigoureux d'une nation guerrière : la tête du coloſſe frappée de la foudre, les membres tombèrent auſſi-tôt. Les peuples du Berry furent les premiers qui attirèrent les armes du vainqueur, & qui plièrent auſſi-tôt qu'ils virent les Aigles. Les Carnutes attendirent que Céſar fût de retour à Autun pour recommencer les hostilités; mais le vainqueur marche contr'eux, s'empare d'Orléans, ravage leur pays, & en chasse leurs troupes. A peine finissoit-il cette seconde expédition, que les Rhémois viennent implorer son secours contre les Beauvoisiens, aussi-tôt César marche au nouvel ennemi qu'on lui indique. Corbeus, leur chef, Général expérimenté, arrête l'activité des Romains par un campement avantageux; mais voyant Trébonius, Lieutenant de César, prêt à tomber sur les derrières de son camp, il fait sa retraite: César lui coupe le chemin, l'ennemi lui échappe encore à la faveur des feux qu'il fait allumer, & qui dérobent pour un moment sa fuite aux yeux des Romains; mais leur Général ayant redoublé d'activité, & l'ayant atteint, la querelle se termina par un sanglant combat où Corbeus & ses meilleurs soldats furent tués. Toute la Belgique reçut la loi du vainqueur, hors Liége & Trèves, qui ouvrirent ensuite leurs portes à Labienus, après avoir perdu une grande bataille.

Il s'en falloit de beaucoup que l'Aquitaine fût aussi soumise. Les Généraux qui avoient survécu aux combats précédens, unis par le malheur de leur patrie, & le ressentiment de leurs défaites, avoient rassemblé une armée plus redoutable par le courage que par le nombre. Ces chefs étoient Dumnacus, Roi de Poitiers; Luctérius, connu par son invasion dans la province Romaine; Drapès, Général de Sens, qui avoit fait main-basse sur les bagages des Romains, après la victoire d'Ambiorix, & avoit secondé Accon dans la rebellion de cette ville. Ils attaquèrent d'abord Limoges. Caninius, Lieutenant de César, vint au secours ; les confédérés marchent à lui, & attaquent son camp ; il ne réussit qu'à le défendre, lorsqu'une autre armée parut, sous les ordres de Fabius ; aussi-tôt Dumnacus lève le siége & gagne la Loire ; il est joint par les Romains, au moment où il cherche à passer le fleuve. Les Gaulois conduits à la charge par des officiers braves & expérimentés, montrèrent ce qu'ils auroient pu faire s'ils eussent commencé la guerre avec autant d'ordre & de valeur qu'ils la finissoient. Deux fois leur cavalerie joignit celle des ennemis, deux fois elle la repoussa ; après un rude combat, la victoire alloit se déclarer en leur faveur, lorsque les légions tombant à l'improviste sur leur infanterie, en firent un tel carnage, qu'il n'en échappa que cinq mille hommes. Lucterius & Drapès, supérieurs à leur mauvaise fortune, même après cette défaite, marchent à la tête de ces foibles débris, contre la province Romaine ; ils veulent se venger chez leurs ennemis, des maux qu'ils ont faits à leur Patrie, lorsqu'arrêtés dans leur marche, ils prennent une autre résolution : Lucterius, aussi habile dans les négociations qu'à la tête d'une armée, gagne les habitans d'*Uxellodunum* (*a*), s'empare de la place ; & la voyant propre, par son assiète & la force de la garnison, à soutenir un long siége, il se propose d'en faire un dernier rempart

(*a*) Aujourd'hui Cahors, ou plutôt, selon le sentiment des meilleurs Auteurs, le Puech d'Issola, dans la partie septentrionale du Querci, peu loin de la Dordogne, sur la frontière du Limousin.

à la liberté de sa nation. Instruit par les malheurs du siége d'Alise, où il s'étoit trouvé, il ne voulut pas, comme Vercingentorix, réduire toute la guerre à un seul point, en s'enfermant dans la ville : posté, ainsi que Drapès, sur les montagnes voisines, ces deux chefs, qu'on peut, à juste titre, appeler les derniers des Gaulois, rassemblent de nouvelles forces, & viennent exhaler sous les remparts de la ville le dernier soupir de la liberté; ils furent vaincus en voulant ravitailler la place, & tombèrent l'un & l'autre au pouvoir de l'ennemi: Drapès fait prisonnier sur le champ de bataille, se laissa mourir d'inanition; & Lucterius, livré par trahison, servit au triomphe de César. Ce Romain fut témoin du siége mémorable que soutint la ville : les assiégés lui firent payer chèrement sa victoire, la dernière qu'il remporta sur les Gaulois, mais elle ne fut pas, de son côté, marquée du sceau de la clémence; il fit couper les mains à tous les soldats de la garnison : cette cruauté abattit celles de la révolte, mais a imprimé une tache ineffaçable à sa gloire. Alors tout le Continent Celtique fut soumis, sans réserve, à la domination Romaine. Car nous allons voir dans un moment comment Marseille, qui avoit appelé la désolation & la guerre sur cette terre qui lui avoit donné un asyle, en fut la victime à son tour; & comment elle tomba elle-même sous l'épée qu'elle avoit dirigée contre les Gaulois.

Si on cherche les causes de cette surprenante conquête, on les trouvera dans la division des Gaulois, dans la discipline de leurs ennemis, dans leurs troupes réglées, dans leur vie dure, dans la connoissance profonde de la Tactique, & sur-tout dans le génie & l'ambition de leur chef, ambition dont les Gaulois furent bien vengés par tous les maux qu'elle causa aux Romains eux-mêmes.

DE

DE LA DOMINATION ROMAINE DANS LES GAULES.

JUSQU'A L'APPARITION DES FRANCS.

INTRODUCTION.

LES preuves de l'Hiſtoire varient comme les Siècles & les Arts ; les temps en ont chacun de particulières, propres à inſtruire ſur les eſpaces qu'ils ont remplis ; c'eſt à l'Ecrivain à les choiſir, à les claſſer dans leur ordre, à les préſenter dans leur ſuite & dans leur expreſſion naturelle : plus il remonte aux temps éloignés, plus ſon travail eſt difficile, & moins ſes moyens ſont abondans ; il doit, dans cette diſette, ſe contenter de matériaux rares, mais ſûrs, plutôt que d'avoir recours à une abondance fautive & haſardée : la vérité de l'Hiſtoire s'applaudira plus de quatre ou cinq monumens expreſſifs, que de mille citations & autorités copiées les unes ſur les autres, ou avancées légèrement. Les *Traités* hiſtoriques appuyés ſur des faits, les récits conſtatés par des monumens, ont bien une autre autorité, doivent jouir d'une confiance bien plus diſtinguée, que ceux qui n'ont que des relations & des traditions pour baſe ; leur incertitude, leurs contradictions doivent engager l'Hiſtorien jaloux d'appoſer le ſceau de la vérité ſur ſes écrits, à avoir recours à des preuves plus aſſurées, lorſqu'il peut ſe les procurer.

Ces preuves, à la vérité, ſont d'une recherche plus difficile; mais pour parvenir au vrai, qui eſt le but de l'Hiſtoire, il faut moins chercher à écrire qu'à aſſurer des faits, qu'à rapporter les preuves de leur exiſtence: chaque Siècle, chaque Empire, chaque Contrée, comme on l'a dit, a les ſiennes; il n'eſt queſtion que de les trouver: on l'a fait à l'égard des Celtes, dont l'hiſtoire eſt fondée, en partie, ſur les monumens que renferme la terre ſur laquelle ils ont vécu. On va ſuivre la même marche (1) par rapport aux Romains, & faire l'hiſtorique de leur domination dans les Gaules, d'après les monumens qu'ils y ont laiſſés pendant leur règne.

Ces monumens d'un peuple glorieux, brillant par les Arts, hardi à entreprendre les plus grandes choſes, ſerviront comme de texte à ce volume; c'eſt ſur les médailles ſur-tout, ſur leurs ſujets & leurs légendes, qu'on en fondera l'hiſtorique: on répondra en cela au déſir de ce peuple, qui a tout fait pour que ſa gloire lui ſurvécût. En faiſant frapper tant de pièces, en traçant ſur elles chaque évènement avec le burin, ſon intention a été de les faire paſſer aux races futures, & de les inſtruire tout-à-la-fois des choſes qu'il a faites, & du règne ſous lequel elles l'ont été; ce qui eſt parfaitement indiqué par les médailles, qui portent l'em-

(1) L'Auteur s'eſt propoſé de ſuivre cette marche dans le premier volume qu'il avoit deſſein de reſtituer à l'Hiſtoire ancienne, comme il reſtitue celui-ci à l'Hiſtoire de France; car les preuves ſont relatives aux temps & aux matières.

preinte du Prince d'un côté, & de l'autre le ſujet qu'elles ſont chargées de tranſmettre à la Poſtérité.

L'hiſtoire des Romains dans les Gaules peut ſe lire ſur les médailles qu'ils y ont laiſſées : ſi on pouvoit en raſſembler toute la ſuite, & en former une collection, dont chaque pièce formeroit un anneau de la chaîne hiſtorique, on en auroit une connoiſſance entière. Ce plan, qui pourra s'exécuter un jour, ne peut encore pleinement remplir notre but, parce qu'il y a eu ſous le règne de certains Princes une grande quantité de revers différens, dont pluſieurs manquent encore. Dans le nombre des médailles que j'ai recueillies, j'ai été aſſez heureux pour en trouver d'expreſſives ſur les évènemens de leur ſiècle, de rares, d'inconnues même : dans ce nombre, il n'en eſt cependant que très-peu qui ſervent à mon deſſein, & qui aient le double mérite de figurer dans l'Hiſtoire Romaine, & d'inſtruire ſur celle des Gaules.

LE Gaulois qui, dans ſon impétuoſité, avoit renverſé le Trône d'Alexandre, & la puiſſance de Rome naiſſante, plioit une tête docile ſous le joug de cette dernière ; le Conquérant dont le génie embraſſoit les moyens qui aſſurent la victoire & qui conſervent la conquête qui en eſt le prix, choiſit ceux avec leſquels on fonde de longues dominations ſur une terre étrangère. Connoiſſant les hommes à l'inſtar de l'intelligence qui eſt au-deſſus d'eux, il ſentit que les liens les plus forts ſont ceux qui attachent les cœurs. Ce plan généreux dans l'exécution duquel la politique n'eut pas à combattre son caractère enclin à la bienfaisance, fut exécuté d'une manière qui répondit à la grandeur de ses vues, & en prépara la réussite. Sa main se plut à répandre des bienfaits sur cette même contrée qu'il avoit inondée de sang. L'assurance & la félicité succédèrent à la crainte & au malheur. Le Gaulois, dont l'ame étoit neuve & sensible à la vertu, se passionna en trouvant dans son terrible vainqueur un cœur paternel, un maître généreux. Le sentiment de sa reconnoissance s'éleva en raison de sa surprise; il échauffa son cœur, déja plein d'admiration pour lui, l'attacha d'une manière inviolable à son sort; & ce sentiment constant dans les troupes Gauloises valut à ce chef, qu'elles affectionnoient, l'Empire de l'Univers, & vengea leur patrie du triomphe de Rome, en la soumettant elle-même au conquérant, qu'elle avoit déchaîné contre les Gaules.

Ce vainqueur des Gaules, que la grandeur de son succès enhardit à le devenir de la terre, ne fit pas gémir les Provinces conquises sous des impôts dont le poids n'eût fait qu'aggraver leur servitude; il les allégea au point que le Celte, qui en sentit la diminution, douta de la perte de sa liberté: ses chefs accueillis & traités avec distinction, regrettèrent moins leur premier gouvernement. Le conquérant ne borna pas là ses bienfaits, il ambitionna la gloire d'être le bienfaiteur de l'humanité; il éclaira les vaincus avec le flambeau de la philosophie; sa main accoutumée aux entreprises hardies, osa déchirer le bandeau de la superstition & du fanatisme; il fit retirer des Prêtres, jusqu'alors sourds aux cris de la nature; il éteignit les bûchers, & renversa les autels qui attendoient des victimes humaines ; il proscrivit ces sacrifices barbares outrageans tout-à-la-fois la nature & la religion, institués dans le silence de la raison & les accès de rage du fanatisme ; il fut le Gelon des Gaulois, il arrêta leur sang dès que l'épée fut rentrée dans le fourreau, & ferma jusqu'aux plaies de la superstition.

Ces moyens ne furent pas les seuls que lui suggéra sa prudence ; il associa le peuple conquérant au peuple conquis ; il entreprit de les réunir & de les fondre dans un seul. Les Colonies Romaines (*a*) répandues dans les Gaules servirent son projet, & produisirent le double avantage de rapprocher les deux peuples, & d'arrêter les progrès de la révolte par une place qui en imposât dans la Province : la division qui affoiblit les grandes Puissances n'échappa pas à sa politique, il l'employa adroitement en donnant la liberté à des Cités soumises à de plus considérables ; il se créoit tout-à-la-fois dans ces murs, fiers d'une ombre de liberté, des amis & des ressources. Quatre légions répandues chez les Belges contenoient cette nation belliqueuse, & servoient de barrière contre les Germains ; quatre autres, distribuées chez les Eduens, occupoient le centre, & tenoient en respect ce peuple puissant. Ce moyen ne fut pas celui qui servit le moins à entretenir l'ordre & à étouffer la

---

(*a*) Beauvais, Angers, Tours, Lillebonne, Loudun, appelées *Cæsaromagus*, *Juliomagus*, *Cæsarodunum*, *Juliobona*, *Juliodunum*, du nom de leur fondateur ; il se peut aussi que ce titre leur ait été donné par quelques-uns de ses successeurs, en mémoire des établissemens qu'il y fonda.

voix de la révolte. Les eſprits belliqueux, pour qui la guerre étoit un beſoin, furent incorporés dans ſes légions; & la Nobleſſe, toujours redoutable par ſa bravoure, fut aſſociée aux périls du conquérant : dix mille hommes tirés de ſon ſein, formant une excellente cavalerie, ſecondèrent ſes entrepriſes; la gloire qu'ils y trouvèrent leur fit fermer les yeux ſur leur ſervitude & la politique de leur chef.

César vit le ſuccès répondre à des meſures auſſi juſtes, & les Gaules, tranquilles pendant ſon abſence, lui laiſsèrent le champ libre pour ſe meſurer avec Pompée; car pendant que ces deux rivaux ſe faiſoient une guerre dont le monde entier devoit être le prix, les peuples du Beauvoiſis ayant oſé lever l'étendard de la révolte, furent auſſi-tôt réprimés par le Tribun Albinus, & forcés à rentrer ſous le joug : leur exemple n'eut pas d'imitateurs; les Gaulois, ſpectateurs du combat de Céſar & de Pompée, & favoriſant le premier, attendoient, avec tout l'univers, quelle alloit être l'iſſue de ce grand évènement, lorſque Céſar, agité des fureurs de la guerre civile, & courant exterminer ſes ennemis en Eſpagne, arrive devant Marſeille. Seule elle n'eſt point entraînée par ſon aſcendant, & prend librement ſon parti entre lui & Pompée; elle croit être d'un poids dans la balance du monde encore en équilibre entre ces deux rivaux; elle ferme ſes portes à Céſar, & reçoit ſous ſes yeux Domitius, le Lieutenant de Pompée. Céſar frémiſſant de courroux, aſſiége auſſi-tôt cette ville audacieuſe; déja la campagne eſt ravagée, les bois ſacrés des Druides ſervent aux travaux du ſiége, une flotte ſe raſſemble ſur le Rhône, & Céſar part pour l'Eſpagne. Il eſt de retour, il a vaincu ſes ennemis, l'Eſpagne eſt ſoumiſe. La victoire n'avoit pas attendu ſon arrivée pour ſe déclarer devant Marſeille.

Brutus, ſon Amiral, ayant deſcendu le Rhône avec douze galères, dont la conſtruction avoit été auſſi rapide que l'ordre, y en joignit ſix autres qu'il ſurprit aux Marſeillois. Malgré cet avantage, la flotte de ces derniers, réunie à Toulon avec celle de Naſidius, Amiral de Pompée, étoit encore bien ſupérieure, mais les deux diviſions ne combattirent pas avec une égale valeur. Les Marſeillois, qui combattoient pour leur liberté, pour le ſalut de leur ville, attaquoient avec un courage égal à celui des Romains qu'ils avoient en tête; pour la flotte auxiliaire, qui avoit moins d'intérêt au combat, elle n'agit que foiblement, & gagna le large ſans perdre un ſeul vaiſſeau, au lieu que Marſeille en perdit neuf, dont quatre furent pris, & cinq furent ſumbmergés. Brutus, maître de la mer, ferma le port auſſi-tôt, & Trebonius pouſſa le ſiége avec ardeur. Marſeille, après avoir tout fait pour l'honneur & la liberté, & tout riſqué pour la cauſe de Pompée ſon bienfaiteur, étoit enfin réduite aux abois, lorſque Céſar, vainqueur de l'Eſpagne, ſe préſenta une ſeconde fois devant ſes portes. Preſſée par la force & la faim, elle ſubit la loi qu'il lui dicta; il lui enleva ſon tréſor & ſes vaiſſeaux, & borna ſa vengeance à ne lui accorder qu'un pardon que le mépris ſembla lui arracher en diſant que les habitans n'en étoient redevables qu'à la gloire de leur ville, & au mérite de leurs ancêtres. Ils n'en avoient cependant guère dégénéré, mais ils avoient piqué l'amour-propre de César, & cette passion offensée le rendoit injuste.

Le Dictateur, vainqueur de tant de peuples, succomba sous la trahison : la mort de cet homme, à jamais célèbre, n'apporta aucun changement dans le sort des Gaulois, ils s'étoient familiarisés avec leurs chaînes; entraînés par le torrent des prospérités du conquérant, captivés par ses qualités, subjugués par son génie, ils donnèrent des regrets à sa mort, & des éloges à sa mémoire; la preuve en existe encore sur cette terre après un silence de dix-huit cents ans; le sang qu'il y répandit s'en est effacé, & sa gloire y a laissé des monumens reconnoissables aujourd'hui, par les restes des bâtimens, des chemins, des colonnes (*a*) & des médailles (*b*) qu'on rencontre; ces dernières sur-tout, fruit de la reconnoissance & d'une volonté libre, sont autant de preuves des hommages que nos pères rendirent à sa mémoire.

La mort de César fut un coup terrible, la commotion qu'il excita se fit sentir dans les trois parties du monde; pendant que les Triumvirs, d'un côté, Brutus & Cassius, de l'autre, remettent en question ce qui avoit déja été jugé entre César & Pompée, & ce que l'épée du premier avoit décidé, les Gaules, d'abord vexées par les troupes d'Antoine, de Lépidus & de Munatius Plancus,

(*a*) La Colonne de Cussy, entre Beaune & Arnay-le-Duc.

(*b*) Des médailles, bronze de Colonies, avec sa tête couronnée de lauriers, & ces mots : *Cesar Pont. Max.*

Une autre en argent, représentant un triomphe; au bas du char ces mots; *Cesar. Roma*; voyez Médaille, N°. 3.

enfantent

enfantent des armées pour la ſervitude de Rome, & la puiſſance de ſes tyrans. La cauſe la plus juſte ſuccomba une ſeconde fois dans la Grèce. Brutus & Caſſius, ſes défenſeurs, périrent ſur-le-champ de bataille de Philippes, & la liberté s'enſévelit pour toujours dans le tombeau de ces derniers Romains. Antoine, le héros du Triumvirat, renouvela, dans la diviſion de l'Empire, le ſpectacle répété dans tous les partages, où le plus puiſſant a le meilleur lot. Il eut pour le ſien, l'Orient & les Gaules.

Parmi les horreurs de la guerre, au milieu de ces ſcènes de ſang & de dévaſtation, Lyon prit naiſſance; ſubitement élevée au confluent de la Saône & du Rhône, cette ville devint, dès ſon berceau, la métropole des Gaules. *Munatius Plancus*, plus recommandable par ſa fondation que par les victoires les plus célèbres, étoit alors gouverneur de la Celtique; frappé de la poſition avantageuſe du lieu, guidé par le deſir du bien & l'honneur de ſa place, il expia la part qu'il avoit eue dans les guerres civiles, en élevant les fondemens de la cité qui devoit coopérer au bonheur des peuples, comme point central de leur commerce. Son choix a été juſtifié par l'évènement, & ſuivi d'une nombreuſe population, à qui ſon nom doit être cher aujourd'hui. La ville fut d'abord bâtie ſur la montagne, poſition préférable aux yeux des Gaulois; elle eſt inſenſiblement deſcendue ſur les bords des deux rivières, & les a couverts des beaux quais qui les dominent; mais cette marche a été auſſi lente que celle des ſiècles, & a varié ſelon les évènemens & les intérêts du commerce. Le ſentiment de la reconnoiſſance de Lyon, envers ſon fondateur, doit s'étendre jusque sur Vienne, car c'est de cette ville qu'est sorti l'essaim qui a rempli ses premiers murs. Ses habitans, chassés de leurs foyers par les Allobroges (*a*), qui avoient profité de la confusion de la guerre civile, pour satisfaire leur haine ou leur goût pour le brigandage, erroient sur les bords du Rhône, lorsque le Proconsul leur tendit une main secourable, leur donna une nouvelle patrie, & en fit la tige précieuse d'un peuple, dont l'activité & l'industrie devoit un jour mettre à contribution tous les autres de l'univers.

Les Gaules avoient déja changé de maître, la passion d'Antoine, pour Cléopâtre, les lui avoit fait perdre; Octave s'en étoit saisi, les vœux des Celtes, dévoués au nom de César, l'avoient favorisé, l'éloignement de son collègue occupé de ses plaisirs & de la guerre contre les Parthes, avoit rendu cette entreprise facile; l'amour de la liberté étoit tellement éteint dans le cœur des Gaulois, que leur conquête, qui, vingt ans auparavant, avoit coûté neuf années de guerre, cent combats, & la perte de plus d'un million d'hommes, fut renouvelée par Octave, sans effusion de sang; & la Gaule fut tellement attachée à sa domination, qu'elle y resta pendant plus de cinquante ans, sans interruption. Cette soumission étoit le fruit de la politique de César, qui avoit habilement façonné les Celtes au joug Romain : son successeur entra dans ses vues, se servit d'abord des mêmes moyens, & en confia l'exécution à un homme qui excelloit à combattre & à gouverner.

(*a*) Voyez Dion.

Agrippa, ce Romain digne des beaux temps de la République, à qui on ne peut reprocher que son attachement au tyran de sa patrie, & d'avoir prostitué son épée à la lui asservir, développa, dans ces contrées, l'heureux génie dont la nature l'avoit doué; il les couvrit de monumens, d'établissemens utiles, & y rendit son nom célèbre, par les effets de sa bienfaisance & la gloire de ses armes (*a*); à ses ordres, ces grandes voies Romaines, dont nous voyons encore avec admiration les superbes débris, s'échappent de Lyon, lieu de sa résidence, comme d'un centre commum, coupent la Gaule, établissent les communications, & portent, au premier signal, les armées d'une province dans une autre; pendant qu'il trace d'une main ces routes majestueuses, qui s'étendoient comme autant de liens sur ce pays, il consolide, de l'autre, l'établissement des Colonies, & travaille à en augmenter la force & le nombre, en y introduisant jusqu'à des peuples Barbares. Ce fut à ce systême que Cologne dut ses premiers fondemens, comme on va le voir.

Les Suèves (*b*), qui avoient osé disputer les Gaules à

(*a*) La preuve s'en est perpétuée sur la Médaille frappée par la ville de Nismes, en son honneur & en celui d'Auguste : on y voit leurs têtes accolées, & sur le revers un crocodile enchaîné à un palmier, emblême de la conquête d'Egypte, fruit de la victoire d'Actium. Voyez Médaille, N°. 4. Cette pièce, jointe aux Observations du savant Peiresc, fait croire que les beaux monumens de Nismes sont du temps d'Auguste & d'Agrippa.

(*b*) Peuples qui habitoient toute l'immense étendue de pays qui est entre la Sala, l'Elbe, la Vistule, la mer Baltique & le Danube; c'est-à-dire, partie du Brandebourg, de la Prusse, de la Grande-Pologne, de la Bohême, &c. ils s'étoient même étendus jusqu'au Rhin.

César, & qui avoient combattu pour leur possession, sous leur Roi Arioviste, étoient encore le plus puissant des peuples qui habitât de l'autre côté du Rhin : leurs voisins, les Ubiens (*a*), gémissoient sous leur oppression, ils avoient déja imploré la protection de César ; le courroux du Romain s'étoit ranimé au nom d'un ennemi avec qui il s'étoit mesuré, il avoit passé le Rhin, poursuivi les Suèves, ravagé leur pays, & vengé les Ubiens. Ces peuples guerriers crurent avoir trouvé, plusieurs années après, le moment de la vengeance contre l'ennemi qui leur avoit attiré ce terrible orage, ils fondent sur les Ubiens, & dévastent les terres de leur domination. Ces derniers recourent de nouveau aux Romains, Agrippa franchit le Rhin, chasse les Suèves. Soit que la position de cette nation l'exposât à de fréquentes attaques, soit, comme il est plus vraisemblable, qu'elle eût été plus utile aux Romains sur l'autre rive du fleuve, Agrippa la séduisit par l'apparence d'un intérêt simulé, lui persuada de passer le Rhin, de mettre cette barrière entr'elle & ses ennemis ; elle accepta la proposition, & de libre qu'elle étoit sur une des rives du fleuve, elle devint sujette sur l'autre ; sa gloire se borna à défendre les frontières des Gaules pour les Romains, dans l'espace qui s'étend depuis Bonn jusqu'à Nuys, elle habita les murs de Cologne, dont le Proconsul jeta les premiers fondemens, & qui depuis porta son nom, sous le titre

(*a*) Peuples de la Germanie, le long du Rhin, dans les environs de Cologne & du Duché de Juliers.

de Colonie d'Agrippine, lorſqu'Agrippine, mère de Néron, l'eut augmentée & embellie.

Il eut, dans le même-temps, une autre guerre à ſoutenir, mais qui ne produiſit point de nouveaux ſujets aux Romains. Les Gaulois Aquitains, qui avoient pluſieurs Seigneurs puiſſans, dont quelques-uns deſcendoient de leurs anciens Rois, levèrent, pour un moment, les étendards de la liberté, mais ils furent abaiſſés auſſi-tôt; Agrippa, auſſi actif que grand homme de guerre, les battit, rétablit dans leur province le calme avec le joug qu'ils avoient voulu repouſſer, & reprit les projets qu'il avoit formés pour le bonheur des Gaules; il en avoit déjà effectué pluſieurs (*a*), lorſqu'il fut rappellé par Auguſte, qui l'oppoſa tour-à-tour comme un bouclier invincible, aux Barbares, à Sextus Pompée, à Lépidus, à Marc-Antoine.

Pendant que ce Général vainqueur ſur terre & ſur mer, accumuloit, ſur la tête de ſon maître, les Diadêmes des trois parties du monde, les Suèves & les Morins (*b*) entreprirent, les uns de venger leurs injures, & les autres de recouvrer leur liberté, mais ils échouèrent également dans leurs projets; Caius Carinas, Préfet de la Gaule Belgique, vainquit & ſoumit les Morins, la victoire l'accompagna également contre les Suèves; ſes ſuccès furent récompenſés du triomphe dont il par-

(*a*) Les établiſſemens qu'il fit à Niſmes, le pont du Gard, dont le titre de *Curator perpetuus aquarum* qu'il portoit, concourt à lui faire attribuer la gloire.

(*b*) Anciens peuples de la Gaule Belgique qui habitoient une partie de la Flandre, de l'Artois & de la Picardie.

tagea l'honneur avec Auguſte, l'an 725 de la fondation de Rome.

Auguſte jugea à propos, trois ans après, de ſe charger de l'adminiſtration des Gaules ; ſon but étoit d'y établir un gouvernement roulant, à l'inſtar de ces machines qui vont d'elles-mêmes après la première impulſion ; il entroit encore dans ſes projets, d'affermir ſon autorité, de connoître à fond le pays & ſes reſſources, & de ſoumettre l'Angleterre ; il arriva dans les Gaules, ſuivi d'une armée pour leur exécution. Ils furent tous effectués, à l'exception de la conquête de l'Angleterre, les troupes qu'il deſtinoit à cette expédition, ayant été employées à la guerre qu'il eut à ſoutenir contre les Aſturiens & les Cantabres (*a*) ; guerre ſanglante & terrible, ainſi que toutes celles que ſoutint la généreuſe nation Celtibérienne (*b*), & dans le cours de laquelle Rome eut beſoin de toutes ſes forces, de ſa fortune, & de la valeur d'Agrippa. Réſidant à Narbonne, il veilloit à la fois ſur la guerre d'Eſpagne & ſur le gouvernement des Gaules ; il fit une opération qui doit être la baſe de toute adminiſtration éclairée, & qui doit ſe renouveler dans un état après chaque révolution ; ce fut le dénombrement des hommes & des terres ; la répartition des impôts ſe fit en raiſon des connoiſſances qu'on venoit d'acquérir ; & bientôt, ce qui n'eſt que trop ordinaire à la ſuite d'un cadaſtre, on employa ces mêmes connoiſſances contre les ſujets, en les ſurchargeant de nouveaux ſubſides. Le

(*a*) Partie de la Biſcaye & des Aſturies.

(*b*) Partie de l'Aragon & de la Caſtille vieille.

Gaulois, à ce coup, sentit la dureté de la servitude, mais la présence de l'Empereur, celle sur-tout de ses légions, lui en imposèrent, il murmura, & n'en paya pas moins.

C'est à cette époque qu'il faut rapporter l'introduction du droit Romain dans les Gaules; jusque-là chaque cité, chaque peuple s'étoit gouverné selon ses usages, ou ses loix; Auguste en asservit la majeure partie à la jurisprudence de Rome, & à sa forme d'administration; l'histoire n'a pas encore résolu le problême de savoir s'ils y gagnèrent; ce qu'il y a de certain, c'est qu'il en résulta un ordre qui rendit les Gaules florissantes, & qui contrebalança le désavantage occasionné par l'appareil dispendieux de cette justice; la balance ne perdit son équilibre qu'au moment où ce (*a*) droit augmenta de volume, d'obscurité, & de dépenses dans l'explication de ses oracles; il n'est pas douteux qu'alors la position primitive ne fût préférable.

Ce vaste pays fut divisé en Provinces, subdivisé en cantons qui avoient leurs sous-divisions en villes, bourgs, & châteaux; le ressort des jurisdictions fut arrondi, & les provinces furent limitées par des bornes remarquables, telles que les rivières & les montagnes; la Gaule divisée en trois parties à l'époque de la conquête, resta sur le même pied, à l'exception de la Gaule Aquitanique, qui fut augmentée aux dépens de la Celtique; elle n'alloit guère au-delà des rives de la Dordogne, Auguste l'é-

(*a*) Sous Alexandre Sévère, sur-tout par les nombreux écrits des Jurisconsultes Paulus, Ulpianus, Pomponius, Celsus, Modestinus, &c.

tendit jusqu'à celles de la Loire : il lui donna trois métropoles, Bordeaux, Eaulse (*a*), remplacée depuis par Auch, & Bourges. Cette dernière dominoit sur toute la partie qui avoit été retranchée de la Celtique, dont elle avoit été autrefois la capitale. La Celtique plus resserrée alors, mais toujours aussi étendue depuis le retranchement qu'elle avoit essuyé pour la formation de la Narbonnoise, eut deux métropoles. Lyon fut l'une, Rouen l'autre, & les deux provinces furent connues sous le nom de Lyonnoise première, & de Lyonnoise seconde. La province Narbonnoise appartenant depuis long-temps à la République, fut soumise à la nouvelle métropole, & Vienne qui en étoit auparavant la capitale, vit passer la primatie à Lyon, à qui Auguste prodiguoit autant de faveurs que la nature lui avoit accordé d'avantages. La Gaule Belgique fut coupée en trois provinces sous les noms de Belgique, de première & de seconde Germanique. Trèves étoit la capitale de la première, Mayence & Cologne des deux autres. Les Gaules furent dans la suite divisées en dix-sept provinces. Dans chaque Capitale (*b*) siégeoient des Magistrats chargés de veiller au bien des peuples, & à l'administration de la justice; des légions distribuées sur la frontière, & quelques

(*a*) Anciennement *Elusa*. Dans l'Armagnac en Gascogne, il existe encore une petite ville d'Eause en Armagnac, à 4 lieues de Fondom.

(*b*) Les capitales de ces dix-sept provinces étoient Lyon, Rouen, Tours, Sens, Besançon, pour la Celtique; Bourges, Bordeaux & Auch, depuis la ruine d'Eaulse, pour l'Aquitaine; Trèves & Rheims, pour la Belgique; Mayence & Cologne, pour la Germanique; Narbonne, Aix, Vienne, Embrun & Monstiers, dans la Tarentaise en Savoie, pour la Narbonnoise.

quelques cohortes dans l'intérieur de l'Etat, devoient prévenir les révoltes au dedans, & le protéger au dehors.

Chaque canton appellé *Pagus* avoit une cité; les tribunaux des bourgs & des petites habitations ressortissoient au tribunal de cette cité, on appelloit de ce dernier au Sénat de la Métropole; les appellations de nos Justices inférieures, aux Bailliages, ensuite aux Parlemens, ne sont que l'imitation de cette marche juridique. Chaque métropole se modèlant sur Rome avoit un sénat, & la ressemblance fut poussée si loin, qu'il y eut dans plusieurs de ces (a) villes jusqu'à des Capitoles, des Arènes, des Arcs de triomphe. L'institution des grands jours, ou assises fut une de celles qui prirent naissance à cette époque; chaque officier fut obligé de les tenir dans sa jurisdiction, & d'y paroître sous l'appareil de la justice armée pour la réforme des abus, & la punition des délits. Cet usage qui s'est maintenu parmi nous avec plus ou moins de vigueur selon la force ou la foiblesse du gouvernement, est un de ceux dont nous devons faire hommage aux Romains, & à Auguste en particulier. Nous allons lui trouver la même prudence dans son administration militaire.

Chaque métropole fut soumise à un Gouverneur, qui étoit soumis à son tour à l'autorité d'un Proconsul ou Gouverneur général. Ces Officiers étoient de deux sortes, la différence de leur pouvoir indiquoit la source d'où il émanoit. Auguste, soit pour se décharger du fardeau

(a) Lyon, Trèves, Nismes, Autun, Toulouse & Bordeaux.

des affaires, ſoit pour ſatisfaire le ſénat en lui donnant une ombre d'autorité, avoit partagé avec lui les Provinces de l'Empire, & ce partage étoit de la nature de ceux qui ſe font dans tous les états entre les Magiſtrats, & le Général des armées; le ſecond qui a la force en main ne manque pas d'en faire partie de ſon lot; ce fut auſſi ce qui arriva. L'Empereur eut toutes les provinces frontières, expoſées aux attaques de l'ennemi, & par conſéquent toutes les troupes qui en aſſuroient la défenſe. Le Sénat eut les provinces paiſibles de l'intérieur où il n'y avoit que des arrêts à donner. Les Gouverneurs du Sénat revêtus de la robe, & n'agiſſant que par ſes ordres ne pouvoient innover, ni augmenter les impôts ſans ſa participation. Ceux de l'Empereur paroiſſoient tout à la fois ſous l'appareil reſpectable, & impoſant de la robe, & des combats. Ils jugeoient & commandoient les armées, innovoient, augmentoient les impôts ſelon qu'ils jugeoient néceſſaire; le temps de leur pouvoir n'étoit pas fixé, celui qui émanoit du Sénat ne duroit qu'un an. Le corps ne ſe faiſoit repréſenter que par des Magiſtrats tirés de ſon ſein, & qui avoient occupé les premières places dans les Magiſtratures. Les prépoſés de l'Empereur étoient pris indifféremment dans toutes les claſſes; ces poſtes étoient le prix du mérite militaire, & des talens de celui qui y parvenoit.

Telle fut l'adminiſtration qu'Auguſte établit dans les Gaules, & ſous laquelle vécurent nos pères; adminiſtration ſage en la comparant à celle qui exiſtoit auparavant, & en conſidérant la rapidité avec laquelle elle s'éleva, & l'intervalle immenſe que franchit tout-à-coup le bon ordre, mais qui n'obvioit pas aux abus; deux diſpoſitions principales ſur-tout, ſembloient faites pour leur ſervir de germe, ſavoir; 1°. le pouvoir arbitraire qu'on laiſſoit aux officiers de l'Empereur dans les impoſitions portées depuis à l'excès par le Gouvernement, & ſur lequel ils enchérirent encore pour leur profit particulier; 2°. les commiſſions trop brièves des officiers du Sénat qui, dans un état corrompu, ſuivoient la pente générale, & n'avoient que le temps de s'occuper de leur intérêt particulier, & non celui de conſidérer le bien général, encore moins de le faire.

A ces changemens dans la domination, dans le gouvernement, ſuccéda celui qui ſe fit dans les mœurs, il fut plus grand encore, & plus étonnant. Les Romains, voulant faire oublier leurs uſurpations, ne trouvèrent pas de meilleur moyen pour empêcher les Gaulois de jeter leurs regards ſur le paſſé, & de les arrêter ſur leurs chaînes, que de les diſtraire par le ſpectacle intéreſſant des arts; ils les leur préſentèrent dans le dégré d'élévation où leur génie les avoit portés, c'eſt-à-dire, grands & majeſtueux. Ils ne ſe trompèrent pas. Le Gaulois les reçut avec tranſport, les embraſſa avec avidité, & s'y familiariſa au point qu'il lutta bientôt avec Rome elle-même, & ſe rendit remarquable dans tous les genres. Ces maîtres indulgens abaiſsèrent d'abord leurs idées au niveau de celles de leurs diſciples, mais ceux-ci parvinrent bientôt à la hauteur de leurs connoiſſances; à la vérité ils ne furent pas inventeurs, mais le germe des arts que les Romains leur portèrent fructifia ſur ce ſol aussi heureusement qu'en Italie; les mœurs & les usages des Gaulois s'enrichirent de ceux de leurs conquérans; le crédit de leurs Prêtres tombant avec leur Religion, elle disparut sous celle des vainqueurs, & fit place au culte Romain; & cette nation qui étoit un moment auparavant dans les ténèbres de la barbarie, parut avec un éclat pareil à celui des maîtres du monde.

L'Architecture, le plus majestueux des arts, se déploya sur cette terre avec une noblesse qui enchante encore aujourd'hui malgré la vétusté des monumens. Les Arcs de triomphe d'Autun, son Capitole, ses Ecoles Méniennes (*a*), la Maison Quarrée de Nismes, les vastes Amphitéâtres de ces deux villes, & de celle d'Orange, le pont du Gard, le superbe Temple de Clermont ruiné par Crocus, celui que les Gaulois élevèrent à Lyon, en l'honneur d'Auguste, attesteront à jamais leurs progrès dans cet art. La Sculpture n'en fit pas de moins brillans, la belle colonne de Cussy (*b*), proche Arnay-le-Duc, (*c*), la statue de Minerve, trouvée à Autun, une foule de bas-reliefs, de bronzes, & d'antiques de toutes espèces, répandues dans beaucoup de villes & de cabinets du Royaume, mille fragmens de tombeaux, de portiques, de temples, & d'autres portant l'empreinte d'un ciseau délicat, tant de médailles d'une expression aussi énergique qu'ingénieuse, ne permettent pas de douter de l'excellence de l'art. Ils ne firent pas de moindres pro-

(*a*) *Scola Meniana.* Voyez d'Anville, éclaircissemens sur l'ancienne Gaule.

(*b*) Cussy-la-Colonne, village au diocèse d'Autun.

(*c*) En Auxois.

grès dans la Peinture, si l'on en juge par les Fresques, & les décorations trouvées dans les souterrains qui ont été ouverts.

Les Belles-Lettres sur-tout, prirent un essor qui étonna l'Italie, & la Grece elle-même : les écoles de Marseille le disputèrent à celles d'Athènes, & l'emportèrent sur elles, par le grand nombre de Professeurs qu'elles fournissoient aux autres villes, preuve sans replique de leur supériorité. Les anciens écrivains suivis par Mezerai, & l'auteur de l'histoire de l'Université de Paris, parlent avec éloge des écoles de Lyon, Besançon, Autun, Narbonne, Toulouse, Bordeaux, Poitiers, Clermont; ils auroient pu y ajouter celles de Sens, de Rouen, d'Avalon (*a*), mais les plus célèbres, sans contredit, furent les écoles Méniennes d'Autun qui avoient remplacé celles des Druides, & celles de Marseille; cependant toutes produisirent des hommes illustres; on se plairoit à en rapporter les noms s'ils ne se trouvoient pas dans Mezerai, & dans les historiens modernes de la Bourgogne. Au

(*a*) La Médaille produite par M. Pellerin, prouve son ancienneté. Le mulet qui est représenté au bas d'un buste Gaulois, est l'emblême de la voie Romaine qui passoit sous cette ville, & dont on voit encore les traces. Elle tiroit d'Autun à Auxerre, par Avalon & Cure, appelé *Chora.* Ce fut la route que tinrent Sylvain & Julien, (*V. Am. Marc.*) On y a trouvé une colonne milliaire, rapportée dans les antiquités de M. de Caylus. Tout récemment on vient d'y trouver la tombe d'un Gaulois, habillé d'une simple tunique, tenant en main une urne avec cette inscription au-dessus : *Marcellianus;* il est dans la maison du Maire. Il falloit que ces écoles fussent aussi anciennes que renommées, à en juger par les personnages illustres qui en sortirent, tels que Saint-Amateur & Saint-Germain, Evêque de Paris. On soupçonne qu'elles étoient situées dans l'endroit où on a trouvé, il y a environ vingt ans, de grands rangs de siéges de pierre, dont deux ou trois ont été mis hors de terre.

reste comment les sciences n'auroient-elles pas fructifié dans un pays où elles étoient tellement en honneur qu'un principal avoit jusqu'à trente-six mille livres de notre monnoie d'appointements (*a*), & où elles conduisoient à l'honneur suprême du Consulat (*b*).

Auguste connoissant de quelle importance étoient les Gaules, ne négligea aucun des moyens qui pouvoient en assurer la conservation, & ces moyens furent si efficaces qu'il les attacha pour toujours à l'Empire : aux précautions qui naissent de la force & de la terreur, il ajouta habilement celles qui lient les hommes par le sentiment, & la correspondance. Il s'appliqua à rendre la langue Romaine familière aux Gaulois. De l'unité du langage naquit celle des idées. Connoissant les opinions religieuses pour le germe de la discorde parmi les nations, il s'occupa à les ramener au même niveau; il chercha à inspirer le goût du culte Romain, & donnant l'exemple de la tolérance avec le précepte, il s'abaissa jusqu'à élever un Temple en l'honneur du Vent de bise, que sa salubrité rendoit cher aux Gaulois. A l'union de la langue, & de la religion il joignit encore celles des mœurs; il décora le Celte de l'habit Romain. Ce costume d'un peuple aussi grand flatta son amour-propre, & l'engagea à en acquérir les mœurs avec la robe; il ne voyoit pas

(*a*) Les appointemens d'Eumènes, Professeur d'éloquence, & principal des écoles Méniennes, montoient à trente-six mille livres de notre monnoie.

(*b*) Ausone, Professeur de Bordeaux, & Précepteur de l'Empereur Gratien, fut honoré du Consulat sous le règne de ce Prince, & fut son collègue. Fronton, principal de Clermont, fut Consul sous Antonin. Tyran de Besançon, le fut sous Hadrien. Exupere de Narbonne fut Gouverneur d'Espagne.

que le vaincu, ſous l'habit du conquérant, ne porte que la livrée de ſon maître. Ce maître fit plus encore ; il voulut que les villes portaſſent ſon nom, & pour que tout datât de lui dans cette contrée, & portât l'empreinte de ſa domination, il transforma les habitans, les enferma avec des Italiens dans des villes (*a*) fières du nom de leur ſouverain, & des embelliſſemens dont il les décora. Le ſéjour long & réitéré qu'il fit dans cette contrée, les graces qu'il répandit ſur la nobleſſe, l'attirèrent à ſa cour ; cette cour d'un Prince magnifique & ruſé, où tout concouroit à ſéduire des ames neuves, & d'où elle ſortoit Romaine par le ſentiment comme par le coſtume : enfin il ſut ſi habilement ſe prêter aux goûts de cette nation, il la façonna ſi bien à ſon joug qu'elle lui éleva des Temples dans pluſieurs villes (*b*) ; le plus fameux fut celui de Lyon, conſacré par ſoixante peuples Gaulois. Cet acte d'adulation fait voir juſqu'où alla la ſervitude des uns, & l'empire de l'autre. Un Eduen nommé *Verecondatus*, brigua & obtint ce ſacerdoce, le premier de ce genre, qui eût avili un Celte.

Le Gaulois devenu ſous ce deſpote, auſſi ſervile que

(*a*) Trèves, Soiſſons, Saint-Quentin, Senlis, Poitiers, Troyes, Clermont, Autun, Niſmes, &c. étoient autant de villes portant le nom d'Auguſte.

(*b*) A Niſmes, où les Prêtres du Temple de ce Dieu de fabrique & de condition humaine, portoient le titre de *ſex viri Auguſtales*. Ils ſont déſignés dans une inſcription : *IIIIII viri corporati Nemauſenſes.*

A Narbonne, ſelon l'inſcription trouvée en 1566, & rapportée par Spon. *Servicio Martiano arverno. C. ſervilii domiti filio ſacerdoti ad templum Romæ, & Auguſtorum tres provinciæ Galliæ.*

Voilà d'où viennent tant de Médailles d'Auguſte & de Tibère, repréſentant un Temple avec ces lettres au bas. *Rom. & Aug.*

le Romain, ou pour mieux dire étant devenu Romain, inſpira ſi peu de crainte que les quatre légions qui étoient au milieu de ſes provinces, furent portées ſur la frontière; douze cents hommes diſtribués dans l'intérieur ſuffirent pour y entretenir la police & le bon ordre; mais ce que les Gaulois n'oſoient tenter pour leur liberté étoit entrepris par les Germains. Arminius luttant contre Rome, avec des forces bien inférieures, lui fit éprouver de ſanglantes défaites, & fit préſager par le courage de ſa nation qu'elle ſeroit un jour le fléau des Romains, & qu'elle anéantiroit tôt ou tard leur puiſſance dans les Gaules. Auguſte mourut frappé de ce preſſentiment que nous verrons ſe vérifier dans le cours de cet ouvrage.

Sous ſon règne commença l'Ere d'Eſpagne, précédant de trente-huit ans l'Ere Chrétienne; ſon uſage s'étend à l'hiſtoire de ce royaume, à celle de la partie méridionale des Gaules, & des côtes oppoſées de l'Afrique. Une inſtitution plus ſenſible pour les peuples fut celle du vingtième. Ce fut ſous ce deſpote qu'on vit éclore le germe fatal qui forma la ſcience de l'impôt, art funeſte & ténébreux qui augmenta toujours pour le malheur des peuples, & qui n'a pour remède qu'une impoſition unique, ſimple, & uniforme dans la perception (a); de cet œuf ſortit le monſtre de la Finance, qui s'étendant ſur toutes les Gaules, en ſuçoit toutes les parties, & extrayoit du ſang des peuples quatre cents (b)

(a) Les Aſſemblées Provinciales, ſi ſagement inſtituées, atteindront au but.

(b) Le père Bertholet, dans ſon Hiſtoire du Luxembourg, l'évalue à ſeize millions huit cents mille livres.

mille

mille ſeſterces qu'Auguſte en exigea & qu'il doubla ſur la fin de ſon règne. Ce tribut accablant, au rapport de Velleius Paterculus, égaloit preſque celui du reſte de l'Empire.

A ce tyran ſanguinaire, que le nom & le génie du grand Céſar firent monter ſur le trône, qui s'y maintint par l'épée d'Antoine, enſuite d'Agrippa, qui le ſouilla tour-à-tour par des crimes, & l'embellit par des vertus, ſuccéda un tyran plus cruel encore, qui, pendant un règne de vingt-trois ans, peſa ſur l'univers (*a*). Tibère, à qui toute vertu faiſoit ombrage, que toute puiſſance alarmoit, diviſa en deux le commandement des armées dans les Gaules; un ſeul Général lui paroiſſoit trop redoutable dans ces contrées guerrières. Sous ce règne exacteur, les marchands Italiens, habitués dans les Gaules, firent bientôt pencher la balance du commerce en leur faveur, & en obtinrent tous les profits; ils firent alors ce que leurs pareils pratiquoient à Rome, ils prêtèrent leur argent aux particuliers à un intérêt qui augmentoit avec la maſſe & le danger; cet intérêt devint ſi exceſſif, qu'il les ruina en pluſieurs provinces. Ce fléau s'entendit ſur les villes, la manie des emprunts fut pouſſée à un point qui n'a eu de comparable que celle de ces temps mo-

(*a*) Les preuves de ce règne ſe liſent encore dans les Gaules; 1°. ſur un monument trouvé dans les fondations de l'Egliſe de Notre-Dame de Paris, aſſiſe ſur un Temple d'Iſis. 2°. Sur les Médailles que frappèrent les colonies Gauloiſes. Sur le premier, on lit : *Tiberio Cæſari Nautæ pariſiaci publice poſuerunt.* Sur les autres, on voit tantôt un triomphe, voyez Médaille, N°. 5, tantôt un Temple, ou les marques du Pontificat. A en juger par le premier monument, le commerce des Gaules fut protégé par ce Prince.

dernes (*a*), les maux que ces emprunts ont occasionnés dans ce siècle, étoient alors portés à leur comble. Ces villes imprudentes avoient vendu les terres & les fonds de la Commune. Leurs propriétés aliénées, leurs revenus engagés, des impositions pareilles à celles que nous connoissons sous le nom d'octrois, pesant sur la tête de leurs citoyens, la misère devint générale. Tel est le luxe, c'est en vain qu'il disparoît sous l'autorité des gouvernemens, il reparoît toujours le même malgré les siècles & les révolutions; parce qu'il a toujours pour cortège immuable, la frivolité, l'égoïsme, la foiblesse & le désordre; dévorant le présent, il ne s'occupe pas du futur, il jouit, & ne considère rien. Le fardeau des impositions, la masse des dettes étant excessifs, les débiteurs étant contraints rigoureusement, la révolte qui naît du désespoir, éclata aux deux extrémités des Gaules.

Florus & Sacrovir, Seigneurs Gaulois, en furent les chefs; à peine eurent-ils manifesté leur dessein, que la haine du gouvernement les mit chacun à la tête d'une armée, le titre de citoyen Romain accordé à leurs ancêtres, ne fut point un frein pour leur ambition & leur ressentiment. La voix de la liberté, le cri de la vengeance, se firent entendre en même-temps à Autun, à Trèves,

(*a*) Il arrive de là que la partie active d'une nation est dévorée par la partie oisive. L'une a toute la fatigue du travail, l'inquiétude des récoltes, & tout le fardeau des impôts; l'autre jouit de ses sueurs, parce que les Etats ou les corps affranchissent souvent leurs emprunts pour leur donner de la faveur. De là naissent l'oisiveté, l'égoïsme & le célibat, favorisé par les viagers. La dégradation de mœurs, puis celle d'un Etat, enfin sa chûte. On convient cependant qu'il est des cas urgens où l'emprunt l'emporte sur toutes considérations.

dans la Touraine & dans l'Anjou; les efforts qu'ils suscitèrent furent par-tout malheureux. Les troupes Romaines, disciplinées par Germanicus, les Officiers qu'il avoit associés à ses victoires, étoient encore dans les Gaules, & s'y montrèrent dignes de leur réputation. Florus s'étoit à peine montré à la tête de quelque cavalerie, & d'une multitude que la misère avoit réunie sous ses étendards, qu'il fut poursuivi par les légions qui étoient en quartier dans les deux Germaniques, & Julius Indus de Treves, un des Commandans de ces légions, vainquit & dissipa cet amas tumultueux. Florus abandonné se tua de son épée, son sang éteignit le feu de la révolte dans le nord des Gaules, mais l'incendie continua dans la Touraine & dans la Bourgogne.

Acilius Avicla, Commandant de la cohorte qui étoit en garnison à Lyon, marcha contre les Angevins & les Tourangeaux; il lutta d'abord avec des forces inégales, puis étant secondé par un détachement que lui envoya le Général de la Germanique inférieure, après la défaite de Florus, il prit le dessus, & parvint, après différens succès, à faire rentrer ces provinces sous le joug qu'elles vouloient secouer.

Sacrovir, outre la populace & les esclaves qu'il avoit armés à Autun, avoit soulevé les étudians de ses écoles, qui étoient le rendez-vous de toute la jeunesse des Gaules. Ce mouvement, aussi impétueux que ceux des écoliers de l'Université de Paris dans les derniers siècles, & de Louvain dans celui-ci, ne fut pas plus dangereux; ce n'est pas avec de pareilles troupes qu'on défait des armées & qu'on secoue le joug de ses maîtres. Aussi Silicus, Général des Romains, n'eut qu'à charger cette multitude pour la mettre en déroute : dès le premier choc elle se débanda; il ne resta sur le champ de bataille que les Crupellaires; c'étoit des esclaves qui, en cette occasion, étoient couverts, de la tête aux pieds, d'armes toute de fer qui les rendoient impénétrables aux coups, mais aussi ils ne pouvoient pas marcher aussi légèrement que les autres. Silicus les fit abattre à coups de hache & de pieux. Les Eduens désavouèrent cette levée de boucliers, & en jetèrent la faute sur la légèreté du chef & d'une jeunesse impétueuse. Quant à ces écoliers, qui, dans le premier moment, n'avoient pas douté qu'ils ne battissent les troupes Romaines, & qu'ils ne devinssent les vengeurs des Gaules, ils rentrèrent dans leurs écoles, où ils ne combattirent plus qu'avec des argumens. Rome pardonna, & continua à faire payer ses tributs. Sacrovir n'attendit pas son pardon; retiré dans une maison de campagne (*a*) avec ses amis, ils y mirent le feu, & s'égorgèrent les uns les autres.

Les Gaules, pendant le reste du règne de Tibère, furent tranquilles; mais les frontières furent souvent la proie des Germains & des Frisons. Ces derniers pendirent les exacteurs Romains qui levoient des tributs dans leur province, firent main-basse sur leurs troupes, & leur tuèrent, dans un combat qui se livra dans la forêt de

(*a*) On pense que cette maison étoit à Cordesses, distant d'une lieue & demie d'Autun; on y a trouvé, il y a quelques années, dans un souterrain, des preuves de l'incendie d'un palais Romain, dont les Mosaïques étoient calcinées.

Séven-Wolden (*a*), neuf cents hommes, & plusieurs Officiers de marque. Les hostilités des Germains furent si peu réprimées, que nous lisons dans Suétone qu'*ils ravagèrent les Gaules à la honte de l'Empire.*

A ces Princes sanguinaires succéda un Souverain plus cruel encore, qui joignit à la rage du tyran la pusillanimité de l'esclave : la verge de fer du dernier règne, qui n'avoit pesé que sur l'Italie, s'étendit dans le nouveau jusque sur les Gaules. Caligula, ce déshonneur du trône, s'y montra la seconde année de son règne. Avec les forces qu'il conduisoit, son père Germanicus eût fait fuir les Allemands jusque sur l'Elbe; son fils n'entra sur leurs terres que pour y être agité des angoisses de la frayeur; frissonnant de crainte au moindre danger, toujours prêt à fuir, il se sauva un jour avec vîtesse à la parole d'un soldat, qui disoit que l'apparition de l'ennemi causeroit une grande épouvante; il se fit passer sur les têtes de ceux qui étoient derrière lui, & ne crut être en sûreté que lorsqu'il fut arrivé aux derniers rangs. Ses trophées se bornèrent à des coquilles qu'il ramassa sur le rivage de l'Océan Britannique, & à des branches d'arbre qu'il fit couper en Germanie; mais s'il ne fit pas couler le sang des ennemis, il ne ménagea pas celui de ses sujets, sur-tout celui des Gaulois; il le répandit avec une impudence qui transporte encore d'indignation les descendans de ce peuple malheureux.

S'étant retiré à Lyon, après cette campagne honteuse,

(*a*) Forêt de la partie méridionale de la Frise, anciennement *Baduennæ Lucus.*

avec le mépris de ses ennemis & les railleries de ses sujets (*a*), les ris furent bientôt changés en pleurs. Les provinces furent rançonnées, les villes taxées & les particuliers dépouillés : quiconque étoit riche étoit déclaré ennemi du Prince ou de l'Etat, & perdoit à-la fois sa tête & son argent, cause de son malheur. On compte dans le nombre des victimes *Verecondatus*, ce Prêtre du temple d'Auguste qui avoit vieilli dans l'ignominie de son sacerdoce ; homme vil, qui n'avoit de comparable en bassesse, que le sentiment qui avoit élevé l'autel qu'il encensoit. La rage de la tyrannie, le mépris des hommes, furent portés à un point dont le trait suivant peut seul donner une juste idée. L'amour du jeu, cette passion qui oppose la frivolité à l'ennui, qui, éloignant de l'homme toute occupation utile, le dispose à tous les vices, étoit excessive dans ce Prince : comme il étoit aussi prodigue d'argent que de sang, il sortit un jour au milieu d'une séance où il faisoit une grosse perte, se fit représenter le dénombrement des Gaules faisant partie de celui de l'Empire connu sous le titre de *Breviarium Imperii*, il parcourt d'un coup-d'œil empressé la liste des riches citoyens, apostille les noms des plus opulens, ordonne sur le champ leur massacre & la confiscation de leurs biens, puis vient reprendre sa place avec la gaîté d'un homme à qui il vient de survenir un heureux évènement. Il prit alors un ton railleur, & souriant de pitié sur ses com-

(*a*) Brignon, chef des Caninefates, l'un des peuples braves qui habitoient entre le Rhin, le Vahal & la Meuse, en avoit ri ouvertement, & avoit poussé l'audace jusqu'à lui faire la guerre.

pagnons : » Que je vous plains, leur dit-il, de vous fatiguer à jouer si petit jeu ; tandis que d'un seul coup je gagne des millions «.

Ce fut pendant ce fatal séjour dans cette ville que ce monstre, qui avoit des prétentions à l'éloquence, y fonda des prix, dont l'institution portoit à-la-fois l'empreinte cruelle & bisarre de son caractère : les vainqueurs étoient récompensés aux dépens des vaincus, & le tribut imposé à ces derniers consistoit en argent & en louanges. Cette peine n'étoit que pour ceux qui avoient succombé après une lutte honorable ; car ceux qui avoient concouru avec des forces inégales, étoient obligés d'effacer leurs écrits avec la langue ou avec des éponges ; ils n'avoient pour alternative que d'être battus de verges ou précipités dans la Saône (*a*).

Comme tous les mauvais desseins peuvent germer dans la tête d'un frénétique, il lui vint dans l'idée de faire exterminer les légions de la Germanique, ces glorieux instrumens des victoires de Germanicus ; il ne pouvoit avoir d'autre projet que de voir les plus braves hommes de l'Empire périr à l'ordre du plus lâche. Mais on ne massacre pas un corps de guerriers aussi facilement que de paisibles citoyens. Les légionnaires étoient assemblés, déja il les faisoit entourer de sa cavalerie, lorsque plusieurs d'entr'eux, lisant sa pensée sur son front féroce, défilèrent secrètement, prirent les armes, & revinrent

---

(*a*) C'est peut-être à ce sujet que l'adulation lui frappa dans les Gaules ces Médailles à revers blancs, où il est représenté avec une tête nue, posée sur un long col.

généreusement défendre leurs camarades & leur honneur. Ce tyran, qui avoit compté sur une boucherie sans résistance, frémit à l'aspect de ces armes, quitta précipitamment les Gaules, & fut chercher à Rome des victimes plus paisibles; mais bientôt il devint lui-même celle de Chærea, & tomba sous le glaive vengeur de ce Romain.

L'Univers, après ce coup, respira; le règne peu énergique, mais paisible, de Claude eût pu paroître heureux, s'il n'eût pas été agité par les fureurs & les passions de deux méchantes femmes, Messaline & Agrippine, qui portèrent sur le trône la cruauté & les prostitutions qui avoient fait abhorrer les derniers règnes. Mais les Gaules se ressentirent peu de ces passions, ou du moins elles ne troublèrent guère le calme dont elles jouirent sous ce Prince. Ses Généraux, dont plusieurs parvinrent depuis à l'Empire, en défendirent vaillamment les frontières, affermirent la domination de Claude, & lui procurèrent par leurs victoires le titre glorieux d'*Imperator*. Les Cauces & les Cattes ayant paru en armes, furent vaincus, les premiers par Galba, les autres par Gabinius, Généraux des deux Germaniques. Les légions Romaines passèrent du port de Gessoriac (Boulogne) dans la Grande-Bretagne; Plautius & Vespasien, après différentes victoires, poussèrent les Rois de l'Isle jusque dans les montagnes d'Ecosse; leurs succès parurent assez grands pour inviter l'Empereur à venir en recueillir la gloire (*a*), mais tandis

(*a*) Les Médailles de ce Prince, dont le revers représente un guerrier lançant le javelot & se couvrant du bouclier, ont été frappées en l'honneur de cet

que Claude traverſe les mers, & ſe montre en vainqueur chez les Bretons, les Cauces battus ſur le Rhin, ravagent les côtes de la Belgique.

Ce peuple, dont Galba avoit réprimé les incurſions, habitoit ſur les rives de l'Océan Germanique, & occupoit le pays connu aujourd'hui ſous les noms d'Ooſt-Friſe & de Comté d'Oldembourg. Il eſt remarquable pour avoir été le premier connu dans le Nord par ſes expéditions maritimes. Aſſis ſur les bords de la mer, & ſur ceux de l'Ems & du Weſer, il profita de ſa poſition pour faire des courſes ſur les côtes éloignées, & fraya le chemin de ſa piraterie aux Anglo-Saxons ſes voiſins, & aux Danois qui, après avoir été volés, devinrent eux-mêmes voleurs. Ces Cauces étoient un des peuples qui, depuis, compoſèrent la confédération des Francs, ils furent chaſſés, comme nous le verrons, par les Anglo-Saxons, & refluèrent ſur les barrières des Gaules qu'ils renverſèrent. Montés, à l'époque de ces premières courſes, ſur des vaiſſeaux légers, ils entroient dans les bouches du Rhin, ravageoient les rives du fleuve en le remontant, ils pénétroient juſque dans la Manche, & pilloient les côtes de la Belgique, Province déja auſſi riche que féconde.

Le Général qui veilloit alors à la ſûreté de ces contrées, étoit un héros; doué d'un courage invincible, &

évènement. Voyez Médaille, N°. 6. Ces pièces furent le fruit de la reconnoiſſance & de l'adulation des Gaulois, qui voulurent éterniſer un ſuccès qui flattoit ſon amour-propre; ils en frappèrent encore d'autres en l'honneur d'Antonia, ſa mère, qui étoit accouchée de lui à Lyon. Claude, en habits longs, eſt repréſenté ſur le revers. Voyez Médaille, N°. 7.

d'une ame vraiment Romaine, il étoit l'honneur de l'Empire, & remplit l'Univers de ſa gloire. Corbulon (c'étoit le nom de cet homme célèbre) accourut à la tête de ſes légions, deſcendit le Rhin ſur des galères, dont il hâta la conſtruction, attaqua les pirates ſur tous les canaux du fleuve, les vainquit par-tout, rendit la liberté à ſon cours, & ſe jeta auſſi-tôt dans la Friſe; la victoire qui l'accompagnoit alloit lui ſoumettre les Cauces, lorſque la jalouſie de la Cour mit des bornes à ſes ſuccès en lui ordonnant de repaſſer le Rhin, & d'abandonner ſes conquêtes, le vainqueur rétrograda à cet ordre, mais ſans diſcontinuer de marcher vers la gloire, puiſqu'il employa ſes troupes à creuſer des canaux, à conſtruire des chemins, opérations plus profitables à une nation que des victoires, & des trophées chèrement acquis.

L'évènement ſuivant fut remarquable parmi ceux de ce règne. Les Anſivariens (*a*), chaſſés de leur pays par les Cauces, vinrent fixer leurs cabanes ſur le ſol que les Romains avoient abandonné au-delà du Rhin, après l'avoir dévaſté. Ce peuple paiſible, favoriſé de ſes nouveaux voiſins, étoit conduit par Boïocalus, vieillard vénérable, digne à tous égards de la conſidération des Romains par ſa ſageſſe, & par l'attachement qu'il avoit manifeſté pour leur parti dans la guerre qu'ils avoient ſoutenu contre Arminius. Il crut, ſelon le droit de la nature, que la terre appartient à celui qui l'habite. Mais l'inquiète politique de Rome qui s'irritoit à la vue d'un

(*a*) Aujourd'hui dans le territoire de Deventer, aux Pays-Bas Hollandois, entre l'Ems & le Weſer.

voiſin, parce qu'elle ne voyoit que des ennemis dans les autres hommes, porta auſſi-tôt le fer & le feu chez ce peuple paſteur. Tel eſt le conquérant; il eſt ennemi né de la nature, & toujours diſpoſé à changer la terre en déſerts pourvu qu'il regne. Boïocalus voyant que ſes ennemis ſe refuſoient à le laiſſer jouir du droit de citoyen ſur la terre, répondit avec courage que ſi elle lui manquoit pour vivre, elle ne lui manqueroit pas pour mourir; en effet, elle fut ſon tombeau, & celui de la majeure partie de ſa nation qui ſuccomba ſous les armes Romaines. La fortune eſt ſouvent injuſte, mais ſes injuſtices ſe réparent à la longue, & on obſerve, pour la ſatisfaction des Lecteurs qui ſe feront attendris ſur le ſort de cette nation malheureuſe, que les Goths, qui, trois ſiècles après, chaſsèrent les Romains de leurs foyers, & prirent leur capitale, étoient ſortis du même climat que les Anſivariens.

Tandis que Claude gouvernoit le plus vaſte Empire de la terre, avec le génie le plus borné, les Gaulois obtinrent l'entrée du Sénat, & l'honneur des grandes Magiſtratures. Pluſieurs villes avoient obtenu le droit de Cité de la libéralité de Céſar, & de ſes ſucceſſeurs. Claude, né à Lyon, fit le plus magnifique don à la nobleſſe Gauloiſe, qu'il affectionnoit en la faiſant ſiéger dans le Sénat. Les Romains ne virent pas ſans chagrin des étrangers s'aſſeoir au rang des maîtres du monde, ils s'opposèrent à leur admiſſion; mais Claude, contre l'ordinaire, fut ferme, la conſtance qu'il mit dans ſa réſolution le rendit éloquent, il fut l'Avocat de ſes ſujets, & gagna leur cauſe, triomphe infiniment honorable pour un Prince absolu. Les Eduens (*a*), en vertu de leur ancienne alliance, jouirent les premiers de cet honneur qui s'étendit ensuite sur les Auvergnats, les Belges, & sur beaucoup d'autres peuples. La Gaule Narbonnoise jouit aussi de ce privilége. Rome, qui ne l'avoit accordé qu'avec répugnance, en fut néanmoins récompensée avec la plus grande libéralité par le don d'Antonin & de Marc-Aurèle qu'il lui valut.

Les Gaulois étoient donc vraiment Romains quand ils passèrent sous le règne de Néron, successeur de Claude; ce n'est pas que les Gaulois alors ne valussent bien les Romains, car ces derniers étoient si dégradés sous les Pallas, les Narcisse, Onicet & Tigellin, affranchis de ces deux Princes, qu'il étoit plus honorable d'être tout autre chose que Romain; malgré cela le titre étoit imposant, & les fureurs de ces insolens Ministres ne se répandant que sur l'Italie, le Gaulois jouissoit d'honneurs qu'il ne payoit pas du prix de son sang comme l'Italien, car ces hommes vils & audacieux ne cessoient de le braver par les décorations qu'ils s'attribuoient (*b*), les biens qu'ils usurpoient, & par l'inquiétude que lui donnoit sur son sort un Gouvernement qui se jouoit de sa fortune, de son honneur & de sa tête.

(*a*) Ils jouissent encore du droit de citoyen qu'on accorde aux notables habitans d'Autun qui vont à Rome. Thomas, auteur de l'histoire de cette ville, l'obtint dans ce siècle dernier.

(*b*) Pallas, l'un de ces affranchis, eut l'audace de se faire faire une généalogie par laquelle il descendoit des Rois d'Arcadie; Mécène, & beaucoup d'autres Ministres après lui, ont eu la même manie. Les folies revivent avec les hommes & les places.

Malgré les vices d'un Gouvernement auſſi foible, auſſi corrompu, l'Empire avili au dedans fut reſpecté au dehors; Corbulon, vainqueur des peuples guerriers de la Germanie, ſe meſuroit avec avantage contre les Parthes, les chaſſa de l'Arménie, & après leur avoir fait eſſuyer de ſanglantes défaites, amena aux pieds de Néron Tiridate, frère de leur Roi. L'Arſacide à genoux fit hommage au Romain de la couronne de Tigrane, & le cruel Empereur qui ſe crut un moment l'arbitre de la guerre & de la paix, fit fermer le Temple de Janus (*a*), & s'enfonça dans les débauches avec la plus profonde ſécurité.

Pour qu'il ne manquât rien d'odieux au règne de Néron, il ſe fit Muſicien, & ajouta en cette qualité tout ce qu'il put au malheur de ſes ſujets; il pouſſoit la tyrannie des applaudiſſemens juſqu'à proſcrire les auditeurs indifférens, à plus forte raiſon ceux qui donnoient quelques ſignes de mécontentement. La Grèce & l'Italie furent les contrées les plus maltraitées, les Gaulois n'étant pas alors Muſiciens, furent peu invités à entendre les ſons de *ſa voix céleſte*, épithète que lui donnoient les courtiſans; ils eurent lieu de s'en applaudir, car les Grecs & les Italiens, dont il parcourut les théâtres ſur leſquels il fredonnoit quelques airs d'une voix grêle, n'avoient que l'alternative de louer ou de mourir. Des Satellites, diſtribués d'eſpace en eſpace, veilloient à entretenir & à

(*a*) La Médaille qu'il fit frapper à ce ſujet, eſt très-expreſſive : au reſte, les Médailles de ce règne ſont très-belles; ſur le revers eſt gravé le Temple de Janus avec la légende : *Ubique partâ Janum cluſit pace.* Voyez Médaille, N°. 8.

exciter la chaleur des applaudiſſemens. Veſpaſien, qui, depuis, fut Empereur, manqua payer de ſa tête un moment d'abandon; ce vieux guerrier, excédé de l'ennui d'entendre une mauvaiſe voix, fut ſurpris dans l'attitude d'un dormeur; il alloit paſſer du ſommeil à la mort ſans les prières les plus humbles auxquelles il fut forcé de recourir. L'Empereur envoya ce mauvais courtiſan commander les légions de Syrie, qui l'élevèrent ſur ſon trône.

Au milieu des ſcènes ridicules & ſanglantes de ce règne abominable, la ruine de la maiſon de Céſar eſt jurée, & c'eſt des Gaules que part le ſignal de la révolution qui doit la renverſer du trône qu'elle déshonoroit depuis long-temps. Vindex, iſſu des Rois d'Aquitaine, & Pro-Préteur des Gaules, honteux d'obéir au plus méchant des Princes, appelle les Gaulois à la liberté; les armées Romaines campées dans la Belgique, & les Germaniques lui laiſſent le champ libre. Les Eduens, les Auvergnats, les Séquanois lui forment une armée avec laquelle il domine dans la Celtique. A la marche de Virginius, Général de la Germanique inférieure, Vindex s'appuye d'un nom qui étoit en honneur dans l'Empire. Galba, Gouverneur d'une partie de l'Eſpagne, qui avoit ſervi ſous cinq Empereurs, & s'étoit diſtingué dans le gouvernement des Provinces & le commandement des armées, fut le chef qu'il invoqua. Ce fut ſous ce nom reſpectable qu'il annonça ſon inſurrection. Galba, qu'une pareille offre perdoit à la Cour, fut obligé d'accepter le titre de libérateur de l'Empire qu'on lui offroit; ſon ambition qui avoit vieilli dans les emplois, ſe ranima ſur ſes derniers jours à la vue du rang ſuprême auquel on l'appeloit, il quitte l'Eſpagne, traverſe les Gaules eſcorté d'une armée, & favoriſé des vœux des peuples.

Cependant Virginius aſſiégeoit Beſançon, lorſque Vindex arrive au ſecours; les deux Généraux ont une entrevue; des chefs auſſi mal diſpoſés pour Néron ſont bientôt d'accord, ils veulent unir leurs enſeignes, & tourner leurs forces contre le tyran, mais leurs ſoldats refuſent de partager leurs ſentimens; les Romains, ſoit par attachement pour Néron, ſoit par éloignement pour la paix, marchent aux Gaulois, & engagent un ſanglant combat; l'armée de Vindex eſt défaite, il ſe tue de déſeſpoir, & ce malheur eſt le prélude de tous ceux qui vont ſuivre.

Galba ayant été maſſacré par les ſoldats qui l'avoient élevé, le droit de l'épée décida de l'Empire entre Vitellius & Othon. Le premier que Galba avoit commis à la défenſe de la Germanique ſupérieure, fut reconnu par toutes les troupes qui étoient alors dans les Gaules & l'Angleterre; Valens & Cecina, ſes Lieutenans, partent promptement chacun à la tête d'une puiſſante diviſion, traverſent les Gaules, ſe réuniſſent en Lombardie, & gagnent, auprès de Cremone, la bataille qui aſſura, pour un moment, l'Empire à leur maître. La marche de Valens fut aſſez fatale à cette contrée, pour qu'on rappelle cette époque malheureuſe dans ſon hiſtoire. Ce Général, dont l'avarice ſeule égaloit la cruauté, paſſa dans les provinces comme un orage; Mets qui l'avoit reçu, ſe repoſoit ſur la diſcipline de ſes ſoldats, lorſque tout-à-coup ces furieux courent aux armes, maſſacrent quatre mille de ſes habitans, & pillent les autres; il continue sa route par Toul & Autun, par-tout le pillage & le meurtre marquent ses pas, par-tout il cherche des prétextes pour exécuter l'un & l'autre. La terreur qu'inspire la marche de ce brigand est telle, que les femmes & les Magistrats sortent au-devant de lui, & viennent à chaque logement implorer sa miséricorde. Sa fureur trouve à Lyon un nouvel aliment. Cette ville, ennemie de Vienne, lui demande sa destruction; cette prière, le parti de Vindex, qu'avoient suivi ses habitans, l'appât du pillage alloient opérer sa ruine, lorsque les prêtres, revêtus des ornemens sacerdotaux, viennent se prosterner devant les enseignes, & embrasser les genoux des soldats. La ville resta, les habitans seuls furent ruinés par l'énorme rançon à laquelle ils furent taxés.

Cecina, de son côté, se déborde comme un torrent dans le plat pays des Helvétiens, (aujourd'hui le pays de Vaud, le canton de Berne, l'Evêché de Bâle dans la Suisse) brûle les bourgs, ravage les campagnes, tue & vend les habitans; Avenche, la capitale, alloit essuyer le même sort, sans l'éloquence d'un de ses députés, qui la sauva. Cet orateur, dont le talent fut récompensé du salut de sa patrie, fut si pathétique, qu'il transforma en un moment ces féroces soldats; il avoit adressé la parole à des bourreaux, la magie de sa harangue fut telle, qu'il ne vit plus que des amis lorsqu'il se tut.

Déja Vitellius n'étoit plus; un prince plus digne du trône, fondoit une nouvelle dynastie. Pendant que Vespasien, que son courage & ses vertus en avoient rendu digne,

digne, éternisoit la punition des Juifs rebelles (*a*), il s'élevoit dans les Gaules une révolte dont les suites furent les mêmes, mais qui ne coûta pas moins de sang aux Romains. Un Batave, qui fut l'Annibal de cette guerre, mit leur puissance en danger, & manqua leur en arracher l'Empire; on va tracer en deux mots l'histoire de cette révolution, la dernière de celles où les Gaules tentèrent de recouvrer leur liberté.

Les Gaulois qui avoient vu les armées Romaines, s'exterminer pour la cause de Galba, de Vitellius, d'Othon & de Vespasien, crurent l'Empire ébranlé par ces rudes secousses & ses forces anéanties; ce fut bien pire lorsque Vitellius eut dégarni la Belgique des troupes qui la contenoient. Cette province guerrière ne fut pas plutôt débarrassée du frein qui la maîtrisoit, qu'elle sentit renaître son antique fierté; mais de tous les chefs qui tirèrent alors l'épée contre Rome, aucun ne lui porta des coups plus sensibles que Civilis. Issu du sang des princes Bataves, il commandoit la cohorte, que ce peuple entretenoit dans l'Isle, au service des Romains. Le Rhin formant une fourche à son embouchure, enfermoit alors dans ce triangle les Bataves & les Caninefates (*b*), peuples issus

(*a*) Par une Médaille de ce Prince représentant au revers une Femme attachée au pied d'un palmier, symbole de la Palestine, avec ces mots *Judæa capta.* Voyez Médaille, N°. 9.

Une autre frappée après son Consulat, a probablement pour cause le Gouvernement Romain rétabli dans la Grèce, les Isles & la Comagène, elle représente un Aigle posé sur un globe les ailes étendues; c'est un des premiers symboles des armes de l'Empire. Voyez Médaille, N°. 10.

(*b*) Où sont aujourd'hui la Haye, Rotterdam, &c.

des Cattes, & qui faifoient partie des Germains avant la conquête des Gaules. La cavalerie de cette Ifle jouiffoit d'une grande réputation, elle étoit fi exercée, que fes efcadrons paffoient le Rhin fans rompre leur ordre.

Civilis, aidé des Frifons & des Cauces en Allemagne, fecondé dans les Gaules par Sabinus, Tutor, Claffícus & Valentin qui firent déclarer Trèves, Langres, Tongres, Tournay, & une partie des villes de la Celtique & des Germaniques, leva le premier l'étendard. Il emporte dans la première impétuofité un camp Romain fitué fur les bords de la mer, & défendue par deux cohortes, pouffe les ennemis fur les rives du Rhin, & fe difpofe à les chaffer au-delà. Ces premiers fuccès ne l'éblouirent pas, ne fe diffimulant pas les reffources des Romains, & les dangers qui alloient accompagner fon entreprife, quelque courage qu'il mît dans l'exécution, il y joint la prudence, & fe fervant habilement des circonftances, il s'annonce comme le défenfeur du parti de Vefpafien, rival de Vitellius, quoiqu'au fond il n'en foutînt d'autre que le fien. Nous l'avons laiffé prêt à paffer le Rhin, lorfqu'il voit les ennemis rangés en ordre de bataille fur le rivage, & foutenus par vingt-quatre galères. Les Romains réduits à vraincre ou à périr, combattoient avec leur courage ordinaire lorfque la défection des Attuatiques (*a*), leurs alliés, fit pencher la victoire du côté de Civilis; leur armée eft détruite, & la flotte, montée en partie par des matelots Bataves, eft prife, & vient augmenter les forces du vainqueur.

(*a*) Le Haynaut & l'Evêché de Liége.

Auſſi habile à profiter de la victoire qu'à ſe la procurer, Civilis invite les Gaulois à entrer dans ſon parti, il reçoit des ſecours de la Belgique & de la Germanique, & deſcend le Rhin avec ſon armée lorſqu'il rencontre celle des Romains, commandée par Lupercus, Lieutenant du Gouverneur de la Germanique inférieure; auſſitôt les trompettes ſonnent la charge, & la victoire ſe déclare encore en faveur des Bataves; les légions vaincues ne trouvent de ſalut que dans les retranchemens de l'ancien camp de Vetera (*a*), & Civilis en forme le ſiége: à cette nouvelle, toutes les troupes Romaines, campées dans la Belgique & la Germanique, marchent au ſecours des aſſiégés: Gallus & Vocula, leurs Généraux, poſent leur camp à Gelb; ils eſpéroient de forcer l'ennemi à lever le ſiége en le fatigant par des eſcarmouches, mais les premières rencontres ne leur ayant pas été avantageuſes, Vocula marcha droit à la place, & en fit retirer Civilis, trop foible & trop prudent pour combattre à-la-fois contre une armée ſupérieure & contre les aſſiégés.

Les rebelles des Gaules ayant quelque temps après aſſaſſiné Vocula, Claſſicus, l'un des chefs, ſe préſenta dans le camp revêtu des habits Impériaux, & y reçut le ſerment des ſoldats pour l'Empire des Gaules. Alors le maſque fut levé, il ne fut plus queſtion de Veſpaſien ni de Vitellius; Civilis prit Vetera, & s'empara de Cologne; jamais les affaires des Confédérés n'avoient été dans un état plus floriſſant, ni la puiſſance Romaine auſſi affoiblie dans les Gaules. Sabinus occupoit le centre à la tête

(*a*) Aujourd'hui Santen, dans le Duché de Clèves.

d'une armée de Lingons ses compatriotes. Tutor en commandoit une sur le Rhin, Valentin une autre sur la Moselle : Classicus & Civilis étoient campés dans la Belgique. Cette insurrection vint aussi rapidement qu'un orage, & se dissipa de même.

Tant que Rome fut occupée de ses divisions, & que ses citoyens acharnés les uns contre les autres s'entre-déchirèrent, les rênes furent flottantes, & l'Empire fut sans vigueur; réuni sous le sceptre de Vespasien, il reprit ses forces, & repoussa de lui-même ses ennemis. Les Eduens & les Sequanois défirent Sabinus; Cérialis, Lieutenant de Vespasien, n'eut qu'à se montrer dans la Germanique, & l'armée de Tutor l'abandonna; Valentin combattit en vain sur la Meuse, il fut vaincu & fait prisonnier; Rheims assembla les députés des villes Belgiques, les engagea à la paix, & obtint leur grace.

Il ne restoit plus que Civilis; la guerre continua entre lui & les Romains avec des succès variés & honteux, pour une puissance aussi formidable que Rome; mais elle avoit en tête un ennemi dont le courage étoit à toute épreuve, & dont le génie étoit inépuisable en ressources; il engagea les Germains dans sa querelle, & leur fit soutenir le poids de cette guerre : il se rendit jusqu'aux fleuves propices; appréhendant d'être forcé dans l'isle des Bataves, il jeta les eaux du Rhin dans le canal qui coule du côté des Gaules, & laissa presqu'à sec celui qui regarde la Germanie, de sorte qu'il ajouta en quelque sorte son pays au continent Germanique. Cependant fatigué d'une guerre que la puissance de ses ennemis rendoit inutile, craignant la défection des Germains qui menaçoient de l'abandonner, il consentit enfin à poser les armes. Les Romains que cette guerre fatiguoit encore plus, qui avoient couru de grands dangers dans la dernière campagne, & qui savoient, par l'expérience qu'ils en avoient faite, combien ce chef étoit dangereux, lui firent une belle composition. Il fut rétabli dans ses biens ainsi que Classicus, Tutor, & cent treize Sénateurs qui avoient suivi leur parti. A ce prix Rome eut la paix.

Sabinus fut moins heureux : après sa défaite, il eût pu se sauver en Germanie; mais son amour pour sa femme Eponine, aussi belle que vertueuse, l'empêcha de la conduire chez des barbares, où sa tendresse lui faisoit appréhender mille outrages. Prenant son parti en homme agité par une grande passion, il brûle son Palais avec ses meubles, voulant faire croire qu'il y avoit péri avec sa famille, & s'enferme dans un souterrain où sa femme vient s'ensevelir avec lui. Deux affranchis étoient les seuls dépositaires du secret & de la vie de ce couple malheureux, & répondirent dignement à la confiance de leurs maîtres. (Sabinus étoit, comme tous les Celtes, aussi bon maître que bon mari). Eponine partagea pendant neuf ans la captivité de son mari, & accoucha de deux enfans dans cet antre; elle fit, sous différens déguisemens, plusieurs voyages à Rome, même pendant sa grossesse: veillant avec un tendre intérêt sur les jours de Sabinus, elle faisoit pressentir avec discrétion les intentions du ministère, & les trouvant toujours défavorables, elle revenoit le soutenir par l'espoir d'un moment plus heureux. Enfin, leur retraite se découvre, ils sont pris &

conduits devant Vefpafien. Sabinus, qui lut du premier coup-d'œil fa perte dans les yeux de l'Empereur, frémit pour fa femme & fes enfans; la douleur le rend muet. Pour Eponine, accoutumée à tout braver pour lui, elle effaya les moyens de la pitié & de la prière qui pénètrent les cœurs les plus durs; profternée à fes pieds, & lui préfentant fes enfans: *César, prends pitié de ces malheureux qui font nés dans le tombeau; nous les avons mis au monde afin qu'il y eût plus de fupplians qui imploraffent ta miféricorde, & que tu puiffes nous faire grace en faveur de ces innocens qui ne t'ont pas offenfé.* Les malheurs de cette femme, fa vertu, fon courage, le fentiment qui dictoit fa prière, attendrirent tous les fpectateurs; Vefpafien refta feul infenfible, & prononça contre fon mari & contre elle-même l'arrêt de mort. Le fupplice de cette femme fi intéreffante à tous égards, fut un fpectacle d'indignation & de douleur pour Rome, Plutarque dit qu'il fit horreur aux hommes & aux Dieux, & prétend trouver la punition de cette cruauté dans l'extinction de la famille de Vefpafien: la tyrannie de Domitien en fut bien une caufe auffi efficace, mais toujours falloit-il que l'injuftice fût énorme, puifque la ruine de la maifon Impériale n'a paru qu'une punition proportionnelle. La mémoire de Vefpafien, qui méritoit d'ailleurs, en a été tachée, & la poftérité n'a point goûté fa raifon d'état. La raifon des Rois doit être celle de la juftice; leur conduite, à défaut de loi, doit être celle de l'homme de bien, parce qu'on ne leur a confié le premier degré de l'autorité, qu'à condition qu'ils tiendroient auffi le premier dans le ſentier de la vertu. La Couronne, deſtinée, dans ſon origine, à couvrir le front le plus ſage, s'avilit ſur une tête agitée par la politique cruelle, la vengeance & le deſir du ſang. Le Prince ne doit pas écouter une raiſon qui le rend plus méchant que ſes ſujets; & s'il eſt une raiſon d'état qui force les adminiſtrateurs à être injuſtes, il ſeroit peut-être à ſouhaiter qu'il n'y eût plutôt pas d'état, puiſque les hommes ſeroient plus malheureux pour être gouvernés que pour ne pas l'être.

Les Gaules ſous Titus ſe reſſentirent du bien qu'il fit à tout l'Empire, elles frappèrent en ſon honneur des médailles, & lui élevèrent des monumens ſur l'un deſquels on lit encore à Niſmes une inſcription (*a*). Sous Domitien elles partagèrent avec les autres provinces les malheurs de ce règne tyrannique, elles virent le déshonneur de l'Empereur, qui au lieu de priſonniers Germains qu'il n'avoit pu faire, triompha d'eſclaves habillés dans leur coſtume, triomphe auſſi vil par les objets, que par le triomphateur. Elles virent la ruine des forteresſes ſituées ſur le Rhin, & celle de leurs vignes qu'il fit rigoureuſement arracher. Tels furent les principaux évènemens qui ſe paſsèrent dans les Gaules ſous les douze premiers Céſars (*b*), & juſqu'à la confédération

(*a*) *Senatus, populuſque Romanus divo Tito. divi Veſpaſiani. Veſpaſiano Auguſto.*

(*b*) Il y en a un treizième qui, à la vérité, n'a pas régné, mais qui a porté le titre de Céſar ſelon une Médaille unique qu'a l'Auteur; *Domit. . . . . . divi Domitian Aug.* La figure paroît celle d'un enfant, & ſur le revers eſt une Divinité aſſiſe, devant elle eſt un enfant.

des nations Germaniques, que formèrent ces Francs qui arrachèrent à leur tour cette contrée aux Romains. On va rapporter leur origine, & leurs ſuccès ſous les différens Empereurs qui l'ont gouvernée juſqu'à l'invaſion de Teudome, ou Théodemir, le premier Conquérant des Francs dans les Gaules.

DES

DES FRANCS,
JUSQU'AU PREMIER ROI
RÉGNANT DANS LES GAULES.

L'EMPIRE Romain ſous Trajan couvroit la terre de ſa puiſſance : les peuples échappés au glaive du vainqueur, s'étoient retirés à ſon extrémité. Là, ſemblables à des bêtes féroces qui veulent forcer une enceinte, ils étoient perpétuellement ſous les armes; frémiſſant de rage, ils menaçoient Rome du fond de leurs déſerts: dans ces retraites, ils formoient leurs cœurs à la haine, leurs corps aux fatigues, & forgeoient les armes qui devoient affranchir l'univers, & rompre ſes chaînes. Quelque grand que fût ce deſſein, quelque nombreux que fuſſent ces peuples, ils ne firent, pendant plus de deux ſiècles (*a*), que des tentatives inutiles. L'Empire

(*a*) Malgré les efforts & les irruptions continuelles des Barbares, les Romains ſe maintinrent pendant deux ſiècles. Les révolutions perpétuelles qu'éprouvoit leur Empire, leurs guerres civiles, le changement de leurs Princes, la dévaſtation des Provinces, accompagnée de ſanglantes batailles, ſembloient quelquefois annoncer leur ruine. Tout-à-coup il ſurvenoit un Empereur qui, s'élançant du ſein des calamités qui couvroient la terre, s'élevoit au-deſſus de tous les obſtacles, réparoit les malheurs paſſés, & les faiſoit oublier. L'Empire étoit un grand corps vigoureux, à qui il ne falloit que du repos pour être

Romain, ſemblable à un rocher contre lequel viennent ſe briſer les flots de l'Océan, les écraſoit à chaque irruption, & repouſſoit leur impétuoſité, par le poids & la diſcipline de ſes légions. Dans ce ſoulèvement des nations contre une ſeule, on ne fut pas partagé entre les ſuccès & les revers de tant de différens peuples; on n'en vit que deux aux priſes, le peuple Romain contre tous les autres. Mais l'opiniâtreté de ces derniers augmentant avec leurs défaites, leur courage renaiſſant de leurs pertes, les richeſſes des Romains irritant leurs deſirs, en même-temps que leurs guerres inteſtines conſumoient leurs forces & affoibliſſoient les frontières, cette conjuration de l'univers contre une ſeule puiſſance prit une face plus heureuſe. Elle ne réuſſit cependant pas tout-à-coup; ce ne fut qu'après cent ans de nouveaux combats, que ce long aſſaut de tant de peuples, cette confédération de tant de nations finit par la chûte entière de Rome & de ſa puiſſance.

Parmi les nations qui eurent la gloire de ce grand triomphe, qui partagèrent les dépouilles & la puiſſance du vaincu, furent les François, habitans de l'autre côté du Rhin, entre ce fleuve, l'Elbe & le Mein. Ces peuples robuſtes & intrépides, comme tous ceux qui vivent en liberté, propriétaires de terres, & exempts des contributions du Fiſc, voyoient avec indignation le voiſinage

promptement rétabli. Ainſi, malgré tous ſes déſaſtres, & les guerres que lui firent les Barbares, depuis Marc-Aurèle en 170, il ſe maintint dans toute ſon étendue, juſqu'à la mort de Julien en 363: il ſe défendit encore dans le commencement du ſiècle qui ſuivit cette époque, & tomba tout-à-fait en 476, ſous le règne d'Auguſtule.

redoutable des Romains. Bientôt ceux-ci connurent que le danger étoit égal pour eux. Souvent ces peuples braves & aguerris combattoient sur leurs frontières avec les maîtres du monde. Quelquefois, en qualité d'alliés ou de stipendiaires, ils servoient dans leurs armées, s'y rendoient remarquables par leur courage, & leur faisoient sentir combien il leur importoit de les avoir pour amis. Telle fut la conduite de ce peuple, pendant près de deux cents ans, jusqu'au moment où, voyant la chûte entière de l'Empire, il se mit en devoir d'en partager les dépouilles.

A travers les nuages que tant de fables & de systêmes ont répandus sur l'origine des François, la vérité, conservée par quelques historiens, confirmée par les évènemens & la position de ce peuple, a enfin repris ses droits, & assigné aux Francs leur véritable origine. Mais en leur montrant leur berceau, elle l'a dépouillé de tout le merveilleux que d'anciens écrivains y avoient attaché; à-peu-près comme on attache des hochets à celui d'un enfant. Au lieu d'une origine fabuleuse, due à des étrangers célèbres (*a*), on a des émigrans qui, au bout de sept

(*a*) L'Abbé Trithême prétend que les François tirent leur origine des Troyens, échappés des ruines de leur ville détruite par les Grecs. Leur premier Souverain, selon lui, est Antenor; ce qui semble indiquer une origine Troyenne. Il lui donne pour fils & successeur Marcomir Ier., qui passa en Allemagne, sur l'assurance des prédictions d'une magicienne. Ses successeurs sont Antenor II, Nicanor, Marcomir II, Clodion I ou Clodovée, Hérimer, Marcomir III, Clodion II, Odenar ou Audemar, Marcomir IV, Clodion III, Marcomir V, père de Pharamond.

Moréri, art. Marcomir, cite cette Généalogie & son Auteur, mais sans les donner comme dignes de foi. L'Abbé Trithême vivoit dans le quinzième siècle,

cents ans de course, rentrent dans leur patrie : elle donne à cette nation une origine plus naturelle, celle du pays

---

& étoit Abbé d'Hirsauge. Quelque fabuleux que fût cet Auteur, son sentiment n'a pas été isolé. Du Haillan, dans son Discours en forme de Préface, rapporte les sentimens de nos vieux Romanciers, qui font sortir les Francs des Cimbres & de Francion, fils d'Hector, établi d'abord chez les Cimmériens, puis en Germanie. Il cite Belleforest dans son Discours Préliminaire sur l'origine des Francs; mais Belleforest, outre cette Généalogie qu'il traite de fabuleuse, fait le même reproche à Nicole Gilles, Secrétaire de Louis XII, qui a fait les Annales ou Chroniques de la France, depuis la destruction de Troye; & ces Chronicles ou Annales, toutes misérables qu'elles étoient, ont trouvé un Traducteur Latin, qui en a fait un gros *in-folio*, imprimé à Bâle en 1572.

D'autres les font sortir de Scythie, fondés sur le rapport qu'il y avoit entre les danses des deux nations, & l'usage des oiseaux de proie.

Bodin & plusieurs Ecrivains soutiennent que les Francs ne sont autre chose que des Gaulois émigrans, qui, au bout de six ou sept cents ans, vinrent se placer sur le Rhin, & s'efforcèrent de rentrer dans leur ancienne patrie. Ils les suivent, pendant ce petit voyage, avec une exactitude d'autant plus admirable, qu'ils marquent jusqu'à leurs poses & leurs traités dans ces pays qu'on ne connoissoit pas alors.

Revenons, après ces Romanciers, aux sentimens des bons Auteurs.

L'Auteur de l'excellent Traité des Généalogies historiques, fait en 1736, nous assure que ce n'est, ni d'une arme appelée Francisque, dont ces peuples se servoient, ni du mot *Vrang*, qui signifie féroce, qu'est venu le mot Franc, mais de leur amour pour la liberté. L'opinion la plus vraisemblable, dit cet Auteur, est celle qui fait sortir les Francs de la Germanie. Elle est fondée sur le rapport qui se trouve entre les mœurs de ce peuple & celles des Germains.

M. l'Abbé de Vertot, dans une savante Dissertation, soutient que les uns & les autres avoient le même langage, les mêmes loix, les mêmes coutumes. En effet, nous voyons encore en Allemagne l'observation de la loi salique pour les grands fiefs; loi établie dans l'origine des Puissances de cette contrée.

M. Mille, hist. de Bourgogne, tome 1, page 4 : les Francs, anciens peuples de la Germanie.

M. Bossuet, Histoire Universelle, » c'étoit une ligue de peuples Germains qui habitoient le long du Rhin. Leur nom montre qu'ils étoient unis par l'amour de la liberté «.

où elle demeuroit; & à son nom une plus belle cause, la liberté. En effet, ce fut à ce beau motif que les Francs dûrent cette union, cette confédération de plusieurs peuples, dont les forces les rendirent si redoutables. Qu'étoit-ce auparavant? Un assemblage de quelques tribus de la Germanie, qui, après avoir frappé un grand coup sur un puissant ennemi, comprirent ce qu'elles pouvoient par leur réunion, contre un plus puissant encore qui les menaçoit. On n'est pas bien d'accord sur l'époque de cette confédération : il y a apparence qu'elle se forma dans le deuxième siècle.

Les Romains, au commencement de ce siècle, étoient en armes sur le Rhin pour empêcher le passage des peuples de la Germanie, qui le tentoient fréquemment, lorsqu'ils furent spectateurs d'un sanglant combat. Les Bructeres (*a*), nation puissante, qui habitoit de l'autre côté du fleuve, à l'endroit où il se partage, furent tout-à-coup assaillis, & presque exterminés par les autres peuples de la Germanie. Leur hauteur & leur orgueil, dit Tacite, qui rapporte cet évènement, les avoient rendus odieux aux nations voisines, autant que leur puissance & la supériorité qu'ils affectoient. Les vainqueurs prirent la place des vaincus, & mirent le fleuve entre eux & les Gaules. Fiers & détestant la tyrannie, leur union leur fit sentir leurs forces, autant que leur courage & leurs succès leur élevoient l'ame. Assis sur les débris de leurs tyrans, occupant leurs demeures; dans la haine de la servitude & l'enthousiasme de la liberté, à la vue d'un autre ennemi

---

(*a*) Aujourd'hui la Westphalie & l'Over-Yssel, entre le Rhin & l'Ems.

plus puissant qui la menaçoit, & qui l'avoit déja ravie à leurs voisins, leur indignation s'accrut : ils ne virent d'autres moyens pour repousser ce joug rapide, qui passoit tous les jours sur de nouvelles têtes, que la réunion de leurs forces & une alliance étroite entre eux. Comme la liberté étoit l'ame de cette alliance, ce fut à elle qu'ils en firent hommage, par le titre de Francs qu'ils prirent alors; titre glorieux, qui signifioit, à leur égard, *Germains libres, indépendans*, & qui les distinguoit de ceux qui étoient *soumis*, ou *tributaires*. Les autres peuples (*a*), les Romains eux-mêmes ne les connurent plus que sous ce nom, & les distinguèrent à cette glorieuse dénomination, des autres peuples de la Germanie, à-peu-près comme nous distinguons aujourd'hui les Tartares *libres* ou *indépendans*, des Tartares *Russes* ou *Chinois*.

Ces peuples, qui avoient déployé l'étendard de la liberté, à côté d'une puissance qui n'en vouloit souffrir d'autre que la sienne, & qui avoit déja englouti presque toutes celles de la terre, étoient les Saliens, les Chamaves, les Cattes, les Cauces (*b*), les Angrivariens, les Sicambres, les Tenctères, les Usipiens, les Attuaires (*c*).

(*a*) Qui habitent aujourd'hui les Pays-Bas aux Provinces-Unies, & font partie de l'Over-Yssel.

(*b*) Peuples qui habitoient le pays entre l'Ems, le Weser & l'Elbe, aujourd'hui le cercle de Basse-Saxe, le Duché de Brême, le Comté d'Oldembourg & le bas-Evêché de Munster.

(*c*) Les Chamaves occupoient le pays qui fait aujourd'hui partie de l'Evêché de Munster; les Angrivariens occupoient l'autre partie avec une portion de l'Evêché d'Osnabruck; les Cattes habitoient les contrées qui forment la Thuringe, moitié de la Hesse & des dépendances de l'Abbaye de Fulde; les Si-

Ce fut ainsi que quelques hordes sauvages formèrent une puissance qui, après deux cents ans de revers & de succès mélangés, anéantit celle des Romains dans les Gaules, renversa dans la rapidité de sa marche, les trônes que d'autres nations y avoient élevés, arrêta les progrès du redoutable croissant, qui menaçoit l'Univers; & ne s'arrêta pas qu'elle n'eût englouti l'Europe, & posé la couronne des Césars sur le front de ses Rois (*a*). Rome,

cambres étoient postés sur le Rhin, depuis Cologne jusqu'à l'endroit où ce fleuve se partage : leur puissance s'étendoit depuis ses bords jusqu'à la source de la Lippe, & comprenoit les pays qui forment aujourd'hui partie des Evêchés de Cologne & de Paderborn, le Duché de Berg, le Comté de la Marck & la lisière du Duché de Clèves : les Usipiens possédoient le Duché de Clèves; & les Tenctères, le Canton qu'arrose la Lippe, au-dessus de ce Duché. Ces deux peuples s'étendirent, dans la suite, sur les ruines des Sicambres, quand les Romains en eurent enlevé une partie qu'ils distribuèrent dans des terres éloignées : les Attuaires occupoient l'autre partie de la Hesse; depuis, ils s'approchèrent du Rhin, le passèrent & habitèrent de l'autre côté. Mézeray, dans son Introduction à l'Histoire de France, dit qu'en 358 ils habitoient les pays de Gueldre & de Juliers, & celui qu'arrose la rivière de Niers qui tombe dans la Meuse, au-dessous de Genep. Leur langue y domine, & le mot de *Vrang*, d'où les Auteurs font dériver le titre de Franc, étoit un mot de cette langue, appelée langue Attuatique ou de Tongrie, à cause de Tongres, capitale du Canton. Les Saliens n'occupèrent la Toxandrie que depuis. Ce que l'on a dit de plus clair à leur égard, dans ces temps reculés, est ce passage d'Ammien : » Les Francs, savoir ceux que la coutume a fait appeler Saliens, s'étoient » plantés autrefois avec trop de licence au lieu de Toxandrie «. La position de la Toxandrie a occasionné des disputes. Les uns ont soutenu qu'elle consistoit dans les Isles de la Zélande; les autres, dans un Canton du Brabant. Cette opinion a pu être soutenue de part & d'autre, puisque nous voyons ces Isles occupées par les Francs, ainsi que la partie du Brabant qui y touche, & qui a été, selon toute apparence, le berceau de la monarchie Françoise.

(*a*) L'Histoire fournit peu d'exemples de succès aussi soutenus & aussi éclatans que ceux des Francs depuis Clovis jusqu'à Charlemagne. Cette puissance, foible dans ses commencemens, mais semblable au grain qui forme l'orage,

qui avoit fait plus encore, avoit eu des commencemens plus foibles.

Ces peuples n'avoient pu chasser & détruire les Bructères sans avoir fait en même-temps de grandes pertes; aussi ne parurent-ils redoutables aux Romains que plus de cent ans après. Ils n'étoient pas pour cela dans l'inaction : l'inquiétude naturelle des nations du Nord, le mouvement qui est un besoin pour elles, joints à l'ambition de s'agrandir, portoient alors les Francs à fonder leur puissance; ils s'étendoient dans la Germanie, lorsqu'ils rencontrèrent les Saxons qui pénétroient d'un autre côté. Cette rencontre de deux peuples conquérans fut le signal d'un choc terrible & de furieux combats: ils se précipitèrent l'un sur l'autre, & se firent une guerre dont les suites ensanglantèrent plus d'une fois les rives de l'Elbe; mais les évènemens n'en furent pas heureux pour les Francs, qui furent peu-à-peu chassés des côtes de la mer, dont les vainqueurs s'emparèrent (*a*).

---

s'accrut, renversa celle des Romains dans les Gaules, engloutit les Royaumes des Bourguignons & des Visigoths, soumit les Bretons, les Bavarois & les Frisons. En vain un peuple fanatique, vainqueur des Romains & des Perses, & maître d'une partie du globe, vient les attaquer; cette puissance immense se brise dès qu'elle heurte contre celle des Francs : l'innombrable armée des Musulmans est exterminée par un petit nombre de ces guerriers. L'Allemagne, plus féroce, & qui avoit été l'écueil des Romains, tombe sous leurs coups: la Hongrie & une partie des Etats du fier Attila viennent augmenter leur vaste Empire; l'Italie elle-même reçoit le joug; & Charles, plus puissant que n'avoient été les Empereurs d'Occident, possède leur titre avec leurs provinces. Une élévation si rapide ne fut l'ouvrage que de trois cents ans.

(*a*) Nous voyons dans Mézeray, Introduction à l'Histoire de France: » Mais depuis, leurs limites furent bien rognées par le passage des Saxons » en-deçà de l'Elbe, où ils se rendirent presque aussi puissans qu'eux «.

Ils

Ils auroient encore été plus maltraités en attaquant l'Empire Romain; jamais il ne fut plus puissant que pendant les règnes de Trajan, Adrien, Antonin & Marc-Aurèle. Le règne de ces quatre Empereurs formant une période d'environ quatre-vingts ans, présente le plus beau spectacle dont ait jamais joui l'Univers. Cette époque, aussi glorieuse que favorable à l'humanité, nous montre ces quatre Princes, quoiqu'Adrien ne fût pas sans défauts, comme des hommes qui approchèrent de la Divinité. Le respect & le tendre souvenir que les Romains conservèrent pour leur mémoire, les leur fit révérer comme des Dieux; ils ordonnèrent même que chaque citoyen auroit dans sa maison la statue des Antonins (*a*) comme celle des Dieux protecteurs; & long-temps encore après, on juroit dans les tribunaux par leurs noms sacrés. Que l'Empire dut être formidable sous ce règne du courage & de la vertu! Aussi l'histoire des nations qui voulurent en secouer le joug ou l'attaquer, n'est que celle de leurs désastres. Trajan écrasa les Daces en Europe, vola sur les aigles de la victoire aux extrémités de l'Asie, mit en fuite les Arabes & les Perses, & par les forteresses qu'il éleva sur le Rhin & sur l'Euphrate, mit un frein aux incursions des peuples de l'Orient & de la

---

Le même Auteur : » Mais ayant depuis été éloignés des bords de la mer par » d'autres conjonctures, ils oublièrent le métier de corsaires, pour faire de » plus solides conquêtes. Les Saxons persévérèrent toujours à l'exercer «.

Ces anciennes querelles furent vengées depuis, mais trop cruellement, par Charlemagne.

(*a*) Antonin étoit originaire de Nismes, évènement dont cette ville & les Gaules se glorifieront à jamais.

Germanie. Marc-Aurèle eut à soutenir, pendant cinq ans, les efforts des Quades & des Marcomans (*a*), secondés de tous les peuples barbares. Cette guerre fut longue & sanglante; la valeur & la supériorité de Marc-Aurèle décidèrent enfin de la victoire : les barbares furent dissipés; leur foiblesse, après les échecs multipliés qu'ils avoient reçus, & la connoissance qu'ils venoient d'acquérir, à leurs dépens, de la puissance des Romains, les empêcha de rien entreprendre de long-temps.

La cause qui empêcha alors les Francs & les autres peuples de la Germanie de remuer sur le Rhin, fut que les grands coups se portoient sur le Danube. Les peuples qui étoient aux prises avec les Romains, avoient appelé les autres à leur secours; la guerre contre ces conquérans étoit le mot de raliement. Les restes échappés au fer de l'ennemi, reprirent le chemin de leur pays, repeuplèrent leurs déserts, & attendirent, pour en sortir, qu'il se présentât une occasion favorable.

Profitons de ce moment d'inaction pour faire connoître quels étoient ces peuples dont nous descendons, qu'on va voir lutter, pendant deux siècles, contre l'Empire Romain, & lui enlever la plus précieuse de ses possessions; mais qu'on ne craigne pas que la manie si ordinaire de parler de ses ancêtres, change rien au plan de brièveté de cet ouvrage, & à la rapidité de sa marche.

Nous avons vu quels étoient les Francs, la confédé-

(*a*) La Moravie, & partie de l'Autriche.

ration des différentes nations qui les composoient, & les pays qu'ils habitoient. On sent le plaisir qu'il y auroit à satisfaire également le lecteur sur les doutes des premiers temps, & lui dire si ces peuples étoient originaires des contrées qu'ils habitoient, ou s'ils étoient venus d'autres climats. Mais tout ce qu'on peut assurer sur un pays aussi sauvage que l'étoit alors l'Allemagne, où les émigrations & les déplacemens étoient fréquens, est que plusieurs de ces peuples, selon toute apparence, n'étoient pas indigènes ; que cependant ils ne venoient ni des Palus Méotides, ni de pays aussi éloignés ; que quelques-uns, tout au plus, pouvoient être venus de la Pannonie, selon un passage de Grégoire de Tours, & ce furent probablement ceux qui combattirent avec les Goths contre l'Empereur Decius. Comme la ressemblance dans les mœurs désigne la proximité dans les habitations, il en faut conclure que les Francs, qui avoient à-peu-près les mêmes mœurs, ne venoient pas de lieux fort éloignés les uns des autres.

Les Francs étoient un composé des peuples qui étoient entre le Rhin & l'Elbe, joints aux restes des Sicambres & des Bructères, soufferts par Constant sur l'autre rive du Rhin (*a*). Ils rejoignirent les autres Sicambres trans-

(*a*) M. Fevret de Fontette, dans sa Bibliothèque historique de France, résume ainsi les recherches de Béat Rhenan, savant très-versé dans l'histoire, tome 1, imprimé en 1769.

Les François sont Germains d'origine ; ils habitoient les côtes de l'Océan septentrional, ayant pour voisins les Saxons. Ils sortirent de leur pays environ l'an 309, sous l'Empire de Constant, & ravagèrent la Batavie & l'extrémité des Gaules : les pays les plus éloignés se sentirent aussi de leurs pirateries, ce

portés par Auguste dans la Gueldre, la Zélande & la Germanique, se trouvèrent aussi-tôt en forces, occupèrent une partie du pays qui est entre ce fleuve & la Meuse, dépendant de la première Germanique, & s'étendirent insensiblement dans le pays de Liége & le Brabant, composant le canton appelé la Toxandrie (a).

---

qui leur fut fort aisé par rapport à leur situation sur les bords de la mer. Ce n'est pas, qu'ils n'eussent été souvent défaits ; mais leur envie de s'établir dans les Gaules, & de suivre les exemples des autres nations, surmonta tous les obstacles. Ils s'avancèrent vers le Mein & la Sala, & occupèrent enfin la rive droite du Rhin, sous Constant, fils de Constantin. C'est alors qu'ils prirent la ville de Cologne, qu'ils remirent à l'Empereur Julien, en faisant la paix.

Ces paroles renferment le sens de la dissertation de M. Biet, couronnée par l'Académie de Soissons en 1736. Cette dissertation est appuyée de deux autres très-profondes de MM. Ribaud de Rochefort & l'Abbé le Beuf.

(a) Les Saliens habitoient le bas Brabant & l'Evêché de Liége jusqu'à Tongres, qui n'étoit pas encore à eux du temps de Julien, puisque nous voyons dans Ammien Marcellin, que ce Prince étant en marche contre les Saliens, leurs Députés vinrent le trouver à Tongres ; qu'il les suivit & entra aussi-tôt dans leur pays. Le même Auteur nous dit qu'il les traita favorablement, parce qu'ils s'humilièrent & se soumirent à lui. Il résulte de-là que le pays qu'ils habitoient n'étoit pas éloigné, puisqu'au sortir de Tongres il y entra, ainsi ce ne peut être que le pays de Liége & le Brabant. Aussi le Président Fauchet nous dit-il, liv. 2, chap. 3 de ses Antiquités, que les Saliens étant venus se loger dans la Toxandrie, près de Tongres & la rivière de l'Escaut, Julien leur permit d'y demeurer ; que les Francs étoient pour la plupart habitans de la Gaule, & voisins de Cologne, en tirant vers la Gueldre & la Hollande ; qu'il pouvoit y en avoir dans la Frise & sur les confins de la Westphalie. Quand donc, continue-t-il, » Julien eut contraint les Francs à demeurer en Gueldre, en Hollande » & Brabant, voire partie de Liége, Namur & Haynaut, les uns se mirent à » écumer la mer, les autres au service des Empereurs «. Ce qui donne du poids à ce récit, est qu'il y avoit deux corps de Saliens, l'un vieux, & l'autre nouveau, au service des Romains. *Voyez* Mézeray.

Le Président Fauchet continuant, dit, liv. 2, chap. 2 : » Les Francs étoient » en lieux marécageux, près Cologne, deçà & delà le Rhin, du côté de la

Soumis par Julien, comme on le verra, ils plièrent sous ses armes, & conservèrent leurs possessions. Leur domination sous Theodemir, prit un essor plus hardi; ils possédèrent les îles de la Zélande, le Brabant & la Gueldre; l'Escaut, du côté de la mer, & Cologne, du côté du Rhin, furent leurs bornes. Ce prince étendit encore cet état par des conquêtes rapides, & une partie de la Belgique subit le joug; ce qui lui fut facile, les Romains ayant eu l'imprudence de lui en ouvrir les portes, en faisant, sous Constance Chlore, dans cette province, des Colonies de ce peuple redoutable. Mais les conquêtes de ce Roi durèrent aussi peu que lui : la France resserrée dans les bornes qu'elle avoit avant son invasion, fut réduite à ses premières limites sous Pharamond & dans le commencement du règne de Clodion.

» Frise, Gueldre, Hollande, Zélande & Brabant, ce qui les faisoit appeler » Hante-Paluds, Nageurs, Buveurs d'eau de Vahal, qui est la branche du » Rhin coulant vers la Gaule «.

Le mot de Ribarol dérive de Ribuariens ou Ripuariens, habitans du pays de Liége, auprès de la Frise, & le pays situé entre les branches du Rhin, qui est plus vraiment appelé la France, c'est-à-dire, le berceau de la France. Ammien, Zozime & Rhenan, déja cités, s'accordent sur cette position.

Quant à la Toxandrie, Vendelin, réfutant Cherier & les autres Auteurs qui en font les isles de la Zélande, a prouvé que ce pays a été ainsi nommé de Thessender-Loo, qui étoit une place assise sur la Demère en Brabant; que la Toxandrie n'est pas le composé des isles que fait l'Escaut, mais la région enfermée par la Meuse, par l'extrémité du cours de l'Escaut, & par les deux rivières, la Demère & la Chaar, dont la dernière va tomber dans la Meuse à Mastricht, & l'autre dans l'Escaut à Rupelmonde. Mézeray, qui rapporte cet avis, si conforme d'ailleurs à ce qui précède, paroît s'y ranger.

Cette position est la même que celle indiquée par le Président Fauchet. Le Rédacteur de l'article Toxandrie, dans l'Encyclopédie, embrasse cette opinion, & assigne aux Saliens les mêmes limites.

Les limites de ce nouvel état furent, depuis Conſtant juſqu'en 409, tantôt plus étendues, tantôt plus reſſerrées, ſelon que ces Empereurs étoient plus ou moins puiſſans. Mais ſi les frontières s'étendirent dans des momens de proſpérité, elles furent auſſi-tôt réduites dans les bornes que nous venons d'indiquer. Dans ce canton ainſi circonſcrit, ſe forma la puiſſance qui s'étendit ſur toutes les Gaules. Tel fut le berceau d'un peuple généreux & conquérant, qui s'éleva ſur les débris des Romains, & qui, après une longue ſuite de ſiècles glorieux, figurent encore parmi les premiers de l'Univers. Une légère eſquiſſe de ſes mœurs va faire connoître à ſes deſcendans, combien celles de leurs pères & de leurs fondateurs furent ſimples & ſages dans le principe.

Les Francs étoient d'une taille haute, nerveux & agiles; leurs grands cheveux blonds ou roux flottoient ſur leurs épaules, ou tomboient en treſſes; leur voix étoit forte; leur habit étroit conſiſtoit dans une ſaye qui couvroit le corps ſeulement, laiſſant à découvert leurs bras blancs & muſculeux; leur tête étoit couverte d'un bonnet fourré, comme celui des Tartares d'aujourd'hui : une culotte étroite, ſemblable à celles que portent encore nos payſans, leur tomboit ſur le gras de la jambe; elle fut de toile ou de laine dans des temps heureux, car auparavant leur habillement étoit un groſſier compoſé de peaux. Le coſtume nous en a été conſervé parmi les antiques exiſtantes au château de Savigny près Avalon. On remarque une petite ſtatue de bronze repréſentant un ancien guerrier Germain : ses habits sont de peaux dont le poil est en dehors.

Le mérite (ils ne connoissoient que le mérite militaire) tenoit le premier rang dans leurs festins & dans leurs assemblées ; la noblesse présidoit, à son défaut. Ils avoient pour armes, outre la lance, le javelot, l'épieu & le carquois, une lance appelée, de leur nom, Francisque ; le fer en étoit plus étroit & aussi tranchant que celui d'une hache : ce fut d'un coup de cette arme que Clovis tua Alaric. Dans toutes leurs assemblées, ils paroissoient en guerriers, & ne quittoient jamais leurs armes. Nous tenons encore à cet ancien usage en portant en pleine paix, à notre côté, un fer meurtrier, dans les temples & dans les lieux les plus paisibles.

Ils avoient pour trompettes des cornes d'Ure, dont les fibres roides rendoient des sons affreux. Ces trompettes grossières, devenues l'organe de la victoire, raisonnèrent encore long-temps après dans les montagnes des Suisses belliqueux. Leurs descendans, jaloux de conserver ces instrumens de la liberté de leurs pères, qui sonnèrent tant de fois la charge, & célébrèrent leurs triomphes, en ont fait revêtir deux de l'argent de leurs tyrans : ce sont des talismans précieux qu'ils conservent sous les noms de cornes d'Uri & d'Underwald. Ils s'en servent dans les occasions intéressantes, & leurs sons, aussi respectés que la voix de la patrie, ordonnent le carnage ou la retraite, comme elles firent à Marignan. Ce sont les restes des plus anciennes trompettes du monde. La liberté ne s'affermit pas avec les armes du luxe.

Habitans dans des cabanes, comme les Germains, plus

enthousiastes encore de la liberté, les Francs craignoient trop de la perdre en se renfermant dans des enceintes de pierres. Aussi ne les voyons-nous soutenir aucun siége dans les villes qu'ils ont prises. Ils attendoient l'ennemi en pleine campagne ; & si la victoire ne se décidoit pas en leur faveur, ils abandonnoient leurs conquêtes, & repassoient le Rhin. Le vainqueur les suivoit en vain ; le fruit de ses succès se réduisoit à détruire leurs récoltes, & quelques chaumières isolées. Lorsque le luxe des Romains eut enfin passé le Rhin avec eux, le desir des commodités étrangères gagna ces hommes grossiers ; ils logèrent dans les maisons des vaincus, au-delà du fleuve, & en bâtirent qui, sans approcher de celles de la Gaule, étoient bien supérieures à celles qu'ils avoient auparavant. Ce premier pas vers les arts ne fut pas ce que les Francs firent de mieux pour leur liberté, puisque nous les voyons bien plus faciles à traiter avec Julien & avec Stilicon, quand les Romains entrèrent dans leur pays, parce qu'alors ils avoient quelque chose à perdre.

Rien ne fut plus simple & en même temps plus naturel que la religion de ces peuples conquérans, fondateurs de la Monarchie. Ne pouvant avoir sur la Divinité les notions saines des peuples éclairés, ils la cherchoient dans tout ce qui leur paroissoit merveilleux & surprenant ; ils adressoient leurs premiers hommages au soleil, ce flambeau de l'Univers, & honoroient plusieurs Dieux auxquels ils n'avoient pas élevé des Temples, non par la raison, comme le dit Mézeray, & après lui l'abbé Courtepée, que la majesté Divine, qui est infinie, ne doit pas être renfermée dans des murailles, car leur

Métaphysique

Métaphysique ne s'étendoit pas jusques-là ; mais par la raison qu'ils ne savoient pas en bâtir, & qu'il faut avoir des maisons avant que d'élever des Temples. Quelquefois ils rendoient leur culte à une lance, à une épée plantée au milieu d'un champ. Ils tenoient cette Divinité sanguinaire d'Odin, ce chef qui, fuyant les armes de Pompée, après la chûte de Mithridate, s'empara de la Pologne, de la Russie, de la Scandinavie, & poussa jusqu'en Saxe. Les peuples de ces climats, accoutumés depuis à ce culte, le célébroient avec la fureur & la haine que ce chef impétueux leur inspira contre les Romains. Leurs autres Dieux étoient honorés dans la sombre obscurité des forêts ou des antres souterrains, dont l'horreur & le silence majestueux sembloient plus conformes au séjour de la Divinité. Par une suite de cette idée, ils faisoient leurs prières & leurs cérémonies religieuses ou dans un bois épais, ou au pied d'un rocher dont la cime élevée avoit quelque chose d'imposant, ou dans le creux d'un vallon, au bord d'une fontaine. Ils ne s'éloignoient pas en ce point du rite des Druides ; & il y auroit de la témérité à assurer qu'ils n'avoient pas de ces Ministres sanguinaires, puisqu'il y en avoit chez les Germains, dont ils différoient si peu ; car nous voyons dans Diogène Laërce, que les peuples de la Germanie avoient des Druides, comme ceux des Gaules. Tacite nous dit qu'ils adoroient Mercure, qui n'est autre que le Theut ou Theutatès des Gaulois, auquel ils sacrifioient des hommes, comme ces derniers en immoloient de leur côté : ainsi mêmes sacrifices, mêmes Ministres chez les deux nations. Mais ce qui décide en faveur des Francs,

& ce qui déceloit dès lors ce caractère humain & généreux qui les a rendus recommandables, c'eſt qu'au milieu de tant de nations cruelles, leurs autels furent les ſeuls qui ne furent pas ſouillés par le ſang humain; qu'ils ne permirent pas à la mort de venir mêler ſes meurtres à leurs actions de grâces, & qu'ils furent de la plus grande tolérance envers les autres religions.

Ils étoient gouvernés par des Rois qui étoient électifs & à vie, mais choiſis dans la Famille Royale; car il paroît qu'elle a dès-lors été auſſi reſpectée que dans les temps modernes (*a*). C'eſt à cet attachement à la domination d'une ſeule maiſon, qu'ils ont été redevables de leurs ſuccès. Par ce ſentiment conſtant, ils ont barré le chemin du trône à toute autre famille, dont les prétentions ambitieuſes auroient occaſionné des guerres civiles, & les maux que le changement d'Empereurs & de familles régnantes ont attirés ſur les Romains. Quelquefois ils ont été commandés par des Ducs, mais ce n'étoit qu'au défaut de Roi; & leur pouvoir, comme chez les Germains, finiſſoit avec la guerre : leur autorité étoit bornée au commandement des armées, ainſi que l'explique le mot *Dux* ou chef.

Les Francs n'avoient qu'une femme, & ils puniſſoient ſévèrement l'adultère : ils étoient d'une ſenſibilité exceſſive ſur l'article de l'honneur. Childéric, leur quatrième Roi, en fit la triſte épreuve, puiſqu'ils le chaſsèrent parce

(*a*) Le Préſident Fauchet & Mézeray, en nous diſant que Marcomir & Sunnon étoient du ſang Royal des Francs, nous donnent à connoître qu'il y avoit une famille régnante en poſſeſſion de fournir des Rois à la nation.

qu'il séduisoit leurs femmes. Les fils seuls succédoient aux pères, à l'exclusion des filles, qui, par cet usage, étant toutes sans dot, épousoient des hommes de leur état, comme cela se pratique encore en Allemagne. On pendoit les traîtres sur des montagnes, ou à de hautes potences. On plongeoit ceux qui avoient fui dans des bourbiers, digne sépulture des lâches.

On ne peut rien dire des loix, puisque la loi salique, qui est la première, n'existoit pas encore. Tout se décidoit par l'usage & par l'avis des anciens, juges naturels du canton : la tradition & les seules lumières du bon sens leur dictoient des sentences dont la justice n'avoit qu'à s'applaudir. Les Francs régloient le temps comme les Gaulois, & comme plusieurs peuples de l'Asie, sur le cours de la Lune plutôt que sur celui du Soleil : nous en avons la preuve incontestable dans un article de la loi salique, qui porte que le propriétaire qui aura perdu son esclave ou son bœuf, aura quarante nuits pour le trouver. La loi qui donne encore aujourd'hui quarante jours au propriétaire pour revendiquer son bétail perdu ou vendu en foire, est calquée sur celle-là : nous n'avons fait que substituer le jour à la nuit. Cet usage est originaire des pays chauds, où le jour, sous un Soleil brûlant, est consacré au sommeil & à l'ombre de la retraite, la nuit au travail & à la garde du bétail. Ils faisoient cultiver leurs terres par leurs esclaves; ils ne s'occupoient que de la guerre; & en temps de paix, de la chasse des animaux les plus féroces & les plus légers, tels que l'Ure, le Bizon, le Sanglier, le Cerf & l'Elan. Enfin, à quelques légères différences près, ils avoient les usages & les mœurs des

Germains, avec la même ignorance & la même averſion pour le travail; ils en différoient ſeulement dans ces deux points:

Les Germains ne faiſoient pas uſage de flèches dans les combats; les Francs s'en ſervoient avec ſuccès, & envoyoient de loin la mort à l'ennemi. Les Germains ignoroient la fauconnerie; la chaſſe avec l'oiſeau de proie étoit au contraire une des paſſions les plus ardentes des Francs : elle s'eſt long-temps perpétuée chez nous; elle fut même ennoblie, au point que l'oiſeau chaſſeur devint une des prérogatives de la nobleſſe. Le Clergé s'empreſſa de la partager avec elle (*a*), & demeura en poſſeſſion de

---

(*a*) Les Gaulois qui, juſqu'à l'invaſion des Francs, n'avoient eu pour agens de leurs chaſſes que des chiens, adoptèrent ce nouveau genre, il dégénera bientôt en paſſion, tandis que l'oiſeau s'ennoblit au point de devenir une marque d'honneur. Un Gentilhomme qui vouloit paroître avec dignité, ſe montroit avec un Faucon ſur le poing. Les Eccléſiaſtiques partageoient cette prérogative avec la Nobleſſe.

L'aîné de la maiſon de Châtellux a encore aujourd'hui, en qualité de premier Chanoine d'Auxerre, le droit d'aſſiſter au chœur en bottes, en ſurplis, l'épée au côté & le Faucon ſur le poing.

Le Curé de Sagy, dans la Breſſe, avoit le droit d'aller à la chaſſe avec ſon Vicaire, l'oiſeau ſur le poing, & d'exiger le lendemain des fêtes de Noël, en allant ou en revenant, un repas pour lui, ſa ſuite & ſon chien. Les frais du repas de ces Chaſſeurs fut fixé par Arrêt du Parlement de Dijon, rendu en 1660, à 9 liv. 1 f.

Le Prieur de Couches pouvoit aller dîner un jour de l'année avec ſes gens, ſes chevaux, ſes chiens & ſes oiſeaux de chaſſe, chez le Curé de Damerey, qui étoit tenu en outre de payer quatre deniers & de fournir treize bouts de chandelle allumés. Ce droit a été commué en un cens de 3 liv. par Arrêt de 1737. Voyez la Deſcription de Bourgogne.

On léguoit alors un oiſeau de chaſſe, comme on fait aujourd'hui un diamant. Guillaume de Pontallier légua, par ſon teſtament de 1336, ſon Faucon à Othenin de Giſſey, ſon neveu.

cet exercice jusqu'aux derniers siècles. La fauconnerie du Roi est la seule trace qui existe aujourd'hui de cette chasse qui a fait, pendant tant de règnes, l'amusement des Monarques, & les plaisirs de la noblesse.

L'histoire des Francs, arrêtée par cette esquisse de leurs mœurs, les reprend sur la frontière des Gaules, où nous les avons laissés faisant leurs préparatifs pour y entrer, & méditant déja ce plan de conquête qui s'effectua deux cents ans après. La fortune, propice à leurs vœux, leur offroit alors l'occasion favorable après laquelle ils soupiroient.

L'Empire étoit dans la confusion ; les Empereurs ne faisoient que paroître, & étoient aussi-tôt précipités par d'autres qui leur succédoient. Pendant qu'ils employoient leurs forces à s'entre-détruire, les Provinces sans défense étoient la proie des Barbares. Les Gaules, attaquées par les Germains, frémirent à l'arrivée des Francs. C'étoit pour la première fois que ces peuples paroissoient en armes sur le Rhin. Ce nouvel ennemi qui s'élevoit contre Rome, étoit précédé de la terreur : il étoit regardé comme invincible & plus redoutable encore que tous ceux qui avoient paru. Telle étoit l'opinion qu'en avoient les Romains, qu'Aurélien qui, depuis, fut Empereur, en ayant vaincu un corps de mille hommes seulement, en reçut les plus grands éloges : sa victoire fut célébrée

Première apparition des Francs sous le règne de Gordien Pie, année 241.

Dans ces siècles reculés, on enterroit le Chevalier avec son oiseau. L'Abbé le Bœuf, Histoire du Diocèse de Paris, en rapporte la preuve suivante. En 1730, on trouva, dans le fauxbourg d'Auxerre, les os d'un oiseau de proie, mêlés avec ceux d'un chevalier.

dans l'Empire & chantée par les troupes. Ces peuples n'étoient pas réunis en corps d'armées comme les autres : divisés en différens détachemens, leur valeur suppléoit au nombre ; leur légèreté les rendoit inaccessibles ; ils fatiguoient un corps aussi pesant qu'une armée ; ils la détruisoient à la longue, en la tenant toujours en haleine, & en battant ses divisions.

Leurs opérations sur le Danube furent plus funestes aux Romains. Les Goths, secondés des Francs, envahirent la Mœsie (*a*) : l'Empereur Dèce (*b*) accourut à leur rencontre, & les attaqua auprès de Nicopolis (*c*) ; mais trahi par Trébonius Gallus, son Général, il perdit la bataille, la vie & son armée, qui périt presque entièrement. La digue rompue, le torrent des Barbares se précipita dans l'Empire ; l'invasion fut générale.

Dèce, année 251.

Ce ne fut sans doute qu'avec une plume baignée de larmes, que l'histoire nous transmit le détail des plaies qui affligèrent l'Empire Romain à cette époque. Le récit des malheurs qui accablèrent alors le genre humain, porte encore à l'ame le sentiment de la douleur & de la compassion. Les Barbares brisant par-tout les barrières de l'Empire, portèrent le fer & le feu dans son sein. Comme si ce n'eût pas été assez des maux que lui faisoient les

Gallien, année 260 jusqu'en 267.

(*a*) La Servie & la Bulgarie, dans la partie Occidentale de la Turquie Septentrionale d'Europe.

(*b*) La Chronique Alexandrine dit que cet Empereur mourut en allant à la guerre contre les Francs ; d'où l'on présume que ces peuples, ou quelques-unes de leurs tribus, étoient unis aux Goths dans cette occasion.

(*c*) Aujourd'hui Nicopoli ou Nigeboli, près le Danube.

étrangers, les Romains enchérirent ſur leurs fureurs; ils portèrent dans toutes les Provinces le flambeau de la guerre civile, & déchirèrent leurs entrailles de leurs propres mains. On vit leurs armées ſe combattre & ſe détruire dans toutes leurs Provinces, au commandement de trente tyrans qui s'entre-tuoient tour-à-tour. Au milieu de cette confuſion, parmi ces embrâſemens & ces meurtres, ſur ce théâtre de carnage & de mort, le ciel vint mêler ſes vengeances & ſes fléaux à la rage des hommes. La terre enſanglantée ſe refuſa à nourrir des enfans, dont les uns étoient auſſi cruels, & les autres auſſi malheureux. Tremblante & s'agitant ſous eux, elle glaça leurs cœurs de crainte au milieu des combats, & les avertit de ſuſpendre leurs fureurs pour la poſſeſſion d'un ſol qui alloit manquer ſous leurs pieds. Elle engloutit, à leurs yeux, des peuples entiers, & renverſa des villes. Les nuages embrâſés par les feux qu'elle jetoit, vomiſſoient la foudre & la mort, tandis que les vents portoient la peſte d'un bout de l'Univers à l'autre.

Au milieu de cette fureur des hommes à s'entre-détruire, dans ce déchaînement des élémens & de tous les fléaux contre le genre humain, une armée de Francs paſſe le Rhin à l'improviſte, traverſe les Gaules avec la rapidité d'un trait, pillant & battant tout ce qui ſe rencontre devant elle : elle franchit les Pyrénées, entre en Eſpagne, prend & pille Tarragone avec la Province dont elle étoit la capitale. Quelque prompte que ſoit cette expédition, elle leur paroît encore trop lente; ils ſe diviſent en deux corps; l'un parcourt l'Eſpagne, & en rançonne les Provinces; l'autre, pouſſé par ſa première impétuosité, passe en Afrique sur les vaisseaux des Espagnols, en pille & ravage les côtes, & vient rejoindre ses compagnons; puis tous ensemble, chargés des dépouilles de l'Afrique, de l'Espagne & des Gaules, rentrent dans leur patrie par le Rhin.

A la suite de cette entreprise, une des plus longues & des plus hardies dont l'histoire fasse mention, la présomption, compagne des succès trop subits, enfla le cœur de la nation. Jugeant légèrement de ce qu'elle pouvoit, par ce qu'elle avoit fait, rien ne lui parut impossible; les Romains cessèrent d'être formidables à ses yeux, & son aveuglement fut tel, qu'elle se crut en état de leur tenir tête.

L'ambition des conquêtes gagna les esprits, & ce fut sur un Empire qui en faisoit depuis huit cents ans, qu'on résolut d'en tenter. L'exécution suivit le plan de près. Les Francs, en corps d'armée, entrèrent dans les Gaules, non comme des brigands qui courent au pillage, mais comme des conquérans qui viennent fonder une nouvelle domination. Ils prirent beaucoup de villes, & s'établirent dans leurs conquêtes. Si quelque chose peut excuser leur témérité, ce fut l'apparence de l'occasion la plus favorable qui puisse se présenter. L'Empire sembloit anéanti; les Gaules déchirées par les divisions intestines, & pillées par les étrangers, partageoient sa chûte & ses malheurs sous le sceptre d'un Prince chancelant sur le trône; elles étoient devenues, depuis le règne heureux des Antonins, le théâtre des plus grands évènemens. D'abord les armées Romaines, partagées entre Albin & Severe, accourant les unes d'Orient, & les autres d'Occident, d'Occident, s'étoient rencontrées dans les plaines de la Bresse, & avoient décidé par un sanglant combat qui des deux rivaux régneroit sur l'Univers. Severe (*a*), vainqueur, avoit inondé les Gaules du sang de leurs habitans; outre celui qui avoit été répandu sur le champ de bataille, il avoit fait couler à grands flots celui des chefs & des Sénateurs; Lyon avoit été pillé & livré aux flammes. Alexandre Severe avoit été assassiné par son armée sur la frontière qu'il défendoit contre les Barbares. Ces derniers, c'est-à-dire les Germains & les Francs, s'étoient jetés sur les Gaules après la victoire qu'ils avoient remportée avec les Goths sur l'Empereur Dèce. Sous le règne de Gallien, défendues par l'épée de Posthume, elles avoient profité des talens & des lumières de cet usurpateur; ils avoient été tels, qu'ils lui avoient mérité le titre glorieux de restaurateur des Gaules (*b*). La rébellion qui l'avoit fait monter sur le trône, le lui avoit fait perdre; ses soldats, fiers de faire ces Césars maîtres de l'Univers, se jouoient de leur sort, les créoient

(*a*) Ce Prince eut des autels à Nismes selon cette inscription ; *Imp. Cæs. L. Septimio Severo. pio. invic. Aug. Jul. Balbus sac. sol. ded. prid. non april. Annullino II & Frontone. Coss.*

(*b*) Parmi les nombreuses Médailles qui attestent le règne de ce Prince dans les Gaules, les unes le représentent accompagné de la justice & de l'abondance, voyez Médaille, N°. 11 ; & marquent ses victoires telles que celles où l'on voit Mars armé, & la Victoire avec ces mots, *Victoria Aug.* Voyez Médaille, N°. 12 ; les autres marquent ses craintes sur la fidélité des troupes qu'il étoit obligé de flatter, en faisant frapper ces pièces sur lesquelles on lit, *fides militum*, voyez Médaille, N°. 13, *fides equitum.* Voyez Médaille, N°. 14. Ce fut probablement pour plaire aux Gaulois, qu'il fit frapper celle où on lit : *here deus oniens !*

& les exterminoient tour-à-tour. A Posthume, ils avoient fait succéder Lollien, à celui-ci Marius, ensuite Victorin & Tetricus. Tandis que ce dernier jouissoit d'une autorité dangereuse & mal affermie, les mêmes scènes se renouvelloient dans les autres parties de l'Empire.

Un Prince étonnant s'éleva tout-à-coup au milieu de ses ruines (*a*), & le revivifia. La discipline fut rétablie, le courage raffermi, & l'esprit Romain rappelé; les Barbares furent repoussés dans le nord, les légions dirigées dans l'orient & l'occident furent par-tout triomphantes, & l'empire dispersé fut réuni sous la main victorieuse d'Aurélien : l'apparition de ce guerrier infatigable & terrible fut signalée dans les Gaules par des victoires, des bienfaits, & par un évènement inoui. On vit le puissant Monarque des Gaules, de l'Espagne & de l'Angleterre, prier Aurélien de venir le détrôner, l'en supplier comme d'une grace, & contribuer à sa propre ruine. (*b*) C'est que le trône est souvent un mal pour celui qui l'occupe, c'est qu'un Roi au milieu des biens & de la puissance n'en jouit pas, & renouvelle dans sa cour le spectacle de Tantale dans les eaux. Tétricus, effrayé par les séditions des troupes, par le sort de ses prédécesseurs, par l'épée de la rebellion sans cesse levée sur sa tête, mettoit autant d'ardeur à descendre du trône que

---

(*a*) L'élévation de ce Prince sur tous les ennemis de l'Empire est exprimée d'une manière très-énergique sur une de ses Médailles, qui représente le Génie de l'Empire couronné, la boule en main, & foulant aux pieds des monstres sur lesquels il s'élève. Voyez Médaille, N°. 15.

(*b*) Voyez Médaille, N°. 16.

les autres à y monter. A peine le conquérant paroit-il en bataille dans les plaines de Châlons qu'il se range sous ses étendards; sa sagesse en sert qu'à irriter ses soldats; ils osent défier la victoire, & expient leur témérité par la plus sanglante défaite : les remparts d'Orléans, si célèbres depuis, furent alors élevés par Aurélien, & cette ville décorée de son nom victorieux, a conservé sa gloire sous ses Ducs (*a*). Dijon de simple camp romain devint une grande ville à ses ordres, & les Gaules éprouvèrent la puissante protection de leur nouveau maître contre les attaques des peuples étrangers.

Ces étrangers étoient les Francs & les Germains, que nous avons laissés dans les Gaules sous le règne désastreux de Gallien. Les temps étoient alors bien changés. Aurélien, qui s'étoit signalé par leur première défaite, n'eut pas plutôt vaincu à Châlons, qu'il tombe sur eux; par-tout ils sont battus; leur conquête devient leur tombeau, & les débris de leurs armées poussées vers le Rhin le passent avec précipitation, & vont répandre dans la Germanie la frayeur qui les agite.

La terreur que ce héros avoit inspirée à ces fières nations, s'étoit dissipée, l'Empire étoit vacant, les Barbares avoient repris leur audace, & les Gaules étoient attaquées par les Bourguignons & les Vandales. Malheureusement pour tous ces peuples agresseurs, l'interrègne cessa; un héros saisit les rênes de l'Empire. Probus raf-

(*a*) Robert-le-Fort, Odon son fils qui défendit Paris, sauva le Royaume & en porta la couronne, Hugues Capet tige de la race régnante : Louis XII, & les Ducs actuels descendans de Louis XIII.

ſemble toutes ſes forces, marche contre les Bourguignons & les Vandales, & confie les armées qui devoient agir contre les Francs, à des Généraux dignes de ſon choix. Tandis qu'il taille en pièces les Bourguignons & les Vandales, ſes Lieutenans ont de grands ſuccès contre les Francs. Malgré leurs efforts pour conſerver leurs conquêtes, ils ſont chaſſés au-delà du Rhin : le vainqueur les y ſuit. Probus ayant rejoint ſes Généraux & paſſé le fleuve, les attaque dans leurs retraites. Irrités de leurs pertes, indignés de l'audace d'un ennemi qui venoit les attaquer juſques dans leurs foyers, ils combattent avec une nouvelle vigueur, mais toujours avec auſſi peu de ſuccès, puiſqu'ils ſont pouſſés juſque ſur les bords de l'Elbe, & que le vainqueur emmène une multitude de priſonniers de tout âge & de tout ſexe qu'il tranſporte juſqu'au Pont-Euxin (*a*), penſant en faire une colonie qui ſerviroit de barrière à l'Empire de ce côté. Projet utile, mais dont la ſuite fut funeſte aux Romains, comme nous le verrons.

Probus, année 277 & 278.

Sous ce règne fut créée la ſource de ces vins délicieux qui ſont aujourd'hui l'agrément des tables de l'Europe : la main de Probus l'ouvrit dans les Gaules, Domitien l'avoit fermée : ſon ordonnance ſeroit louable s'il n'eût voulu qu'obvier aux déſordres que la trop grande abondance de cette liqueur occaſionnoit dans les campagnes,

(*a*) La mer Noire, grande mer qui ſépare l'Europe d'avec l'Aſie, elle s'étend du 40 au 46e. degré de latitude, & du 26 au 39e. degré de longitude. Elle a environ 370 lieues de longueur du couchant au levant, & 150 du nord au ſud.

& rendre au labourage les terres qu'on consacroit à cette culture, que tout gouvernement éclairé restreindra toujours aux coteaux. Mais le bien public ne touche pas un tyran; la cause déterminante fut que ce Prince, dont le tempérament sec & ardent ne s'accommodoit pas de l'usage du vin, proscrivit tout ce qui ne lui convenoit pas, selon l'esprit des despotes qui ramènent tout à eux-mêmes, & qui ne voient qu'eux dans la nature. Le Gaulois, à qui l'épée de Probus avoit rendu la jouissance de ses campagnes, & qui lui devoit ses excellens vignobles, s'empressa à jouir de ses bienfaits, & à lui témoigner sa reconnoissance par des monumens expressifs & durables (*a*).

L'Empereur, après avoir vaincu & dissipé les armées des Bourguignons, des Lugions (*b*), des Vandales & des Francs, tomba sur les Allemands, & les traita encore plus mal. Il les avoit réduits à de grandes extrémités, à en juger par les conditions qu'il leur imposa, & auxquelles ils souscrivirent, puisqu'ils lui donnèrent, avec

(*a*) Le Continuateur de l'histoire Romaine dit à ce sujet : » je m'étonnerois que ce Prince n'eût pas été célébré par les buveurs comme un nouveau Bacchus si les buveurs étoient savans «; il auroit vu, s'il eût été instruit dans la numismatique, qu'il l'a été, non par les buveurs, mais par l'Etat qui a fait frapper en son honneur une Médaille, sur le revers de laquelle est un arbre chargé de seps de vignes & de raisins; au bas est une charrue, & vis-à-vis un dieu qui pourroit bien être Bacchus, avec la légende *soli invicto*. Voyez Médaille, N°. 17. Ce monument nous apprend aussi qu'on cultivoit alors la vigne avec la charrue, & qu'on lui donnoit les arbres pour soutien, comme on fait encore dans des pays méridionaux.

(*b*) Partie de la Silésie, de la nouvelle Marche, de la Prusse & de la Pologne, en deçà de la Vistule.

des otages, de grandes provisions de bled & de bétail, & qu'ils lui laissèrent tirer seize mille hommes du sein de leur nation, pour les incorporer dans ses armées.

Pendant que les Allemands payoient aussi complètement les frais de la guerre, & plioient sous le joug du vainqueur, les Francs exilés sur les rives du Pont-Euxin, soupiroient après une patrie que leur imagination leur retraçoit sans cesse. Levant les yeux sur cette terre étrangère, ils ne virent que des ennemis & point de secours, puisque les Romains ne les regardoient, dans ce poste, que comme des protecteurs de leurs frontières. Leur courage se ranima au milieu de tant de dangers, & leur inspira un dessein dont la hardiesse étonna l'Univers, & que le succès justifia. Ils se saisissent des vaisseaux qui étoient sur le rivage, pillent les côtes de l'Asie & de l'Afrique, prennent & saccagent Syracuse, la capitale de la Sicile, attaquent Carthage où ils sont repoussés; mais cet échec ne ralentit pas leur ardeur : remontés sur leurs bords, ils entrent dans l'Océan, & continuent à piller toutes les provinces Romaines qui étoient sur leur passage, jusqu'à leur arrivée dans leur patrie qu'ils dédommagent des pertes qu'elle venoit d'essuyer, par les richesses immenses qu'ils avoient enlevées à ses ennemis.

Probus, année 281.

Dix ans s'étoient écoulés depuis les victoires de Probus sur les Francs. Ce Prince étoit mort; l'Empire étoit dans la confusion, & l'occasion de se venger des Romains étoit favorable : leurs ennemis s'avancèrent à l'embouchure du Rhin, & s'emparèrent des Isles que forment ce fleuve, la Meuse & l'Escaut, connues sous le nom de

Zélande. Cette conquête étoit d'autant plus réfléchie qu'elle étoit défendue par des remparts naturels qui en assuroient la conservation, au lieu qu'au-delà du Rhin, il falloit conserver un pays ouvert, que des troupes peu disciplinées & d'un service momentané ne pouvoient défendre contre un ennemi plus puissant & des troupes réglées perpétuellement sous les armes. Sentant leur infériorité dans la discipline & la science militaire, ils vouloient des positions qui y suppléassent. C'est à ce sentiment qu'ils dûrent les efforts qu'ils firent, & l'attention qu'ils apportèrent à acquérir un art aussi utile; mais leurs tentatives furent long-temps infructueuses, ils avoient encore trop de barbarie pour se plier à la discipline; ils ne firent de véritables progrès que lorsqu'ils devinrent alliés & auxiliaires des Romains: leur génie alors se dépouilla de son ancienne rudesse, & prit une forme nouvelle, sous la main de ces aveugles conquérans qui instruisirent leurs ennemis dans l'art d'être invincibles, art dont ils firent un si bel usage contre leurs maîtres, qu'ils cultivèrent avec autant de soin que les autres le négligèrent, & auquel on doit rapporter la rapidité de leurs succès, & leur supériorité sur toutes les nations qu'ils attaquèrent pendant quatre cents ans. Mais c'est à cette invasion de la Zélande qu'il en faut assigner la première époque, puisque ce fut alors qu'ils en connurent l'utilité, & que la connoissance d'un bien indispensable est toujours suivie d'efforts multipliés pour l'obtenir.

Dioclétien, Maximien, année 287.

Les nouveaux conquérans de la Zélande étoient les Saliens (*a*); c'étoit une tribu de Francs, qui devint dans

(*a*) Aujourd'hui les Pays-Bas aux Provinces-Unies, & partie d'Over-Yssel.

la ſuite la plus conſidérable, & donna ſon nom aux loix que la nation promulgua ſous le titre de loix Saliques. Aſſiſe ſur les bords de la mer & ſur de grands fleuves, elle s'adonna à la piraterie : les richeſſes qu'elle y acquit, lui donnèrent la prépondérance ſur les autres tribus. Ce n'eſt pas que les autres Francs ne s'y fuſſent auſſi livrés, depuis les entrepriſes que nous leur avons vu tenter en Eſpagne & au Pont-Euxin. Leur hardieſſe s'étant accrue avec leur expérience, le commerce & les provinces maritimes de l'Empire eurent beaucoup à ſouffrir de leurs brigandages (*a*), juſqu'à ce que les Saxons les ayant éloignés de la mer, ils n'employèrent plus leurs forces qu'à des expéditions de terre, & abandonnèrent la piraterie aux nouveaux poſſeſſeurs de leurs ports, qui les ſurpaſsèrent bientôt, & qui furent à leur tour effacés par les Normands. Mais il y avoit long-temps que la route étoit tracée quand ces derniers parurent.

Le choix des Francs, dans leur nouvelle conquête, étoit ſage; il fut juſtifié par le ſuccès, puiſqu'elle leur demeura;

(*a*) M. Mille, Hiſtoire de Bourgogne, tome I, pag. 4, dit en parlant des Francs : » Les Francs, ancien peuple de Germanie, déja connu par ſes courſes » ſur mer «.

Nous voyons dans l'Hiſtoire, qu'étant paſſés en Angleterre, en 297, au ſecours d'Alectus, meurtrier de l'uſurpateur Carauſius, ils furent attaqués dans Londres par Aſclépiodote, Lieutenant de Conſtance, & défaits, comme ils étoient prêts à s'enfuir ſur des bateaux légers.

Mézeray, pag. 338, dit : les François pareillement étoient alors en des lieux commodes pour faire ce métier-là (la piraterie). Ils s'y étoient encouragés par cette grande & fameuſe courſe qu'ils avoient faite en ſortant du Pont-Euxin... mais depuis, ayant été éloignés des bords de la mer par d'autres conjonctures, ils oublièrent le métier de corſaires.

demeura ; mais leur aggreſſion ne reſta pas impunie. Le plus puiſſant Empire de la terre étoit alors gouverné par Dioclétien, fils d'un affranchi, & par Maximien, fils d'un pâtre ; & jamais adminiſtration ne fut plus vigoureuſe que ſous ce règne étonnant. Les deux Empereurs, perpétuellement ſous les armes, repouſsèrent par-tout les barbares, & comptèrent leurs combats par leurs victoires. Maximien, ſurnommé Hercule, à cauſe de ſa force & de ſon courage (*a*), combattit dans les Gaules, vainquit & diſſipa les Bagaudes (*b*) ; c'étoient des Gaulois révoltés contre les vexations des Romains. Leur chef Amand (*c*), qui prenoit le titre d'Empereur, fut pouſſé, après différens combats, juſque dans les retranchemens, où fut depuis Saint-Maur-des-Foſſés, & y fut paſſé au fil de l'épée avec tous les rébelles de ſon parti. Maximien marcha, ſans s'arrêter, contre les Bourguignons & les Allemands, & en fit un tel carnage, qu'ils eurent des armées entières d'exterminées. Les Francs eurent leur tour. Il paſſa le Rhin, les attaqua chez eux, & les maltraita ſi fort, qu'il vinrent lui demander la paix. Deux de leurs Rois (c'eſt pour la première fois qu'on en voit à cette nation, ils s'appeloient Athec & Génobaud) ſe déclarèrent ſes vaſſaux. Athec même fut contraint de marcher ſous ſes ordres avec les troupes qu'il commandoit. La loi du vainqueur ne s'étendit pas plus loin ; il

Dioclétien, Maximien, année 288.

(*a*) Voyez la Médaille, N°. 18.

(*b*) Saint-Maur-des-Foſſés, près Paris, eſt dit dans les anciens Auteurs *Bagaudarum Caſtrum*.

(*c*) Le monument qui atteſte cet évènement, eſt une Médaille unique ſur laquelle ce rebelle ſe qualifie : *Imp. Amandus*.

ne fit point de colonie : le ſouvenir de la dernière n'engageoit pas à tranſplanter à grands frais des gens qui ſe faiſoient payer auſſi chèrement leurs voyages.

Dioclétien, de ſon côté, repouſſoit les Perſes au-delà du Tigre, battoit les Arabes en Orient, chaſſoit les Allemands de la Rhetie & de la Pannonie, & dirigeant les aigles Romaines contre les Sarmates, les Quades & les Goths, étoit tour-à-tour la terreur de ces peuples; fièrement aſſis ſur ce trône gliſſant d'où tant de Princes venoient d'être renverſés, il tenoit le ſceptre d'une main ferme, & ſembloit avoir enchaîné les deſtins. (*a*) Sa gloire ne ſe bornoit pas à vaincre comme celle de Maximien, elle s'étendoit ſur toutes les parties du gouvernement; ſeul il ſuffiſoit à l'adminiſtration de l'Empire, & ſes conſeils quand il l'eut partagé avec trois collègues, étoient reçus par les autres comme autant d'oracles. Doué d'un profond jugement & d'un vaſte génie, il fut recommandable à cinq titres diſtinctifs, qui ſont : 1°. d'avoir déployé, quoique d'une baſſe extraction, une autorité qui contint l'Empire & l'armée, ce qui n'étoit pas arrivé depuis Septime Severe; 2°. d'avoir fondé ſur un trône où les familles changeoient à chaque règne une Dynaſtie de Céſars, qui ne s'éteignit qu'à Julien; 3°. d'avoir publié des loix ſages qu'il fit obſerver; 4°. d'avoir préféré le bien public au ſien propre, ayant mieux aimé partager l'Empire que de le voir mal gouverné; 5°. d'avoir formé cette milice invincible des Joviens & des Herculiens, qui recula de cent ans la chûte de l'Empire.

(*a*) Voyez Médaille, N°. 19.

On compte avec reconnoissance parmi les établissemens utiles de ce Prince, ceux qu'il fit dans les Gaules; tels que le défrichement des landes de plusieurs provinces, leur population, le bon ordre dans les finances & l'administration, les fortifications d'Autun (a) & la reconstruction de Grenoble sur les fondemens de la petite ville de Cularo (b). La justice, les sciences fleurirent, & l'astronomie que ce Prince protégeoit, donna son nom au Calendrier qu'elle arrêta pour lors, & le présenta aux siècles comme le point d'où alloit partir une nouvelle Ere.

Comme le but de l'histoire est d'instruire, on observe qu'elle présente dans ce règne étonnant deux leçons également utiles au peuple & à la noblesse; elle fait voir à l'un que l'homme de mérite naît dans toutes les classes, que la vertu & le génie sont indépendans des rangs. Elle avertit l'autre de ne pas s'enorgueillir de la chimère des titres; que les vrais caractères de noblesse sont ceux que la nature grave dans le cœur des hommes; qu'elle ne consiste pas dans un fragile papier, mais dans une con-

(a) La Tour Jouere, ainsi appelée du nom de *Jovius*, qu'il avoit pris par une vanité peu pardonnable dans un aussi grand homme, se voyoit encore au siècle dernier dans cette ville. Sa valeur & sa justice sont parfaitement exprimées sur une pièce de bronze de la largeur d'un écu, trouvée dans les décombres de cet édifice. Voyez Médaille, N°. 20. Il est représenté couvert de fer avec la légende *Imp. Diocletianus pf. Aug.* Sur le revers est la Justice la balance à la main avec ces mots autour : *Sacra Moneta Aug. & Cæs. II & r.*, qui prouvent que, malgré que l'Empire fût partagé entre quatre Empereurs, deux Augustes & deux Césars, Dioclétien avoit la principale autorité, & que la monnoie se frappoit principalement à son nom.

(b) Deux Inscriptions trouvées dans cette ville en sont la preuve.

duite noble & des ſentimens élevés. Quelqu'actifs que fuſſent ces Empereurs, leurs Etats étoient trop étendus pour qu'ils puſſent porter la main par-tout où les remparts s'écrouloient; ils prirent deux ſeconds: fidèles aux principes de ceux qui les avoient élevés, & auſſi bien intentionnés pour le bien public, ils ne ſe laiſsèrent pas entraîner par les liens du ſang, ni éblouir par l'éclat de la naiſſance; ils crurent que le mérite ſeul devoit faire les Princes. Ils élurent Galère, *Armentarius*, c'eſt-à-dire fils d'un pâtre, mais recommandable par ſes qualités guerrières, & Conſtance Chlore, d'une naiſſance illuſtre, & le prouvant par ſes actions, tandis que Maxence, fils de Maximien, fut mis en oubli. L'Empire ainſi diviſé en quatre parties, les Gaules échurent à Conſtance.

Dioclétien, Maximien, Galère, Conſtance Chl. année 294.

Le nouvel Empereur réſolut, ſix ans après l'expédition de Maximien contre les Francs, de faire la guerre aux peuples de la Germanie, qui ravageoient de nouveau les Gaules. Il attaqua d'abord les Francs dans les Iſles qu'ils avoient priſes à l'embouchure du Rhin: il lui fallut livrer autant de combats qu'il aborda de fois; mais la victoire s'étant déclarée conſtamment pour lui, il emmena, pour preuve de ſon triomphe, une quantité conſidérable de priſonniers qu'il tranſplanta aux environs de Trèves & de Tongres, où il leur donna des terres: faute énorme en politique de faire peupler la frontière par l'ennemi; auſſi fut-ce une des principales cauſes de la facilité avec laquelle les Francs envahirent cette contrée, dont une partie des habitans étoit de leur ſang. Les Allemands, qui avoient manqué de ſurprendre Conſtance à Langres, furent défaits dans deux grandes batailles, chaſſés au-delà du Rhin ; & l'Angleterre, séparée de l'Empire depuis la révolte de Carausius, y fut réunie.

Les ennemis de l'Empire terrassés, la paix régnant presque par-tout, le monde jouit d'un spectacle qui le rendit muet d'étonnement. Dioclétien & Maximien, ces hommes qui s'étoient élevés de l'état le plus vil au premier trône de l'Univers, parvenus au faîte de la gloire & de la puissance, ne voulurent plus rien être, dès qu'ils virent qu'il n'y avoit plus rien à acquérir. Contens d'être parvenus jusqu'à la dernière borne des desirs humains, leur ambition s'étoit rassasiée ; le dégoût étoit venu à sa suite ; ils abdiquèrent l'Empire, & Nicomédie fut le théâtre où Dioclétien se joua des couronnes, & les ôta de dessus sa tête avec cette indifférence qui étonne le vulgaire, & que le sage conçoit. Ce soldat magnanime, qui avoit occupé & quitté le trône avec gloire, retiré dans une campagne auprès de Salone, s'y trouva si à son aise, & vécut avec tant de plaisir, au milieu des occupations agrestes auxquelles il se livra, qu'il compta le premier jour de sa vie du jour de sa retraite.

Constance Chlore, Galère, 1 Mai 305, non le 18 Fév. 305, comme le marquent Mézeray & plusieurs Auteurs après lui.

Un grand homme est une puissante barrière pour un état ; l'Empire Romain en fit alors l'épreuve : la retraite de ces deux héros l'affoiblit prodigieusement. Les Ecossois ayant attaqué l'Angleterre, Constance y accourut ; Ascaric & Ragaise, deux Rois des Francs, qui avoient traité avec lui, plus avides de butin que jaloux de tenir leurs promesses, fondirent sur les frontières de l'Empire & les ravagèrent. Constance, outré de cette violation des traités, se proposoit d'en tirer vengeance, lorsque la mort suspendit l'exécution de son projet, mais ne

Constance Chlore, Galère, année 306.

l'empêcha pas ; il passa entre les mains de son fils Constantin, qui l'exécuta avec les circonstances les plus atroces. Outre les nombreux ennemis que Galère avoit à réprimer sur les frontières de l'Empire en Orient, il eut encore à combattre un usurpateur appelé Valère. Ne pouvant se dissimuler le vuide qu'avoit fait la retraite de Dioclétien & de Maximien, il chercha à y remédier en associant à l'Empire Licinius, Général sage & expérimenté.

Ce fut en 307 qu'on vit les Romains donner aux autres nations une preuve éclatante du mépris qu'ils faisoient d'elles & de leurs Rois ; on renouvela dans Trèves le spectacle que Persée & Jugurtha avoient donné à Rome. Constantin, Prince aussi cruel que guerrier, après avoir vaincu les Francs, fait prisonniers leurs Rois Ascaric & Ragaise, après avoir fait servir ces deux Princes malheureux à son triomphe, les fit jeter aux bêtes féroces dans l'amphithéâtre de Trèves, aux yeux des spectateurs de toutes les nations. Tous les peuples barbares furent révoltés au récit de cette atrocité ; les Francs frémirent d'indignation, & jurèrent de venger leurs Rois, & l'honneur de la nation outragé si cruellement. La puissance des Romains & la présence du vainqueur leur en imposèrent pour un moment, mais ne changèrent rien à leur plan. Pour en rendre la réussite plus assurée, ils se liguèrent avec les Allemands, & s'avancèrent sur le Rhin avec une armée formidable. Au premier bruit de leur marche, Constantin, vainqueur de Maxence, abandonna l'Italie & accourut dans les Gaules ; comme il savoit qu'il avoit affaire à des ennemis irrités, & qui ne respiroient que la vengeance, il leur dressa une embuscade. Les

Galère, Constance, an. 307.

Francs, plus bouillants que circonſpects, y donnèrent & perdirent la bataille. Les priſonniers qui s'étoient flattés de venger leurs Princes, vinrent périr de la même manière dans l'arène de Trèves, qui ſembloit être devenue le tombeau de ce peuple.

Conſtantin prit, à ce ſujet, le titre de vainqueur des Francs : il avoit déja ſignalé ſa première victoire en inſtituant des jeux en ſon honneur. Mais ces ennemis, dont il ſe proclamoit vainqueur, reparurent alors ſur le Rhin, auſſi formidables que jamais. Cependant, comme s'il y eût eu une fatalité attachée à leurs armes, ils ne furent pas plus heureux; Criſpus, fils de Conſtantin, les vainquit de nouveau.

Malgré ces victoires, le pays des Francs ne fut pas entamé. A la vérité, ils furent battus, mais les Romains perdirent le plus; la guerre déſola leurs provinces, & le ſeul fruit de leur victoire fut d'en éloigner l'ennemi. Nous voyons dans Porphyre, ſur la vingtième année de l'avènement de Conſtantin à l'Empire, » que Criſpus ſe » préparoit à défendre le Rhin & le Rhône de deſſus » leur autre bord, & à ranger les Francs ſous une dure » loi «. Il n'en eut pas le temps ; & peut-être n'y eût-il pas réuſſi : il abandonna donc les Francs, pour accompagner ſon père dans la guerre contre Licinius.

Il ſe fit, en 340, une révolution étonnante ; l'antipathie des deux nations ſe changea en amitié : les armes qu'elles tournoient depuis tant de temps contr'elles, ſe réunirent, & leurs troupes confondues marchèrent ſous les aigles Romaines. Ce fut un coup de la politique de l'Empereur Conſtant. Conſidérant le courage & les

Conſtant, Conſtance, an. 340.

ressources de ses ennemis, voyant un danger présent sur la frontière, réfléchissant sur le peu d'avantages que ses prédécesseurs avoient tirés de leurs victoires, il en vit au contraire beaucoup à être fortifié d'un pareil allié. Pour les Francs, connoissant par expérience le danger de la guerre avec les Romains, flattés d'une alliance avec les maîtres du monde, séduits par la considération & l'argent qu'ils espéroient en retirer, ils accédèrent avec plaisir au traité que leur proposoit l'Empereur. Il en recueillit le fruit sur le champ; car les Allemands & les autres peuples de la Germanie étant abandonnés des Francs, les voyant au contraire combattre pour les Romains, se retirèrent & n'osèrent insulter les frontières de l'Empire. Mais l'alliance des Romains ne fut pas si favorable aux Francs; elles les conduisit à prendre part à leurs querelles, au malheur plus grand encore de s'attacher au parti qui succomba, & d'être écrasé sous ses ruines.

Dix ans s'étoient à peine écoulés depuis cette alliance, que Magnence fut élu Empereur à Autun; il fut aussi-tôt reconnu dans les Gaules, en Espagne & en Italie. L'Empereur Constance, frère de Constant, que cet usurpateur avoit fait tuer dans les Pyrénées, accourut avec toutes les forces de l'Orient pour venger cette mort. Magnence étoit Franc d'origine (*a*). Cette raison seule

(*a*) Il étoit, dit Mézeray, Introduction à l'Histoire, François d'origine, mais né d'un père demeurant en Gaule, & qui vraisemblablement venoit de quelques-uns de ceux que Constance Chlore y avoit transportés; par conséquent il étoit Lete ou Lite, c'est-à-dire, demi-esclave; aussi Julien l'appeloit-il malheureux reste de butin.

détermina

détermina une nation fière & belliqueuse à l'appuyer de toutes ses forces. La gloire de maintenir son sang sur le trône des Césars, lui fit faire les plus grands efforts. Comme la vanité est plus puissante que la haine, cette nation fit, pour un homme qui lui étoit en quelque sorte étranger, ce que, depuis un siècle, elle n'avoit pas tenté pour elle-même ; elle rechercha l'amitié & les secours des Saxons, ses anciens ennemis, & les obtint. Les deux peuples unis des liens de l'amitié, conduits par le même esprit, volèrent au secours du nouvel Empereur ; & comme si les Francs eussent voulu faire tous les frais de la guerre, un corps considérable de leur cavalerie, commandé par Sylvain, passa du côté de Constance. Une pareille conduite eut le succès qu'elle méritoit. L'armée de Magnence, mise en déroute à Murse, dans la Pannonie, laissa les Francs aux prises avec leurs compatriotes ; ils firent une perte énorme, & sur-tout les vaincus, dans une bataille qui coûta soixante-six mille hommes à l'Empire (a). Les Francs furent également maltraités dans deux autres combats, l'un au Mont-Genèvre, & l'autre à la Cluse en Dauphiné; puis, voyant la chûte de leurs chefs, ils se retirèrent.

Pendant le règne de Constant, la faveur de la nouvelle alliance, l'espoir d'un secours toujours prêt au besoin,

M. Beauvais, dans son Histoire abrégée des Empereurs Romains & Grecs, & beaucoup d'autres Historiens prétendent qu'il étoit Germain ; qu'il avoit été amené fort jeune avec son père Magnus parmi des prisonniers de sa nation que Constance avoit faits. Il fut affranchi, entra dans le service militaire, & s'éleva aux premiers grades.

(a) Voyez la Médaille, N°. 21, frappée à l'occasion de cette victoire sur Magnence.

les avoient fait souffrir sur l'autre rive du Rhin ; mais dans la confusion qui suivit la mort de ce Prince, ils se cantonnèrent dans les forêts & les marécages de la Frise, du pays de Liége & du Brabant septentrional. Ce fut dans l'année 351 environ, qu'ils prirent possession pour toujours de cette portion sauvage & méprisée des Gaules, où se forma l'orage qui vint fondre sur les Romains.

Ce fut probablement aussi pour se dédommager de la perte de tant d'hommes, qu'ils s'emparèrent de ces contrées & d'une partie de la première Belgique, c'est-à-dire, de la province dont Trèves étoit la capitale. On n'en doit pas être étonné, puisqu'elle étoit habitée en partie par les Francs, comme nous l'avons vu. Ils prirent encore plusieurs villes au-delà du Rhin, & enfin Cologne, capitale de la seconde Germanique, qu'ils emportèrent après un siége de dix mois. On voit par-là combien ils avoient fait de progrès dans l'art militaire des Romains, & combien ils savoient mettre à profit les leçons de ces anciens alliés. Leur espérance & leur audace croissant avec leurs succès, ils menaçoient déja l'Empire. Sylvain, ce chef que nous avons vu passer du côté de Constance, à la bataille de Murse (*a*), avoit eu la hardiesse de se faire proclamer Empereur à Cologne, & eût donné beaucoup d'embarras aux Romains, s'il n'eût pas été assassiné quelques jours après par leurs intrigues. Les Francs étoient d'autant plus redoutables alors, qu'ils étoient aguerris & animés par le succès, que les Gaules se trouvoient

Constance, année 355.

(*a*) Aujourd'hui Esseck, dans l'Esclavonie sur la Drave.

hors d'état de se défendre, & que tout y étoit dans la plus grande confusion.

Chonodomar, Roi des Allemands, que Constance avoit armé sur le Rhin contre Magnence & son frère Décence, ne crut pas, après la chûte de ces derniers, que ses préparatifs dussent être en pure perte, sur-tout après une victoire signalée qu'il avoit remportée : il résolut de se faire payer par Constance, au défaut de ses ennemis. Il entra dans les Gaules, prit Strasbourg, Saverne, Worms, Spire, Mayence, & s'avança jusqu'à Autun, où il échoua contre le courage des habitans & des vétérans qui s'y étoient retirés. Mais tout le pays qui étoit entre le Rhin & cette ville, n'en fut pas moins ravagé. Les contrées où l'ennemi n'avoit pas pénétré, n'étoient guère plus heureuses. Les Gouverneurs & les Magistrats Romains étoient autant de petits tyrans qui les désoloient par leurs exactions (*a*). Les provinces exposées à toutes les vexations d'un gouvernement oppresseur & dégénéré, à l'avidité & aux fureurs des peuples guerriers qui les ravagoient tour-à-tour, gémissoient sur leurs

(*a*) Ammien Marcellin dit que les Provinces étoient désolées par les impôts.

Mézeray, dans son Introduction, a peint ainsi ces désordres : » Les Provinces qui, pour la grande distance des lieux, n'avoient rien à craindre de » leurs ravages (des Barbares), gémissoient sous la tyrannie des Juges & des » Présidens, qu'on devoit plutôt appeler des bourreaux que des Magistrats. » Ils traitoient en esclaves des gens de condition libre; personne n'étoit exempt » d'outrages que ceux qui appaisoient leur cruauté par de grandes sommes d'ar- » gent. Les riches étoient accablés, les pauvres vexés, les nobles avilis; de » telle sorte que tous souhaitoient les Barbares, & portoient envie à ceux qui » étoient tombés entre leurs mains «, Liv. 3, §. 4, pag. 418.

maux, & faiſoient des vœux pour être affranchies d'une domination auſſi déſaſtreuſe. Ces vœux & ce deſir avoient beaucoup favoriſé les Francs & les Allemands dans leurs conquêtes. Les Gaules, dans cet état de détreſſe & de confuſion au dehors & au dedans, annonçoient une ruine prochaine, & on l'attendoit, lorſqu'on apprit que tout avoit été rétabli, non par le jeu du reſſort national, car il étoit briſé, mais par un de ces coups extraordinaires que fait frapper une main puiſſante.

Un homme auſſi grand que Céſar, auſſi vertueux que Caton, ſemblable à Marc-Aurèle, parut tout-à-coup dans ces contrées déſolées. Sa préſence, ſemblable à celle des Dieux, rappela la félicité qu'avoit fait fuir un gouvernement corrompu; ſa valeur protégea les frontières; & ſa juſtice, qui n'eut de comparable que celle de Trajan, fit la conſolation des peuples. Julien, nourri à l'école de l'adverſité & de la philoſophie, étoit monté ſubitement ſur le trône, & avoit été envoyé dans les Gaules, décoré du titre de Céſar: il y fit revivre le héros avec le titre. Il marcha d'abord contre les Allemands, ſuivit leurs traces fumantes de ſang & d'incendies, les battit auprès de Mayence, & les joignit de nouveau à Worms. La victoire ne paroiſſoit pas douteuſe, & déja les trompettes ſonnoient, lorſque les ennemis vinrent lui demander la paix. Il pouvoit ſe couvrir de gloire; mais le ſang, au prix duquel il l'auroit achetée, lui fit accepter des propoſitions qui lui parurent raiſonnables.

A peine débarraſſé des Allemands, il marche contre les Francs, reprend Cologne & paſſe le Rhin. La terreur qui précédoit ſon armée, avoit fait fuir les habitans dans les bois & dans des lieux inaccessibles. Ne trouvant point d'ennemis à combattre, il revint sur ses pas, & s'arrêta à Sens, pour être plus à portée de faire des amas de vivres pour la campagne suivante, lorsque les Francs & les Allemands paroissent tout-à-coup devant la place & l'attaquent avec fureur : ils avoient été informés qu'il avoit divisé ses troupes & gardé peu de soldats auprès de lui. Leur armée étoit nombreuse, & ils ne doutoient pas qu'ils ne prissent la ville avec le Prince. Les Généraux de Julien, Marcellus sur-tout, Grand-Maître de la cavalerie, qui desiroit sa perte, restèrent dans l'inaction, & ne lui envoyèrent aucun secours.

Constance, année 356.

Julien, ainsi abandonné, ne s'oublia pas; ce fut dans le plus grand danger qu'il déploya le plus de talens. Indigné de l'audace de ses ennemis autant que de la trahison de ses Officiers, il tira ses ressources de lui-même; il anima de son courage les habitans & le petit nombre de soldats qu'il avoit avec lui. Intrépide, on le vit au milieu d'eux repousser les plus furieux assauts, couvrir les murs des corps des ennemis, & les précipiter des remparts autant de fois qu'ils osèrent y monter. Les barbares, fatigués d'un siége aussi long pendant l'hiver, & des pertes qu'ils y faisoient, abandonnèrent enfin un Prince qui savoit si bien se défendre.

Cet évènement se passa pendant l'hiver de 356. Il résolut dès-lors de donner sa confiance à des Officiers plus dignes de seconder ses entreprises, de réprimer les courses des Allemands, de chasser les Francs de la Toxandrie (a), afin de se procurer la navigation du

(a) Aujourd'hui partie du Brabant & du pays de Liége, jusqu'à l'Escaut.

Rhin, & d'approvisionner les Gaules par ce fleuve, en temps de disette. Quelque difficile que fût ce projet, il l'exécuta dans toutes ses parties en moins de deux ans.

A des Officiers infidèles & coupables de trahison envers leur Prince, il en fit succéder d'autres plus sensibles à l'honneur & plus dociles à leur chef. Severe, Général d'un mérite distingué, remplaça le traître Marcellus. En même-temps vint un puissant secours que Constance envoyoit à Julien; mais le comte Barbation, qui le commandoit, étoit son ennemi personnel, & lui nuisoit par sa mauvaise volonté, autant que son armée pouvoit le servir. Les deux camps étoient à quelque distance l'un de l'autre, entre Strasbourg & Saverne, lorsque les Allemands parurent : ils étoient sous les ordres de sept de leurs Rois; Chonodomar étoit le principal. Barbation avoit sous lui vingt-cinq mille hommes, & Julien treize. Etant aussi inférieur en forces, & n'ayant pu obtenir de troupes du Comte, il avoit suppléé au nombre par l'assiette de son camp, & la vigilance avec laquelle il le faisoit garder. Barbation, présumant trop de ses forces, agissoit avec une négligence qui lui fut fatale; car les Allemands étant tombés sur son camp à l'improviste, s'en emparèrent & le poursuivirent dans sa fuite jusqu'à Bâle. Chonodomar, fier de ce succès, accourut aussi-tôt sur l'autre armée. Après avoir défait la plus considérable des deux divisions, il avoit tout à se promettre contre l'autre. Les ennemis étoient moins nombreux; & la victoire animoit ses soldats, Julien n'avoit que treize mille hommes à opposer à cette multitude. Mais si le nombre étoit du côté des barbares, la valeur & la discipline étoient du sien. Aussi la victoire fut-elle complette : une partie de l'armée ennemie fut taillée en pièces ; une autre fut culbutée dans le Rhin, & le fleuve, couvert de corps morts, alla porter aux Francs la nouvelle du désastre de leurs alliés. Les Allemands, après cet échec, se sauvèrent dans leurs forêts, où l'hiver ne permit pas au vainqueur de les suivre. Il fit rétablir une forteresse bâtie par Trajan, pour réprimer les restes échappés à cette sanglante journée, & prit le chemin des Gaules, traînant à sa suite Chonodomar, qui avoit survécu à sa défaite.

Au lieu de terminer la campagne, il se mit à la poursuite des Francs qui ravageoient la Belgique. Au bruit de sa marche, ils se sauvèrent avec tant de trouble & de précipitation, qu'un de leurs partis tomba dans son armée où il fut massacré ; & deux autres étant vivement poursuivis, se jetèrent dans deux forts qu'ils avoient pris sur la Meuse. Il n'étoit pas dans leurs mœurs de se tenir ainsi renfermés dans des murs ; ce fut la nécessité seule qui les y contraignit : mais y étant attaqués, ils se défendirent avec courage ; ils espéroient que l'hiver, qui régnoit alors, alloit leur offrir un pont de glace sur la rivière, & qu'ils échapperoient à sa faveur ; mais ils avoient affaire à un ennemi qui ne laissoit pas ainsi échapper la victoire.

Des barques, descendant & remontant sans cesse par son ordre, empêchèrent la formation de la glace, & ôtèrent aux assiégés les secours qu'ils espéroient du froid, au défaut de ceux des hommes. Ils ne se rendirent cependant qu'à la dernière extrémité, après deux mois de siége.

Vainqueur de ces redoutables nations, Julien vint passer à Paris le reste de l'hiver, sans crainte d'y être inquiété ; ceux qui l'avoient troublé à Sens, venoient d'être châtiés de manière à inspirer aux barbares plus de frayeur que d'envie de l'attaquer. Ce fut ainsi que passant les étés sous la tente en présence de l'ennemi (a), siégeant sur le tribunal pendant les hivers, ou s'occupant dans le cabinet du bien des provinces, il parvint en peu de temps à le faire constamment & en tout genre. Il rappela la justice sur les tribunaux, dont la prévarication l'avoit chassée. Les revenus de l'Etat, au lieu d'aller se perdre dans des canaux obscurs & détournés, vinrent directement se réunir sous ses yeux, & former ces trésors dont une main sage se sert pour soudoyer la victoire au dehors, & assurer le bonheur au dedans. Il combla les peuples de joie, par la remise qu'il leur fit des impôts arriérés, par la suppression d'une partie de ceux qui existoient, & par la protection qu'il leur accorda contre l'avidité des traitans ; il rassura ses ennemis par sa clémence ; & sa tolérance fut telle, qu'il mérita, quoique payen, les éloges de Saint-Hilaire. Enfin, il gagna tous les cœurs pendant son séjour à Paris. On voit encore dans cette Ville, dont il commença la grandeur, les restes de son Palais ; il en existe plusieurs arcs élevés, & une salle qui faisoit partie de ses bains : la voûte, belle & hardie, est encore si solide, qu'elle

Constance, année 358.

(a) Cette vie guerrière est exprimée par une Médaille sur laquelle il est représenté, à l'imitation de Dioclétien, couvert du casque & de la cuirasse, & la javeline en main, voyez Médaille, N°. 22.

porte

porte un jardin. Ce monument dégradé eſt dans la rue de la Harpe (*a*). Ce fut ce qui donna lieu de dire à ſes ennemis qu'il ſe retiroit dans des ſouterrains pour ſacrifier à ſes idoles. Malgré cela, Paris ſortit de ſes mains, comme la ſtatue de Prométhée avant qu'il y eût appliqué le feu céleſte. Il étoit réſervé à nos derniers Rois de l'animer avec le flambeau des arts.

Le mois d'Avril n'étoit point encore expiré, que Julien avoit déjà pénétré chez les Francs affoiblis de la perte qu'ils avoient faits l'année précédente; il ſoumit d'abord les contrées qu'ils avoient conquiſes au delà du Rhin, à l'exception des lieux marécageux & ſauvages de la Toxandrie, dans leſquels une partie s'étoit réfugiée. Il ſe rendit maître des Iſles qu'occupoient les Saliens, les vainquit & les obligea à lui fournir un corps de leurs troupes qu'il prit à ſolde; il paſſa le Rhin & marcha tout de ſuite contre les Chamaves & les autres peuples Francs qui habitoient au delà du fleuve : il les combattit avec ſuccès & les pouſſa juſqu'au cœur de leur pays. Mais comme on ne ſoumet pas un peuple brave & aguerri & qui n'a pas de villes, la campagne finiſſoit, & il n'y avoit encore rien de terminé, lorſque ſa clémence acheva ce que ſes armes avoient commencé. Son humanité envers les priſonniers, la généroſité avec laquelle il traita Nébiogaſte, fils de leur Roi, mirent fin à cette guerre, & amenèrent une paix dont les conditions furent qu'ils garderoient les pays qu'ils poſſédoient, à l'exception de

(*a*) Il porte le nom de Palais des Thermes ou des Termes.

Cologne ; qu'ils n'inquiéteroient pas les frontières ; qu'ils fourniroient du bétail & des bleds à l'armée, & que Nébiogaste & sa mère resteroient en otages pour l'exécution du traité. Tous les Rois de la Germanie, prévoyant la tempête qui alloit fondre sur eux, vinrent s'incliner devant lui & se soumettre à ses ordres ; mais peu rassuré par leurs promesses, il résolut de les contenir d'une manière plus sûre : il rétablit jusqu'à sept villes sur le Rhin, & obligea les Allemands à travailler à leur construction. C'étoit ainsi que la voix impérieuse de la victoire les contraignoit à forger en murmurant les chaînes de leur esclavage.

Alors fut pleinement effectué le projet de ce Prince sur l'approvisionnement des pays voisins du Rhin. Maître de la navigation, les bleds qu'il fit remonter de la Grande-Bretagne & des Provinces du Couchant, répandirent l'abondance sur les bords du fleuve.

Il quitta enfin les Gaules remplies de sa gloire & de ses bienfaits ; il les laissa parfaitement rétablies, mais pour la dernière fois, & partit couvert de lauriers, au milieu des larmes des peuples qui le combloient de bénédictions. Vainqueur de l'Occident, il portoit la guerre en Orient : l'Euphrate fut bientôt, comme le Rhin, couvert de ses trophées ; le Parthe indompté connut enfin la peur. Déja il frémissoit de ses défaites, lorsque ce héros fut blessé à mort dans une rencontre proche de Ctésiphon, & expira dans la même nuit, qui étoit celle du 26 Juin 363. A l'heure même tomba l'Empire Romain, & le bas-Empire commença.

Ainſi vécut & périt avec gloire ce Prince dont la vie fut ſi courte (*a*). Comme s'il eût preſſenti cette injuſtice du ſort, il ſe hâta de marcher de bonne heure & d'un pas rapide à l'immortalité. Il acquit le titre de héros, à l'âge où les autres hommes entrent dans la carrière. Déja il étoit à la fin quand la mort l'atteignit, & ter-

(*a*) Il mourut à trente-deux ans. Ses exploits prouvent ſon courage & ſa prudence, en même-temps que ſes écrits atteſtent ſes connoiſſances & ſon génie. Un ſeul trait peint ſa clémence. Théodote, Magiſtrat d'Hiéropolis, étant venu ſe jeter à ſes pieds, ſur le mont Caſius, en lui demandant grace, Julien s'informa quel étoit ſon crime : on lui répondit que cet homme avoit demandé ſa tête à Conſtance, dans le temps que cet Empereur marchoit contre lui. Alors il reprit : » C'eſt ce que pluſieurs perſonnes m'ont rapporté dans le » temps «. Puis ſe tournant vers Théodote : » Retournez tranquillement chez » vous, raſſuré par la clémence de votre Prince qui ſe plaît, ſelon la maxime » du Sage, à augmenter le nombre de ſes amis, & à diminuer celui de ſes » ennemis «.

On peut juger de ſa juſtice par cette ſeule circonſtance. Un certain Thalaſſe, qui lui avoit donné des preuves de mauvaiſe volonté, & qui avoit contribué à la perte de ſon frère, étoit pourſuivi par une foule d'ennemis; Julien, penſant avec raiſon qu'un homme qui a le titre d'ennemi du Prince, eſt déja aſſez malheureux, défendit au Préfet de prendre connoiſſance de ces plaintes, avant qu'il fût réconcilié avec lui.

Étant un jour loué par des Avocats ſur la ſageſſe d'un jugement qu'il avoit rendu, il répondit : » Je ſerois flatté de ces éloges, ſi ceux qui me les donnent » me reprenoient lorſque j'agis ou que je parle moins bien «. *Ammien Marcellin, tome II.*

Enfin, M. de Voltaire, en parlant de ce Prince, dit qu'il combattit ſur le Rhin, comme un Turenne, & qu'il rendit la juſtice à Paris comme un Lamoignon.

Benoît XIV lui comparoit le Roi de Pruſſe défunt, Frédéric II, ce Monarque dont le nom ſeul inſpirera à la poſtérité des idées généreuſes, & donnera à l'ame des Princes une ſecouſſe d'émulation. *Caraccioli, vie de Benoît XIV.*

mina une vie vide d'années, mais pleine d'actions & brillante de gloire.

Sa mémoire, chérie des Gaulois, se conserva long-temps dans leur cœur : on se la rappelle encore avec reconnoissance, car outre les grandes choses qu'il fit dans cette contrée, il est recommandable pour y avoir le premier redonné de la force aux ressorts de l'Etat. Il fit cette opération desirée depuis par tant de gouvernemens ; la réforme qui rétablit l'équilibre & donne à l'Empire l'à-plomb qu'il avoit perdu, en lui rendant ses revenus nets, & sa recette égale à sa dépense ; elle fut renouvelée par Charlemagne, & elle peut toujours l'être malgré la distance des temps, parce que la bonne époque est celle de l'ordre, & que tous les momens s'y prêtent quand le bien de l'Etat l'exige.

A tout ce qu'il fit pour la gloire & le bien de notre nation, il y joignit encore le sentiment de l'amitié ; le séjour de Paris fut celui qu'il affectionna, & les soldats de cette contrée jouirent de toute sa confiance. La reconnoissance de nos ancêtres envers ce Prince fut égale à ses bienfaits, ils le vengèrent des outrages de la cour de Constance, & l'élevèrent à l'Empire ; quoique leurs troupes refusassent constamment de passer en Orient, elles se disputèrent l'honneur de l'y suivre, leur plus brave jeunesse l'accompagna jusque dans la Perse, & y partagea ses périls & ses lauriers. La joie que causa aux Gaulois ses succès dans la Pannonie, la mort de Constance, son élévation sur son trône & ses victoires en Orient, se changea en fureur au bruit de sa mort ; ce peuple, extrême en tout, massacra les envoyés de Jovien, son successeur, porteurs de cette triste nouvelle.

Ce Prince, qui avoit passé avec l'éclat & la rapidité de la foudre, ne fut pas plutôt expiré, que les barrières de l'Empire furent rompues du Couchant au Levant. Jamais la renommée n'annonça rien d'aussi prompt dans l'Univers, & jamais nouvelle ne fut suivie d'une aussi grande révolution. Cette mort fut le signal de l'assaut dans les trois parties du monde. Francs, Allemands, Quades, Sarmates, Pictes (*a*), Goths, Saxons, Parthes, Maures, tout fondit à-la-fois sur les Romains. Ces maîtres du monde, épuisés, accablés sous le nombre, crurent que c'étoit beaucoup faire que de se défendre. Dès-lors il ne fut plus question de conquérir; ils connurent des bornes, & depuis ils reculèrent toujours devant elles. On verra bien des Empereurs opposer aux Barbares une vigoureuse résistance; mais malgré leur succès, l'Empire est entamé; ses ennemis introduits dans son sein, le déchirent peu-à-peu, jusqu'à ce qu'enfin ce grand corps tombant sous leurs coups, ils en partagent les membres épars.

Le Comte Théodose, père de l'Empereur de ce nom, fut chargé de combattre les Francs; il eut des avantages, mais il ne les chassa pas des Gaules. Ce peuple entreprenant profita au contraire de la confusion de l'Empire, & de la considération dont il jouissoit à la Cour des Empereurs, pour se fortifier & y prendre racine. Aussi allons-nous lui voir tenir le premier rang à la cour de

(*a*) Peuples qui habitoient une partie de l'Ecosse.

ces Princes, comme dans leurs armées, depuis le règne des enfans de Conſtantin juſqu'à la chûte d'Empire d'Occident. Valentinien eut dans Mérobaud, Dagalaïphe & Mellobaud, des Officiers d'un courage & d'une fidélité à toute épreuve. Le premier, Grand-Maître de la Milice, vécut dans la plus haute conſidération juſqu'au moment où, enveloppé dans le malheur de l'Empereur Gratien, il lui donna, par ſa mort, une preuve de ſa fidélité envers ſon Prince (*a*). Dagalaïphe, après avoir commandé les armées de Conſtance, de Julien, de Jovien, & s'être couvert de gloire en Orient & en Occident, ſervit encore ſous Valentinien. Il échut à ce Prince dans le partage qu'il fit avec ſon frère, à Néiſſe en Servie (*b*), des meilleurs Officiers de l'Empire. Mellobaud, Comte des domeſtiques du Palais, étoit un des Rois Francs. Mézeray nous dit (*c*) qu'il étoit un Prince belliqueux & vaillant, qui avoit tout pouvoir auprès de Gratien, & qui étoit un des chefs de ſon Conſeil. Il rendit à Valentinien

---

(*a*) Il périt à Lyon avec Gratien. Une Médaille frappée en cette ville par ordre de Valentinien II, paroît un monument deſtiné à perpétuer la vengeance de ce crime. Elle repréſente Gratien, & ſur le revers eſt Maxime, ſon meurtrier, à genoux, les mains liées derrière le dos devant Théodoſe. Autour, on lit *Gloria Romanorum*. Au bas *Lugd.*

(*b*) C'eſt plutôt Niſſa, ville de la Turquie Septentrionale d'Europe, ſur la Niſſava ſelon pluſieurs Géographes, & ſur la Zucora ſelon la carte de la mer Noire, nouvellement publiée par le ſieur Dezauche, qui place cette ville entre le 43 & le 44 degré de latitude, & le 19 & le 20 de longitude du Méridien de Paris.

(*c*) Page 466.

deux services qui font autant d'honneur à son courage, qu'à la nation qu'il commandoit.

Les Saxons, après avoir été battus dans une descente qu'ils firent sur les côtes des Gaules, tentèrent le sort des combats sur terre. Leur armée marchoit vers Cologne, & traversoit le pays des Francs leurs anciens ennemis, lorsque l'Empereur accourut à la tête de ses légions, & passa le Rhin. Le Roi des Francs, Officier de l'Empereur, à la vue d'une nation qui avoit fait des conquêtes sur la sienne, n'hésita pas à se joindre aux Romains. La connoissance des lieux, ses troupes & sa valeur, ne furent pas une des moindres causes de la victoire que Valentinien remporta à Duisbourg sur les Saxons, en 374. Cette expédition le fit manquer au rendez-vous qu'il avoit donné aux Bourguignons, pour marcher ensemble contre les Allemands. Ces peuples, religieux observateurs de leur parole, furent si outrés, comme on le verra dans la suite, de cette défection, qu'ils égorgèrent les prisonniers Romains qu'ils avoient en leur puissance.

Macrian, Roi des Allemands, avoit attiré les armes de Valentinien qui l'avoit vivement poursuivi; il lui avoit échappé plusieurs fois, particulièrement à Visbaden (*a*) où l'Empereur en personne avoit manqué de le surprendre. Ce Prince, aussi brave dans les combats qu'habile dans les négociations, fatiguoit les Romains par des

(*a*) Ou Wisbaden dans le Comté de Nassau, à 2 lieues de Mayence au Nord. Ce lieu étoit connu des anciens sous le nom *d'Aquæ Mattiacæ*.

entreprises hardies & multipliées, leur suscitoit des ennemis, & détachoit leurs alliés. Mellobaud contint souvent cet ennemi dangereux, & à la fin en délivra l'Empire dans une bataille où son adversaire, qui étoit entré dans le pays des Francs, perdit la victoire & la vie.

La fortune des Francs ne connut bientôt plus de bornes; elle s'éleva jusqu'au Consulat, ce rang suprême au-dessous duquel étoient rangés les Rois. Mellobaud avoit été honoré de ce titre, & le Comte Baudon, Franc d'origine, fut désigné par l'Empereur Gratien pour remplir cette place éminente, en 380. Baudon étoit un homme d'un génie supérieur, que son courage & sa capacité élevèrent à la cour de Valentinien II, & qui gouvernoit l'Empire avec l'Impératrice Justine, pendant la minorité de son fils.

Ricomer fut honoré du Consulat, & Gratien ne dédaigna pas d'en partager les honneurs avec lui; il l'avoit encore désigné, avant sa mort, avec le Comte Baudon. Il commanda depuis les armées de Théodose, & jouit à Constantinople de la même considération qu'à Trèves. Arbogaste, que nous verrons bientôt jouer un si grand rôle, fut aussi Consul, & succéda, après Baudon, à toute l'autorité que le Comte avoit eue auprès de ce jeune Prince.

Tel étoit l'ascendant qu'avoient pris les Francs, qu'ils commandoient presque par-tout. Le crédit des particuliers augmentoit tous les jours, ainsi que la puissance de la nation. Nous les avons vus, sous Valentinien, vainqueurs des Saxons & des Allemands : nous allons les voir

à

à présent vainqueurs des Romains. La victoire les avoit fait passer sur ces degrés sanglans pour arriver jusqu'à eux.

Maxime, meurtrier & successeur de Gratien (*a*), sortoit à peine des Gaules pour aller combattre Théodose, que les Francs, commandés par leurs Princes Marcomir & Sunnon, s'emparèrent de Cologne, fondirent sur la Belgique, & se répandirent dans les autres Provinces. Les Généraux Quintinius & Nannius, auxquels Maxime en avoit confié la défense, marchèrent à eux avec toutes leurs forces. Une partie des Francs se retira à Cologne ; & l'autre, ayant eu une affaire avec les Romains, dans la forêt Charbonnière, aujourd'hui Mormalle en Hainaut (*b*), se retira avec désavantage & repassa le Rhin. Leurs forces se réunirent de l'autre côté du fleuve. Leurs ennemis, enflés de leurs premiers succès, le passèrent après eux, & les deux armées se trouvèrent en présence. Les Francs, qui connoissoient mieux le terrain, occupèrent le poste le plus avantageux. Ils étoient alors pleinement instruits dans l'art militaire des Romains, & ils leur en donnèrent une terrible leçon ; car l'armée de ces derniers fut taillée en pièces, & détruite entièrement à l'exception d'un petit nombre de fuyards qui s'échappa dans les bois. Tout le bagage fut pris, & les enseignes passèrent entre les mains des Francs, comme

Théodose, année 388.

(*a*) Voyez Médaille, N°. 23, où Gratien paroît à genoux demander grace.

(*b*) Partie de la forêt d'Ardenne, auprès du Queínoy.

le témoignage de la victoire la plus signalée qu'ils eussent encore remportée.

C'étoit pour la seconde fois que les Romains avoient été totalement défaits au-delà du Rhin. Cette victoire, qui les plongea dans la consternation, n'eut cependant pas des suites bien avantageuses pour les vainqueurs. L'Empereur Valentinien leur opposa deux armées. Arbogaste, qui en commandoit une, traita de la paix avec Marcomir. Les deux chefs s'abouchèrent à cheval, & convinrent des conditions. Quatre cents ans auparavant, Arioviste & César avoient agité le sort des Gaules de la même manière : tant les grands hommes font peu d'attention aux vaines & puériles cérémonies de la représentation ! Mais Rome, la première fois, étoit victorieuse, & son pouvoir alloit en croissant : ici elle étoit vaincue, & sa puissance tomboit. La position de ses ennemis étoit alors la même qu'avoit été la sienne. Aussi eut-elle les mêmes suites, c'est-à-dire, la conquête des Gaules; mais d'une manière moins rapide, parce que la nation qui conquit la seconde fois, étoit moins puissante.

Cette paix fut de peu de durée; car Arbogaste, en 391, deux ans après, entra dans le pays des Chamaves, l'un des peuples Francs. Marcomir, trop foible pour le combattre, se contenta de l'observer de dessus les hauteurs, sans en venir à une action. Cette guerre défensive fatigua l'ennemi, qui fut contraint de faire sa retraite.

Mais Arbogaste, qui avoit été le soutien de Valentinien, devint son tyran. Commandant ses armées, disposant des graces de la cour, absolu dans l'Etat, il tenoit toute l'autorité réunie dans sa main. Valentinien, indigné de l'audace d'un sujet qui le bravoit, & ne lui laissoit qu'un titre sans pouvoir, résolut de le précipiter d'un poste d'où il dominoit sur l'Empire & sur son maître. Arbogaste le prévint en élevant à sa place Eugène qui lui étoit dévoué, & qu'il fit monter sur le trône encore fumant du sang de Valentinien. Cet évènement est terrible, mais il n'est pas extraordinaire; il se renouvellera, avec des circonstances plus ou moins atroces, toutes les fois que la puissance, dans le Palais, appartiendra à un Officier unique. Maître des forces qui entourent le Prince, & du lieu de sa demeure, il le sera à la longue de sa personne; les sujets accoutumés à tenir les graces de sa main, passeront sans effort sous sa domination. Aussi Constantin agit-il en habile politique en divisant l'office de Préfet du Prétoire. Il a été sagement imité depuis dans plusieurs monarchies, où l'on a divisé les grandes charges du Palais, & créé plusieurs Officiers dont les pouvoirs différens & à-peu-près égaux sont sans force par leur division & leurs chocs, & vont se perdre sous le trône, bien loin d'aller jusqu'à lui.

Arbogaste, ce Franc audacieux qui dominoit sur ses maîtres & sur l'Occident, veut encore régner sur l'Orient. Il fait plier ses passions au gré de son intérêt, & assortit ses sentimens à ses vues; d'ennemi irréconciliable qu'il étoit des Francs ses compatriotes, il devient leur ami, & prétend, avec leur aide, soumettre l'Univers à ses loix. Théodose lui oppose ces fiers enfans du Nord, ces Goths & ces Sarmates, le fléau des Romains. Mais les Francs &

les Germains, dans cette journée, devinrent le leur; guidés par le génie, & animés par l'exemple d'Arbogaste, ils taillent en pièces les Goths; leur chef Bacure, & dix mille de ses soldats restent sur le champ de bataille. Le lendemain ne fut pas aussi heureux, l'habileté de Théodose, & ses talens militaires lui firent remporter une victoire complète. La prise d'Eugène (*a*), sa mort, celle d'Arbogaste, la fuite des Francs, & la conquête de l'Occident en furent le fruit.

Marcomir & Sunnon ne furent pas aussi heureux contre Stilicon que contre Nannius & Quintinius. Ce Général de l'Empereur Honorius, aussi habile qu'insinuant, fit en 395 des traités d'alliance avec plusieurs peuples voisins des Gaules; il gagna une partie des Francs avec des présens & des pensions, fit tuer Sunnon, & prit Marcomir, ce chef redoutable; soit qu'il le dût à la victoire ou à la trahison, il le relégua en Toscane. Malgré ces malheurs, les Francs conservèrent néanmoins leurs conquêtes, mais en reconnoissant la supériorité des Romains sur les pays seulement dont ils s'étoient emparés; car jamais Stilicon ne leur fit la loi au-delà du Rhin; il n'en eut ni le temps ni le pouvoir. Le calme dura environ douze ans jusqu'en 409. Alors ils rompirent pour la dernière fois les liens qui unissoient les uns & assujet-

(*a*) Cet évènement est célébré par une Médaille de Théodose. On voit sur le revers Eugène à genoux, tendant à son vainqueur à cheval des mains suppliantes. Au bas sont les ornemens Impériaux, & autour ces mots : *gloria Romanorum*, voyez Médaille, N°. 24.

tissoient les autres aux Romains. Ils élevèrent leurs enseignes contre les Aigles, élurent un Roi unique, qui devint le concurrent de l'Empereur dans les Gaules ; & protégèrent les Armoriques qui s'étoient révoltées.

Nous convenons avec reconnoissance que nos ancêtres dûrent beaucoup aux Romains : il les firent jouir des avantages des sciences & des arts, & des douceurs de la société ; ils les délivrèrent du joug d'une religion sombre & cruelle, & des mains sanguinaires de ses Ministres, qui se jouoient de leur liberté, de leurs biens & de leur vie. Mais, comme s'il étoit de la destinée de l'homme de ne pouvoir jouir parfaitement, & que le bien dût toujours être empoisonné par le mal, les dons précieux de ces conquérans n'en furent pas exempts. Sous prétexte de protéger leurs nouveaux sujets, ils les faisoient gémir sous le fardeau excessif des impôts, & les abandonnoient aux vexations de leurs partisans & de leurs Officiers : on a vu à quel degré le mal étoit parvenu à l'arrivée de Julien. La justice étoit ruineuse pour ceux qui la sollicitoient, & les oracles de Thémis se ressentoient de la corruption de ses Ministres.

Les biens que les Gaulois tenoient des Romains, s'étoient effacés de leur mémoire. Les sciences & les arts les ayant rendus plus sensibles & plus délicats, leur systême politique ne leur parut plus qu'une tyrannie, leurs Officiers des partisans avides, & leur administration un gouvernement oppresseur, qui, dans le désespoir de soutenir plus long-temps ses sujets contre ses nombreux ennemis, les pilloit lui même. La haine fermentoit dans les cœurs,

& le mépris s'y joignit au moment où leur foiblesse se manifesta. Delà le mécontentement, les vœux sourds pour un changement de domination. Ce fut dans ces circonstances favorables que Teudome ou Théodomir, premier Roi des Francs dans les Gaules, vint se présenter à leurs portes.

DES ROIS
QUI ONT RÉGNÉ
AVANT CLOVIS.

TEUDOME OU THÉODOMIR,
PREMIER ROI (a).

C'EST de ce moment que commence véritablement l'hiſtoire de nos Rois. Nous en ſommes à l'époque où le temps écoulé n'eſt plus indifférent pour ces Princes ; il va ſe repréſenter pour leur gloire ou leur honte. Il eſt utile pour le bien des hommes que l'Hiſtorien ait le privilége d'évoquer les mânes de ceux qui les gouvernent, pour les citer au tribunal de la poſtérité. Ce Monarque repoſe dans le ſilence du tombeau ; les pas des ſiècles en ont effacé les caractères, des évènemens l'ont fait diſparoître de la tradition ; vaines précautions pour le ſouſtraire au ſouvenir des générations. C'eſt inutilement qu'on

(a) Voyez Médaille, N°. 25.

a voulu empêcher le nom d'Eroſtrate de parvenir à la poſtérité, & qu'on a voulu lui celer les noms & les actions de quelques hommes ; la juſtice & l'hiſtoire réclament contre ces défenſes & contre l'abus de l'oubli. Les temps ſont rappelés, la mémoire eſt remiſe en vigueur ; les traits même ſont retracés, quel qu'ait été le maſque qui les a couverts, eût-il été de fer ; l'œil de l'hiſtoire pénètre partout ; ſa main ſaiſit celui qui s'étoit enfui dans les ténèbres du paſſé, ſous un manteau inconnu ; elle le marque de ſon ſceau, & le livre aux regards & au jugement de la poſtérité.

Heureux le Roi qui n'eſt pas animé par l'eſprit de conquête ! il ne met pas ſa gloire à fonder des colonies, à aſſujettir des peuples qui ſe ſéparent à la longue ou ſe ſoulèvent, & mutilent, lorſque le reſſort de leur liberté ſe redreſſe, la nation ſanglante qui les avoit ſubjugués. Heureux le Prince qui, loin des projets ambitieux, concentrant ſon bonheur dans ſes Etats, n'a pour objet que leur félicité ! Sa vertu, le ſeul monument digne de mémoire, ſe conſerve au milieu de l'oubli général. Il viendra un temps où la philoſophie, en poſſeſſion de la plume de l'hiſtoire, ne s'occupera plus que des Princes dont la gloire eut pour but l'utile & le juſte, & qui ont été pénétrés de cette vérité : que pour bien régner, il faut une vertu qu'aucune autre qualité ne peut ſuppléer, qui eſt d'aimer les hommes ; que le meilleur & le plus grand des Rois eſt celui qui chérit davantage ſes ſujets, & travaille le plus à leur bonheur. L'hiſtoire alors, au lieu d'être un tableau de dévaſtation & de cruauté, ne ſera plus qu'un récit de la ſageſſe des Princes & du bonheur des peuples. Nous touchons, ſous le règne actuel, à ce degré de perfection de gouvernement; mais combien nous en étions éloignés ſous les premiers Rois Francs, lors du paſſage de la nation dans les Gaules! Auſſi allons-nous voir ces règnes, comme ceux de tous les conquérans, plus remarquables par les combats que par la félicité des peuples.

Nous avons vu juſqu'ici l'hiſtoire des Francs ſubordonnée à celle des Romains; elle va s'élever actuellement par ſes propres forces, & devenir une hiſtoire particulière, propre au peuple dont elle traite. On va poſer la première pierre de ce grand édifice, en préſentant le règne de Théodemir ou Teudome, ce premier Monarque des Francs dans les Gaules.

Les Francs, arrivés ſur les frontières des Gaules, frémiſſoient de rage devant les barrières qui les avoient arrêtés pendant tant d'années : ils s'animoient à les renverſer & à envahir l'Etat qu'elles défendoient. L'ancien propriétaire, de ſon côté, étoit en armes pour repouſſer l'uſurpateur & défendre ſes poſſeſſions. Ils reſſembloient, dans cette poſition, à deux rivaux qui ont déja le bras levé pour ſe frapper. Mais il n'étoit pas difficile de prévoir de quel côté ſe déclareroit la victoire entre deux puiſſances dont l'une n'ayant que l'extérieur impoſant de ſa grandeur, étoit agitée dans ſa décrépitude par des convulſions continuelles; & l'autre petite, mais agile, nerveuſe & animée du feu d'une jeuneſſe ſauvage & indomptée : encore la première avoit-elle rendu ſon épuiſement ſans reſſource, par la haine qu'avoit inſpirée ſon gouvernement vicieux & révoltant. C'eſt ſatisfaire aux vues de l'histoire, que d'exposer en deux mots les moyens pernicieux dont le funeste emploi opéra sa ruine, & précipitera celle de tout peuple assez imprudent pour s'en servir.

L'esprit d'une nation varie comme les siècles & les évènemens; l'art du gouvernement est de saisir cet esprit, & de le régir d'une manière qui y soit relative; mais vouloir qu'une administration qui a réussi selon les mœurs d'une nation, soit encore continuée lorsque ces mœurs ont changé, c'est prendre à contre-sens les principes qui gouvernent les hommes. Le caractère des peuples heurté & pris au rebours, s'aigrit & s'irrite; le mécontentement & le dégoût surviennent : delà le passage sous une autre domination. Ce fut ce qui arriva aux Romains. Dans les commencemens, ils accablèrent les Gaules de charges & d'impôts; les peuples consternés par leurs défaites sous César, ignorant le luxe & les besoins factices, payoient par crainte, & se défaisoient librement du superflu; mais lorsque le temps leur eut fait oublier leurs défaites, lorsqu'ils eurent connu le luxe & la mollesse des Romains, & qu'à peine leurs revenus suffirent pour satisfaire leurs goûts, alors les impôts, qui avoient été en augmentant, leur parurent excessifs. Civilisés, devenus, en quelque façon, Romains par leurs alliances & le mélange de leur sang, leur esprit acquit une élévation, & leurs cœurs une sensibilité qui les changea en hommes éclairés, impatiens sur la servitude & la tyrannie, & avec qui, dès-lors, il falloit plus de ménagemens. Au contraire, Rome en garda moins, & continua à traiter des hommes instruits & policés, avec la dureté de gouvernement qu'elle avoit établi sur cette terre lorsqu'elle n'étoit peuplée que d'ignorans & de sauvages, tremblans sous le fer qui les avoit soumis. Sa domination étoit détestée ; les cœurs de ses sujets regorgeoient de fiel & de haine, tous leurs vœux tendoient à la ruine de leurs maîtres, & le feu de la révolte couvoit déja dans plusieurs Provinces.

Ce fut dans des dispositions aussi heureuses pour un conquérant, que Théodemir vint se présenter à la porte des Gaules. Cet ennemi, que la mauvaise fortune de Rome lui suscitoit, n'étoit pas un de ces barbares dont le génie, plus destructeur qu'ambitieux, se borne à la conquête d'un pays, sans s'occuper des moyens de le conserver, & qui, se débordant avec l'impétuosité & le fracas d'un torrent, ne paroissent que pour disparoître aussi-tôt. Les succès de ce Prince, les ennemis qu'il suscita aux Romains, attestent sa valeur & son génie. Ses médailles nous le représentent comme un Prince d'une mine haute & doué d'une belle figure ; son habillement & sa couronne annoncent que les arts furent connus sous son règne. Ces avantages étoient les fruits de l'éducation soignée qu'il avoit reçue à la Cour de Constantinople, la plus brillante de l'Univers, où son père Ricimer tenoit le premier rang. Ricimer ou Ricomer étoit un célèbre Capitaine Franc, frère de Priarius & de Mellobaud, selon d'anciens Auteurs qui les qualifient de Princes Royaux ou du Sang Royal. L'Empereur Gratien l'avoit choisi pour son collègue au Consulat, honneur qu'Anastase fit depuis à Clovis, dans le moment de sa gloire. Il se retira, après la mort de Gratien, auprès de Théodose, dont il commanda les armées. Son fils, élevé à la Cour de ce Prince,

& formé par un père qui étoit un des premiers hommes du siècle, ne profita que trop pour les Romains des leçons qu'il reçut d'eux. Son père étant mort, il se retira dans sa patrie, où les Francs, séduits par ses qualités & par les talens qu'il annonçoit dans un âge encore peu avancé, le reconnurent pour leur chef, & le firent succéder au pouvoir de Marcomir & de Sunnon, ses parens. Il ne démentit pas l'opinion qu'on avoit conçue de lui ; il déploya, dans la guerre & dans les négociations, une capacité que sa nation n'avoit pas encore éprouvée. Il se comporta envers les Gaulois avec une prudence qui assura les victoires & les conquêtes de ses successeurs, & fut vraiment, par cette sage conduite, le fondateur de la Monarchie, plutôt que Pharamond qui ne fut pas, à beaucoup près, aussi recommandable par l'éclat de ses actions. Ce règne, comme on va voir, fut marqué par de grands évènemens, & par des monnoies dont l'existence en démontre sans réplique la réalité.

L'année 409 de notre Ère sera mémorable à jamais par la fondation de la Monarchie Françoise, & l'élévation du premier Roi sur les débris de l'Empire Romain ; car ce fut à cette époque que fut fondé ce trône qui subsiste encore aujourd'hui avec tant de gloire, dont les maîtres devinrent Empereurs à leur tour, du haut duquel Louis XIV vit sa famille, plus puissante que l'Empire Romain, régner dans les deux mondes à la fois, & sur lequel est encore assis aujourd'hui l'arbitre bienfaisant de l'Europe. La puissance du Roi fondateur ne s'étendoit alors que sur le Brabant, le pays de Liége, quelques contrées de la Frise & de la Westphalie de l'autre côté du

Rhin. Les troupes que pouvoient lui fournir des pays aussi dépeuplés & aussi peu étendus, n'étoient pas nombreuses ; mais elles étoient aguerries, & marchoient sous un Roi brave & habile dans l'art militaire. Les forces que les Romains avoient à opposer, étoient encore moins nombreuses. La révolte de Constantin, l'irruption des Bourguignons & des Vandales dans le pays des Séquanois, occupoient une partie de leurs troupes. Celles qui étoient opposées au Roi des Francs, furent battues & mises en fuite, & le vainqueur, dans la rapidité de ses succès, s'empara d'une partie de la Belgique & de la seconde Germanique. Il se trouva tout-à-coup maître d'un Etat qui s'étendoit des rives du Rhin au pays des Armoriques, c'est-à-dire, la Bretagne, la Normandie & une partie de la Picardie.

Nous avons vu que la patience de ces peuples étoit poussée à bout ; les impôts, les vexations des Romains, leur foiblesse même dont ils leur faisoient un crime dans leur malheur, les avoient disposés à secouer le joug. Théodemir mit à profit des dispositions aussi favorables à ses desseins. Ses Etats touchant au pays de ces peuples, il s'apperçut, aux étincelles, du feu qui couvoit ; il l'excita du souffle de la révolte, & le changea bientôt en incendie. Les offres qu'il leur fit de son amitié & de ses forces, les déterminèrent : le joug Romain fut secoué, & le gouvernement Républicain succéda au plus rigoureux despotisme. Puissans par eux-mêmes & alliés d'une nation victorieuse, qui, depuis deux siècles, tenoit les Romains en échec sur le Rhin, ils crurent n'avoir rien à redouter de leur courroux. Les forces des Confédérés s'unirent,

& plusieurs villes situées aux extrémités des Gaules, telles que Leyde, Maëstricht, Utrecht, se rendirent avec leurs garnisons, & par leur jonction, augmentèrent les forces des alliés (*a*). Cette ligue devint, pour les Romains, l'ennemi le plus formidable qu'ils eussent eu depuis long-temps. Il s'ensuivit une guerre sanglante, entremêlée de différens succès pendant six ans. Ils parvinrent, il est vrai, à faire rentrer sous le joug les peuples révoltés, mais ils ne purent parvenir à chasser les Francs de la Toxandrie (*b*), & des villes voisines qui s'étoient soumises à eux, & qui formèrent le berceau de la Monarchie, ni à dissoudre les liens d'amitié qui avoient uni les Gaulois & les Francs: nœuds funestes pour les Romains, puisque ce fut par leur moyen que leurs ennemis s'emparèrent de leur puissance, les possessions se rangeant naturellement sous la domination qui a les cœurs.

La source de cette amitié qui avança autant les affaires des Francs dans les Gaules, que deux siècles de combats, prit son origine dans l'affabilité & le génie de leur Roi.

(*a*) Zozyme, cité par Mézeray, dit que toute la lisière Armorique & quelques autres Provinces de la Gaule secouèrent le joug pour établir une espèce de République particulière.

Mézeray, d'après Procope : » Cependant les autres soldats Romains qui étoient en garnison à l'extrémité des Gaules, ne pouvant ni s'en retourner en Italie, ni se rendre parmi les ennemis, qui étoient Ariens, savoir les Vandales, passèrent vers l'ennemi, c'est-à-dire, les Francs & les Armoriques, & leur livrèrent le lieu qu'ils tenoient; mais ils ont gardé leurs mœurs, & lorsqu'ils vont à la guerre au service des Francs, c'est avec un pareil nombre d'hommes qu'ils fournissoient aux Romains «.

(*b*) Ce qu'on appelle aujourd'hui la Campine dans les Pays-Bas Autrichiens & Hollandois, & partie de l'Evêché de Liége.

Les sujets se modelant sur le Prince, leurs alliés conservèrent, de leurs manières & de leurs secours, un souvenir profondément gravé dans leur cœur. Comparant dans la suite la hauteur & l'avidité des Romains avec la conduite amicale d'une nation avec qui ils avoient combattu & vécu en égaux, ils la favorisèrent toujours depuis; mais la conduite du Prince qui avoit su donner des impressions si favorables de sa nation, qui eut l'art de rendre les Romains odieux à leurs vassaux, tandis qu'il jetoit dans leurs esprits les semences d'une vive amitié pour ses peuples, fut sans contredit une conduite sage, au-dessus de toutes louanges, & désigne un Prince digne de commander aux hommes, puisqu'il sut le mieux captiver leurs cœurs. Nous allons voir ses succès répondre à l'étendue de ses vues.

Les Vandales (*a*), qui avoient passé le Rhin, après avoir battu les Romains & un corps de Francs, profitèrent de la confusion où étoient les Gaules par la révolte de Constantin & de Géronce contre l'Empereur Honorius. Appelés par les uns pour détruire les autres, ils se jetèrent sur les Provinces, suivis des Alains (*b*), & de tous les peuples qui composoient leur confédération. Peu curieux d'adopter aucun parti, ils n'en prirent d'autre que celui de leur intérêt; mais ils y joignirent tant de meurtres &

(*a*) Peuples de l'ancienne Germanie, le long de la mer Baltique, entre le Vahal, l'Elbe & la Drave, aujourd'hui partie de la haute Saxe & de la Prusse.

(*b*) Peuples de la Sarmatie d'Asie, depuis la mer d'Azow jusqu'à la mer Caspienne.

d'atrocités, que la nouvelle ſeule en fit frémir les autres peuples. L'Aquitaine ſeconde, la Novempopulanie (*a*), la Belgique, virent leurs campagnes ravagées, leurs habitans maſſacrés, leurs villes pillées & brûlées, eſſuyèrent les horreurs que peuvent commettre les Barbares les plus féroces; ils prirent & ſaccagèrent Trèves, la capitale des Gaules, Mayence, Rheims, Tongres, & aſſiégèrent Laon. Les Armoriques, voyant ces terribles ennemis prêts à fondre ſur eux, eurent recours à leur nouvel allié. Il ne leur manqua pas au beſoin; il accourut, & leurs armées réunies marchèrent contre ces furieux, à la lueur des incendies & aux traces de ſang qu'ils laiſſoient ſur leur paſſage.

L'armée des alliés remporta ſur ces Barbares une victoire complette. Tous les Hiſtoriens qui rapportent cet évènement, conviennent qu'il demeura vingt mille Vandales ſur le champ de bataille avec Modigiſile leur Roi, & qu'ils euſſent peut-être été tous exterminés, ſi Reſpendial, un autre de leurs chefs, ne fût accouru à temps pour ſauver les reſtes de cette armée ſanguinaire. Les Vandales, après cette rude leçon, ſe replièrent ſur leurs autres tribus, & toutes enſemble paſsèrent en Eſpagne, chargées des dépouilles des Gaules. L'arrivée d'Ataulfe, Roi des Viſigoths, dans la Septimanie (*b*) & la Narbonnoiſe, hâta le départ des moins diligens, peu curieux d'avoir quelque choſe à démêler avec le compagnon d'Alaric & le vainqueur de Rome. Mais les premiers, qui avoient échappé à la victoire des Francs, paſsèrent les Pyrénées,

(*a*) Tout le pays, depuis Bordeaux juſqu'aux Pyrénées.
(*b*) Le Languedoc.

au

au commencement d'Octobre de l'an 409, selon la chronique d'Idace, & peu de temps après leur défaite; ce qui démontre leur frayeur.

Ce fut à la célébrité de cette victoire, que les Francs dûrent un nouveau triomphe. Vengeurs de la cruauté & des ravages les plus affreux, ils le furent encore de l'honneur outragé. Un Sénateur de Trèves (a), dont le tyran, ou le Gouverneur Jovin, avoit débauché la femme, eut encore le malheur d'être raillé par le corrupteur. Le cœur ulcéré & plein de rage, il résolut de secouer le joug d'un maître aussi impudent; il appela les Francs, & leur livra la ville & les Romains.

Ce fut ainsi que la capitale des Gaules passa sous la domination des Francs. Rome elle-même venoit d'essuyer le même sort. Elle n'étoit plus cette fière Reine de l'Univers. Les nations outragées lui rendoient alors ses mépris, & la couvroient d'opprobres; ses superbes citoyens étoient la proie de ses ennemis; ils étoient chargés des chaînes dont ils avoient menacé l'Univers; leur sang couloit sur la place où ils s'étoient plu à répandre celui des Rois vaincus; les richesses qu'ils avoient entassées depuis tant de siècles, se partageoient entre les Barbares; leurs gémissemens & leurs maux ne touchoient personne. Tous les yeux voyoient avec plaisir accabler de douleurs & de plaies une ville qui en avoit accablé l'Univers, & qui célébroit chaque crise des maux qu'elle avoit fait souffrir au genre humain par des jeux & des triomphes.

(a) Mézeray a mis cet évènement sous l'Empereur Avitus; mais il est plus vraisemblable sous Jovin qui demeura à Trèves.

Alaric & ses Visigoths triomphoient alors. Maîtres de cette ville, qu'ils avoient prise d'assaut, ils lui faisoient sentir toutes les horreurs qui accompagnent une victoire de cette nature. Enfin, elle avoit été prise, pillée, saccagée; la majesté de l'Empire avoit été violée; le Prince fuyoit; son trône étoit renversé, & Rome portoit à son tour les fers dont elle avoit chargé tant de nations. On verra dans la suite comment les membres épars de ce chef avili subirent la même loi.

Rome ainsi humiliée, les alliances de Théodemir, ses conquêtes & ses succès assurant sa puissance, il voulut que l'indépendance de ses Etats s'étendît jusque sur l'argent qui entroit dans le commerce, se prétendant aussi absolu chez lui que les Romains dans leur Empire. Il fit frapper des pièces de monnoie qui portoient son empreinte, & annonçoient à ses anciens dominateurs que leur monnoie ne seroit plus reçue dans les Etats de ce Prince que par réciprocité, & qu'ils avoient un concurrent dans les Gaules.

Le droit de battre monnoie a toujours été, comme il l'est encore aujourd'hui, la prérogative la plus authentique de la Souveraineté. Les Romais en étoient si jaloux, qu'ils la refusoient au Roi des Parthes. La monnoie, considérée en elle-même, est une représentation des productions d'un pays, & annonce que ce pays est sous la protection du Prince dont cette pièce porte l'empreinte. Dès-lors il dut y avoir deux puissances. C'étoit ainsi que les Princes Francs s'essayoient au trône des Gaules. Le hasard a dérobé à la lime du temps, & à la main inconstante de l'homme qui se plaît à détruire, toutes les formes des pièces frappées au coin de ce premier Roi, comme des titres authentiques de la fondation de la plus ancienne Monarchie de l'Europe (*a*). Pharamond, qu'on a cité comme le premier Roi, a-t-il jamais eu une pareille preuve en sa faveur? & a-t-on jamais rapporté de lui un acte aussi éclatant de Souveraineté? Comment, depuis tant de siècles, a-t-on pu passer aussi légèrement sur notre histoire, pour ne pas s'arrêter à un point aussi remarquable? Et comment, l'ayant connu, n'est-on pas empressé de le mettre à sa place, & de le rétablir dans son ordre?

Le règne du nouveau Roi n'avoit été marqué jusque-là que par des succès & des évènemens heureux; mais il n'est rien de durable en ce monde, & la fortune, aussi mobile que la roue qu'on lui donne, abandonna subitement le parti qu'elle avoit comblé de faveurs pendant cinq ans. Rome commençoit à respirer; les dissensions de ses ennemis & l'éloignement des Goths lui donnant le temps de se remettre de l'étourdissement où l'avoit jetée le rude coup qu'elle venoit de recevoir, elle revint à elle-même, & portant ses regards au loin, elle vit ses Provinces révoltées, son Empire bouleversé, & son autorité

(*a*) Ces monnoies sont des tiers de sol appelées *tremisses*. Elles représentent le buste d'un homme d'une figure belle & d'une attitude élevée; la tête est ceinte d'un diadême de perles; un demi-cercle de perles, qui passe du devant de la tête au derrière, en forme de voûte, fait une espèce de couronne fermée avec la légende *Teudome*, *Rex*. Sur le revers est une espèce de trophée avec des perles, posé sur deux degrés, & deux étoiles aux côtés & trois au dessus, avec ces mots, *vulta conno*. Bouteroue, qui rapporte cette pièce figurée, dit qu'on lit sur d'autres, *civitas conno*. Le défaut de croix sur cette monnoie, annonce que le Prince étoit Payen. Et Mézeray, qui dit qu'il y a le mot *Teudemer*, a été trompé.

méconnue. S'occupant des moyens de réparer ses pertes, & ne pouvant encore souffrir de retranchement dans sa puissance, car le malheur n'avoit pas changé son esprit de domination, elle envoya dans les Gaules le Comte Castin, le meilleur de ses Généraux, avec des troupes nombreuses. Ce Général y joignit celles que purent lui fournir les Provinces qui obéissoient encore au malheureux Honorius, & marcha vers la Belgique avec toutes ses forces réunies. Ce pays devint le théâtre de la guerre qu'il fit aux Francs & aux Armoriques. Elle fut sanglante, & variée d'abord par les succès. Les Confédérés étoient puissans & aguerris, les Romains nombreux & bien commandés ; mais ils ne purent empêcher les alliés, déja maîtres de Trèves & de Cologne, de s'emparer de plusieurs villes de la Belgique & de la Germanique, & des plus fortes places qu'ils eussent sur le Rhin, depuis cette dernière ville jusqu'à la mer. Ceux-ci essuyèrent aussi de grands échecs dans différentes rencontres, & dans une bataille sur-tout où Théodemir perdit la vie dans la chaleur du combat. Il y a des Auteurs qui prétendent qu'il fut pris & tué par les Romains (*a*). Ce qu'il y a de cer-

(*a*) Mézeray, d'après Grégoire de Tours, qui dit que *Teudemer*, Roi des Francs, fils de Richimer, & sa mère Ascilla, furent mis à mort comme rebelles contre les Romains, ainsi que les actes Consulaires en font mention.

Mais le Président Fauchet, liv. 2, chap. 10, contrarie cet Auteur par ce passage : » Il me souvient avoir lu dans une chronique ramassée par un plus » ancien que Charles Martel, que le premier Roi chevelu, élu par les Francs, » s'appeloit Theudon, fils de Richimer, tué en bataille par les Romains «.

La chronique paroît mieux instruite que Grégoire, à en juger par le mot Theudon qui est le véritable.

tain, c'eſt qu'il mourut dans cette guerre, en 415. Ainſi périt le premier Roi de France vraiment Roi, puiſqu'il ſecoua tout-à-fait le joug des Romains, qu'il vécut & mourut leur ennemi, & que les monnoies, marques éternelles de ſon règne, furent frappées à ſon coin, & portent encore ſon empreinte.

PHARAMOND,

DEUXIÈME ROI.

Les Francs se retirèrent après ce malheureux évènement, & leurs alliés rentrèrent dans le devoir. Les premiers s'occupèrent du soin de leur gouvernement. Leur Roi, tué à la fleur de son âge, laissoit des enfans très-jeunes. On nomma un tuteur qui, par la sagesse & la douceur de son gouvernement, pût guérir les plaies que la nation venoit de recevoir, & lui donner le temps de réparer ses forces par un régime doux & une paix profonde. Le Prince (*a*), sur qui tomba le choix, justifia les vues des Electeurs. Nous le connoissons sous le nom de Pharamond, qui n'est ni Celtique ni Tudesque, & qui paroît dériver du mot Warmond, qui signifie tuteur en cette dernière langue. Il n'auroit été, dans cette hypothèse, que Régent des enfans de Théodemir; puisque nous voyons dans la chronique rapportée par le Président Fauchet, & plus ancienne que Charles Martel, que le premier Roi chevelu, élu par les Francs, s'appeloit Theudon, fils de Richimer, tué en bataille par les Ro-

(*a*) Pharamond étoit du Sang Royal; son père Marcomir avoit régné sur les Francs. D'anciennes chroniques font Priarius & Ricomer frères de Mellobaud, & Marcomir fils de Priarius. En ce cas, Pharamond auroit été parent de très-proche de Théodemir.

mains. Ainſi Pharamond n'eût pas été le premier Roi, & ſon nom n'eût été qu'un terme corrompu du nom de Warmond (*a*), comme ſon règne n'eût été qu'une Régence. Mais, dans l'incertitude d'évènemens auſſi reculés, on n'oſe aſſurer qu'il n'ait pas été élu Roi enſuite, du conſentement de la nation. Il y a beaucoup d'apparence qu'il fut décoré de ce titre éminent, puiſque c'eſt un fait aſſez généralement avoué qu'il fut élevé ſur le bouclier en 419, cinq ans après la mort de Théodemir. Si ce fait eſt vrai, ſon élévation fut la récompenſe de ſes ſervices, de la ſageſſe de ſon gouvernement & de ſes lois. Enfin, une preuve qu'il a régné, eſt l'exiſtence de la loi Salique qu'on n'attribue à aucun autre qu'à lui. D'ailleurs, le ſentiment de tant d'anciens Ecrivains & d'habiles Hiſtoriens qui ont fait mention de ce Prince, me paroît trop reſpectable pour le rejeter du nombre de nos Rois (*b*).

(*a*) Cette opinion n'eſt pas nouvelle. Le Préſident Fauchet, chap. 10 du liv. 2, dit, après avoir témoigné des doutes ſur la royauté de Pharamond : » Auſſi d'aucuns penſent que les Francs ayant un Roi mineur, au temps de » ſon élection, il fut, (le Royaume) gouverné par un Warmond «.

(*b*) M. Févret, dans ſon diſcours préliminaire qui eſt à la tête de ſa bibliothèque hiſtorique de France, répand beaucoup de lumières ſur différens points par les remarques ſuivantes.

» Au reſte, diſoit le père Lelong dans une note miſe à la fin de ſa ſuite » chronologique, on tombe d'accord que c'eſt un ſentiment nouveau, mais » bien fondé, de retrancher Pharamond du nombre de nos premiers Rois de » France, 1°. parce que le père de notre hiſtoire, Grégoire de Tours, & tous » les Ecrivains des ſixième & ſeptième ſiècles, n'en font aucune mention ; » 2°. parce que le commencement & la fin de ſon règne, dont on ne ſait » aucunes circonſtances, ne ſont appuyés que ſur la chronique de Tyro-» Proſper, Auteur interpollé, particulièrement dans pluſieurs endroits où il » parle des Rois de France, & fort décrié, au jugement de tous les Savans.

Si Théodemir fut le Romulus des François, Pharamond en fut le Numa. Son règne pacifique fit éclore des loix sages, des établissemens utiles, répara les forces de sa nation épuisée par les entreprises & les combats du dernier règne, & prépara les matériaux dont Clodion fit usage en attaquant les Romains, & en augmentant la France d'une partie de la Belgique. Son règne ne fut que de dix à onze ans, espace qui ne remplit pas tout l'intervalle qui se trouve entre Théodemir & Clodion, & qui fait croire qu'il y eut un interrègne, ou, ce qui seroit plus conforme au mot de Warmond & à l'inauguration de ce Prince en 419, qu'il n'auroit été que tuteur ou régent, jusqu'à cette dernière époque. On a prétendu, & cette tradition est de la plus haute antiquité dans le pays, qu'il a été inhumé sur la montagne de Framont, la plus

» Selon le père Lelong, Clodion est mort après un règne de trente-sept ans, » étant monté sur le trône en 414 «.

Mais ce sentiment, dit M. Févret, est combattu, & n'est rien moins qu'avoué. Il dit dans un autre endroit : » Si le Sentiment de l'abbé de Longuerue, » que le père Lelong a suivi, mérite la préférence sur certains points, il y a » d'autres sentimens aussi qui peuvent l'emporter de beaucoup sur le sien «.

Revenant ensuite sur ces deux points, il dit : » Au reste, la Monarchie Fran» çoise est encore plus ancienne dans les Gaules, si l'on fait attention à ce que » M. Freret avance dans son traité de l'origine des François, qui est encore » manuscrit. Selon lui, les Saliens, principale tribu des Francs, de laquelle » viennent nos premiers Rois connus, s'établirent, en 297, dans la Toxandrie, » aujourd'hui le Brabant Septentrional, & furent confirmés dans cet établisse» ment par Julien, en 358. Là étoit *Dispargum*, aujourd'hui Duisbourg, d'où » Clodion partit pour s'emparer de Cambrai. C'est le premier Roi nommé par » Grégoire de Tours, le père de notre histoire; mais aussi il reconnoît que les » Francs en ont eu auparavant. Les Romains même en ont nommé plusieurs «.

Il résulte delà que *Dispargum* étant la Capitale d'un Etat qui existoit avant Clodion, cet Etat & cette Capitale avoient eu des Souverains avant lui.

élevée

élevée de celles qui ſéparent l'Alſace de la Lorraine, à ſix lieues de Molsheim (*a*).

Ce qui rendra ce règne mémorable à jamais, eſt la rédaction de la loi la plus ancienne de la Monarchie On remarque dans beaucoup d'articles, des traits qui caractériſent les mœurs des Germains, & prouvent mieux que les plus ſavantes diſſertations l'origine des Francs. On diſtingue dans d'autres une ſageſſe naturelle qui contraſte ſingulièrement avec l'ignorance de la nation. La rédaction de ce code d'un peuple barbare fut faite, comme celle des loix de Solon, ſous les yeux du public dans trois aſſemblées ou malles, ainſi que les qualifient les anciennes chroniques.

Si les Francs ne durent à ce Prince ni conquêtes ni victoires, il leur impoſa une plus grande obligation en leur donnant un corps de loix, poſſeſſion la plus précieuſe de toutes pour un peuple qui n'en a pas. Eh! qu'importe au bonheur des hommes la gloire ſanguinaire des armes? Qu'a fait pour eux ce conquérant, qui, en répandant le ſang de ſes voiſins, a fait couler celui de ſes ſujets; à qui les deux Etats à-la-fois reprochent leur dépopulation, & les deux peuples leur misère & leurs plaies? Combien plus précieux à la mémoire des hommes le ſouvenir du Prince qui appela le bonheur & les arts, qui les fit fructifier à l'ombre de la paix, qui, par des loix ſages, apprit

(*a*) Voyez Dom Mabillon, diſcours ſur les anciennes ſépultures des Rois de France, dans les Mémoires de l'Académie des Inſcriptions, tome II, long. 25, 10. lat. 48, 35. M. le Chevalier de Jaucourt, qui fait cette citation dans le Dictionnaire Encyclopédique, article Frankemberg, dit que la tradition n'eſt pas nouvelle ni deſtituée de fondement.

à ſes ſujets le chemin de la modération & de la vertu, & qui leur donna l'exemple avec le précepte, en préférant la plume du Légiſlateur au glaive du conquérant!

A la vérité, le Souverain d'un vaſte Empire qu'il a conquis, eſt un ſpectacle impoſant aux yeux des hommes qui jugent des choſes par l'extérieur; mais autant l'appareil de ſa puiſſance & l'éclat de ſon trône excitent leur admiration, autant ce ſentiment ſe changeroit en haine & en fureur contre lui, ſi on dépouilloit ce trône de la draperie ſéduiſante qui l'entoure, & ſi on le voyoit tel qu'il eſt, dégouttant de ſang & élevé ſur un monceau de têtes humaines.

CLODION,

TROISIÈME ROI.

C'est au règne de ce Prince que le Père Le Long, l'Abbé de Longuerue, M. Mille & plusieurs autres Ecrivains, veulent que commence la Monarchie Françoise : ils se fondent sur le silence de Grégoire de Tours. Mais Aymoin, Tyro-Prosper, la chronique antérieure à Charles Martel, les chroniques suivantes & la tradition, remontant à une époque presqu'aussi ancienne que Grégoire de Tours, balancent leur sentiment; il n'est rien moins que fondé, au rapport de l'Ecrivain le plus versé dans la connoissance de notre Histoire; le savant Févret, auteur de la Bibliothèque historique de France (*a*), qui est une collection parfaite de tout ce qui a été écrit & imprimé à ce sujet; je renvoie à la note du dernier règne, qui renferme son jugement, pour m'occuper de celui de Clodion.

On n'ose assurer si ce Prince, qui monta sur le trône en 430 (*b*), étoit fils de Théodemir ou de Pharamond. Quoi qu'il en soit, il lui succéda sans contradiction, &

(*a*) A Paris, chez Nyon l'aîné, & fils, rue du Jardinet, 5 vol. *in-fol.*

(*b*) Suivant Mézeray 428, & suivant l'art de vérifier les dates 427.

commença ſon règne par ſes opérations militaires contre les Romains.

La nation s'étoit refaite, pendant la paix du dernier règne, de ſes fatigues & de ſes pertes; l'eſprit de conquête lui étoit revenu avec les forces. Sous le commandement d'un jeune Roi, l'audace s'étoit jointe à ſes diſpoſitions guerrières. Les frontières des Romains ſont aſſaillies; les Francs, lancés du fond du Brabant, tombent avec la rapidité de la foudre ſur le Hainaut & l'Artois: leur ſuccès leur enflent le cœur; ils les célèbrent par des fêtes, & veulent que leurs ennemis en ſoient ſpectateurs. Un des chefs ſe marie; l'hymen vient mêler ſes chants à leurs cris de joie. Le Roi & l'armée entière s'occupent de feſtins, auſſi tranquillement que s'ils euſſent été à Tongres ou à *Diſparg* (*a*).

A quelque diſtance de cette joyeuſe armée étoit campé Aëtius, général des Romains; un détachement commandé par Majorien, que ſon mérite éleva depuis à l'Empire, s'avance à petit bruit, & fond ſur les convives. On conçoit la réſiſtance que dûrent faire des gens ainſi préparés, & qui, pour toutes armes, avoient la coupe à la main. Auſſi la déroute fut-elle complette: une partie de l'armée dut ſon ſalut à la fuite; l'autre périt ou fut priſe, & de ce nombre fut l'épouſée, cauſe du déſaſtre. Cet évènement arriva à Heſdin, appelé alors *Vicus Helenæ* (*b*), Bourg d'Hélène, la quatrième année du règne de Clodion. Les

(*a*) Ce Roi, ſelon Grégoire de Tours, demeuroit au château de *Diſparg*, dans le pays de Tongres, aujourd'hui Duisbourg, dans la Weſtphalie.

(*b*) C'eſt aujourd'hui le vieux Heſdin.

François ont toujours été les mêmes; ils ont aimé à ſe réjouir chez leurs ennemis. Douze cents ans après, François Ier. donnoit des fêtes en Italie, & fut plus malheureux encore que Clodion (*a*). Au reſte, tous deux étoient jeunes alors, & avoient de grandes qualités. On connoît celles de François Ier; la ſuite du règne de Clodion & le témoignage de Grégoire de Tours, qui dit qu'il fut un *profitable Roi*, atteſtent celles de ce Prince.

Cet échec ne fut pas le ſeul qu'il reçut. Aëtius l'attaqua & le chaſſa de ſes conquêtes, c'eſt-à-dire, du Hainaut & des pays voiſins, mais non de la Toxandrie dont la poſſeſſion lui demeura toujours, & paroît avoir été indépendante de tout revers depuis le règne de Théodemir (*b*). Retiré à *Diſparg*, & ſe contentant d'être ſur la défenſive, il attendit prudemment une occaſion plus favorable de ſe venger & de s'étendre.

Le ſort des nations qui attaquoient alors l'Empire, n'étoit guère propre à encourager les autres : une armée de Viſigoths qui avoit attaqué la ville d'Arles, avoit été battue, & le Général fait priſonnier. Aëtius, vainqueur, avoit paru en même-temps ſur le ſommet des Alpes, & en avoit précipité les *Juthunges* (*c*) qui ravageoient la

(*a*) En 1743, nos troupes ayant été obligées d'évacuer Prague, les ſoldats aſſis ſur la neige, le 6 Janvier, crioient *le Roi boit* avec du pain de munition & buvant de l'eau. Je tiens ce fait d'un Officier du régiment d'Orléans qui en fut témoin.

(*b*) Dom Liron, après l'auteur de la vie de Sainte-Geneviève, a établi que Clodion n'avoit jamais été chaſſé entièrement des Gaules. Voyez Grégoire de Tours, & la citation du premier auteur de la Bibliothèque hiſtorique de France.

(*c*) Peuples qui habitoient les bords du Danube.

Rhétie ; on l'avoit vu aussi-tôt mettre en fuite, sur les bords du Danube, les peuples révoltés de la Souabe & de la Bavière. Les Armoriques, les paysans attroupés sous le nom de Bagaudes, exercèrent sa valeur ; il les eut à peine soumis, qu'il lui fallut combattre de nouveau les Francs, les Visigoths, les Bourguignons.

Les ennemis de Rome augmentant tous les jours, à mesure que ses forces diminuoient, Aëtius se vit dans l'impossibilité de défendre un aussi grand Continent que les Gaules, où les Barbares abordoient de toutes parts. Malgré ses victoires, il s'affoiblissoit journellement. Obligé de diviser ses forces, celles de ses ennemis sembloient se multiplier après leurs défaites ; il combattoit contre une hydre dont les têtes coupées renaissoient en plus grand nombre. Il avoit déja perdu du terrain ; les Bourguignons, les Visigoths occupoient de vastes pays ; les Bretons étoient cantonnés sur la lisière des Armoriques, les Alains sur la Loire. Il étoit alors occupé à réprimer l'usurpation des Bourguignons, & les Provinces du Nord étoient dégarnies de troupes. Clodion jugea l'occasion favorable, & le moment venu d'étendre les limites de son Royaume, & d'en assurer les fondemens sur des conquêtes solides. Il s'indignoit à la vue de tant d'autres peuples qui dominoient dans les plus belles Provinces, tandis qu'il étoit resserré dans un pays froid & marécageux. A ces motifs se joignoit le ressentiment de ses anciennes défaites. Brûlant du desir des conquêtes & de la vengeance, honteux d'arriver des derniers, il sort de Dispargen 444, non avec le fracas de ses premières expéditions, mais avec la prudence qui assure le succès. A la suite d'une marche dérobée, dans le silence de la forêt Charbonnière (a), il fond sur le Hainaut; Bavai, Cambrai, Tournai tombent sous ses armes; il déploie ses étendards jusques sur les bords de la Somme, fait de cette rivière la frontière de ses Etats, & Amiens en devient la capitale.

Ce fut à la date de cette conquête importante & rapide, que la France fut vraiment une puissance. Elle devint alors un Etat solide & assuré par son étendue, le nombre de ses peuples & la force de ses places. Trois causes concoururent à la réussite de cette grande entreprise; 1°. l'éloignement des troupes Romaines, & la foiblesse des garnisons; 2°. les vœux des peuples dont une partie étoit composée de Francs qu'avoient transportés les Romains, comme on l'a dit plus haut: faute énorme en politique, & qu'on a blâmée dans le temps; 3°. la bonne conduite de ces conquérans & leur modération qui les faisoit desirer pour maîtres, préférablement aux Romains devenus exacteurs, & chargeant leurs sujets d'un joug qui devenoit plus pesant en portant sur moins de têtes.

Plusieurs Auteurs, entr'autres Mezeray, ont placé à cette époque l'échec que reçut Clodion en célébrant les noces d'un de ses Officiers. Le sentiment de ceux qui l'ont placé au commencement de son règne, est plus probable; d'abord, parce que ce ne fut pas Aetius, mais Majorien qui le vainquit (b); en second lieu, parce qu'il n'est guère

(a) C'est la forêt de Mormalle, près le Quesnoy dans le Hainaut.

(b) Voyez Sidoine Apollinaire qui a chanté cette victoire.

vraisemblable qu'un vieux Général aille s'amuser à célébrer des noces en présence de l'ennemi, & se laisse surprendre. Une telle conduite désigne plutôt un jeune homme, tel qu'étoit ce Prince dans la première de son règne. On a confondu cet échec avec celui dont on va faire mention.

Trois ans après ces conquêtes, Clodion fit une nouvelle irruption, & passa la Somme. Son fils, qui conduisoit une partie de son armée, attaqua Soissons. Aëtius, qui étoit de retour de son expédition contre les Bourguignons, repoussa la division que commandoit le jeune Prince qui perdit la vie. Clodion mourut deux ans après ce revers, en 449 (*a*), & non en 451, comme le prétend le père Le Long, puisque cette année fut celle de l'invasion d'Attila, & que Mérovée régnoit à cette époque. Ce Prince laissa deux enfans auxquels il donna pour tuteur Mérovée, son parent; preuve que les successeurs des Rois, en bas âge, avoient des Régens, & que l'usage en étant établi, Pharamond avoit pu l'être des enfans de Théodemir, quoique décoré en même-temps de la dignité Royale: ce n'est point un fait isolé dans notre histoire, ni un principe qui fût contraire au gouvernement, puisque nous voyons le même évènement se répéter sous la seconde race, & Eudes, Comte de Paris, être fait, en 888, Régent avec le titre de Roi, pendant la minorité de Charles-le-Simple.

Clodion mourut dans un degré de puissance supérieure à celle des Rois Francs qui l'avoient précédé, puisqu'il

(*a*) Suivant l'art de vérifier les dates en 448.

régnoit

régnoit depuis la Somme jusqu'au Rhin, & depuis la Moselle jusqu'à la mer. Il affermit, par son exemple ou par ses ordonnances, l'usage des cheveux longs, qui subsistoit bien avant lui, au point qu'il n'est parvenu à la postérité qu'avec le surnom de Chevelu.

Dans la seconde année de ce règne, Venise (a) s'éleva du sein des eaux pour commander à la mer. Fière de sa liberté, de son commerce & de ses possessions, elle a déja subsisté autant que ce Royaume.

(a) Voyez Pierre Marcel, Historien Vénitien.

MÉROVÉE,

QUATRIÈME ROI (a).

LE règne de ce Roi, quoique court, fut remarquable par de grands exploits, par des évènemens célèbres, & par l'assurance du sceptre dans sa famille; car depuis lui, les fils ou les frères de Rois se succédèrent constamment. A peine Clodion fut-il mort, que ce Prince, qui étoit son parent, prit les rênes du gouvernement sous le titre modeste de tuteur, qui lui avoit été conféré par le dernier Roi. Mais l'ambition lui fit fermer les yeux sur les devoirs de sa charge. Abusant de la foiblesse de ses pupilles, profitant de l'amitié d'Aëtius & de l'impatience d'un peuple guerrier, qu'une minorité sembloit condamner à l'inaction, il se fit proclamer Roi dans Amiens, capitale du nouveau Royaume, au préjudice de Clodebaud & de Clodomir, fils de Clodion. La Reine, mère de ces enfans dépouillés de l'héritage paternel, se sauva avec eux sur le Rhin, jusqu'au moment où ces Princes se réfugièrent, l'un auprès d'Attila, & l'autre auprès des Romains, implorant le secours de ces puissances contre l'usurpateur.

Mais alors un évènement terrible suspendoit les haines,

(a) Voyez Médaille, N°. 26, d'après une des deux rapportées dans Bouteroue.

& enchaînoit le reſſentiment de tous les peuples ennemis pour les réunir contre un ſeul. Le Nord le diſputant au Midi, qui, juſques là, avoit été en poſſeſſion de produire les fléaux contagieux qui ravagent l'Univers, en avoit à ſon tour vomi un plus affreux & plus cruel que tous les ſiens. Attila étoit ſon nom. Il étoit précédé, comme la mort, de la terreur & de l'effroi, & ſuivi de guerriers dont l'aſpect ſeul inſpiroit l'horreur. L'hiſtoire de la nature qui marche de front avec celle des hommes, exige qu'on faſſe connoître ces affreux enfans qu'elle nourriſſoit dans le Nord, & qu'elle préſenta alors pour la première fois à l'Europe. Habitans de la Tartarie Septentrionale, diſgraciés par la nature qui n'avoit fait de leurs corps qu'une maſſe informe ſemblable à un bloc ébauché, ils avoient ajouté à la laideur de leur figure tout ce qu'on peut attacher d'affreux aux traits humains, c'étoit l'effet d'un goût corrompu marchant toujours à la difformité. Ils vainquirent autant par l'horreur qu'ils inſpiroient que par leur férocité. Ce phénomène ne fut pas paſſager : le Calmouck (*a*), tranſplanté dans les mêmes climats, nous reproduit aujourd'hui ſa laideur ; il eſt une preuve exiſtante des idées différentes de l'homme ſur le beau, de ſon Empire ſur ſon extérieur & ſa forme, & de la variété des moules de la nature dans chaque contrée.

L'affreux conquérant, teint du ſang de ſon frère,

(*a*) Les Calmoucks, auſſi appelés les Eluths, ſont des peuples de la Tartarie indépendante : ils ſont au Nord de l'Inde, & ſont originairement Mogols. Il paroît qu'ils habitent le pays connu autrefois ſous le nom de *Serica*, dans la *Scythia intrà Imaüm*.

s'avançoit vers les Gaules ; il ne marchoit que sur des tas de morts. Il avoit déja fait disparoître de l'Europe & des frontières de l'Asie des villes puissantes & des peuples entiers. Plusieurs nations glacées de crainte, s'étoient laissé moissonner sans résistance ; d'autres fuyoient devant le glaive exterminateur. Cet ennemi du genre humain, dont il se qualifioit insolemment le fléau, joignant la ruse à la cruauté, cherchoit à diviser les peuples, pour en rendre le massacre plus sûr. Il assuroit aux Romains qu'il vouloit exterminer les Francs & les Visigoths ; & il faisoit entendre à ces derniers, que son but étoit de les défaire de ces ennemis de l'Univers ; mais la soif insatiable du sang, la mort qu'il étendoit indistinctement sur les différentes nations, leur fit ouvrir les yeux, & appercevoir le danger. Il ne fut plus question alors de haine & de rivalité ; elles cessèrent à l'instant. Le Romain, le Franc & le Visigoth, qui avoient le bras levé l'un sur l'autre, restèrent immobiles au cri du salut commun qui retentissoit de toutes parts : ils baissent aussi-tôt leurs glaives, se serrent la main, en signe d'amitié & de secours, & marchent avec confiance sous leurs drapeaux réunis.

Cet exterminateur, qui étoit entré dans les Gaules par la Germanie, où il avoit encore grossi son effroyable armée, & fait couler des fleuves de sang, avoit saccagé les Provinces Septentrionales, & étoit devant Orléans qui n'attendoit plus que le moment de sa ruine, lorsque l'armée des alliés parut. Elle avoit pour chefs le Patrice Aëtius, Théodoric, Roi des Visigoths, & Mérovée, Roi des Francs ; mais le Général Romain, encore plus grand que les Rois, dans le déclin même de l'Empire, avoit la principale autorité.

C'eſt ici le moment de faire connoître ce Romain mémorable qui couvrit cette contrée de ſa gloire, & en fit l'admiration par ſon gouvernement & ſes victoires. L'Occident n'avoit rien vu de plus grand, & ſans les fautes que lui fit commettre la jalouſie, on n'auroit à lui en reprocher aucunes. Auſſi profond politique qu'habile guerrier, il repouſſa pendant trente ans les plus redoutables ennemis ſur le Rhin & ſur le Danube. Le mauvais deſtin de l'Empire lui en ſuſcita de terribles de tous côtés, il ſe meſura avec chacun d'eux, & fut ſupérieur à tous; préſentant toujours un front menaçant, on le vit tour-à-tour vainqueur des Viſigoths, des Francs, des Bourguignons, des Armoriques & des Allemands, contenir tous ces peuples par la terreur de ſes armes; il reſſembloit dans le déclin de l'Empire à une belle colonne élevée au milieu des ruines & d'édifices barbares. Tel étoit l'homme que la fortune réſervoit pour l'humiliation du ſuperbe Attila.

Ces chefs réunis forcent, à leur arrivée, le camp des aſſiégeans, pénètrent juſque dans la place, & obligent Attila à en lever le ſiége. Ce barbare avoit une armée de quatre à cinq cents mille hommes, commandés par différens Rois qui ſervoient ſous ſes ordres. La diſcipline des alliés & l'habileté des Généraux l'effrayèrent, & lui firent prendre la réſolution de retourner ſur ſes pas. Ses ennemis le ſuivent & l'atteignent dans les plaines de Châlons en Champagne, vaſte champ de bataille des deux plus nombreuſes armées qui fuſſent alors dans l'Univers.

Tant d'Historiens ont parlé de cette journée, & en ont fait des relations détaillées, qu'il est inutile de l'entreprendre. Ce qui intéresse l'Histoire de France, c'est que Mérovée, qui commandoit une aile, y montra beaucoup de courage, & enfonça les Barbares qui lui étoient opposés, tandis qu'Aëtius qui commandoit au centre, & Théodoric à la gauche, en firent un grand carnage de leur côté. Ce dernier chef ayant été tué, son fils Thorismond n'en devint que plus furieux, & acheva la déroute de l'aile gauche. Enfin, les Huns (*a*) & leur Roi vaincus s'enfermèrent dans leur camp, & s'y fortifièrent pendant la nuit qui étoit survenue fort heureusement pour eux. La fureur de ces peuples guerriers avoit éclaté la nuit précédente d'une manière plus terrible encore. Un corps de Francs de dix à douze mille hommes ayant rencontré un corps de Gépides (*b*), à-peu-près d'égale force, les deux partis combattirent avec tant de rage & d'obstination, que presque tous les combattans restèrent sur la place. Ce fut probablement pour éterniser la mémoire de cette journée, & la gloire qu'y avoit acquise le Roi des Francs, que ce Prince ou les Romains firent frapper des tiers de sol d'or, qu'on conjecture avoir peut-être servi de monnoie, sur lesquels on lit : *adeduno vilo situr*, & sur le revers, *Asia Jani* (*c*).

(*a*) Peuples originaires du Nord de la Chine, qui ont envahi & ravagé une partie de l'Europe, & sont disparus totalement.

(*b*) Peuples sortis de ce qu'on appelle aujourd'hui la Norwège, & une partie de la Suède.

(*c*) Cette pièce est citée dans les premières de Bouteroue.

Le ſort des armes, pour la première fois, venoit d'être contraire au féroce Attila; il frémiſſoit de rage dans ſon camp. Connoiſſant le courage & l'audace de ſes ennemis, forcé à ſe retrancher devant eux, il ſe voyoit au moment de perdre ſon armée & ſa liberté. Cette idée inſupportable pour un homme ſi fier, qui avoit fait trembler l'Univers, le porta au parti le plus extrême; il fit raſſembler toutes les ſelles de ſes chevaux : comme elles étoient de bois, il en fit une eſpèce de bûcher, prêt à y mettre le feu, & à s'y précipiter après ſa défaite.

On faiſoit tout ce qu'il falloit dans le camp des alliés pour juſtifier cette précaution inſpirée par le déſeſpoir. Le jeune Roi des Viſigoths, qui avoit ſuccédé à ſon père tué dans le combat, ne reſpiroit que vengeance; il inſpiroit ſon ardeur aux autres chefs, & vouloit que, ſans perdre de temps, on courût forcer le camp ennemi. Si ce conſeil vigoureux eût été ſuivi, ç'en étoit fait des Huns & de leur Roi; ce fléau de l'Univers, ce deſtructeur de tant d'Etats, alloit expier, par la honte de ſa défaite & par ſa mort, ſes cruautés & ſes fureurs, & ſubir, en expirant dans les flammes, le juſte châtiment de tant de villes & de provinces incendiées. Mais une victoire ſi complette n'étoit pas de l'intérêt des Romains. Leur Général, content d'avoir vaincu l'ennemi & de l'avoir éloigné, crut qu'il ne pouvoit rien faire de mieux que d'écarter encore ceux qu'il avoit à ſes côtés, ſous le nom d'alliés; il ne vouloit pas leur donner le temps de connoître ce qu'ils pouvoient par leur union, ni leur laiſſer abattre un ennemi dont la ruine n'eût ſervi qu'à les exciter à entreprendre la ſienne. Sa politique lui fit aborder Thorismond sous des dehors affectueux ; & avec les conseils apparens de l'amitié, il lui représenta qu'à la nouvelle de la mort de son père, ses frères alloient usurper le trône & les trésors qu'il avoit laissés à Toulouse, s'il ne les prévenoit & n'arrivoit avant que le bruit s'en fût répandu. Le jeune Prince, frappé de la justesse & de la sincérité apparente de cet avis, part aussi-tôt pour Toulouse, pendant que le rusé Romain va dans la tente de Mérovée lui inspirer la même défiance. Mais ici le conseil devint une prédiction, & le hasard voulut que la chose supposée s'effectuât en même-temps.

Tandis que le Roi des Francs se couvroit de gloire en combattant pour la cause commune, un frère qu'il avoit laissé dans ses Etats, ne lui fut pas plus fidèle que lui-même ne l'avoit été à la postérité de Clodion. Profitant de son absence, il s'empara d'une partie des pays qui lui avoient été confiés. Mais Mérovée, accourant victorieux des Huns, réduisit sa domination au Cambrésis, soit que l'usurpateur l'eût conservé de force, soit que son frère le lui eût cédé à titre de vassalité (*a*). Car nous remarquons dans le tableau historique de ces temps, que les Rois de Cambrai, de Cologne & du Mans, unirent plusieurs fois leurs troupes à celles de Clovis, & marchè-

(*a*) L'Auteur du traité des Généalogies, imprimé en 1736, nous dit qu'Aëtius, après avoir donné ce conseil à Thorismond, en donna un pareil à Mérovée : *Simili & Francorum regem dolo fugavit.* M. Eccard, liv. 2, chap. 7.

En trouvant ce frère à Mérovée, on lui trouve des neveux ; savoir, Regnachaire, Roi de Cambrai, & ses frères Richer & Regnomer. Delà le degré de parenté que Grégoire de Tours donne à ces Princes avec Clovis.

rent

rent ſous lui. Mérovée trouva bientôt l'occaſion de ſe dédommager de cette perte, par la mort d'Aëtius.

La plume de l'hiſtoire doit s'arrêter ſur le ſort de ce Général, pour inſpirer à jamais aux Princes une défiance ſalutaire contre la jalouſie des courtiſans, plus fatale à leurs Généraux que l'ennemi. Ce guerrier, qui faiſoit la force de l'Empire, fut tué par la main même de l'Empereur, irrité par de perfides impreſſions. L'action parut ſi révoltante, que l'imprudent Monarque ne put même obtenir les ſuffrages de ſes Officiers; ſollicitant l'approbation de l'un d'eux, conſterné à la vue du corps ſanglant du défenſeur des Provinces, il lui répondit naïvement qu'il venoit de couper ſa main droite avec la gauche; ce qui ſe vérifia auſſi-tôt. Car au premier bruit de la chûte du gardien de l'Occident, les Barbares contenus depuis tant de temps par ſes victoires, & la terreur de ſon nom, s'y précipitèrent de toutes parts. Pluſieurs Etats qui ſubſiſtent encore en Europe, furent fondés aux dépens de l'Empire; le trône de Valentinien s'écroula, & lui-même périt victime de la fureur d'un mari outragé qui arma contre lui le déſeſpoir où il venoit de jeter ſes ſujets.

Dans la ſecouſſe qui ſuivit des coups auſſi violens, l'Empire, déja affoibli, fut ébranlé & ouvert de toutes parts. Mérovée y pénétra de ſon côté, s'empara de la première Germanique, de la ſeconde Belgique & d'une partie de la ſeconde Lyonnoiſe; ce qui comprend à-peu-près une partie de l'Alſace, l'Electorat de Mayence, le Luxembourg, une partie de la Lorraine, le reſte de la Picardie, hors Soiſſons, & la Normandie juſqu'à la

Seine (*a*); de ſorte qu'il réunit ſous ſon ſceptre tous les Etats que Théodemir y avoit aſſujettis dans le cours rapide de ſes victoires; mais il fit plus, il les attacha à ſon trône par des liens indiſſolubles, & les retrancha pour jamais de l'Empire Romain. Dans le même temps, Majorien ayant été décoré de la pourpre des Céſars, ſon nom & ſes efforts continrent les Barbares, & arrêtèrent la rapidité de l'invaſion qui ſembloit générale. Les Francs ſe renfermèrent dans leurs nouvelles limites. Ce fut là le terme de leurs conquêtes & de la vie de leur Roi, qui mourut en 458 (*b*), après un règne de dix à onze ans.

(*a*) Voyez Sidoine Apoll.

(*b*) 456, ſuivant l'art de vérifier les dates.

CHILDÉRIC.

CINQUIÈME ROI (a).

FILS d'un grand homme, & père d'un héros, Childéric en eut les qualités brillantes & les vices excessifs. Aussi emporté que son fils dans ses passions, il ne les fit servir qu'à sa satisfaction personnelle, & en porta la peine; au lieu que l'autre, chez qui elles furent plus dangereuses encore, eut le talent de se les faire pardonner, parce qu'elles servirent à agrandir l'Etat. Aussi l'un fut chassé, & ne jouit que d'une autorité chancelante; l'autre fut l'idole de sa nation, & jouit d'un puissant Royaume en Monarque absolu. D'où vint cette différence? C'est que l'un n'eut que les passions d'un particulier, & l'autre celles d'un conquérant, & qu'aux yeux du vulgaire, les succès justifient tout.

Ce Prince, âgé de vingt-deux ans à son avènement au trône, en 459 (a), avoit les qualités qui font les règnes éclatans. Doué d'une belle figure, sa taille haute, imposante, relevoit l'éclat de son rang, & son courage répondoit à son extérieur. Son caractère fut aimable, à en

(a) Voyez Médaille, N°. 27, gravée d'après son cachet trouvé dans son tombeau.

(b) Suivant l'art de vérifier les dates, & Velly 456.

juger par les évènemens de sa vie. Son cœur sensible, formé pour l'amour & l'amitié, sut fixer la constance dans l'un & l'autre de ces sentimens. Heureux! si la fougue de la jeunesse & la variété de ses goûts ne l'eussent pas poussé hors de la sphère du bonheur. Mais l'impétuosité de ses desirs & sa destinée qui le réservoit à servir d'exemple aux autres Princes, le précipitèrent dans la débauche & dans tous les égaremens de l'amour. Jouet d'une passion excessive pour les femmes, sans distinction d'état, il fut assez aveugle pour ne pas voir le précipice qu'il creusoit sous ses pas, en attaquant l'honneur d'un peuple libre, dont les mœurs neuves étoient dans toute leur pureté, & dont le caractère franc & généreux ne pouvoit dévorer la honte & souffrir l'infamie.

La nation impatiente se soulève tout-à-coup; elle n'écoute que le ressentiment de ses outrages; &, dans le premier accès de sa fureur, elle dépose, proscrit & chasse son Roi (*a*). Childéric étoit perdu à jamais, s'il n'eût pas eu d'amis; mais il en trouva un dans Guyemans, un de ses principaux Officiers, ami aussi sincère que sujet fidèle. Il hâte la fuite du Prince malheureux, le console dans sa disgrace, l'exhorte à s'en remettre à son zèle; & voulant lui laisser un gage de son dévouement, il rompt une pièce d'or, lui en remet une moitié, garde l'autre & lui dit:

(*a*) Cette condamnation ne seroit pas extraordinaire; elle tient aux usages des peuples de la Germanie, qui, par une suite de cette liberté dont ils étoient si jaloux, avoient voulu, en constituant les Rois leurs juges, qu'ils en eussent eux-mêmes. C'est pourquoi le ban de Croatie étoit juge, en certains cas, du Roi de Hongrie, & l'Electeur Palatin l'est encore de l'Empereur. Il pouvoit y avoir un pareil tribunal chez les Francs.

Prenez cette moitié, celle que je conſerve ſera le ſignal de votre rappel.

Le ſimulacre de la puiſſance Romaine s'étendoit alors ſur quelques Provinces démembrées, le Gouverneur de ce pays ouvert, & ſur le déclin de ſa ruine, commandoit ſous les titres impoſans de Patrice ou de Proconſul : il s'appeloit le Comte Egidius, & jouiſſoit d'une réputation de ſageſſe qui flattoit des peuples ſortant d'une domination déréglée & abuſive. Le ſage Egidius, appelé par les Francs, les gouverna d'abord ſelon les principes avec leſquels il gouvernoit les Romains (*a*).

L'expulſion du Prince & la domination d'un étranger avoient été accompagnées d'un déſordre qui fut fatal au Royaume. Clodebaud, ce fils de Clodion, chaſſé des Etats de ſon père, fatigué d'avoir ſollicité des ſecours pendant tant d'années, ſans en avoir pu obtenir, s'étoit approché du Rhin, à la nouvelle du changement qui venoit d'arriver. Egidius avoit été appelé par les Saliens & les peuples des Provinces nouvellement conquiſes; mais ceux qui habitoient ſur le Rhin, connus ſous le nom de Riparols, n'y ayant eu aucune part, paſsèrent avec la même promptitude, ſous la domination du fils de leur ancien Roi, appuyé des forces de quelques puiſſances de la Germanie. Ainſi Trèves, Cologne & tout le pays que ces villes dominoient, furent démembrés du corps de la

(*a*) Cet évènement, qui nous a été conſervé par la tradition, eſt appuyé du ſuffrage de Grégoire de Tours, Hiſtorien irréprochable; de l'Abbé Lebeuf, qui a défendu la ſouveraineté d'Egidius dans les Gaules & l'expulſion de Childéric; & des Continuateurs de l'Hiſtoire de France, dans les gravures des principaux évènemens depuis la fondation de la Monarchie.

Monarchie, auquel elles ne furent réunies que sur la fin du règne de Clovis (*a*). Les Riparols, ou Ripuaires, étoient ainsi nommés des rives du Rhin qu'ils habitoient. C'est pourquoi on a quelquefois appelé leur pays France Rhénane. Ils avoient leur loi particulière, connue sous le nom de loi Ripuaire.

La puissance du nouveau Monarque fit ombrage aux Romains eux-mêmes, ils armèrent contre lui les Visigoths & les Bourguignons: la cession de Narbonne aux Visigoths, & le titre de Général des armées de l'Empereur accordé au Roi des Bourguignons, furent la récompense des troupes que ces peuples firent marcher contre Egidius. Celui-ci se montra digne de sa fortune par la victoire qu'il remporta sur les Visigoths auprès d'Orléans, mais ses succès furent arrêtés par la révolte des François.

Le Roi Egidius ne se fioit pas à ses nouveaux sujets qui avoient la réputation d'être fort inconstans. Sa prudence contrastoit avec leur légèreté; sa défiance à leur égard,

(*a*) Le savant Auteur du traité des Généalogies historiques, qui rapporte cet évènement, le place en 465, justement la cinquième année de l'exil de Childéric. La prise de Trèves & de Cologne a trompé le Président Fauchet & Mézeray. Ils l'ont rapportée à Childéric, en 467: il ne fut de retour qu'en 468, son exil ayant duré huit ans. Il ne conquit ni ne posséda rien dans ces cantons, puisque nous les voyons encore sous le règne de Clovis, possédés par Sigebert, fils de Clodebaud, qui combattit avec lui, en 494, à Tolbiac (*a*), où il reçut une blessure dont il resta boiteux. Son fils Cloderic se trouva, 507, à la bataille de Vouillé. Ce fils dénaturé ayant fait tuer son père, Clovis le fit tuer à son tour, s'empara de son Royaume, & réunit tous les François sous la même Monarchie.

(*a*) Aujourd'hui Zulpick ou Zulck.

les offenſoit autant que ſa confiance envers les Romains. Son Conſeil étoit plus dirigé par ces derniers que par les Francs, qui étoient, par ce moyen, éloignés des affaires, & foulés par les impôts que le beſoin & le gouvernement Romain avoient fait établir : ils portoient le joug du Prince ſans participer à ſes graces. Guyemans, cet ami de Childéric, devenu un des confidens de ſon ſucceſſeur, le conduiſoit par ſes conſeils dans le piége qu'il lui avoit tendu; il l'engageoit à ſévir, au lieu d'être indulgent, & n'oublioit rien pour rendre ſes réponſes encore plus dures, quand il en étoit l'organe. Le mécontentement arriva, comme il l'avoit prévu; alors il propoſa le remède, & conſeilla le rappel du Roi légitime, à la place de l'étranger. Le conſeil fut approuvé : auſſi-tôt la moitié de la pièce d'or fut envoyée à Childéric. Il part, vole à Bar, où il trouve Guyemans avec un grand nombre de ſes ſujets qui étoient venus au-devant de lui. Mais le Romain, ſoutenu des forces de ſes provinces & des partiſans qu'il avoit encore dans la nation, ne ſe laiſſa pas dépouiller ainſi d'un Royaume où les vœux d'un peuple l'avoient appelé. Le ſort des armes décida du trône entre les deux compétiteurs; il fut favorable à la cauſe la plus juſte : Childéric vainqueur réduiſit ſon adverſaire à rentrer dans ſes anciennes limites, & à s'enfermer dans Soiſſons, capitale de ce qui reſtoit ſous la domination Romaine dans les Gaules.

L'homme parvient à réprimer ſes paſſions, & à changer ſes dehors; mais il eſt rare qu'il aille contre ſon penchant. La galanterie étoit dans Childéric une paſſion qui dominoit toutes les autres. Huit ans d'exil & de malheurs, la perte d'un Royaume, n'avoient opéré aucun changement dans ses mœurs.

Retiré chez le Roi de Thuringe, il ne put résister aux charmes de la Reine son épouse; sa position, le besoin qu'il avoit de ce Prince, les liens de la reconnoissance & de l'amitié, tout fut oublié; sa nouvelle passion triompha de tous ses devoirs. Il n'étoit pas encore raffermi dans ses Etats, que cette Princesse, accourant sur ses pas, vint le joindre, & dissiper par sa présence, aux yeux de ses sujets, tout espoir de conversion. Il crut légitimer, en l'épousant, ce que cette conduite avoit d'odieux; & le grand Clovis, premier fruit de cet hymen adultérin, fit oublier aux François ce qu'il avoit de repréhensible.

Sous ce règne expira l'Empire Romain : après une longue agonie, Odoacre, Roi d'une horde barbare (*a*), lui arracha son dernier soupir; ce fut en 476 qu'arriva ce grand évènement. Comme si le règne d'un enfant eût été mieux assorti à la foiblesse de ce reste d'Empire, il étoit sous les loix d'Augustule, encore pupille. La majesté des titres avoit déchu avec l'étendue des possessions, si l'on en juge par le nom d'Augustule que ce dernier Prince avoit pris, au lieu de ceux de César & d'Auguste.

Ce barbare qui avoit renversé le trône Impérial, & avoit fondé le sien sur ses ruines, n'étoit pas un conquérant féroce & borné; depuis douze ans, il gouvernoit avec une sagesse qui lui attachoit les peuples, avec une

(*a*) Connu sous le nom des Herules, qui habitoient la Germanie Septentrionale le long de la mer Baltique, entre l'Elbe & l'Oder.

atrocité

autorité inconnue (*a*) aux derniers Empereurs, & défendoit vaillamment les frontières de l'Italie lorſqu'un barbare, plus grand encore, vint lui en diſputer la poſſeſſion : cette guerre, dans le cours de laquelle ces deux rivaux montrèrent un courage, & déployèrent des connoiſſances militaires qui firent l'étonnement des Romains, prouva que leur règne étoit fini, que leurs adverſaires étoient alors les vrais Romains, & que l'art des combats avoit paſſé des bords du Tibre ſur ceux du Danube. Odoacre vaincu dans trois batailles, où ſa valeur n'avoit cédé qu'au courage & au génie de ſon ennemi, trouva encore des reſſources & des amis, & ſoutenoit depuis un an dans Ravenne un ſiége glorieux, lorſque la trahiſon de Théodoric mit fin à ſon règne & à ſes malheurs. Cet heureux rival, dont ce crime ſeul entachoit les grandes qualités, fit oublier ſon prédéceſſeur à force de génie & de bienfaits; auſſi ſage que lui, il ne prit que le titre de Roi, & s'éleva au niveau des plus grands Empereurs.

L'ennemi commun terraſſé, chacun s'occupa à enlever ſes dépouilles. Au milieu des mouvemens & de l'agitation de tant de peuples différens, Childéric envahit la Lorraine & le reſte du pays Meſſin, juſqu'à la Champagne qui demeura ferme ſous l'obéiſſance des Romains. Le Comte Egidius étoit mort; le Comte Paul, qui lui avoit ſuccédé, avoit appelé à ſon ſecours les Saxons qui ravageoient les côtes de la mer. Le Roi des Francs, pourſui-

(*a*) Ce Prince, attentif à la conſervation des droits de la couronne, ordonna que l'élection des Papes ſeroit confirmée par les Rois d'Italie.

vant rapidement ſes conquêtes, étoit arrivé ſur les bords de la Seine. Déja il avoit franchi le fleuve, étoit parvenu aux rives de la Loire, & avoit pris Orléans. A cette nouvelle, Avoagre, chef des Saxons, avoit abandonné l'Anjou, joint le Comte, & leurs armées combinées marchèrent à la rencontre de Childéric : ils furent battus, & le vainqueur les pourſuivit juſqu'à Angers, où le Comte Paul fut tué. Mais au moment où le Roi ſe promettoit des conquêtes faciles, un ennemi imprévu, tombant ſur ſes frontières, le force à abandonner ſes projets pour défendre ſes propres Etats. Au bruit de l'invaſion des Allemands, il changea de conduite, fit la paix avec les Saxons ; d'ennemis il en fit des alliés, & à la tête de leurs forces & des ſiennes, marcha auſſi-tôt contre les Allemands, les chaſſa de ſes Etats, & entra dans leur pays. Ce fut au retour de cette expédition fatigante, & à la ſuite de ces différentes entrepriſes, qu'il fut attaqué à Tournay d'une fièvre violente dont il mourut âgé de 46 ans, en 482 (*a*). Il avoit régné vingt-deux à vingt-trois ans.

(*a*) Suivant l'art de vérifier les dates en 481.

(*a*) Hiſt. de l'Egliſe Gall., tome 2, page 172.

» L'an 1653, on découvrit à Tournai, proche l'Egliſe de Saint Brice, le » tombeau de Childéric. Il étoit plein de richeſſes, ſelon la coutume des an- » ciens François, qui mettoient dans le tombeau des perſonnes de qualité une » partie des tréſors qu'elles avoient poſſédés. Il y avoit dans celui-ci cent mé- » dailles d'or, deux cents médailles d'argent, une épée dont la poignée & le » fourreau étoient ornés d'or ; de plus, le fer d'une hache & celui d'un jave- » lot, un étui d'or avec un ſtilet pour écrire, une petite tête de bœuf d'or, » qui étoit ſans doute une idole, environ trois cents abeilles d'or, un globe » de cryſtal, enfin un anneau d'or ſur lequel étoit gravée la figure de Chil-

Paris n'étoit pas encore soumis à l'Empire François : quoique Mézeray fasse honneur à Childéric de la conquête de cette ville, & Jean de Serres à Mérovée, il y a lieu de croire qu'elle fut plutôt l'ouvrage de Clovis à qui elle fut rendue après la défaite de Syagrius. Les expéditions de Childéric, du côté de la Seine, ne paroissent que des incursions peu propres à réduire une ville déja forte, & défendue de tous côtés par l'eau. Sigebert, Nangis & le Président Fauchet disent que Clovis conquit la Thuringe en 495 & 496, après avoir élargi son Royaume jusqu'à la Seine, & par conséquent il avoit pris Paris. Cinq ans auparavant, il avoit gagné la bataille de Soissons sur Syagrius, & les Provinces que ce Patrice défendoit, s'étoient données à Clovis après la défaite & la fuite de son rival.

Quoique la ville de Paris eût été habitée par quelques Empereurs, & qu'elle fût, par sa situation, une des plus fortes places des Gaules, elle ne fut remarquable que sous Clovis, qui, saisissant l'avantage de sa position, en fit la capitale de son Royaume. Avant cette distinction hono-

» déric, tenant de sa main droite un javelot avec cette inscription, *Hilderici* » *regis*. C'est ce qui fit juger que c'étoit le tombeau de ce Prince. On y trouva » deux têtes d'homme & la tête d'un cheval. On croit que c'est le cheval de » Childéric qu'on aura enterré avec lui, & que les trois cents abeilles d'or » ornoient le caparaçon de ce cheval. Comme on voit des croix sur la plupart » des médailles qui étoient dans ce tombeau, un savant Auteur a cru en pou- » voir inférer que Childéric étoit Chrétien; mais ces médailles sont frappées » au coin des Empereurs Chrétiens, & c'étoit une partie du butin enlevé aux » Gaulois par Childéric. Toutes les pièces trouvées dans ce monument, furent » d'abord données à l'Empereur Léopold qui en fit présent à Louis XIV; » elles sont aujourd'hui dans le Cabinet du Roi «.

rable, elle avoit passé par tous les degrés de la foiblesse, & avoit eu les commencemens les plus obscurs. Sortie du sein de la boue dont elle portoit le nom (*Lutetia*) sous les Gaulois, le culte d'Isis, sous les Romains, l'avoit ennoblie, & elle en avoit pris sa dénomination. Renfermée dans l'Isle que forment les bras de la Seine, il s'en falloit bien qu'elle eût, sous Charlemagne même, & sous ses descendans, la grandeur & la pompe qu'elle étale aujourd'hui sur les rives de ce fleuve; mais elle étoit forte, & la clef du Royaume : l'Etat étoit perdu si les Normands s'en fussent emparés. Toutes leurs forces échouèrent contre cette ville, après le siége le plus long & le plus mémorable dont l'histoire fasse mention; c'est à sa belle défense que le Royaume doit son salut, & la Maison régnante sa grandeur. Les François, jaloux de reconnoître la bonne conduite d'Eudes ou Odon, qui avoit soutenu ce siége mémorable, & s'étoit couvert de gloire aux yeux de l'Europe, l'élurent pour leur Roi. Tel fut le premier pas des Capétiens vers le trône; ce fut ainsi que le chemin en fut glorieusement tracé à Hugues Capet par ce Prince, son grand-oncle, en 888.

Les deux maisons qui ont occupé le trône après celle de Clovis, existoient alors, mais dans un degré de puissance différent. Les ancêtres de Saint-Arnoult, chef des Carlovingiens, demeuroient au château d'Héristal sur la Meuse (*a*). La possession de ce fort semble indiquer qu'ils descendoient des Capitaines Francs, qui aidèrent les premiers Rois dans leurs conquêtes sur les Romains.

(*a*) Dans l'Evêché de Liége.

Hugues Capet, ou plutôt Robert-le-Fort, ſon biſaïeul, deſcendoit de Princes régnans alors en Allemagne. L'influence de ce principe généalogique ſur notre hiſtoire, nous oblige à en rapporter les preuves; il en réſultera que la maiſon de ces Princes étoit différente de celle de Charlemagne, quoi qu'en diſent pluſieurs Auteurs & Généalogiſtes modernes, & que Witikind ou Widichind, Duc de Saxe, en eſt la ſouche.

La première fois qu'il en eſt fait mention, eſt en 844, à la bataille que Charles-le-Chauve perdit contre Nomenoé, Duc de Bretagne, où ſon armée, dit Aventin, étoit compoſée de François & de chevaux-légers Saxons, conduits par Witikind & Robert ſon fils, prédéceſſeurs de Hugues Capet.

Nous voyons qu'au Parlement tenu à Compiègne, en 861, Charles-le-Chauve, voulant oppoſer aux Bretons & aux Normands un Général aſſez habile pour les contenir, donna le pays qui eſt entre la Seine & la Loire à Robert, fils de Witikind, Saxon iſſu du grand Witikind, & donna la Hollande à Thierry, dont la famille en jouit juſqu'en 1343.

Robert-le-Fort fut tué à Briſſarthe en Anjou, en 867, dans un combat contre les Normands, avec la réputation du plus vaillant Capitaine de ſon ſiècle, diſent les anciennes Annales.

Odon, ce vaillant défenſeur de Paris, fils de Robert, fut élu Roi, du conſentement de la nation, charmée de ſa valeur & de ſa bonne mine. Sur ces entrefaites, l'Empereur Guy étant venu juſqu'à Langres, pour faire valoir ſes prétentions ſur le Royaume, les Ambaſſadeurs de

France furent lui repréſenter qu'Odon avoit été élu du conſentement de la nation. Il avoit été déclaré Roi-régent pendant la minorité de Charles-le-Simple ; il n'étoit cependant pas ſon parent, comme on le prouvera dans peu ; & quand ce Prince vint ſe préſenter, la majeure partie des François, contents de l'adminiſtration d'Odon, & du courage avec lequel il défendoit le Royaume contre les Normands & les autres ennemis de l'Etat, perſiſta à le reconnoître. On voit par-là qu'il gagna les cœurs des François, & qu'il les tranſmit à ſa famille.

On convenoit dès ce temps qu'il n'étoit pas de la famille de Charlemagne. Nous voyons dans la lettre de Foulques, Archevêque de Rheims, adreſſée à l'Empereur Arnoul, & rapportée par Flodoart : » Que ce » Prélat s'excuſe d'avoir conſenti à l'élection d'Odon, » au préjudice de Charles-le-Simple encore enfant, parce » que le Royaume étant en danger, avoit beſoin d'un » chef redoutable ; mais que Charles étant plus avancé » en âge, il devoit le ſecourir pour recouvrer ſon » Royaume, afin que ceux qui *n'étoient de ſon eſtoc &* » *ſang*, & qui déja s'étoient faits Rois, ne fuſſent plus » puiſſans que ceux à qui le Royaume appartenoit : *ab* » *ſtirpe regiâ alienus*, ce ſont ſes termes «.

La traduction de ce paſſage eſt du Préſident Fauchet, auſſi exact qu'inſtruit. Le ſavant Auteur des Généalogies hiſtoriques des maiſons Souveraines eſt du même avis. Celle de la famille de Hugues Capet étoit ſi bien établie du temps de Henri III, que François de Rozières, Archidiacre de Toul, ayant avancé dans un ouvrage que les Princes de Guiſe deſcendoient de Charlemagne, le

Roi ordonna à Ponthus de Tyard, Evêque de Châlons, & l'un des plus savans hommes du Royaume, de réfuter cette Généalogie; ce qu'il fit en prouvant l'entière extinction des Carlovingiens, & l'origine des Capétiens, remontant à Witikind, Duc de Saxe. Les Princes de la Germanie étoient, de l'aveu de Tacite, de la plus haute noblesse, *reges stirpe, duces virtute.* Or, ces Ducs étoient les Rois de la nation. Les Saxons étoient aussi anciens que les Francs, & la famille de leurs Princes aussi illustre que celle des Mérovingiens; elle étoit plus ancienne que celle de Charlemagne. Cette origine étoit si connue dans le neuvième siècle, que Hugues-le-Blanc, père de Hugues Capet, épousa la sœur de l'Empereur Othon-le-Grand, Duc de Saxe.

ÉTAT DES GAULES
A L'AVÈNEMENT
DE CLOVIS AU TRONE

CE Prince, né pour renverser les Empires, & détruire les Puissances les plus formidables, qui, semblable à la foudre, abattit tout ce qu'il rencontra, fut la terreur de son siècle, l'effroi des nations & le conquérant de son Royaume, étoit doué de qualités assorties à son ambition. Son génie, aussi actif que le feu qui se communique à tout ce qui l'entoure, enflamma les cœurs des Gaulois; sa main victorieuse leur donna le mouvement d'impulsion, & il trouva des hommes disposés à le recevoir. Les ennemis qu'il eut à combattre, ne furent pas des sauvages sans courage & sans discipline. Les peuples qu'il surmonta, furent les Romains, vainqueurs de la terre; les Visigoths, vainqueurs des Romains; & les Allemands, leurs rivaux. Triomphant & élevé sur les trophées sanglans de ces ennemis, son génie législateur se déploya après la victoire, & parut aussi vaste que les grands pays qu'il venoit de subjuguer. Sa main, habile à tenir les rênes de son puissant Royaume, contint, sans confusion, sous son autorité, le peuple conquérant & les peuples conquis. Son courage

courage les avoit vaincus ; sa prudence sut les réunir, en faire un tout, & en composer un seul peuple, sous le nom de François. C'est ce nom donné, à cette époque, aux habitants de toutes les Gaules, qui subsiste aujourd'hui avec plus de gloire que jamais. Le Gaulois y gagna : il avoit perdu son nom sous les Romains & les Visigoths; ceux-ci consentirent à confondre le leur dans un autre plus puissant; & devenus tous sujets du vainqueur, ils lui obéirent comme à leur maître, & le respectèrent comme leur Prince.

Il mérita leur attachement en les pliant avec douceur à de nouveaux usages, & en se conformant aux leurs, au lieu d'agir comme ces conquérans qui ramènent tout à leur volonté, & taillent dans une nation vaincue, comme le sculpteur dans le marbre. Alors fut fondé le Royaume de France, ce corps inexpugnable qui ne craint que lui - même, qui ne peut être renversé que par ses mains. Ses Provinces réunies en corps depuis plus de deux mille ans, n'en ont fait qu'une masse ; malgré leur division apparente, l'esprit de réunion règne toujours. A peine une séparation est-elle faite, que les parties désunies tendent à se rejoindre. Nous avons vu toutes les Gaules, quoique divisées en différens Etats, se réunir, pour leur intérêt général, contre César à Autun ; partagées depuis sous les enfans des premiers Rois, l'esprit de réunion, qui agit avec force, rassembla bientôt le tout; morcélées à l'infini sous les Rois de la seconde & de la troisième race, cette tendance au centre, toujours en action, rapprocha insensiblement ces membres épars. En vain les Anglois s'y établirent par des victoires, & semblèrent prêts à y dominer, ils furent repoussés par la seule détente du ressort national ; le Prince est un point auquel toutes les parties démembrées reviennent toujours. Un Etat puissant par lui-même, monté sur de pareils ressorts, doit subsister long-temps, à moins qu'il ne devienne lui-même son ennemi.

Avant que de lire dans M. de Velly l'histoire du règne de Clovis, on verra peut-être avec plaisir quelles étoient les puissances qui partageoient alors les Gaules, & dans quel état elles étoient chacune à l'avènement de ce Prince au trône. Il y avoit, outre les François, quatre autres peuples principaux ; savoir, les Romains, les Visigoths, les Bourguignons & les Bretons.

I. Quel grand évènement aux yeux des hommes, & quelle leçon pour les puissances! Rome étoit tombée, & l'Empire Romain couvroit la terre de ses ruines. Qu'on se représente un magnifique & antique édifice que ses maîtres, dans leurs dissensions perpétuelles, remplissent de leurs fureurs, plutôt que de s'occuper à le réparer, & à le défendre contre des brigands qui s'efforcent de le piller, & qui, s'écroulant enfin, les écrase dans sa chûte ; alors on aura une véritable idée de la destruction du formidable Empire des Césars : invincible par lui-même, il s'étoit détruit de ses propres mains. La fortune, ennuyée des longues faveurs qu'elle lui avoit accordées, s'étoit tournée du côté de ses ennemis. Attentive à profiter de ses fautes pour le faire rentrer dans l'ordre d'instabilité, dont sa puissance sembloit l'avoir affranchi, elle saisissoit les occasions de le mettre au niveau des autres choses humaines, & de lui en faire sentir l'inconstance. Enfin, elle se plut à anéantir d'un seul coup ce colosse imposant que la victoire & le courage réunis avoient travaillé pendant onze cents ans à élever. Le fer de la liberté, brillant dans la main d'un barbare, frappa sur sa tête le coup de mort; ses membres se desséchèrent & furent dispersés. Ce fut ainsi que la ruine de Rome, par Alaric, entraîna celle de l'Empire. Si on cherche la cause de la perte du plus puissant des Etats, ce n'est pas dans le luxe seul, comme quelques écrivains l'ont avancé, qu'on la trouvera. A la vérité, il y a contribué; mais il n'en a pas été la cause principale. On croit pouvoir assurer que la véritable & la plus sensible fut le changement continuel des Princes, accompagné de sanglantes batailles. Un million des plus braves soldats, qui périrent dans ces divisions intestines, eût bien empêché les barbares de pénétrer dans l'Empire, & lui eût fait un rempart inexpugnable, quand même il y auroit eu encore une fois plus de luxe dans l'intérieur; car ce luxe n'étoit guère senti par le légionnaire, accoutumé à vivre sous la tente.

Une autre cause sensible de la ruine de Rome, & qui a influé sur celle que l'on vient d'indiquer, fut le défaut de ses loix, & le peu de soin qu'elle prit de les graver dans le cœur de ses sujets. Cet Etat, qui avoit un code si volumineux, n'avoit malheureusement pas une ordonnance bien affermie, qui rendît la succession au trône stable dans la famille du Prince, & qui en exclût toute autre. De-là ses guerres civiles, ses malheurs & sa chûte. Une telle loi, au lieu de tant d'autres inutiles ou minutieuses, eût assuré la paix dans l'Empire, & tenu ses forces perpétuellement rassemblées sous les yeux de ses ennemis. Ils seroient encore dans le silence & la frayeur; & cette grande puissance subsisteroit.

Ce n'eût pas été assez d'avoir fait la loi, il eût fallu la graver dans le cœur des citoyens, & la leur inculquer dès leur naissance, les pénétrer de son avantage, & leur inspirer un éloignement invincible pour tout principe contraire. On dira peut-être que l'ambition des sujets l'eût anéantie avec le temps. On ne répondra qu'en citant un exemple, & je le puiserai dans l'histoire de la Monarchie Françoise. La stabilité du trône dans la famille régnante étant un principe sacré chez nous, étant sucé avec le lait, a-t-on vu, depuis huit cents ans, qu'il ait pu être déraciné? Dans un aussi long espace, il s'est assez élevé d'ambitieux; mais la loi a toujours été plus forte que leurs brigues & leurs cabales, & a constamment triomphé; elle n'a fait que s'affermir au milieu des chocs qu'elle a essuyés; comme elle est sage, on peut prédire qu'elle prendra toujours un fondement plus solide. Si le gouvernement de la France a tant de supériorité sur celui des Romains; s'il a su se procurer une durée qui peut s'étendre bien plus encore dans l'avenir que dans le passé, il n'en faut attribuer l'avantage qu'à cette loi; parce que, du reste, nous sommes régis par le code de cet Empire: d'où il faut conclure que son défaut a occasionné un vide dans les fondations, qui a entraîné la ruine de l'édifice; mais ce vice n'a pas été le seul.

D'autres causes également destructives ont contribué à la perte de ce puissant Empire. Une des principales, sans contredit, fut la foiblesse & la cruauté de ses Princes.

L'Etat, guéri des plaies que lui avoient faites les Néron & les Domitien, avoit repris ses forces & sa splendeur sous Antonin, Trajan, Aurélien, Probus, Dioclétien, Julien & Théodose. Ces Empereurs avoient tenu avec habileté les rênes du gouvernement; elles avoient passé de leurs mains fermes & expérimentées dans celles d'Arcade & Honorius, Princes foibles & sans énergie, qui les avoient remises dans celles de leurs favoris, & ces derniers les avoient laissé flotter au gré de leurs passions. Sous les successeurs de ces foibles Princes, on ne vit plus les Empereurs à la tête des armées, mais seulement présider dans des conciles: on traitoit plus d'articles de foi que d'affaires d'Etat, & l'on s'occupoit plus de la controverse que de la défense des Provinces désolées, d'ailleurs, par les révoltes perpétuelles des troupes; c'étoit ainsi que le ciel punissoit Rome d'avoir changé ses citoyens en soldats; leurs mains une fois armées se tournoient indifféremment contre l'ennemi ou la patrie. A peine le conquérant, cet homme à grand caractère dont le génie enchaîna ses soldats, est-il entré dans le tombeau, que la foiblesse de son successeur excite leur insolence, ils font trembler le Prince, & remplissent de sang & de trouble l'Etat qu'ils sont chargés de défendre, & cet Etat ne doit attribuer ses malheurs qu'à la confiance aveugle en des soldats plutôt qu'en des citoyens. C'est ainsi que Rome a été punie de son mauvais choix par les Prétoriens; l'ancienne Constantinople par ses Goths & ses Hérules; la nouvelle, par ses Janissaires; Moscow par ses Strelits; le Caire par ses Mameluks: toute capitale dominée par une milice exclusive, tend à sa ruine qui amène celle de l'Empire. De-là vinrent les maux de l'Empire Romain & sa chûte qui, à la vérité, étoit préparée, mais qu'une aussi pernicieuse administration ne manqua pas d'accélérer.

Ajoutons encore la corruption des Officiers, l'injustice en tout genre, le découragement qui naît du malheur & de la servitude, qui affoiblit les sentimens généreux, & anéantit l'énergie de l'ame, & enfin les impôts excessifs, cause plus efficace encore, parce que le peuple qui la sent plutôt, & qui en est accablé, cherche à s'en débarrasser, s'il en trouve l'occasion, & regarde comme son libérateur celui qu'auparavant il eût envisagé comme son ennemi; il se donne à lui, certain qu'il ne peut avoir pire. Malheur à l'Etat qui, surchargeant ses sujets, les expose à gagner au changement! Semblables à cet animal de la fable, qui ne craignoit pas de porter deux charges, ils savent que, sous une autre domination, ils n'auront qu'un fardeau à supporter, qui, à tout évènement, ne peut pas être plus lourd que celui qui déjà les écrase.

Mais ce qui est au-dessus de tous les raisonnemens qu'on a faits sur ce grand évènement, c'est qu'il étoit dans l'ordre de la nature. Une nation qui s'élève, & fleurit à côté d'un peuple barbare, s'énerve par le luxe, & s'anéantit par ses succès. Ce peuple barbare, qui est ce qu'elle étoit dans son origine, prend sa place, & acquiert la vigueur qui suit la barbarie, avec les succès qui naissent de son énergie & de son développement. C'est un corps neuf à côté d'un corps usé. Ce fut ainsi que le Grec, issu du Pelasge sauvage, abattit le Perse antique dominateur de l'Asie : que le Turc y abattit à son tour le Grec, & qu'aujourd'hui le Turc y eſt menacé par le Ruſſe.

Ce n'étoient donc plus alors ces fiers enfans de Rome, qui, s'élançant d'un bout de l'Univers à l'autre ſur les ailes de la victoire, étonnoient les nations par leur génie & la grandeur de leurs entrepriſes. Abattus, humiliés, abandonnés de leurs ſujets, qui leur manquoient de toutes parts, leur eſprit n'avoit plus de vigueur, & leur ame flétrie & courbée ſous l'infortune, étoit devenue incapable de grandes choſes; leur puiſſance, qui couvroit auparavant une ſi vaſte étendue, étoit alors inconnue dans pluſieurs contrées, & dans d'autres elle étoit reſſerrée dans les bornes les plus étroites. Que reſtoit-il dans les Gaules à ces conquérans vaincus & dégradés? La Champagne, la Brie, le Soiſſonnois, l'Auxerrois, une partie de l'Iſle de France & des pays voiſins, de l'autre côté de la Seine. Rheims, Troyes, Soiſſons, Paris, Sens, Auxerre, Provins, étoient les principales villes de leur domination, & formoient un gouvernement adminiſtré par un Comte. Quelques villes iſolées, & qui n'avoient pas encore paſſé ſous la domination des Barbares, reconnoiſſoient ce Gouverneur ou plutôt ce Prince (*a*); car il y a tout lieu de croire qu'après la chûte de l'Empire d'Occident, il gouverna en maître & régna.

II. Parmi les nations qui s'élevèrent contre Rome, nulle ne parut avec plus d'éclat que les Viſigoths; ils furent les premiers qui triomphèrent de cette ville ſuperbe

(*a*) L'Abbé Lebeuf a ſoutenu qu'Egidius & Siagrius avoient été des Souverains.

dans ſes murs, & qui humilièrent la fierté de cette dominatrice de l'Univers. Leurs Rois, enorgueillis d'avoir dicté des loix aux Empereurs, & fiers de leurs alliances avec eux, fondèrent dans les Gaules & l'Eſpagne une vaſte Monarchie; ils étoient parvenus d'un pas rapide au faîte de la puiſſance & de la gloire. Tant d'éclat & de ſuccès ne fit que rendre leur chûte plus terrible. Formidables aux Gaulois & aux Eſpagnols, chargés des dépouilles des Romains, ils fuirent devant les François : leur puiſſance ſe briſa dès qu'elle heurta contre la leur.

Ces peuples, dont la défaite fit tant d'honneur aux François, & accrut ſi fort leur puiſſance, avoient paru pour la première fois, lorſqu'abandonnant les rives du Danube, ils ſe répandirent dans les Provinces Romaines: excités par la ſoif de l'or, & le deſir du bonheur qu'ils poſſédoient bien plus réellement dans leurs champs & à la ſuite de leurs troupeaux, ils franchirent les barrières de l'Empire, vainquirent & tuèrent l'Empereur Dèce qui étoit accouru à la défenſe des frontières. Théodoſe, après différentes guerres, les avoit incorporés dans ſes Provinces; il en avoit fait des alliés, & s'en étoit ſervi avec ſuccès dans différentes expéditions. Après ſa mort, les Goths élurent pour leur chef Alaric, jeune Prince iſſu d'une de leurs plus illuſtres familles. Il y a apparence qu'il ne commandoit pas à toute la nation, puiſque nous verrons Radagaiſe dominer ſur une autre partie.

Ce fut en 403, que ce conquérant entra pour la première fois dans l'Italie. L'Empereur Honorius, pour s'en défaire, lui propoſa des terres dans les Gaules. Alaric les accepta, & ſe mit en marche pour aller prendre poſ-

ſeſſion

ſeſſion de ſon nouvel établiſſement. Mais c'étoit un piége que lui tendoient les Romains, dont le but étoit de l'attirer dans les défilés des Alpes, afin de le détruire plus facilement. Il n'étoit pas encore dans le Piémont, que Stilicon vint le charger à l'improviſte, entre Albe (*a*) & Foſſan (*b*). Le combat fut ſanglant, mais non pas déciſif, quoique le champ de bataille demeurât aux Romains. Alaric alors revint ſur ſes pas, remonta dans le pays qu'on a depuis appelé la Lombardie, lorſqu'il fut attaqué une ſeconde fois par Stilicon auprès de Vérone. La victoire, pour le coup, ne fut pas douteuſe, Alaric fut battu; mais Stilicon, par une politique qu'il paya depuis de ſa tête, le laiſſa échapper; il le ſouffrit même en Epire (*c*) pendant ſix ans, ſous prétexte qu'il ſervoit, de ce côté, à la défenſe de l'Empire.

Dans le temps qu'il étoit en Epire, Radagaiſe, autre Prince Goth, fortifié de la jonction de différens peuples Barbares, au nombre de quatre cents mille hommes, entra comme un torrent en Italie, pilla & ſaccagea les provinces & les villes qui ſe trouvèrent ſur ſon paſſage, juſqu'en Toſcane; ſes troupes, trop nombreuſes pour pouvoir vivre en un ſeul corps d'armée, étoient diviſées en trois. Stilicon, ſecondé de quelques peuples alliés, parvint, par d'habiles manœuvres, à enfermer la principale de ces diviſions dans les montagnes de Fieſoli (*d*).

(*a*) Ville d'Italie dans le Montferrat ſur le Tanaro.

(*b*) Foſſano dans le Piémont ſur la Sture.

(*c*) Aujourd'hui la baſſe Albanie dans la Turquie Méridionale d'Europe.

(*d*) Ville d'Italie au grand Duché de Toſcane, ſur une côte près du ruiſſeau de Mugnon, entre Florence & Pratolino.

Les Barbares, épuiſés par la faim, ſe rendirent à diſcrétion. Le nombre des priſonniers fut immenſe ; car ils ne ſe vendoient qu'un écu pièce. Radagaiſe, pris comme il s'enfuyoit à travers les montagnes, fut conduit aux Romains qui le tuèrent. Les deux autres corps, avertis du malheur de leurs compatriotes, & frappés d'une ſoudaine terreur, ſe ſauvèrent au plus vîte de l'Italie, & mirent les Alpes entre eux & les Romains. Stilicon ne troubla pas leur retraite ; il les laiſſa échapper, lorſqu'il pouvoit les accabler. Cette faute fut la ſource des malheurs de Rome & la cauſe de ſa perte ; car ces fuyards s'étant depuis réunis à Alaric, formèrent la redoutable armée qui renverſa la capitale de l'Empire.

Deux ans après cet évènement, Alaric ſortit d'Epire, & s'avança juſqu'à Laubach dans la haute Carniole (*a*), d'où il envoya des Ambaſſadeurs à Honorius. Ils demandoient, au nom de leur maître, des ſommes conſidérables pour ſon ſéjour en Epire, ſon paſſage en Illyrie, la guerre qu'il y avoit faite aux ennemis de l'Empire, & celle qu'il ſe propoſoit de leur faire encore. L'Empereur, de l'avis de Stilicon, lui fit donner quatre mille livres d'or, en conſidération de ſes ſervices paſſés, & de ceux qu'il promettoit de rendre. On ne peut juger des motifs d'une ſi étrange conduite. Alaric, avec cet argent, fit de grands préparatifs, qu'il prit ſoin de faire annoncer contre ſes ennemis ; mais qui ſe tournèrent contre ceux qui avoient eu la ſottiſe de les payer, & qui, pour rendre leur con-

(*a*) Au cercle d'Autriche.

duite inexcusable en tous points, y ajoutèrent encore celle de ne se pas mettre en défense.

Ce fut en 409 qu'Alaric parut sur les frontières d'Italie, à la tête de l'armée qui devoit faire tomber Rome, après onze cents ans de gloire & de succès. Ses troupes étoient aguerries & nombreuses, & il avoit avec lui son beau-frère Ataulfe qu'il avoit associé à l'honneur de ce grand triomphe, & qui en recueillit le fruit. Les Romains, surpris & effrayés, firent des préparatifs tardifs & infructueux; ils firent des menaces, & donnèrent de l'argent au vainqueur, qui prit ensuite tout celui qu'ils ne lui avoient pas donné. Il assiégea jusqu'à trois fois cette superbe ville, la rançonna d'abord, puis l'obligea à recevoir de sa main un fantôme d'Empereur, & enfin il la prit & la saccagea la troisième fois, le 24 Août 410.

Après l'ivresse du succès & l'enthousiasme de la victoire, il réfléchit sur le grand coup qu'il venoit de frapper; il considéra que ses forces n'étoient que passagères, & se ruinoient par leurs propres avantages, dans le sein d'une puissance massive qui voyoit sans cesse renaître les siennes. Il ne doutoit pas que le sac de Rome ne réunît contre lui toutes les forces de l'Empire, & qu'en cas d'échec, il n'y eût plus ni sûreté ni salut pour lui en Italie : il forma le projet d'en sortir, d'aller fonder un Royaume dans un pays plus éloigné, par conséquent plus propre à être conservé. Déja il se disposoit à passer en Afrique, chargé des plus riches dépouilles qu'ait jamais enlevées conquérant, lorsque la mort mit fin à ses victoires & à son projet. Il mourut à Cozence (a). Le vainqueur de Rome ne

(a) Ville de la Calabre citérieure, au Royaume de Naples.

devoit pas être inhumé comme un autre homme; puiſſant juſque dans le tombeau, il enrichit la terre, & força le cours des eaux. Ses ſoldats détournèrent la Buzance (*a*), l'enterrèrent dans ſon canal avec toutes ſortes de richeſſes, rendirent au fleuve ſon premier lit, & pour aſſurer leur ſecret, tuèrent les ouvriers qui avoient concouru à leur travail. Ataulfe, le compagnon de ſes exploits, devint ſon ſucceſſeur.

Ce ſucceſſeur, qui fut un grand Prince, ne fut pas un ennemi moins redoutable aux Romains. Il prit un chemin tout oppoſé à celui d'Alaric. Loin de fuir devant un peuple qu'il avoit vaincu, il retourna dans l'Italie, en rançonna les Provinces, prit de nouveau Rome, & vécut à diſcrétion, pendant près de deux ans, dans ce pays de conquête. L'objet le plus précieux à ſes yeux, parmi tant de richeſſes, étoit Placidie, ſœur de l'Empereur Honorius. Cette Princeſſe étoit tombée entre ſes mains dans la ſeconde priſe de Rome, & rien n'égaloit l'amour & les complaiſances qu'il avoit pour elle. Mais au deſir qu'il témoignoit de l'épouſer, elle oppoſoit le plus grand éloignement, ſoit qu'il fût naturel, ſoit qu'il fût une ſuite du dédain des Romains pour les Barbares. Enfin Honorius, pour ſe débarraſſer d'un hôte auſſi redoutable, lui céda la Septimanie, c'eſt-à-dire, une partie du Languedoc, à condition qu'il évacueroit l'Italie, & lui rendroit ſa ſœur. Ataulfe exécuta bien la première condition, mais ſon cœur ſe refuſoit à la ſeconde. Il y a apparence qu'il ſe feroit con-

(*a*) La Martinière & pluſieurs autres Géographes nomment cette rivière le Buzento.

tenté de ce lot, auquel il auroit fait quelques adjonctions, ſelon l'eſprit de la nation, ſi la rivalité ne fût pas venue encore ajouter aux maux des Romains.

Conſtance, Général d'Honorius, que ce Prince aſſocia depuis à l'Empire, brûloit d'amour pour la Princeſſe captive; il vouloit qu'Ataulfe la rendît, & ſes refus l'avoient rempli de colère & de rage contre lui. Il lui fit la guerre, & voulut s'oppoſer à la poſſeſſion des pays qu'on lui avoit cédés. L'ame fière de ce conquérant fut révoltée d'un pareil procédé; n'écoutant que la colère, cette paſſion principe de ſon caractère, il s'allia auſſi-tôt avec Jovin, qui avoit pris le titre d'Empereur dans les Gaules; mais les Ambaſſadeurs d'Honorius, aidés des raiſons de Placidie, dont les deſirs devenoient des ordres pour cet amant, l'engagèrent à renouer avec l'Empereur. Jovin, inſtruit de cette négociation, s'aſſocia ſon frère Sébaſtien, comme un appui qui devoit remplacer celui qui lui manquoit. Ataulfe, irrité de ce que des gens qu'il protégeoit, avoient oſé prendre de pareilles réſolutions ſans ſon aveu, fait éclater ſa colère. Jovin & ſon frère ſe ſauvent dans Valence; Ataulfe les pourſuit, attaque la place, l'emporte d'aſſaut, fait couper les têtes de ces prétendus Empereurs, & envoie ces dons ſanglans à Honorius, qui les reçût avec la crainte qu'inſpire la main qui offre de pareils préſens.

La paix ne ſe fit pas pour cela entre Honorius & Ataulfe. Cet Empereur & Conſtance promettoient de lui donner encore l'Aquitaine, pourvu qu'il rendît Placidie. Conſtance, étant le maître des affaires, lui auroit même cédé davantage; mais une pareille poſſeſſion n'avoit point d'équivalent dans le cœur d'Ataulfe. Il prit l'Aquitaine, & garda Placidie; puis voulant donner à cette Princesse une ville digne de sa résidence, il attaqua Marseille d'où il fut repoussé: mais il fut plus heureux devant Narbonne, qui devint, après sa conquête, la capitale de ses Etats, & le lieu de son bonheur; car Placidie, reconnoissante de tout ce qu'il avoit fait pour elle, consentit enfin à l'épouser dans cette ville, en 414. Ce fut là que cet amant magnifique fit éclater une générosité égale à son amour, & conforme à la grandeur de l'alliance qu'il contractoit; cinquante bassins pleins d'or furent présentés, par son ordre, à la Princesse, & furent le don qui précéda celui de sa main.

Mais la félicité d'Ataulfe fit le tourment de Constance; il ne put lui pardonner son bonheur. Sa haine augmentant son activité, il lui barra les secours étrangers du côté de la terre, & lui intercepta ceux qui pouvoient lui arriver du côté de la mer. Ataulfe, semblable à un fleuve dont on arrête le cours, & qui va inonder d'autres contrées, quitte Narbonne, abandonne une partie de ses conquêtes dans les Gaules, franchit les Pyrénées, se rend maître de la Catalogne & de Barcelone, la capitale. Sa tranquillité, les conseils de Placidie & l'intérêt d'un fils qu'il avoit de cette Princesse, le déterminèrent à faire une paix sincère avec l'Empire, & à en devenir un ami solide. Il étoit dans ce dessein, quand il fut assassiné, en 415, par Sigeric. La mort de son fils, arrivée quelques jours auparavant, lui avoit causé la plus vive douleur; & cette perte fut le prélude de la sienne.

Sigeric, ce lâche assassin, n'étoit pas fait pour siéger

au rang ſublime des Rois; auſſi fut-il précipité, au bout de ſept jours, du trône qu'il déshonoroit. Vallia, Général ſage & expérimenté, fut élu d'une voix unanime. Il effectua le deſſein qu'avoit eu Ataulfe de ſe raccommoder avec l'Empire; il promit de chaſſer d'Eſpagne les Alains & les Vandales; il rendit la Reine Placidie qu'Honorius donna à Conſtance, dont elle eut l'Empereur Valentinien III; mais ce Prince, quelque épris qu'il fût, ne remplaça pas dans ſon cœur un amour auſſi ſurprenant & auſſi exceſſif que celui d'Ataulfe.

Vallia, combattant pour les Romains, attaqua les Silinges (*a*) & les Alains, deux des plus puiſſans peuples qui euſſent uſurpé l'Eſpagne. Ses ſuccès contre les Silinges furent tels, qu'il détruiſit leur puiſſance; & les Alains battus ſe retirèrent auprès des Vandales réduits à la Galice. Les ſervices de Vallia furent récompenſés, en 419, par Conſtance, qui n'avoit pas le même ſujet de le haïr qu'Ataulfe, puiſqu'il lui avoit remis Placidie, & avoit bien ſervi l'Empire; il lui fit une ceſſion de toute la ſeconde Aquitaine, compoſée du Comté de Toulouſe, du Périgord, de l'Agénois, de l'Angoumois, du Bourdelois & du Comté de Saintes; de la troiſième, compoſée de tout le pays qui eſt entre la mer Méditerranée, la ſeconde Aquitaine & les Pyrénées; & du Quercy, qui étoit de la première. On a élevé des doutes ſur cette queſtion: ſi le Bigorre, le Béarn, le Comté de Comminges en étoient, fondé ſur ce qu'une ville, appelée

(*a*) Les Silinges habitoient la Bétique, aujourd'hui l'Andalouſie.

Lapurdum, appartenoit alors aux Romains dans ces contrées, & que cette ville eſt Lorde en Bigorre. Mais ces doutes s'évanouiſſent, lorſqu'on voit dans le père Sirmond, ce vrai juge des antiquités, que *Lapurdum* eſt la ville de Bayonne, & lorſqu'on conſidère que les Viſigoths, ayant déja la Catalogne & la Navarre en Eſpagne, n'auroient pas laiſſé couper leur Etat, en ſouffrant entre les mains de leurs ennemis une chaîne de montagnes qui le traverſoit. M. le Goux de Gerland, dans ſon Abrégé de l'hiſtoire de Bourgogne, ch. 7, le donne pour un fait ſûr.

Vallia laiſſa, en mourant, ſon Royaume très-agrandi dans l'Eſpagne & dans les Gaules. Théodoric, ſon ſucceſſeur, marchant ſur ſes traces, augmenta encore ſa puiſſance; il pouſſa ſes conquêtes juſqu'à la Loire, & attaqua Clermont. Il y fut d'abord repouſſé par la garniſon; elle étoit compoſée de Bourguignons qu'y avoit envoyés Aëtius; car c'étoit ainſi qu'il ſe ſoutenoit, en en diviſant les barbares, & en les oppoſant les uns aux autres. Mais bientôt après, il s'empara de cette ville. Les deux peuples oppoſés ayant reconnu les ruſes & la foibleſſe des Romains, & combien leurs diviſions nuiſoient à leurs intérêts, s'étoient réunis pour conſommer la ruine de ces derniers dans les Gaules. Aëtius, au bruit d'une nouvelle qui détruiſoit ſes projets, & menaçoit les Provinces du plus grand danger, ramaſſa toutes ſes forces, & livra aux confédérés une bataille dont il s'attribua le ſuccès; mais quel ſuccès que celui qui réduiſoit au ſeul avantage de ne pas fuir, & dont les ſuites furent la ceſſion de la Savoie aux Bourguignons, & la confirmation des conquêtes des Viſigoths!

Visigoths ! De pareils traités n'attendoient, pour être rompus, que l'occasion favorable, lorsqu'un évènement imprévu, l'arrivée d'Attila dans les Gaules, força tous ces peuples à se rapprocher & à suspendre leurs débats. Nous avons vu son arrivée, la réception qu'on lui fit, & la mort de Théodoric.

Thorismond lui avoit succédé, & Théodoric son frère, qui l'avoit fait tuer, régna après lui. Ce meurtrier de son frère & de son Roi enleva le Languedoc aux Romains, & poussa les bornes de son Royaume en Espagne. Euric, son successeur, s'empara d'Arles & de Marseille, parut en armes au pied des Alpes, & jeta la terreur en Italie, lorsque la mort arrêta le cours de ses conquêtes. Le Royaume des Visigoths, outre une partie de l'Espagne, comprenoit dans les Gaules toutes les Provinces qui sont situées entre la Loire, le Rhône & les Pyrénées. Ce Prince laissa un fils en bas âge, qui fut Alaric II. Il épousa la petite-fille de Théodoric, Roi d'Italie, & gouvernoit ses peuples amollis par les douceurs d'une longue paix, lorsque Clovis l'attaqua.

III. Les Bourguignons, qui partagèrent les dépouilles de l'Empire Romain dans les Gaules, & y fondèrent un Royaume florissant, parvinrent, en moins d'un demi-siècle, au plus haut point de grandeur. Leur puissance, qui ne passa pas par ces degrés successifs qui assurent la consistance d'un Etat, arriva comme un torrent, & s'écoula de même. Ils n'étoient pas originaires de Pologne, comme le dit Mézeray ; le pays connu aujourd'hui sous le nom de Brandebourg (*a*), fut leur berceau. Aussi in-

(*a*) Habité autrefois par les Suèvi, les Semnones, les Langobardi ; c'est-à-

conſtans que les autres habitans du Nord, ils quittèrent les rives de l'Oder, traversèrent l'Allemagne en faiſant différentes pauſes, ſelon que les pays leur plaiſoient, ou qu'on vouloit les y ſouffrir. Ces fréquentes émigrations, les guerres qu'ils furent obligés de ſoutenir contre tant de différens voiſins, en avoient fait une nation guerrière & aguerrie, lorſqu'ils arrivèrent au midi de la Thuringe (*a*), dans la contrée qui forme aujourd'hui le Comté d'Henneberg (*b*) & les pays limitrophes. Ce canton ſe trouvoit vacant par le paſſage des Cattes (*c*) & des Saliens (*d*) dans la Toxandrie.

Ces peuples pauvres, ainſi placés à côté des richeſſes des Romains, étoient expoſés à de continuelles tentations. Ils y ſuccombèrent; l'exemple des autres nations les entraîna. Ils paſsèrent le Rhin en corps d'armée, & pillèrent les Provinces ſituées ſur ce fleuve; mais ils payèrent chèrement ces premières dépouilles. L'Empereur Probus, qui ne laiſſoit aucune invaſion impunie, les tailla en pièces & les pourſuivit au-delà du Rhin, juſque dans leurs forêts: ce fut en 276 qu'ils eſſuyèrent ce funeſte échec. Quinze ans après, une grande armée de cette nation prit encore la route du Rhin, le paſſa & pénétra dans les Gaules. Il

dire, par les peuples de la Pruſſe, de la Pologne, de la rive gauche de l'Elbe, de la baſſe & haute Saxe.

(*a*) Landgraviat de la baſſe Allemagne ou Septentrionale, au cercle de la haute Saxe.

(*b*) Au Nord de l'Evêché de Wirtzbourg, au cercle de Franconie.

(*c*) Qui habitoient la Heſſe, partie de la Thuringe & du Duché de Brunſwick.

(*d*) Peuples qui habitoient une petite contrée de l'ancienne Germanie, faiſant partie aujourd'hui des Pays-Bas aux Provinces-Unies, & connue ſous le nom de Sallandt.

n'étoit guère possible de choisir plus mal son temps. Maximien Hercule, ce pâtre élevé à l'Empire, le fléau des barbares, étoit alors dans les Gaules, où il se proposoit de punir toutes les nations ennemies, lorsqu'il apprit cette invasion. Il marcha aussi-tôt aux Bourguignons; jugeant, à leur nombre, que la famine alloit bientôt les détruire, si on leur coupoit les vivres, il dévasta les pays où ils étoient; & la faim les ayant obligés à se séparer en différens corps, il les extermina presque tous; à peine en resta-t-il assez pour porter chez eux la nouvelle de leur désastre.

Ce ne fut qu'environ quatre-vingts ans après, & non pas quinze, comme le dit l'Auteur de l'Abrégé de l'histoire de Bourgogne, qu'ils reparurent sur la scène. Valentinien les mit aux prises avec les Allemands; il leur promit un puissant secours, & s'obligea à passer le Rhin avec son armée. Les Bourguignons, exacts au rendez-vous, parurent sur le fleuve pour faire leur jonction avec les Romains; ils les attendirent en vain. Valentinien, satisfait d'avoir armé ces nations les unes contre les autres, marcha contre les Saxons qui pénétroient d'un autre côté. Les Bourguignons furent si irrités d'avoir été la dupe d'une négociation dont ils ne tiroient d'autre fruit que la guerre avec les Allemands, qu'ils égorgèrent les captifs Romains qu'ils avoient en leur puissance, se vengeant ainsi sur eux de l'infidélité de leur nation.

Cette négociation ne fut cependant pas infructueuse pour les Bourguignons; elle leur apprit à connoître leurs forces: ils sentirent ce qu'ils valoient, puisque Rome elle-même savoit les apprécier. Ce fut alors qu'ils résolurent de tirer avantage de leur puissance, aux dépens de ceux qui les avoient trompés. Ils firent leurs préparatifs, & deux ans après ils arrivèrent sur le Rhin, vis-à-vis l'embouchure de la Moselle. Mais la proximité des Allemands, voisins peu endurans, les fit retirer au bas de Cologne, vis-à-vis l'Alsace. Ce fut dans cette position que, l'œil ouvert sur ce qui se passoit au-delà du fleuve, ils n'attendoient, pour le passer, qu'une occasion favorable.

Le voisinage des Gaules adoucit leurs mœurs aussi sauvages que les bois d'où ils sortoient. Ils perdirent un peu de cet air farouche, qu'augmentoit un habit fait de peaux de loup, ou de renard, ou de celle plus hérissée encore de l'Ure; ils commencèrent à se servir des étoffes des Gaules. Leur armure y gagna aussi; leurs cuirasses de cuir furent changés en fer, & leurs armes grossières devinrent plus polies & de meilleure trempe. Ils gémissoient sous la domination tyrannique d'un chef de leurs prêtres, appelé *Sniste*; il avoit le droit de punir de mort; il pouvoit ébranler tous les pouvoirs de la nation; mais le sien étoit à l'abri de toutes révolutions. Fatigués d'un joug aussi dur, ils le secouèrent & embrassèrent la Religion Chrétienne.

Les mœurs ainsi adoucies, la religion & les armes de la nation étant changées plus avantageusement, elle se proposoit de faire un établissement dont la réforme qu'elle venoit d'opérer, sembloit lui assurer la réussite. Dans une conjoncture aussi heureuse, elle fut excitée par Stilicon à passer le Rhin. Quoique peu satisfaite de l'alliance qu'elle avoit autrefois contractée avec les Romains, elle n'hésita pas ; les temps étoient alors bien changés. Ils étoient puissans & aguerris ; l'Empire, au contraire, étoit dans un désordre affreux & sans forces pour se défendre. Ils passèrent hardiment le Rhin auprès de Bâle, dans l'hiver de 407. Un déluge de barbares inonda en même-temps les Gaules.

Le Chef qui eut l'honneur de cette entreprise, & que sa fortune, au sortir des déserts, conduisit à la conquête d'un Royaume & à l'éclat du trône, étoit Gundahaire, Prince généreux, qui, le premier de sa nation, porta le titre de Roi, & l'assura à sa famille. Les Bourguignons avoient été gouvernés auparavant par des chefs amovibles, appelés *Hendinos* ou *Hendins*. Ceux qui l'avoient précédé, étoient Gibica, Godomar & Gislahaire (*a*). Ses premiers exploits furent la conquête de la Suisse, de la partie montueuse de la Franche-Comté & du Suntgaw. Le nouveau Souverain, en 411, s'étoit mis au nombre des protecteurs de l'usurpateur Jovin ; &, en 413, l'Empereur Honorius avoit été forcé de lui abandonner, par un traité, les pays dont il étoit en possession. Ce fut alors que cette nation, fière de ses succès, de ses alliances & de ses traités avec de puissans Princes, voulut que le titre de son chef répondît à sa puissance ; elle le fit monter sur le trône des Rois, & jamais personne ne se montra plus digne de cet honneur. Son génie, aussi élevé que le rang auquel on venoit de le placer, fit sortir rapidement sa

(*a*) Gondebaud l'annonce lui-même dans ses loix Gombettes, & M. Dunod dans son histoire des Séquanois ; mais les historiens de Bourgogne ont gardé le silence sur ce point.

nation des bornes étroites d'une Province, & lui donna l'étendue d'un Royaume. Il montra à ses sujets, du haut des Alpes, les fertiles plaines des Gaules, comme une riche possession qui n'attendoit qu'un maître, & en descendit comme un énorme rocher qui se détache d'une cîme élevée, & qui brise tout ce qu'il rencontre.

La Franche-Comté, toute la Bourgogne, la partie de la Champagne qui l'avoisine, la Bresse & le Bugey, tombèrent sous ses armes. Aëtius accourt & arrête ce torrent par une victoire signalée en 435; mais les Provinces conquises n'en sont pas moins perdues pour les Romains; le seul avantage qu'ils retirent de leurs combats, est que l'usurpateur les possédera à titre de tributaire. Une telle paix ne pouvoit être de longue durée entre deux peuples, dont l'un regrettoit ses pertes, & l'autre brûloit de s'agrandir encore. Aussi la guerre recommença-t-elle. Elle ne fut pas favorable aux Bourguignons. Les Alains & les Huns, excités par les Romains, remportèrent sur eux une victoire mémorable. Gundahaire *trouva sur le champ de bataille la fin de sa vie & de ses prospérités.*

Gondioc ou Gunderic, son fils, lui succède; il fait tête à l'orage, & s'allie avec les Visigoths. Aëtius, peu étonné de leurs forces, combat ces ennemis réunis; mais sa victoire est plus ruineuse qu'utile. Considérant l'opiniâtreté des Barbares, & la perte qu'il a faite en les combattant, il cède aux Bourguignons le Dauphiné & la Savoie, à titre d'hôtes ou de défenseurs de ce pays, & Gondioc est fait maître de la milice, dignité qui lui soumettoit les forces de l'Empire dans les Provinces qu'il avoit conquises, parce qu'elle lui donnoit le droit de commander aux Romains. Ce fut alors qu'appréciant le mérite du Roi des Bourguignons, & reconnoiſſans des ſecours qu'il leur avoit fournis contre Attila, ils le décorèrent du titre de Patrice.

Mais l'Eſpagne échappoit aux Romains en même-temps que les Gaules. L'Empereur Avitus, trop foible pour défendre ſes poſſeſſions, ſupplie ceux qui en ont pris une partie, de lui conſerver l'autre. Il conjure le nouveau Patrice & Théodoric, Roi des Viſigoths, de le défendre contre Richiaire, Roi des Suèves, qui menaçoit de lui enlever le reſte de l'Eſpagne. Le Roi de Bourgogne, accompagné de ſon fils Chilpéric, paſſe auſſi-tôt les Pyrénées, & marche avec le Roi des Viſigoths contre l'uſurpateur.

Ce Roi des Suèves étoit fils de Richilla. Une médaille conſervée dans un des plus curieux Cabinets (*a*) du Royaume, monument unique de l'exiſtence des Suèves, nous apprend que ce Prince s'étoit marié à Toulouſe; qu'il étoit Catholique, & que ſa capitale étoit Brague ou Bragance. Richilla, ſon père, avoit pris en 439 Mérida & la majeure partie de la Luſitanie. En 440, il avoit pris Mertola avec Cenſorius, Général des Romains; en 441, il avoit joint l'Andalouſie & la nouvelle Caſtille à ſes conquêtes, & remporté en 446 une victoire complette ſur le Général Avitus, depuis Empereur. Son fils Richiaire, qui lui avoit ſuccédé en 447, s'étoit marié à Toulouſe en 449, & pourſuivoit avec rapidité les conquêtes commencées par ſon père, lorſqu'il rencontra auprès d'Aſtorga

(*a*) Celui de M. d'Ennery.

l'armée des Rois alliés, & le 15 Octobre 456, il perdit la bataille, son Royaume & la vie, le Roi des Visigoths l'ayant fait tuer après le combat.

Ce fut après cette expédition que Gondioc s'empara du Lyonnois, du Vivarais, & poussa ses conquêtes jusqu'à la Durance, par la prise de la haute Provence. Ce fut le dernier de ses exploits, car depuis il ne s'occupa qu'à policer ses sujets, & à rendre ses Etats florissans. Ils étoient alors composés de la Suisse, de la Savoie, de la Franche-Comté, de la Bourgogne, du Langrois, du Nivernois, du Lyonnois, du Vivarais, du Dauphiné & de la haute Provence. Telles furent les bornes que posa au premier Royaume de Bourgogne la main victorieuse de son second Roi. Son père & lui avoient mis environ soixante ans à élever ce grand édifice; il tomba insensiblement pendant soixante autres, & s'écroula tout-à-coup sous les enfans de Clovis. Sans vouloir diminuer la gloire de ce Prince, nous trouvons qu'il eut des frères (*a*) qui furent ses coopérateurs, & travaillèrent à l'agrandissement du Royaume. Il fut partagé, à sa mort, entre ses quatre fils.

Chilpéric & Gondemar eurent les Provinces qui sont situées sur le Rhône & la Saone jusqu'à Châlons, puisque

(*a*) Quoique MM. Mille & le Goux de Gerland aient retranché les deux frères que M. de Valois donne à Gondioc, savoir, Gonderic & Chilpéric, sous prétexte que Gondioc ou Gonderic est le même nom, & que Chilpéric étoit fils & non pas frère de Gondioc; ce sentiment de M. de Valois n'est pas sans vraisemblance, lorsqu'on considère que Gondebaud, fils de Gondioc, fait mention de ses oncles dans les loix Gombettes. M. le Goux a été plus loin. Il n'a fait de Gundahaire & de Gondioc qu'un seul Prince, contre l'avis de plusieurs Auteurs.

la

la Franche-Comté & Autun appartenoient à Gondebaud; Gondigésille eut la Savoie & la Suisse. L'intérêt & la différence de religion brouillèrent bientôt ces frères. Chilpéric étoit orthodoxe, & Gondebaud arien. Ce dernier appela à son secours Gondigésille, & le premier Gondemar. Gondebaud ressembloit à son père par la bravoure & par l'esprit; mais il étoit d'une cruauté qui ternit ses belles qualités. Il eut l'avantage dans les premières campagnes. Ses frères, sentant sa supériorité, appelèrent les Allemands à leur secours. Cette nation guerrière, avide de pillage, accourut sous leurs drapeaux. La victoire alors abandonna Gondebaud : trop foible pour rien hasarder, il se contenta de disputer le terrain, & de faire traîner la guerre en longueur; mais ses ennemis, constans dans leur dessein, le chassèrent de province en province, & le poussèrent jusqu'à Autun. Arrivé à ce dernier terme, ce Prince rassembla ce qui lui restoit de troupes, résolu de hasarder un combat qui le rétablît dans son Royaume ou l'en chassât, puisqu'aussi bien il en étoit à sa dernière place. Il n'oublia rien pour vaincre; mais accablé par le nombre, il perdit la bataille & ses Etats. Il se dépouilla aussi-tôt de la riche armure qui l'auroit trahi dans sa fuite, & échappa à ses ennemis, à la faveur de son déguisement.

Après la victoire, les Allemands retournèrent dans leur pays, chargés de richesses. Les Etats du vaincu furent partagés, & ses frères le croyant mort, parce qu'on n'avoit su ce qu'il étoit devenu après la bataille, vivoient dans Vienne avec la plus grande sécurité, lorsque Gondebaud paroît tout-à-coup devant les portes de cette ville, à la tête d'une armée. Errant dans différens pays, il avoit sollicité des secours secrets, réveillé le zèle de ses amis dans la nation, & pris des mesures si justes, que la jonction des différens corps qui marchoient pour son rétablissement, se fit dans le même instant devant la ville. Sachant qu'il y avoit peu de troupes dans la place, il y donna de furieux assauts, & l'emporta de force. Mais il souilla ses lauriers du sang de ses frères, & fit rougir la victoire d'avoir prostitué ses faveurs à un Prince aussi barbare. Il fit trancher la tête à Chilpéric & à ses fils. Gondemar, du haut d'une tour, lui tendoit en vain des mains suppliantes, & le conjuroit de lui accorder la vie; son cœur fut inaccessible à la pitié; il le fit brûler dans cette tour avec ses amis. Sa vengeance, ou plutôt sa rage, s'étendit jusque sur les femmes de ses frères; il les fit noyer dans le Rhône. Clotilde, fille de Chilpéric, tremblante au milieu de ce carnage, attendoit son arrêt; mais sa jeunesse, ses pleurs & ses grâces désarmèrent le cruel vainqueur, qui se contenta de la reléguer à Genève. Ce triste dénouement termina une guerre civile de vingt ans, qui avoit consumé les forces du Royaume. Il étoit dans cet état de foiblesse qui suit une longue maladie, quand Clovis, ce voisin dangereux, vint se placer à ses côtés.

IV. Au moment où les Romains s'étonnoient, à la vue de tant d'ennemis qui arrivoient, comme les vents, de toutes les parties de la terre, voilà que la mer en vomit de nouveaux sous leurs yeux, & jette sur leurs côtes un peuple entier qui, à son tour, fonda une nouvelle puissance dans le canton des Armoriques, aujourd'hui la Bretagne. Comme la connoissance de cet évènement est subordonnée à celle du pays & des nouveaux hôtes qui y abordoient, on en va donner une explication succincte.

La Bretagne est distinguée par deux titres recommandables, qui sont d'avoir conservé l'ancienne race Gauloise, en recevant dans son sein les Celtes chassés d'Angleterre, & d'avoir sauvé du naufrage du passé les restes de la langue primitive. Ce pays, à l'arrivée des Romains, étoit partagé, comme toutes les Gaules, entre différens peuples, dont les plus puissans étoient les Osismiens (*a*), les Corisopites, les Venètes, les Curiosolites, les Rhedons, les Diablintes & les Namnètes. Les Osismiens habitoient les pays où sont bâtis Brest & Lesneven ; les Corisopites celui de Cornouailles ; les Venètes possédoient les côtes où sont Vannes & l'Orient ; les Curiosolites (*b*), celles de Tréguier & de Saint-Brieux ; les Rhedons l'intérieur du pays ; les Diablintes (*c*) la partie qui avoisine le Mans, & les Namnètes la contrée qui est entre la Vilaine & la Loire.

Ceux de ces peuples qui étoient assis sur les côtes de la mer, tels que les Venètes & les Namnètes, aguerris depuis long-temps par leur commerce avec les Phéniciens & les Carthaginois, & leur correspondance avec l'Angleterre, étoient un peu plus avancés dans la connoissance des arts, sur-tout de l'art nautique, que les autres tribus

(*a*) Les Osismiens sont aujourd'hui les diocèses de St. Pol de Léon & de Tréguier.

(*b*) Les Curiosolites paroissent être le diocèse de Quimpercorentin.

(*c*) Il paroît que les Diablintes sont le Perche.

de la Gaule; mais leur essor ne s'étendoit guère au-delà des côtes Celtiques & Britanniques, & leurs vaisseaux n'étoient que de grandes barques. L'appareil de la puissance des Vénètes, l'étalage de leurs forces, & leur marine, disputant devant Vannes de l'Empire de l'Océan avec les Romains, n'est qu'une exagération de la part de l'Historien de Bretagne, qui parle de la ruine de ces barques par la flotte Romaine, du ton dont on célébra le triomphe de cette flotte sur celle de Marseille; mais il y avoit bien de la différence entre un peuple barbare & sans expérience, & une République telle que Marseille, qui, depuis six cents ans, faisoit le commerce le plus brillant, soutenu par ses forces navales. Si ce combat a été vanté dans les Commentaires de César, il faut faire attention que le conquérant, quelque grand qu'il soit, n'est pas exempt d'amour-propre, & que l'exagération, comme un courtisan habile, flatte cette passion (*a*). Quoi qu'il en soit, il faut convenir que les Bretons maritimes connoissoient mieux la mer que les autres Gaulois, & qu'ils payèrent chèrement cet avantage, au moment de la conquête générale, puisque les Romains furent obligés, pour les soumettre, de les battre par mer & par terre.

Les Bretons furent soumis, & servirent leurs vainqueurs pendant près de cinq cents ans. Les dissensions des Romains apportèrent dans le gouvernement de cette

(*a*) Ayant fait fouiller à Alise & suivi les anciens murs de la ville, je me suis convaincu qu'elle ne pouvoit pas contenir, avec ses habitans, une aussi forte garnison que l'annoncent les Commentaires de César. La conséquence qu'on tire de ce fait, peut s'étendre à beaucoup d'autres.

Province un changement qui fut le prélude de la perte qu'ils en firent. Les Hiſtoriens de Bretagne prétendent que le tyran Maxime y ayant abordé d'Angleterre, l'an 383, en donna le gouvernement à Conan Mériadec, Seigneur, Ecoſſois, qui s'en rendit ſouverain, après la mort de Maxime ; qu'il eut pour ſucceſſeur Grallon, dont ils montrent le tombeau, à l'abbaye de Landevenec (*a*); que Fracan ſon fils régna après lui, & fut ſuivi de pluſieurs Princes héréditaires. Ces récits paroiſſent trop incertains, & les preuves trop équivoques pour les admettre. Le tyran Maxime, à ſon retour d'Angleterre, deſcendit à l'embouchure du Rhin, & non en Bretagne ; & on a obſervé (*b*) que l'épitaphe latine de Grallon eſt d'un ſtyle qui ne cadre pas avec une ſi haute antiquité. Tout n'eſt qu'incertitude ſur l'Hiſtoire de ce pays juſqu'à la révolution qu'éprouva l'Angleterre, l'an 441, & à l'arrivée des Celtes-Bretons chaſſés par les Anglo-Saxons. Depuis la mort de l'Empereur Gratien juſqu'à cette époque, les côtes ſont pillées par des pirates, ou ravagées par de petits tyrans; ce qui a donné lieu aux commencemens fabuleux de l'hiſtoire de Dom Lobineau. Nous avons vu qu'en 409, ces peuples s'étoient ſoulevés & unis à Théodemir, Roi des Francs; qu'ils rentrèrent, après la mort de ce Prince, ſous le joug des Romains; mais la partie maritime le ſecoua, lorſque les Bretons parurent ſur les côtes. C'eſt alors que l'hiſtoire préſente le tableau d'une nouvelle puiſ-

(*a*) A neuf lieues de Quimper.

(*b*) Mézeray.

ſance figurant avec celles qui étoient déja cantonnées dans les Gaules.

Aëtius, obligé de faire face aux nombreux ennemis de l'Empire, & épuiſé par la multitude de combats qu'il avoit déja livrés, retira d'Angleterre la légion qui la défendoit contre les incurſions des Ecoſſois. Les Bretons, abandonnés de leurs défenſeurs, avoient appelé à leur ſecours les Anglo-Saxons, célèbres par leurs expéditions maritimes, & remarquables dans l'hiſtoire des Francs, pour les avoir chaſſés de leurs ports. Ces étrangers les défendirent contre leurs ennemis; mais ils les opprimèrent enſuite, ſelon l'uſage des peuples protecteurs. Une partie de la nation défendit ſa liberté, ſous la conduite d'Ambrois-Aurèle, ce chef de fuyards, qui avoit pris le titre faſtueux d'Empereur, & fut inſenſiblement pouſſée juſque dans les rochers du pays de Galles. L'autre prit le parti de renoncer à ſa patrie, s'embarqua & vint deſcendre ſur les côtes des Armoriques. Les Romains qui les avoient recouvrées, depuis la mort de Théodemir, & qui y conſervoient un foible droit de propriété, ſoutenu de troupes plus foibles encore, n'étoient pas en état de rien diſputer à ces émigrans : ils s'eſtimèrent trop heureux de ce qu'ils voulurent bien d'abord ſe contenter des pays de Vannes & de Cornouailles; ils n'eurent pas même honte de les appeler à leur aide. Semblables au maître d'une maiſon où les voleurs abordent de tous côtés, & qui, dans ſon embarras, prie les uns de l'aider à chaſſer les autres, ils implorèrent le ſecours de Rhiotime, l'un de leurs Princes, contre Evaric, Roi des Viſigoths. Le Breton paſſa la Loire; il fut battu & chaſſé au-delà du fleuve, comme il venoit de l'être au-delà de la mer. Forcé à rentrer dans sa nouvelle conquête, il y ajouta les Evêchés de Saint-Brieux, Tréguier, Saint-Pol-de-Léon & tout ce qui compose la pointe de la péninsule. Les possessions de ces peuples avoient de l'étendue sur les côtes, mais point de profondeur, & le sol qu'ils habitoient, étoit peu propre à exciter la cupidité. Il ne fallut pas moins que l'intolérance du voisinage si naturelle aux conquérans, pour engager Clovis à en faire la conquête sur Budic, fils ou successeur de Rhiotime.

Telles étoient les différentes puissances qui dominoient dans les Gaules, & telles étoient leurs possessions respectives, lorsque Clovis monta sur le trône; car on ne peut pas compter au rang des puissances quelques tribus d'Alains cantonnées sur la Loire, ni des pirates Saxons qui pilloient les côtes, & portoient le ravage jusque dans la Touraine & l'Anjou. Ils disparurent sous l'épée du vainqueur, les premiers ayant été réduits à se cacher dans les isles de Ré & d'Oléron, & les autres à abandonner les côtes, après la victoire de Childéric sur leur chef Avoagre. Mais il faut bien se donner de garde de mesurer le degré de force des peuples dont nous venons de parler, sur l'étendue de leurs possessions: les Visigoths & les Bourguignons, les plus grands terriens qui fussent alors dans ces contrées, étoient bien inférieurs aux Francs, dont l'Etat moins étendu étoit tout de nerf. Le devoir de l'Historien ne consistant pas seulement à rapporter les faits, mais à indiquer les causes, on va tâcher d'expliquer les principales. Les ressorts qui servent à monter le génie d'un peuple, & à l'élever au haut degré de prospérité, ne doivent pas être indifférens pour quiconque aime à connoître les hommes & leurs gouvernemens. Le principal de ces ressorts consistoit dans l'éducation du Prince & dans sa vie active. Ces Monarques, Juges, Généraux d'armées, habitués aux affaires & endurcis aux fatigues, étoient des hommes supérieurs; & comme dans une Monarchie, le caractère du Prince forme celui des sujets, tous les chefs étoient d'un génie actif & laborieux; on donnoit le mouvement d'impulsion au Prince, & il le rendoit à la nation dont il le recevoit. Ce feu qu'un mouvement élastique rapportoit de la nation au Prince, & du Prince à la nation, la tenoit dans un état d'effervescence perpétuel. Ils dûrent aux évènemens un autre ressort également puissant. Les Romains, pendant près de deux cents ans, tournèrent leurs principales forces contre eux. Il arriva de-là qu'aussi courageux, plus aguerris, & ayant pris le dessus sur le premier peuple du monde, ils finirent par subjuguer les autres. Leur esprit se conserva long-temps; les Princes tombèrent, mais ils n'entraînèrent pas la nation dans leur chûte : elle s'éleva au contraire avec les Maires du Palais; & son enthousiasme fut tel, qu'elle détourna les yeux de dessus leur usurpation, pour ne voir que leur héroïsme.

Les Visigoths au contraire, amollis par une longue paix & par la possession des Provinces voluptueuses du Midi, avoient dégénéré; ils avoient triomphé de Rome, & ils fuirent quand ils furent en présence des Francs. Les Bourguignons, élevés subitement au rang des grandes puissances, n'eurent pas le temps de s'affermir; & leur élévation trop prompte prépara leur chûte. Aussi allons-nous voir Clovis, à la tête d'un peuple infatigable & guerrier,

guerrier, renverser dans le cours de ses exploits & ces trônes élevés à la hâte, & ces Monarques enivrés des douceurs d'une longue paix.

A cette époque, disparurent les usages du gouvernement primitif des Rois barbares; d'autres qui existent encore, leur succédèrent. Les Romains étant trop foibles pour combattre les Rois qui s'étoient emparés des Gaules, la politique suppléa aux forces qui leur manquoient, & leur suggéra les moyens de retenir ces Princes dans leur dépendance, en les enchaînant des liens d'une amitié feinte, & en les décorant de titres fastueux. Quoiqu'ils se fussent emparés des Provinces de l'Empire, ils n'y demeurèrent, tant que les Empereurs subsistèrent, qu'à titre d'hôtes; ils ne pouvoient y commander aux Romains qu'autant qu'ils étoient honorés de la dignité de Patrice ou de chef de la milice. Voilà pourquoi ils les recherchoient avec ardeur. C'étoit ainsi que Rome, dans sa décadence, dominoit encore; le plus beau titre de ses vainqueurs, celui qui leur donnoit le plus de crédit & de pouvoir, étoit celui d'Officier, de serviteur de l'Empire. Les Préfets, les Comtes qui administroient & rendoient la justice, n'exerçoient leur autorité dans les Etats de ces Rois, qu'au nom de César. Le militaire étoit entre leurs mains; les offices de justice & de police étoient conférés par le Sénat des Provinces, au nom de l'Empereur. Chaque Prince jouissoit cependant de ses Etats, mais avec la mortification d'y voir son nom subordonné à celui d'un autre. Cette humiliation cessa à l'époque de Clovis; les Rois le furent véritablement. Le Romain, le Franc furent ses ſujets; & ſon nom, dans les actes publics, fut ſubſtitué à celui de Céſar.

Gouvernement.

Le gouvernement François fut, dans l'origine, le même que celui ſur les ruines duquel il s'élevoit, à quelques nuances de barbarie près portant l'empreinte du génie & des mœurs des fondateurs; il fut militaire, la puiſſance réſidoit dans le Prince & dans les troupes, ce ne fut guère que ſous les Maires du Palais, à l'époque de la dégradation des Rois de la première race, qu'elle commença à réſider dans les aſſemblées nationales, elle s'y maintint au point que ſous la ſeconde race, & dans les premiers règnes de la troiſième, il n'exiſtoit plus qu'un gouvernement fédératif dont le Roi étoit le chef. La prudence des Rois Capétiens, l'attachement des peuples à leurs perſonnes l'ont fixé ſur le pied de Monarchie. Cette variété provient de ce que tous les gouvernemens ont leurs avantages & leurs déſavantages. Le Républicain, tel que celui de la Suiſſe ou de l'Amérique Septentrionale, rend l'homme heureux; la royauté attachée à la République, empêche les factions & les rivalités qu'excite la vue du premier rang. Quand le deſpote a du courage & du génie, ſes Etats n'ont point de bornes. Le Monarque qui fait exécuter les loix, qui donne tout-à-la-fois l'exemple & le précepte, fait la félicité de ſes ſujets & la force de ſes Etats. Mais le Républicain eſt la proie des factions qui naiſſent de l'égalité : il eſt comprimé par le choc perpétuel des deux pouvoirs lorſqu'il a un Roi. Si le deſpote ſe trouve un homme ordinaire, tout eſt en confuſion; c'eſt bien pire ſi c'eſt un automate, tout eſt perdu. La Monarchie n'eſt ſujette qu'aux mouvemens paſſagers auxquels la nature a soumis tous les corps. Cette comparaison suffit pour déterminer en faveur du gouvernement monarchique, & applaudir à la sagesse de nos pères qui l'ont fondé, à la sagesse de nos Rois qui les y ont déterminés.

Mais ce n'est pas assez que d'avoir fondé un gouvernement qui puisse contribuer au bonheur des hommes, il faut en éloigner ce qui l'empêche ordinairement; le luxe & l'inexécution des loix, maux qui s'attachent toujours à un Etat puissant, & qui en opèrent la ruine, parce que concentrant dans un petit nombre d'hommes la puissance & les richesses, ils leur sacrifient le bonheur entier de la nation : aussi le Monarque qui s'oppose comme une barrière au luxe, qui prête sa force à la loi, qui attache sa volonté à son exécution, donne-t-il à ses Etats une vigueur inconnue aux autres gouvernemens.

Les hommes n'ont acquis, à la suite de leurs recherches sur les gouvernemens, qu'un petit nombre de vérités morales; savoir, que les passions sont par-tout les mêmes; qu'elles sont seulement plus ou moins modérées par l'influence du climat; que rien ne ressemble plus aux hommes du passé que ceux du présent; que la marche de la nature est constante; qu'il n'y a que les efforts d'un gouvernement énergique ou surnaturel qui puissent retarder cette marche; que ces régimes rares, & qui sont autant de phénomènes, s'altèrent à la longue, & tombent par l'effet de leur tendance à leur premier état; que l'extrême éloignement des arts conduit à l'état primitif de sauvage; que l'extrême civilisation mène à la ruine.

A la connoissance de ces vérités éprouvées sur cette

terre, le gouvernement peut joindre le ſecret de ſa réforme exécutée trois fois dans cette contrée depuis l'invaſion des Romains : connoiſſant ces moyens avec leſquels il a remonté trois fois les reſſorts de cet état, il eſt toujours à même de s'en ſervir. Les premiers rouages furent poſés par Auguſte, & durèrent juſqu'à Julien. A cette époque, ils étoient arrêtés. Les impôts étoient accablans & arriérés, la misère des peuples exceſſive, & les mœurs corrompues. Ce Prince qui s'efforça de rendre les Gaules auſſi heureuſes par ſon adminiſtration que par ſes victoires, bannit le luxe, épura les mœurs, retrancha les deux tiers des impôts; les reſſorts du gouvernement allégés reprirent auſſi-tôt leur premier jeu. Le mouvement s'étoit ralenti lorſque la main vigoureuſe de Charlemagne lui rendit ſon action. Ce héros, couvert de laine pendant les rigueurs de l'hiver, ne dédaignant pas le calcul de ſes moindres domaines, veillant ſur leur amélioration & ſur la juſtice, ſcellant du ſceau qu'il portoit à ſon épée les ordonnances qu'il avoit mûrement méditées, laiſſa des peuples heureux, un Empire puiſſant & bien adminiſtré. Un Royaume qui peut renouveller à ſon gré une pareille opération, doit avoir une durée dont on ne peut fixer le terme, puiſqu'il eſt le maître d'aſſurer le bonheur & l'état de ſes ſujets.

Ce pouvoir cependant ſera toujours ſubordonné au caractère de la nation, & à l'eſprit de légèreté qu'elle tient du climat & de la nature. Le François vif, impétueux & changeant, ne ceſſera de donner à la forme de ſon gouvernement tous les changemens dont il eſt ſuſceptible; chaque règne, chaque ſiècle amènera le ſien.

L'exemple de la Chine & de Venise dont le gouvernement roule depuis tant de siècles sur les mêmes rouages, loin d'exciter son imitation, l'éloignera de la conduite des nations qu'il regarde comme malheureuses, parce qu'elles font toujours la même chose. La différence de mœurs & de conformation résout ce problême; le Chinois, accoutumé au respect paternel le plus profond, a aussi une grande vénération pour l'antiquité; sa taille courte & ramassée, sa tête large & réfléchie excluent ces mouvemens légers, ces idées brillantes, ces inventions pittoresques, & tous ces jeux de l'imagination Françoise; cependant, malgré notre désavantage en ce genre, on ne peut disconvenir des progrès du gouvernement : on va voir par quels heureux efforts il est déja parvenu à améliorer le sort des peuples.

Par l'effet d'une révolution arrivée dans la fortune & les opinions des hommes, le Nord s'étoit peuplé d'esclaves; ses habitans avoient perdu la qualité de libres, & étoient réduits à la condition des brutes; les droits antiques & primitifs de l'homme avoient été violés pendant la barbarie. Delà la noblesse, l'esclavage & l'abus de l'homme. Les fers que portent encore aujourd'hui les paysans serfs de la Pologne & de la Russie, à côté du pouvoir effrayant de leurs Seigneurs, sont des traces de cette calamité. Ce mal s'introduisit dans les Gaules avec les conquérans, toujours diposés à méconnoître les droits des vaincus. Heureusement que la sagesse du gouvernement, l'esprit paternel des Rois, la justice des tribunaux, ont combattu pour la liberté, & sont parvenus à remettre l'homme en jouissance des biens qu'il tenoit originairement de la nature. Ce grand évènement, le plus utile pour l'Etat & le plus glorieux pour les Princes, eſt l'ouvrage des Rois Capétiens. Louée ſoit à jamais la mémoire de Philippe Auguſte, de Louis IX & de Charles-le-Sage, pour avoir vu en leurs ſujets des citoyens & non des eſclaves, & pour leur avoir rendu la liberté dont ils jouiſſoient ſous les gouvernemens Celtique & Romain.

La féodalité, les cens, les ſervices réels & perſonnels, la main-morte, prirent naiſſance dans le déſordre qui accompagne la conquête, & ſortirent du ſein de la nouvelle adminiſtration. Les conquérans s'attribuèrent une partie des terres qu'ils ſe diſtribuèrent entr'eux: l'autre fut laiſſée aux anciens propriétaires, mais chargée de tributs & de ſervices réels & perſonnels, en vertu du droit de Seigneurie qu'ils ſe retinrent. Delà l'origine de la vaſſalité & du devoir envers ſon Seigneur ſuzerain; delà auſſi la diſtinction des biens allodiaux ou francs, & des biens ſoumis à un tribut ou à une redevance. Les premiers entrèrent dans le lot des conquérans, & les autres dans celui des vaincus. Nous voyons encore aujourd'hui, après treize cents ans, les traces de ce partage ſur les fonds grevés.

Les Francs, après la conquête, ſe trouvèrent ſurchargés d'un grand nombre d'eſclaves achetés ou faits à la guerre. Ne pouvant cultiver par eux-mêmes la portion des terres qui étoit tombée dans leur partage, ils les donnèrent d'abord à ces eſclaves qui les cultivoient au profit de leurs maîtres; mais l'éloignement perpétuel de ces derniers, occaſionné par la guerre, ne leur permettant pas d'inſpecter ces cultures, ils s'abonnèrent avec ces eſclaves colons pour une redevance en nature, qui leur étoit payée du produit des récoltes. Enfin ils leur ôtèrent leurs fers; & ne leur laissèrent que de très-légers liens de l'esclavage, en les faisant passer du dur état de la servitude au simple assujettissement de certains services imposés sur leurs personnes & sur leurs possessions; ils furent donc élevés au rang de propriétaires, à la charge de réversion au Seigneur ancien possesseur, au défaut d'enfans. Ainsi s'établit le droit de main-morte. Le main-mortable, d'esclave devenu propriétaire pour lui & sa lignée, & les parens qu'il pouvoit associer à sa communauté, n'étoit exclu que du droit de faire passer sa dépouille à un étranger, droit très-indifférent quand on n'existe plus, & qu'on ne laisse pas de postérité. Mais le temps a effacé de la mémoire des hommes le souvenir du bien primitif que produisit cette institution; de sorte qu'il ne reste aujourd'hui que l'odieux attaché aux charges (*a*).

Dans les temps tyranniques de la féodalité, les Seigneurs laïcs & Ecclésiastiques affranchirent ou cédèrent des terres communes aux habitans de leurs bourgs, moyennant des redevances que la découverte du Pérou a converties en deniers: cet évènement qui fit abonder le numéraire, rendit la taxe légère, & rétablit l'équilibre en faveur des campagnes; mais une nouvelle Jurisprudence, tout à l'avantage des grands propriétaires, a de nouveau fait pencher la balance en leur faveur, & les communautés, par le retranchement successif de leurs Peuple.

(*a*) Voyez la Dissertation de M. le Président de Brosses, insérée dans le second volume des Mémoires de l'Académie de Dijon.

fonds, n'auront qu'une ombre de liberté moins avantageuse que leur ancienne servitude: le bien public sollicitant tout-à-la-fois les secours de l'Histoire & de la philosophie, exige qu'on s'appésantisse sur cet article important.

A la suite de ces siècles de barbarie & de servitude, pendant lesquels l'homme fut dégradé, & ses droits foulés aux pieds, sont venus des usages qui contribuent à prolonger la misère des peuples, tel est principalement celui de triage (*a*). On part du principe que les terres appartenant aux communautés, leur ont été abandonnées par les Seigneurs à titre d'usage seulement, ou moyennant une redevance; alors on lui adjuge la propriété, ou on lui accorde un droit de triage; c'est-à-dire, le tiers des biens fonds appartenant au bourg ou village dont il est Seigneur: Jurisprudence aussi funeste au bien de l'Etat qu'à celui des communautés. Il faut se reporter aux temps anciens pour l'examen de cette question, qui a tant d'influence sur le sort de la majeure partie de la nation; il faut se pénétrer de ce principe que la roture est plus ancienne que la noblesse, & la propriété plus ancienne que la Seigneurie. Il est certain que les premiers colons de cette terre; hommes dont les droits étoient égaux (car les distinctions ne viennent qu'après les besoins) jouissoient en particulier du champ qu'ils cultivoient, & en commun des autres fonds; la noblesse n'étant venue que long-temps après, n'a pu s'emparer des communes, on ne connoît pas sous

(*a*) Ce droit s'exerce sur les biens-fonds des Communautés, dont le tiers est adjugé au Seigneur.

les

les Celtes & le Romains de dispositions qui lui ait attribué cette propriété ; à la vérité, le peuple étoit tombé dans une espèce de servage sous le Gouvernement Celtique, mais il étoit plus personnel que foncier, il n'étoit, comme en Italie, qu'un patronage, & les communautés étoient en possession de leurs fonds, puisque nous avons vu que sous Caligula, elles les aliénoient pour payer leurs impôts.

Le Gaulois soumis aux Romains, ne perdit pas ses droits de citoyen ; sous ce Gouvernement où le possesseur jouissoit de ses fonds, & l'Empire de la Seigneurie, le colon ne put pas même être inquiété sur la propriété des biens communaux. Le propriétaire étant donc plus ancien que le Seigneur sur cette terre, avoit titre & jouissance avant que le droit de Seigneur fût connu ; car ce droit n'a été séparé de la Souveraineté dans les Gaules qu'après la conquête des Francs, & il ne doit son origine qu'à la féodalité. Ce n'est pas que la Seigneurie n'existât auparavant, mais elle étoit concentrée dans la personne du Prince, & elle ne s'étendoit pas sur les propriétés des communes. Ce prétendu droit de la propriété Seigneuriale sur cette nature de fonds, n'a eu lieu que lorsque le Souverain ayant donné un canton en fief, & le Seigneur de ce canton l'ayant divisé en sous-fiefs, ces différens Seigneurs ont prétendu après l'extinction de la liberté du peuple, & l'abolition de la bourgeoisie, que tout le district de leurs fiefs leur appartenoit : prétention digne de ces temps barbares, puisque le Prince, dont ils exerçoient les droits, n'avoit ni ne pouvoit avoir celui-là.

Aujourd'hui que la puissance royale représentative de

celle de l'Empereur Romain, puisque Clovis reçut d'Anastase les ornemens impériaux, a fait reculer la tyrannie féodale, a rétabli la bourgeoisie, & rendu la liberté au colon, ces hommes des campagnes sont & doivent être ce qu'ils étoient avant l'orage. Leurs droits sont les mêmes, la propriété des communes imprescriptible par elle-même, subsiste dans son entier, & ne peut être entamée par des prétentions qui tiennent à des temps d'oppression; enfin ces corps municipaux sont rentrés dans leurs droits, ainsi que le Prince; ils y sont parvenus avec l'aide l'un de l'autre, & les droits de la Couronne étant imprescriptibles, ceux de l'Etat dont la propriété des communes est le plus essentiel, puisqu'il assure sa prospérité, ne peut être ébranlé. C'est assurer ce principe, & instruire de l'état des hommes, que d'esquisser rapidement les révolutions qu'éprouva la bourgeoisie dans nos Provinces.

Bourgeoisie.

La bourgeoisie sous le règne des Romains fut d'abord de deux espèces, dont l'une étoit celle des villes municipales, c'est-à-dire, alliées du peuple Romain; elles avoient conservé avec la Seigneurie subalterne le droit de se gouverner par elles-mêmes: l'autre étoit celle des colonies fondées par ce peuple; elles se régissoient par le droit & les Magistrats de leur nation. Dans la suite, on confondit sous le titre de villes municipales toutes celles qui avoient des Officiers formant un corps; il y avoit dans ces cités des Magistrats municipaux dont les fonctions ressembloient à celles de nos Maires & Echevins. Ce Gouvernement s'éteignit sous le despotisme des Empereurs, & se fondit dans le Gouvernement militaire devenu prépondérant dans les siècles d'invasion.

La bourgeoisie existoit encore au moment de la conquête des Goths, des Francs, des Bourguignons; répandue dans les villes & les campagnes qu'elle faisoit fleurir, elle subsista sous le Gouvernement de ces peuples. Les guerres, les dévastations qui les accompagnent, le passage successif des conquérans anéantirent insensiblement la liberté des riches possesseurs, ou bourgeois des campagnes; l'esclavage personnel suivit la perte de leurs biens; ces vrais dominateurs de la terre qu'ils labouroient d'une main libre, furent rangés sous le joug comme les bœufs de leur charrue. Pris les armes à la main, ils furent réduits en servitude; tandis que la misère d'un côté & l'usurpation de l'autre, jetoient dans les fers les paisibles cultivateurs qui y avoient échappé, ils devinrent tous serfs du Leude, ou du Baron à qui le pays étoit échu par droit de conquête. Bientôt la terre ne fut plus peuplée que de deux sortes de personnes: de guerriers possesseurs des terres, & de serfs qui les cultivoient. La bourgeoisie & la noblesse Romaine disparurent en partie sous l'esclavage & la tyrannie, ou se plongèrent dans l'oubli du cloître.

Les habitans de la campagne portoient déja le titre de *Pagani*, paysans : il étoit venu à la suite d'un Edit de Constantin - le - jeune, qui, réformant les soldats qui n'embrassoient pas le Christianisme, les réduisoit à la condition des villageois (*a*). Le mot *Pagani*, qui signifie habitans du *Pagus*, ou canton, est devenu un terme de mépris que le comble de l'absurdité a fait appliquer à la

(*a*) Voyez Médaille, N°. 28, sur laquelle Constantin-le-Jeune est représenté adorant la Croix en forme de sceptre.

claſſe des citoyens la plus utile, celle qui fait ſubſiſter les autres, celle qui fait la force de l'Etat.

La bourgeoiſie exclue des campagnes, ſe conſerva encore dans quelques villes, elle ſortit de ce germe dans le douzième ſiècle, reprit ſes anciens droits, & couvrit inſenſiblement la ſurface du Royaume comme ſous la domination Gauloiſe & Romaine. La féodalité qui l'avoit reſſerrée dans les grandes villes (*a*), en fut repouſſée à ſon tour par le mouvement de la réaction; les tours & les donjons gothiques s'écroulèrent dans les campagnes, & n'en éloignèrent plus les mains libres qui devoient les cultiver. Le bourgeois ceſſant d'être le ſerf du Seigneur, mais devenu le ſujet du Prince, rendit au Monarque ſon autorité, & à l'Etat ſa force & ſa gloire, enfouies ſous dix ſiècles de barbarie. La nobleſſe n'a pas éprouvé de pareilles éclipſes, elle n'a reſſenti que les altérations & les changemens dont nous devons rendre compte pour ce qui concerne ces temps obſcurs.

Nobleſſe. César, à ſon arrivée dans les Gaules, trouva les habitans de cette contrée auſſi entêtés de leur nobleſſe que les Allemands leurs voiſins: cette prérogative étoit, ce qu'elle eſt dans tous les Etats naiſſans, la récompenſe du mérite: elle ne devient affaire de finance qu'à l'époque où les mœurs ſe dégradent. La ſimple dénomination de la perſonne ſe conſerva chez les Gaulois comme chez les Romains; cela provenoit chez les uns de l'énergique ſimplicité d'un peuple neuf, chez les autres c'étoit l'effet de

(*a*) Louis VIII déclara, par une Ordonnance, qu'il regardoit comme à lui appartenantes toutes les villes où il y auroit des communautés.

l'élévation, la haute idée atttachée à un nom qu'on brûloit de rendre illustre : ce ne fut que sous la seconde race de nos Rois, que la personne disparut pour être remplacée par le titre. Les noms des différens cantons de la terre dans ces temps de barbarie, parurent préférables à ceux des hommes ; le Gentilhomme laissa le sien pour prendre celui de son champ. Cette inversion prit naissance comme une foule d'autres usages déraisonnables dans le sein de la féodalité. Envain les médailles, les monumens que ces peuples avoient sous les yeux, les avertissoient-ils que les Princes, sous qui les Gaules n'étoient qu'une Province de leur domination, s'appeloient simplement César, Trajan, Hadrien, Julien, &c., & que leurs principaux Officiers n'étoient connus que par leur nom propre ; ils accumulèrent sur leurs têtes les dénominations des villages, des bourgs & des villes où ils demeuroient ; le Gentilhomme y ajouta depuis celui de très-Haut & très-Puissant Seigneur sur la contrée où l'Empereur Romain s'étoit seulement qualifié de noble, ou de Seigneur, *Nobilis*, ou *Dominus*. Les Espagnols ne sont pas demeurés en arrière, & cette manie a tellement augmenté chez les deux nations, qu'on n'y reconnoît plus aujourd'hui les noms propres ; auroit-on prétendu se dédommager par les titres de ce qu'on a d'inférieur aux Grecs & aux Romains en caractère de force & de grandeur ? C'est un pauvre équivalent. L'éclat du manteau n'a jamais décidé du mérite de son maître.

Il existoit cependant des titres qu'on joignoit aux noms propres, mais ils étoient de dignité, tels que ceux de *Dux* ou Général ; de Comte, *Comes*, Seigneur de la société du Prince, Commandant des armées ; de Marquis, *Marchio*, défenſeur d'une marche ou Province frontière ; ſous les Rois Francs on connut celui de Baron, homme brave, Chef de Corps. Ces titres attachés aux emplois étoient fort rares, ils ne devinrent communs qu'après la conquête, lorſque le Monarque Franc eut la ſouveraineté des Gaules, & ſes principaux Officiers de grands domaines. Ces domaines prirent alors le nom de leurs propriétaires, & furent appelés baronies, ou poſſeſſion du Baron : les baronies furent les premières terres décorées dans les Gaules ; le Marquiſat perſonnel ne fut attaché aux domaines que dans les ſiècles féodaux après Charlemagne. Le Comté fut érigé en même-temps ; mais le titre de Duc plus ancien que les autres, & affecté dès le temps des Romains aux Princes Souverains qui n'étoient pas aſſez puiſſans pour être Rois, ne fut conféré aux terres des particuliers que long-temps après les autres, quoique plus auguſte. Les terres décorées des trois premières qualifications ont paſſé en différentes mains, les propriétaires dépouillés ont retenu les titres, les poſſeſſeurs avec bien plus de raiſon l'ont porté, des particuliers ſans droit ſe le ſont arrogés. Cette conduite a été univerſelle en Europe, & y a de nos jours tellement dégénéré en abus, qu'il eſt peu de village où il n'y ait au moins un de ces défenſeurs des frontières, Chef d'armée, ou ami du Roi, dont le plus ſouvent aucun ne l'a connu, ou n'a été dans ſes armées ; le nombre en eſt immenſe dans les villes, l'abus ne ceſſera qu'après avoir été porté à ſon comble, lorſque l'Europe ne ſera plus peuplée que de Marquis, de Comtes, de Barons, de Chevaliers, de Hauts & Puiſſants Seigneurs. Alors la véritable dignité, celle qui provient du mérite, reprendra ſes droits avec ſa noble ſimplicité, & on imitera les qualifications modeſtes, mais grandes de Céſar, d'Alexandre, de Scipion, de Thémiſtocle, d'Epaminondas, de Beliſaire: on deviendra grand par les choſes, dès qu'on aura reconnu qu'on ne l'eſt réellement pas par les titres.

Au milieu du mal général, un Etat s'en eſt préſervé; Veniſe a repouſſé tous ces titres. Sa nobleſſe gagne infiniment à la ſimplicité de ſa dénomination, elle en retire l'avantage de faire croire qu'elle deſcend, comme elle le dit, de la nobleſſe Romaine, tandis que les qualifications des autres annoncent qu'elles deſcendent des Barbares, ou qu'elles ſe ſont élevées poſtérieurement. Elle exiſte au milieu de l'Europe comme un monument d'une noble ſimplicité au milieu des conſtructions gothiques. Il en exiſte cependant en France qui ne lui cède ni en ancienneté, ni en illuſtration; mais parmi les familles qui remontent à ces temps éloignés, nulle, après celle qui occupe le Trône, ne s'eſt rendue plus recommandable que celle de Montmorenci (*a*). Ce ſang généreux dont la ſource ſe cache ſous les fondemens de la Monarchie, ſe tranſmettant d'âge en âge, de héros en héros, conſerve encore après mille ans ſa force & ſa vertu primitive. Ses monumens ſont les combats livrés dans toutes les Provinces qui ont augmenté ce Royaume; & ſes titres ſont l'hiſtoire de cet Etat.

(*a*) Cette maiſon remonte au-delà de Bouchard de Montmorenci, au Duc Alberic, & à une ſœur d'Edred, Roi d'Angleterre, ſous le règne des Lothaire. Voyez art de vérifier les dates, tome 2, page 643. Dom Bouquet, tome 9; Dom Mabillon, acte 55, Bened. tome 5, n. 245.

Impôt.

L'impôt, ſous les beaux règnes des Celtes & des Romains, faiſoit la reſſource de l'Etat ſans en deſſécher les ſources; les hommes & les terres payoient dans une juſte proportion entre les rangs & les facultés; mais les comeſtibles étoient francs, les objets d'utilité étoient ſacrés; le ſel, principe de la végétation & de la proſpérité des campagnes, n'étoit pas proſcrit par une impoſition (*a*) aveugle qui condamne les terres à la ſtérilité, & abandonne le bétail qui en fait la vraie richeſſe, aux maladies occaſionnées par des pâturages fades & ſans ſaveur : l'impôt, ſous ces peuples, étoit perçu avec modeſtie, avec l'eſpèce de timidité attachée à l'homme qui fait des demandes peu agréables; le bureau étoit un dépôt ſilencieux qui n'enorgueilliſſoit pas celui qui le tenoit. Les partiſans, ſous les premiers Rois, n'étoient pas montés à un haut degré de conſidération, ils ſe faiſoient eſcorter dans des fonctions qui, ſouvent, n'étoient pas ſans danger, ſans en être plus honorées. Quel changement s'eſt fait chez les deſcendans de ce peuple. La finance enrichie jouit tout-à-la-fois du crédit & des honneurs; ſes bureaux ont remplacé les arcs de triomphe élevés à la gloire & à la victoire, & les ſurpaſſent par leur magnificence. Les ſiècles qui ſuivront en concluront contre celui-ci, que l'argent étoit ſon Dieu, puiſque ſa perception étoit devenue un objet de culte qui avoit ſes temples.

(*a*) Le Gouvernement actuel, égal au Romain ſur beaucoup d'articles, n'a pas voulu lui être inférieur ſur celui-là; & le Prince a déja menacé l'abus d'une prompte proſcription.

L'état

L'état des troupes, la manière de combattre, les armes qu'on employoit, sont autant de sujets qu'on ne peut traiter sans une répétition fastidieuse puisqu'ils l'ont été chacun dans leur genre par MM. Mézeray & Velly; ils n'ont laissé à faire qu'une seule observation sur la dégradation de la tactique, qui étoit telle que la force des armées consistoit dans la cavalerie; les fondateurs de cet Etat, comme tous les peuples Barbares, se fondoient plus sur les forces animales que sur l'intelligence; ils préféroient la masse imposante du cavalier à l'adresse, la sagacité & la propriété universelle du fantassin; les Grecs & les Romains avoient mieux apprécié l'homme, & leur discernement leur avoit valu l'Empire; il a fallu douze siècles pour faire sentir aux nations qui leur ont succédé, que la force cède par-tout à l'intelligence, que rien dans la nature n'est préférable à l'homme, que la variété de ses combinaisons, son adresse, sa vigueur & sa main surtout, lui assurent une supériorité incontestable sur tous les autres êtres. Troupes.

Il existoit un foible commerce soutenu par une marine plus foible encore, que la guerre & les révolutions de la nature réduisirent presqu'à rien. Narbonne, un des principaux entrepôts, avoit alors un port fréquenté, & une marine marchande. Ausone nous apprend que les flottes de l'Orient, de l'Afrique, de l'Espagne & de tous les pays de commerce, y abordoient. Le cours de l'Aude qui traversoit la ville ayant changé, ainsi que la position de la mer qui s'est retirée, elle perdit son port & son négoce: Montpellier, Fréjus, Aigues-mortes sont tombées, par la même cause qui a fermé tant de ports d'Afrique, d'Asie, Commerce.

de l'Europe situés sur la Méditerranée, c'est-à-dire, par l'alluvion des fleuves & la chûte des terres élevées qui la repoussent graduellement dans l'Océan d'où elle s'est échappée : Marseille seule se soutint.

Bordeaux joignoit à sa marine l'avantage d'un bon port formé par un marais, semblable pour la forme, mais non pour l'étendue, à celui du Zuyderzée dans la Frise (*a*); le marais a disparu avec le temps, le port a pris un autre emplacement, & le commerce s'y est fixé. Nantes étoit déja remarquable parmi les villes que le négoce mettoit en activité sur les côtes de l'Océan.

Lyon, placé au confluent de deux rivières, étoit le centre du commerce, & le séjour de son Intendant dans les Gaules (*b*); cette ville étendoit ses bras sur l'Océan & la Méditerranée, elle correspondoit à Arles & à Trèves, unissoit en quelque façon le Rhône au Rhin, & l'Océan Germanique à la Méditerranée; les marchandises remontant sur les deux rivières, étoient transportées à dos de mulet, ou voiturées dans l'espace qui les séparoit, & cet espace fut prêt à disparoître sous le génie & le courage d'Antistius Vetus, l'un des Généraux Romains qui entreprit de réunir la Saône à la Moselle : cette entreprise, digne d'un peuple aussi grand, fut traversée par la guerre & la jalousie, souvent aussi pernicieuse dans ses

(*a*) Grand golfe de l'Océan Germanique, de 30 lieues de longueur, formé par une inondation de la mer, arrivée en 1225 sur la côte des Pays-Bas; il sépare la Frise Occidentale de l'Orientale.

(*b*) La preuve est fondée sur l'inscription d'un Tauricius de Vannes, Intendant du commerce des Gaules, patron des bateliers de la Seine & de la Loire.

effets : abandonnée jusqu'ici, elle est de nature à s'assortir aujourd'hui avec les idées les plus élevées d'un siècle si supérieur pour les lumières, à ceux qui ont présidé à l'établissement de la Monarchie.

Il n'est plus de succès, plus de gloire sans érudition, la révolution qu'ont amené les sciences impose aux grands, aux Rois, comme à leurs sujets, la nécessité de s'instruire : la renommée condamne à végéter celui qui n'a que l'ignorance en partage ; le bruit qu'il fera dans le monde par ses équipages & son train, sera le seul qu'il y fera, il n'y aura plus que silence à son égard. Il n'en fut pas de même autrefois ; le génie seul, allié à la vigueur, faisoit sonner les trompettes de la renommée. Marius, Maximien, Galère, Alaric, Clovis, ont laissé un nom célèbre, cependant toujours inférieur à celui de Scipion, de César, de Marc-Aurèle & de Julien ; aussi voyons-nous que ce fut sous ces Princes que fleurirent les lettres, au lieu que les Ecrivains qui brilloient à l'époque de la fondation de la Monarchie, étoient dignes des Princes sous lesquels ils vivoient. On juge par leurs écrits du temps où ils ont existé ; on voit la décadence qui étoit arrivée, prélude des ténèbres qui suivirent, & qui ne furent dissipées que par les lumières du beau siècle des Médicis & de celui de Léon X ; lumières qui ont élevé l'Italie, la France, ensuite l'Angleterre & l'Allemagne au-dessus de toutes les autres contrées. C'est une vérité reconnue que les lumières, dont on pouvoit se passer alors, sont devenues indispensables aujourd'hui. L'homme actuel répandu dans la société, instruit par la physique & par l'astronomie des secrets du ciel & de la terre, sans cesse excité par les idées des autres, fait à ſon tour uſage des ſiennes; il apprend avec l'étude le ſecret de ſes forces morales, il connoît tout ce qu'il peut par la penſée, il la reſſerre, il l'étend, il l'adapte à ſa fortune, à ſes plaiſirs, à ſes goûts; il l'applique à tout, & par-tout elle le ſert, par-tout le feu étincelle au contact. Telle eſt la puiſſance des arts, & la cauſe du changement que nous trouvons entre la littérature de nos ancêtres & la nôtre, & de la différence de poſition que nous éprouvons.

Il faut bien ſe garder de juger de la félicité des Gaules par l'état floriſſant où elles étoient ſous les Romains; les moyens de cette proſpérité avoient diſparu avec eux. Malgré la puiſſance du premier conquérant, malgré l'éclat du règne de quelques-uns de ſes ſucceſſeurs, on a été, pendant près de douze cents ans en France, ſans connoître le bonheur; car on n'en jouit pas ſans les arts. Il n'en eſt pas de cette contrée comme de ces climats fortunés qu'anime un ſoleil plus conſtant. Quel beſoin en ont leurs heureux habitans, puiſque chez eux la nature eſt d'une richeſſe & d'une énergie qui les ſurpaſſe & en diſpenſe? Dans l'inſtant qu'elle ſupprime les beſoins, elle prodigue les biens, varie les ſpectacles, multiplie les plaiſirs. C'eſt-là que la vie eſt vraiment un ſonge qu'elle s'efforce de rendre enchanteur. Mais dans les Gaules, l'Allemagne & les pays qui ſont ſous la même température, l'homme eſt entouré de beſoins; il conſomme beaucoup pour ſa nourriture; & l'inconſtance des ſaiſons l'oblige à ſe garantir de leurs injures. La terre, moins favorable pour lui que pour l'habitant du Midi, ne lui fournit pas gratuitement des vivres & des habits : il faut qu'il tire le tout de ſon ſein, à l'aide d'un travail aſſidu ; c'eſt une mère mal diſpoſée, dont il n'obtient ſa légitime que par force. Il eſt donc obligé par néceſſité de cultiver les arts. Comment ſe peut-il que, lui étant ſi néceſſaires, le François les ait négligés pendant tant de ſiècles, & ait préféré de languir dans la misère ? Car il n'y en a pas encore deux que la peinture, la ſculpture & les lettres ont fait des progrès en France, & que les ſciences y ont été cultivées. L'incommodité des vêtemens, leur rudeſſe, ont duré juſqu'à ce temps. L'art ſi utile de l'agriculture n'étoit qu'ébauché. La plupart des métiers étoient inconnus, & les autres étoient informes; le négoce étoit ignoré & mépriſé. L'habitant des campagnes étoit ſous le chaume & dans des huttes de terre; celui des villes étoit renfermé chez lui dans une maſſe de pierres fétide & ténébreuſe. Sortoit-il, il marchoit dans la boue juſqu'au genou; il ne pouvoit puiſer d'eau, faute de fontaines publiques; il étoit obligé de ſe nourrir de vivres gâtés dans les temps humides, parce que n'ayant pas de marchés couverts, l'acheteur, le vendeur & les comeſtibles étoient mouillés. Il n'avoit pas de ſpectacles publics; & faute de pouvoir lire & s'occuper, l'ennui le dévoroit. Ce temps de calamité a continué juſqu'au règne de François Ier, où ſe fit le premier pas vers le changement; mais il ne fut effectué que ſous Louis XIV. C'eſt à lui que nous devons tous les biens que nous tenons de la ſociété, des arts & des ſciences. Que les progrès de l'eſprit humain ſont lents, puiſque ce n'eſt que douze cents ans après la fondation de cette Monarchie, que ſes habitans ont vraiment commencé à jouir ! Il faut conclure delà que les arts ſont tardifs ſur cette terre;

qu'ils n'y ſont pas naturels comme dans la Grèce & l'Italie, puiſqu'ils ont été ſi long-temps abandonnés & inconnus, quoique les habitans euſſent encore ſous les yeux leurs formes, leurs moules & leurs modèles, & qu'ils marchaſſent ſur les productions du génie, ſur les ruines des monumens qui atteſtoient la gloire & le bonheur de la nation qui avoit paſſé avant eux; puiſque, malgré le bien ſi encourageant qui en eſt réſulté dans le ſiècle dernier, nous touchons à la fin de celui-ci, & laiſſons encore bien des choſes que réprouve la philoſophie, qu'exige la ſaine police, & que déſigne la main indicative du bien public. Ainſi, loin de nous croire arrivés au point de perfection, nous ne ſommes pas encore, à certains égards, au point où nous en étions ſous les Romains, puiſque les débris qui exiſtent de leurs monumens, ſurpaſſent encore les plus ſomptueux des nôtres.

Leurs chemins étoient d'une étendue & d'une ſolidité telles que les morceaux ſubſiſtans de ces bandes majeſtueuſes qui traverſoient la terre, font l'admiration de ceux qui les voient, en même temps qu'ils ſervent de modèles. La main qui défendoit la patrie pendant la guerre, la ſervoit pendant la paix, par la conſtruction de ces utiles ouvrages. Le laboureur arraché à la charrue, le pauvre appelé de deſſous le chaume pour faire des chemins que d'autres foulent, ne perdoient pas en travaux forcés & mal entendus, le temps ſi néceſſaire à l'un pour ſes cultures & ſes récoltes, & à l'autre pour ſa ſubſiſtance.

Leurs projets juſtes, enfantés pour le bien de l'Etat, n'éprouvoient pas d'obſtacles dans leur exécution : ces chemins alignés, preuves d'un gouvernement équitable ſous lequel le bien public qui ne connoît pas d'exceptions, trace en droite ligne les routes à travers les montagnes, les plaines & les Palais, donnent une grande idée de leur adminiſtration & de ſa fermeté : la force de leurs chemins ne fait pas moins d'honneur à la ſolidité de leur eſprit ; il en réſultoit pour la ſuite une économie de travail & de matériaux précieux pour l'Etat qui ſavoit perpétuer la durée de ceux qu'il employoit.

Les amphithéâtres & les édifices publics étoient d'une nobleſſe & d'une grandeur dont les ouvrages modernes n'approchent pas. Les marchés & les bains étoient vaſtes, propres & ſains ; les entrées des villes étoient majeſtueuſes, les places ſpacieuſes & ornées. De ſuperbes fontaines étanchoient, par leurs eaux jailliſſantes, la ſoif de tous les quartiers. Si la nature s'y oppoſoit, l'art impérieux la forçoit ; il abaiſſoit d'une main la tête des montagnes ; il élevoit de l'autre les vallons à leur niveau, & faiſoit couler dans un baſſin pompeux une ſource inconnue ; car ces étonnans dominateurs commandoient à la terre comme aux hommes. Leur architecture & leur ſculpture accouroient au ſeul nom d'ouvrages publics ; ils s'abaiſſoient juſqu'aux égoûts, & ne dédaignoient pas de ſeconder l'utilité de leurs fonctions. Le commerce étoit honoré, & ſes agens célébroient leurs protecteurs, comme il convient à un corps riche & éclairé, par des ſtatues & des trophées (*a*). La juſtice, quoique d'une

(*a*) Voyez Dom Martin. La ſtatue élevée à Tibère par les marchands de Paris, *Nautæ Pariſiaci.*

marche lente, à cause des entraves de la forme, étoit gratuite; on n'essuyoit au plus que deux degrés de jurisdiction : la procédure criminelle ne se tramoit pas dans le secret & dans les ténèbres souterraines des cachots.

Les Romains qu'on a traités de brigands, que tant d'Ecrivains ont confondus avec les autres conquérans, sont par-tout remarquables par un plus grand caractère; ils ont plus fait eux seuls que toutes les autres nations; ils n'ont quitté chaque contrée de leur domination, qu'après l'avoir chargée de monumens que le temps & toute la puissance de leurs successeurs n'ont pu effacer, & dont les débris feront toujours la matière de leurs études & le sujet de leur admiration; on pardonneroit à leur conquête, (si toute conquête n'étoit pas odieuse) puisqu'ils ont laissé sur la terre plus qu'ils n'y ont trouvé.

Ces grands traits, ces beaux caractères qu'imprima sur cette contrée la main glorieuse d'un peuple à jamais célèbre, disparurent sous les conquérans Saliens, Chamaves & Sicambres; leur génie borné & destructeur amena tout à sa ruine; la barbarie, compagne de leurs exploits, se plut à renverser les chef-d'œuvres de l'art; ses usages féroces succédèrent à la sagesse des loix; & des ouvrages d'un goût mesquin & grossier insultèrent à la majesté des anciens monumens. Cet état de rusticité se perpétua jusqu'au règne de François Ier, que la nation tira quelques étincelles du génie Italien. Sous Louis XIV, elle eut son génie particulier qui inventa & exécuta de grandes choses; mais il n'est pas arrivé au but auquel étoit parvenu celui des Romains. On doit sentir, par ce qu'on vient de dire, qu'il est encore en arrière de quelques pas. Cependant on peut

peut prédire qu'il est prêt à franchir cet intervalle, & même à aller plus loin. Déja la marine, l'ordre du gouvernement & les sciences laissent derrière eux ceux des Romains. Que les grands monumens, que les ouvrages de décoration & d'utilité publique s'élèvent également; que le reste des taches du gouvernement Gothique disparoisse; que la loi foudroie l'usage qui la contredit, & nous serons montés à un degré de gloire & de prospérité que n'a jamais éprouvé cette contrée, pas même dans les plus beaux jours du règne des Antonins. Le temps de la prospérité des Etats est celui où les pouvoirs & les arts circonscrits, renfermés chacun dans leur sphère, roulent dans leur orbe d'un mouvement sage, non interrompu. Car on n'est pas parvenu dans un Empire à ce point sublime pour avoir joui d'un règne glorieux, si le bien & l'éclat qui en sont résultés, ne se sont étendus partout; si une justice intègre, tombant également sur tous les états; si l'amour de tous les citoyens indistinctement, si l'affranchissement des préjugés, si le bien-être & la satisfaction publique sans exclusion, n'ont pas été réunis avec la majesté des monumens, & n'ont pas donné du Prince qui gouvernoit, l'idée d'un père de famille juste, éclairé, tolérant & économe, & de ses peuples celle d'une famille heureuse & bien gouvernée. Puissent nos justes espérances se réaliser, & le sceptre pacifique de Louis XVI atteindre de nos jours à ce point si rare!

Sur les ruines du gouvernement Romain, Clovis en établit un nouveau, conforme aux circonstances, & assez uniforme; il subsista pendant plusieurs siècles, & s'altéra tellement sous les Rois Carlovingiens, qu'aujourd'hui même il n'eſt pas encore rétabli ; car la Monarchie, par ſes variétés, ſes bigarrures, la différence de ſes loix & de ſes coutumes, reſſemble à un habit dont les pièces jointes les unes aux autres, laiſſent appercevoir les points de ſuture qui les uniſſent. Delà la ſtérile abondance & la défectuoſité de nos loix ; elles paroiſſent comme un grand édifice conſtruit de matériaux de toutes eſpèces, & dont les parties ont été élevées ſelon le beſoin du moment, & ſéparées par de grands intervalles, au lieu d'avoir été bâti ſur un plan noble, uniforme, régulier, où tout eſt prévu, & forme un ſuperbe enſemble.

Le duel, cet uſage barbare au deſſous de la ſageſſe des Grecs & des Romains, devint une des loix de la Monarchie naiſſante (*a*). Qu'on apprécie cette loi féroce, & l'ame du légiſlateur eſt jugée. Au reſte, ne croyons pas avoir beaucoup remédié à ce préjugé, en ſubſtituant à la preuve du duel celle qui réſulte d'informations ſecrètes & ténébreuſes. Ce ſecond moyen fait quelquefois regretter le premier. Qu'en conclure ? Que nos progrès en légiſlation ne ſont encore, ſur certains points, guère au-deſſus de ceux de nos ſauvages aïeux.

Il arriva que la robe, prépondérante chez les Romains, tomba en diſcrédit parmi un peuple qui ne connoiſſoit d'autre gloire que celle des armes, & qui mettoit le glaive au nombre de ſes loix. Le militaire lui fut préféré. Delà

(*a*) Cette loi eſt de Fronton II, Roi de Scandinavie, contemporain d'Auguſte, qui ordonna que tout différend entre ſes ſujets ſe termineroit par l'épée : l'Europe ſuit à ſa honte, & par habitude, depuis 13 ſiècles, cette déciſion barbare, dont elle s'eſt fait un uſage, comme s'il étoit permis à un membre de la ſociété d'en tuer un autre.

les distinctions entre les deux ordres, suite d'un préjugé Gothique : comme si celui qui tient la balance qui procure la tranquillité & le bonheur d'un Etat, ne méritoit pas autant que celui qui défend ses frontières ! Les Romains, ce peuple éclairé, dont nous nous faisons gloire de suivre beaucoup d'usages, & qui savoient apprécier les hommes, avoient donné un autre exemple. Chez eux, la robe alloit de pair avec l'épée. On sait la considération dont jouissoient les Sénateurs sous le gouvernement Républicain. Sous les Empereurs, il y avoit encore, dans la seule ville de Rome, deux Magistrats, dont l'un étoit qualifié de *comes sacrarum largitionum*, & l'autre de *comes rei privatæ*. Cette différence est une preuve que la constitution primitive ne fut établie que dans la vue des conquêtes, & que cet esprit fortement imprimé, s'est perpétué jusqu'à nos jours ; car dans un gouvernement qui renonce à acquérir, & qui, par un choix plus sage, se borne à jouir, comme à la Chine, en Suisse, à Venise, le Magistrat qui assure la jouissance en faisant observer la loi, est & doit être l'homme le plus considéré, parce qu'il est le plus utile.

Il se fit, à l'époque de la conquête, une heureuse révolution dans les mœurs. La reconnoissance engage à dire que ce fut à la Religion Chrétienne qu'on en fut redevable. A l'urbanité & à la sagesse Romaine avoit succédé la barbarie qui couvroit l'Europe. Sur toute cette vaste contrée, inondée par les peuples du Nord qui démembroient l'Empire, on ne voyoit que fureurs & cruautés. C'étoit alors que l'homme étoit, à proprement parler, un loup pour l'homme ; il ne connoissoit d'autre art que celui de la destruction, & d'autre loi que celle du plus fort. On laisse aux Ecrivains sacrés à expliquer les moyens dont se servit la Religion pour changer tant de peuples, amollir les cœurs & adoucir les traits farouches de ces brigands. Mais on s'arrête avec plaisir sur le grand spectacle qu'elle donna au monde, lorsqu'elle se présenta majestueusement sur cette scène de carnage, au milieu de ces hommes féroces ; & lorsque ces mêmes hommes, frappés de respect, laissèrent tomber leurs armes, tombèrent eux-mêmes à ses pieds, sentirent, pour la première fois, couler sous leurs paupières de fer les larmes de la sensibilité & du repentir, & furent doux & humains sur la fin du jour dont le commencement les avoit vus cruels & barbares. Telle fut l'obligation qu'on eut à la Religion Chrétienne. La douceur des mœurs, la police des états, l'amour de la justice, le respect pour le Prince, furent des fruits précieux qu'elle fit croître dans toute l'Europe.

Elle fit en peu de temps de grandes conquêtes ; le monde échappoit aux Romains, elle s'en empara. Sa morale étoit de nature à dominer sur la terre. Le précepte si généreux du pardon des injures, celui si juste de la loi de nature, & cet autre si utile de l'obéissance aux Souverains, l'élevoient au dessus de tous les cultes. La pompe & les cérémonies qu'on y attacha, eurent leur avantage dans des siècles d'ignorance, où il falloit frapper les yeux pour gagner les esprits ; car ce fut le moyen avec lequel la Religion des Romains empêcha long-temps les succès de l'autre : fondée sur la mythologie Grecque qui parloit si agréablement à l'imagination, accompagnée de ses Lupercales, de ses fêtes de Vénus qui parloient aux sens, elle avoit un grand avantage aux yeux du peuple : comme son esprit est toujours le même, il a fallu que le culte s'y conformât dans les premiers temps. Delà tant de cérémonies & de fêtes (*a*) bisarres que le véritable esprit religieux rectifie & anéantit insensiblement. Les richesses ne tardèrent pas à surcharger la nouvelle Religion, elle ne gagna pas à cet alliage. La fortune traîna à sa suite le faste, la dépravation des mœurs, la fureur des interprétations : les schismes firent éclater de furieux orages, & donnèrent lieu à de vives querelles, à de sanglans combats; ces convulsions religieuses ont été longues & fréquentes, heureusement que le temps & la philosophie épurent tout : ils rendent à la terre les ouvrages & les opinions de ses enfans avec leurs corps; la sagesse & la divinité seules sortent de leur creuset, comme l'or qui a repris son caractère primitif, & ne conserve plus rien de la forme qu'on lui avoit donnée, & de l'alliage dont on l'avoit chargé. Telle est la Religion Chrétienne; sa morale sublime, après tant de disputes & de fausses applications, est aussi pure que dans le principe.

Ses conquêtes spirituelles ne l'empêchèrent pas d'en faire une considérable dans le temporel, qui fut la dîme : la ferveur de la nouvelle Religion fut telle, que les peuples qui se trouvoient déja foulés par les impôts, consentirent à en payer un plus considérable encore, en cédant le douzième de leurs revenus; dans la chaleur du zèle, on alla jusqu'à la déclarer de droit divin : la concession des

(*a*) Celle de l'âne à Beauvais, Autun.

grands domaines que les Princes & les particuliers faiſoient au Clergé comme à l'envi les uns des autres, le rendit ſi puiſſant, qu'il figura parmi les corps de l'Etat, & s'éleva au premier rang. Les Druides, Miniſtres de la Religion ſous les Celtes, avoient déja fait le premier corps de la nation. Il diſparut pendant ſix cents ans ſous les Romains, chez qui le Clergé ne faiſoit pas de corps; mais ce qui contribua le plus à l'affermiſſement de ſa puiſſance, fut la décadence de la ſeconde race, le règne féodal, & l'élévation des Prélats au rang de Ducs & de Comtes.

La Religion des Gaules, à l'avènement de Clovis au trône, n'étoit qu'un mélange de celle des Druides ſuivie par les deſcendans des Gaulois, du Paganiſme apporté par les Grecs & les Romains, du Chriſtianiſme adopté par les derniers Empereurs, de l'Arianiſme favoriſé par les Bourguignons & les Viſigoths. A dater du règne de ce Roi, la Religion Catholique devint le culte dominant, & détruiſit inſenſiblement les autres; mais il s'en falloit de beaucoup qu'elle fût parvenue à la ſtabilité & à la perfection que lui ont donnée les différens Conciles. Elle a éprouvé bien des variations avant que de s'arrêter à la forme qu'elle a actuellement. Cependant, dans ſon état de fluctuation, les lumières de quelques-uns de ſes Miniſtres lui donnoient de la conſiſtance, & leur ſageſſe parvint à la fixer. Le baptême ſe conféroit d'abord aux perſonnes des deux ſexes, même aux adultes, dans un état de nudité par une triple immerſion. Il y avoit des Diaconeſſes qui ſubſiſtèrent juſqu'au premier Concile d'Orange, tenu en 441, puiſqu'il eſt porté par le vingt-huitième Canon, qu'il ne sera plus ordonné de Diaconesses, & qu'on supprimera celles qui l'avoient été. Plusieurs des Curés étoient qualifiés du titre de Cardinaux (a); au dessus d'eux étoient les Chorévêques, dont les fonctions suppléoient à celles des Evêques & des Archidiacres tout-à-la-fois. Les Evêques étoient seuls en possession de la prédication, & les Prêtres, pendant plusieurs siècles, ne prêchèrent pas, en présence des Prélats d'Occident sur-tout. Saint Augustin fut un des premiers qui obtint cette permission, & en faveur duquel ils voulurent bien déroger à leur droit. Le Diaconat, selon le troisième Concile d'Orléans, ne se conféroit pas avant vingt-cinq ans, & la Prêtrise avant trente. Les Evêques & les Prêtres mariés avant leur promotion, habitoient avec leurs femmes. La prééminence de l'Evêque de Rome étoit reconnue dans les Gaules, & la loi de Valentinien III, qui y avoit assujetti les autres, étoit exécutée. Des bornes séparatives servoient alors de barrières aux différens diocèses, & les Prélats s'occupèrent à en assurer la distinction réciproque. Il existe encore deux bornes, seuls restes apparens de ces antiques & premières délimitations de la jurisdiction Ecclésiastique. L'une (b) sert à borner les

(a) Les Curés de St. Paul à Paris, & de Charonne dans la banlieue, étoient appelés, au 13e. siècle, *Presbyteri Cardinales*.

(b) La première est indiquée dans le discours historique qui a remporté le prix à l'Académie de Besançon, en 1771.

diocèses de Toul, Langres & Besançon; l'autre (c) à séparer ceux de Bâle, de Lausanne & de Besançon.

Les Moines s'étoient déja soustraits au pouvoir des Evêques; & l'assemblée d'Arles, tenue en 455, les en avoit affranchis. Plusieurs de leurs Monastères avoient passé de la pauvreté aux richesses, de la vertu au relâchement. Aussi Saint Jérôme leur reprochoit-il, dans sa troisième Épître à Honorat, *de gagner les richesses des dames par leurs complaisances, d'être plus riches Moines qu'ils ne l'avoient été Séculiers, & de ce que l'Eglise gémissoit de voir opulens ceux qui, dans le monde, n'étoient que des gueux & des misérables.* Sévère Sulpice leur fait les mêmes reproches, & ils étoient si bien fondés, que les Conciles d'Angers & de Vannes, tenus en 452 & 464, furent obligés de prononcer des peines contre eux. Sur ces entrefaites s'éleva l'Ordre de Saint Benoît, dont l'austérité & les vertus firent oublier les scandales de ces indignes Religieux. Aussi ancien que la Monarchie, il s'est soutenu, comme elle, avec gloire. Les Bénédictins, dans le principe, n'édifioient pas seulement par les pratiques pieuses, mais ils défrichoient les forêts au milieu desquelles l'esprit de solitude les avoit relégués. La terre se peuploit à mesure qu'ils la découvroient. Les richesses & la considération naquirent de leurs travaux, & cet esprit de travail n'a pas cessé; il s'est conservé dans le Cabinet.

(c) La seconde est rapportée par M. le Baron de Vatteville, Auteur de l'Histoire de la Confédération Helvétique. Elle est entre Montbelliard & Porentru.

Les

Les marques de leur agrandiſſement graduel ſur la terre ſont encore viſibles aujourd'hui, par les hoſpices & les Prieurés qu'on diſtingue autour des anciennes Abbayes; ils s'éloignoient d'elles à meſure que les défrichemens s'étendoient. Dans les ruines de la plupart de ces anciennes conſtructions, on remarque des niches où étoient des figures de Moines, dont quelques-unes ſont encore exiſtantes; d'autres ſont ſculptées ſur la pierre auſſi groſſièrement que les figures des Druides ſur les ruines de leurs Colléges. Ces monumens ſont les titres de fondation des lieux où ils ſe trouvent : c'eſt en les étudiant qu'on parvient à connoître les fondateurs & l'époque de leurs établiſſemens.

Mais ſi quelque objet eſt digne de remarque, pour avoir appartenu à ces temps éloignés, ce ſont les armoiries de la Couronne. Ces ſignes, qu'on confondit pendant tant de ſiècles avec les fleurs de lis, étoient (quoi qu'en diſe Dom Montfaucon) des abeilles à la vérité mal figurées, & telles qu'on en trouve dans le tombeau de Childéric, cinquième Roi. C'étoit le juſte emblême d'un peuple qui abandonne ſon climat pour ſe tranſporter dans d'autres, & part comme un eſſaim; emblême d'autant plus ſenſible, qu'il exprime le vœu & la démarche d'une nation dont le pays abondoit en abeilles, dont elle ſuivoit l'exemple. Auſſi voyons-nous que nos premiers Rois les portoient ſans nombre, en forme d'eſſaim. Cette reſſemblance paroît donner une meilleure explication que celle qui provient de la forme du javelot, parce que nos premiers Rois ſiégeoient avec cette arme, & s'en ſervoient comme d'un ſceptre. La multiplicité des caractères convient mieux à des êtres nombreux qu'à un fer isolé. On pourroit aussi expliquer les crapauds qui sont dans les armoiries de nos premiers Rois, par le pays marécageux qu'ils habitoient.

Tels furent les changemens qu'éprouvèrent les hommes & les mœurs. La terre en a aussi subi qu'on va expliquer ; sa surface étoit beaucoup moins peuplée, ce qui est prouvé ; par les villes, bourgs, villages construits depuis la conquête ; par les nombreuses fondations des Monastères & Abbayes qui, presque tous, ont occupé dans l'origine des forêts & des déserts ; par les animaux sauvages qui existoient alors, tels que l'Elan, l'Ure, l'Ours & le Bizon ; elle étoit beaucoup plus resserrée du côté de la Méditerranée. Telle côte s'élève, qui étoit alors cachée sous les eaux ; & tel port, comme celui d'Aigues-mortes, recevoit des vaisseaux dans son sein, qui est actuellement loin de la mer. Que de rivières & de grands fleuves, à commencer par le Rhin & la Loire, ont changé de lit, & se sont fait redouter par l'inconstance de leur cours ! Les sables qu'on distingue à une distance plus ou moins grande de leurs canaux actuels, attestent leur ancien séjour & la variété de leur passage. Des espèces entières de bêtes fauves ont disparu. Les tremblemens de terre ont fermé en plusieurs endroits les yeux des sources, & changé la forme des montagnes.

Ce sont ces dernières sur-tout qui ont éprouvé les plus grands changemens. Ils sont tels, qu'elles seroient méconnoissables aux yeux du Franc ou du Gaulois. Elles étoient, dans l'origine, couvertes de forêts ; leurs coteaux étoient garnis d'arbres ou tapissés de verdure ; elles étoient revêtues d'une épaiſſe couche de terre ; le roc que nous voyons, en étoit le noyau ; les bois qu'elles produiſoient, étoient grands & forts. On en a la preuve par ceux que Céſar employa au ſiége d'Aliſe, & dont on voit encore quelques troncs dans des années de ſécheresſe. Les collines qui les donnèrent, n'en produiſent plus de pareils, parce qu'elles ne ſont plus également chargées de terre : elles ne ſont plus auſſi élevées ; leurs flancs ſont devenus ſecs, comme ceux de la plupart des autres montagnes. Les arbres dont le ſommet du coteau étoit hériſſé, attiroient les vapeurs de la terre, & les parties les plus humides de l'air. Elles ſe conſervoient dans une couche épaiſſe & ſpongieuſe qu'un feuillage touffu garantiſſoit des rayons du Soleil. Des fontaines jailliſſoient à la ceinture de ces montagnes. On en diſtingue encore les veſtiges en pluſieurs places ; & en abaiſſant ſes regards, on apperçoit leurs eaux ſortir beaucoup plus bas, & condamner à la ſtérilité l'eſpace qui eſt entre l'ancien & le nouveau baſſin ; & peut-être ce nouveau baſſin deviendra-t-il l'ancien pour nos deſcendans.

Telles étoient les montagnes ſous les Celtes & les Francs ; elles étoient, pour cette contrée, comme des mamelles abondantes qui la rafraîchiſſoient & la nourriſſoient ; mais leurs deſcendans les ont taries ; ils les ont déchirées avec le fer de la charrue & la pioche du vigneron. Les pluies ont ſecondé la main qui dégradoit : une raie tracée eſt devenue un ravin ; les ſables ouverts & ſuſpendus ont cédé à l'action des eaux & à la violence des orages ; ils ont coulé au pied du rocher qui leur ſervoit de ſoutien ; au lieu d'être la charpente ſolide d'un ſol productif, il n'est plus aujourd'hui qu'un noyau dépouillé, une masse aride, semblable à une tour isolée au milieu d'une plaine, & nuisible par la perte du terrain qu'il couvre. La culture du blé, & celle si générale aujourd'hui de la vigne, ont produit ce mauvais effet. Il est facile de s'en convaincre à l'aspect, 1°. des rochers isolés ou mis presque à nud; 2°. des traces de vigne sauvage que nous appercevons sur la partie supérieure des côtes; ce sont autant de restes des vignes qui y étoient anciennement, & dont le plan a disparu avec la terre qui le nourrissoit; 3°. des vieux titres annonçant tous une étendue de terre plus considérable que celle qui se trouve sur les coteaux. Par-tout la vigne a succédé au bois; & la terre, abandonnant insensiblement les montagnes, s'en est dépouillée au point que nous en sentons la disette. Quand on s'est écrié d'admiration à la vue de la charrue qui s'étoit élevée sur les montagnes, & sillonnoit leur aride sommet, il auroit plutôt fallu souhaiter d'y voir des arbres & des troupeaux : on auroit dû envisager cette culture momentanée comme la jouissance d'un père égoïste qui dégrade l'héritage de ses enfans. La surface de la terre, par cette jouissance abusive, s'applatit par degrés. Au lieu de ces points d'élévation féconds en bois, en pâturages, & d'où s'écouloient les eaux qui portoient la fertilité, il ne restera plus que de stériles rochers. A la vérité, les plaines sont devenues plus unies, plus aérées; on y respire un air plus sec; mais il s'est ensuivi la perte du bois, des eaux, des pâturages & des troupeaux, quatre objets précieux dont la perte n'est pas compensée, & à laquelle on remédiera sûrement, parce que le gouvernement est trop éclairé pour ne pas voir qu'outre ces objets, il lui échapperoit encore un terrain dont la nullité viendroit en diminution de sa puissance & de ses ressources, & qu'il n'est point de petite perte en ce genre dans un Etat (*a*).

(*a*) La perte du terrain, au premier apperçu, monte déjà à des millions d'arpens; celle des forêts est égale. Si nous sentons la disette des dernières dans ce siècle, qu'on juge de ce qu'on éprouvera dans le siècle prochain. Pour arrêter les progrès d'une gangrène aussi dévorante, on a cherché les causes du mal, les remèdes raisonnables qu'on peut lui appliquer, & on les exposera dans un traité qu'on se propose de publier sur la dégradation des montagnes & des bois, & sur les maux dont cette perte nous menace. Car le premier principe de tout Etat qui veut conserver ses habitans & ses forces, est de défendre son sol. La population suit les moyens de subsistance, & se perd sur un sol qui s'appauvrit.

FIN.

EXPLICATION

DES FIGURES ET MÉDAILLES.

PLANCHE PREMIÈRE.

GAULOIS PRIMITIF Pl. 1ère

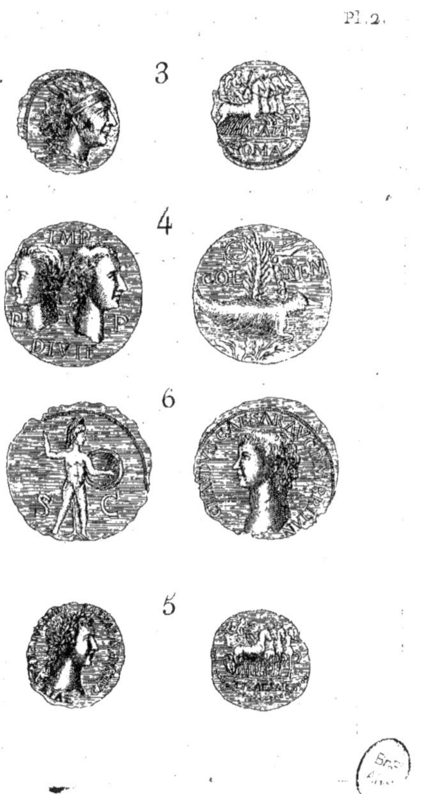
Pl. 2.
3
4
6
5

PLANCHE II.

PLANCHE III.

PLANCHE IV.

Pl. 3.

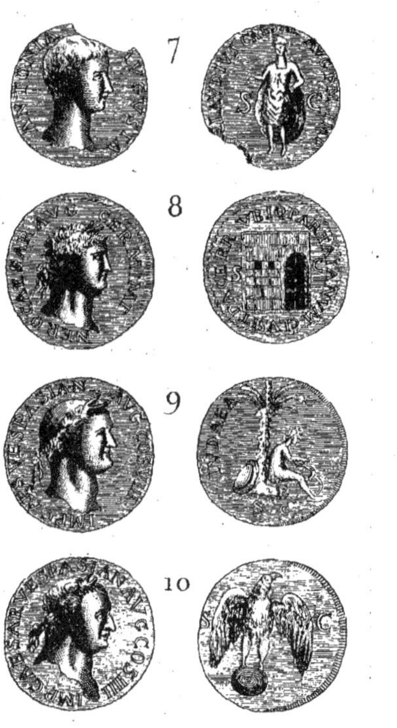

Pl. 4.

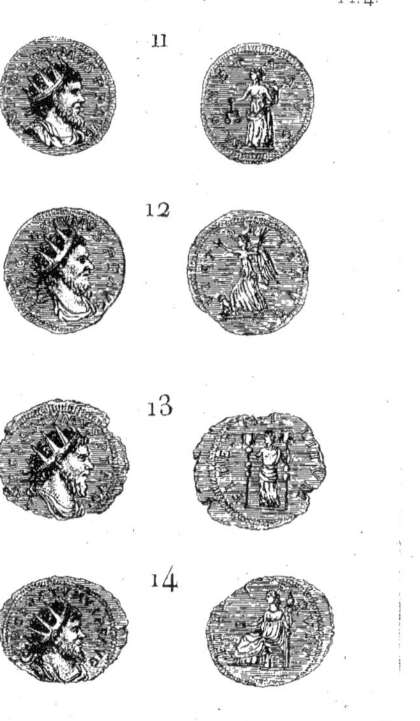

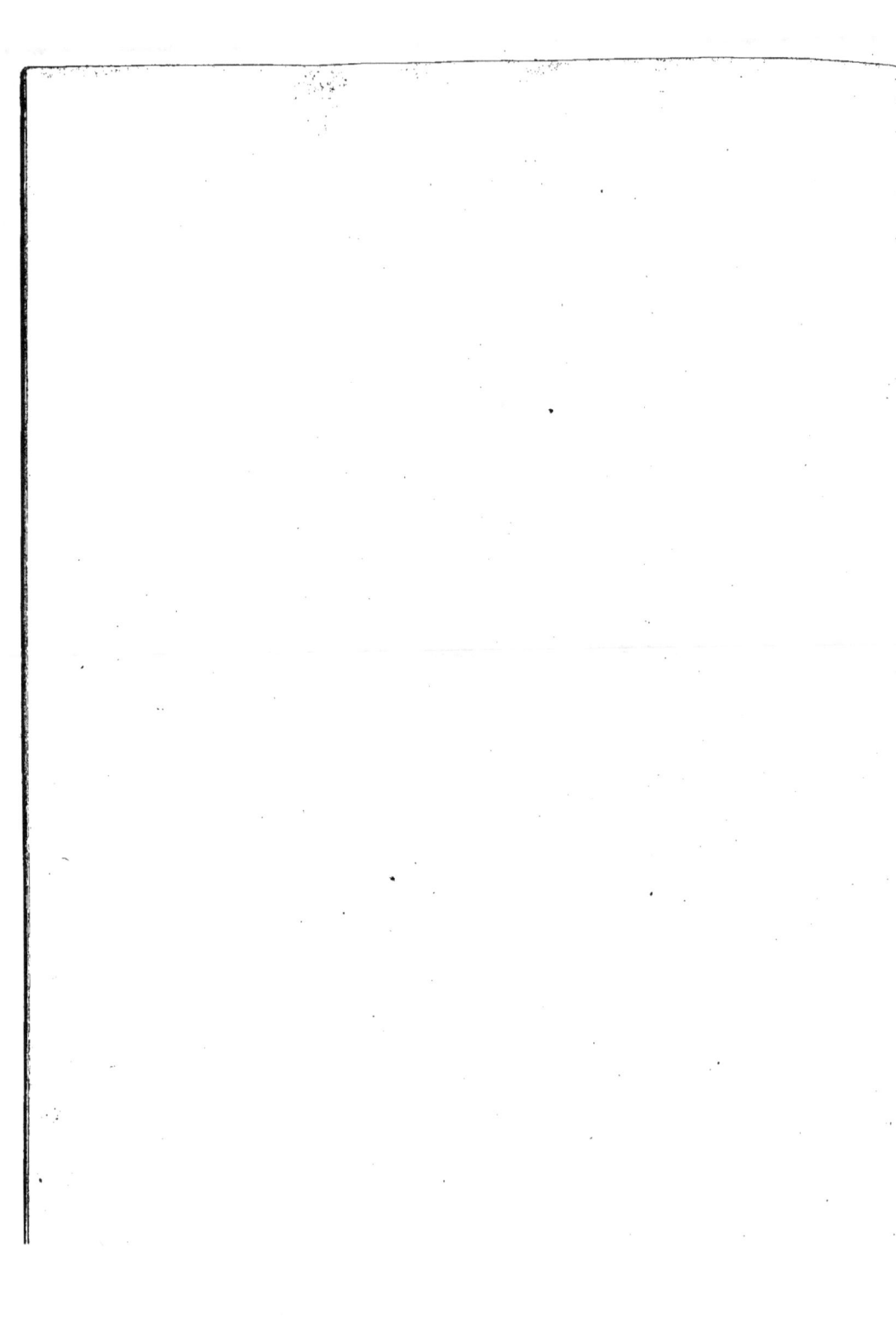

PLANCHE IV.

PLANCHE V.

Pl. 5.

Pl. 6.

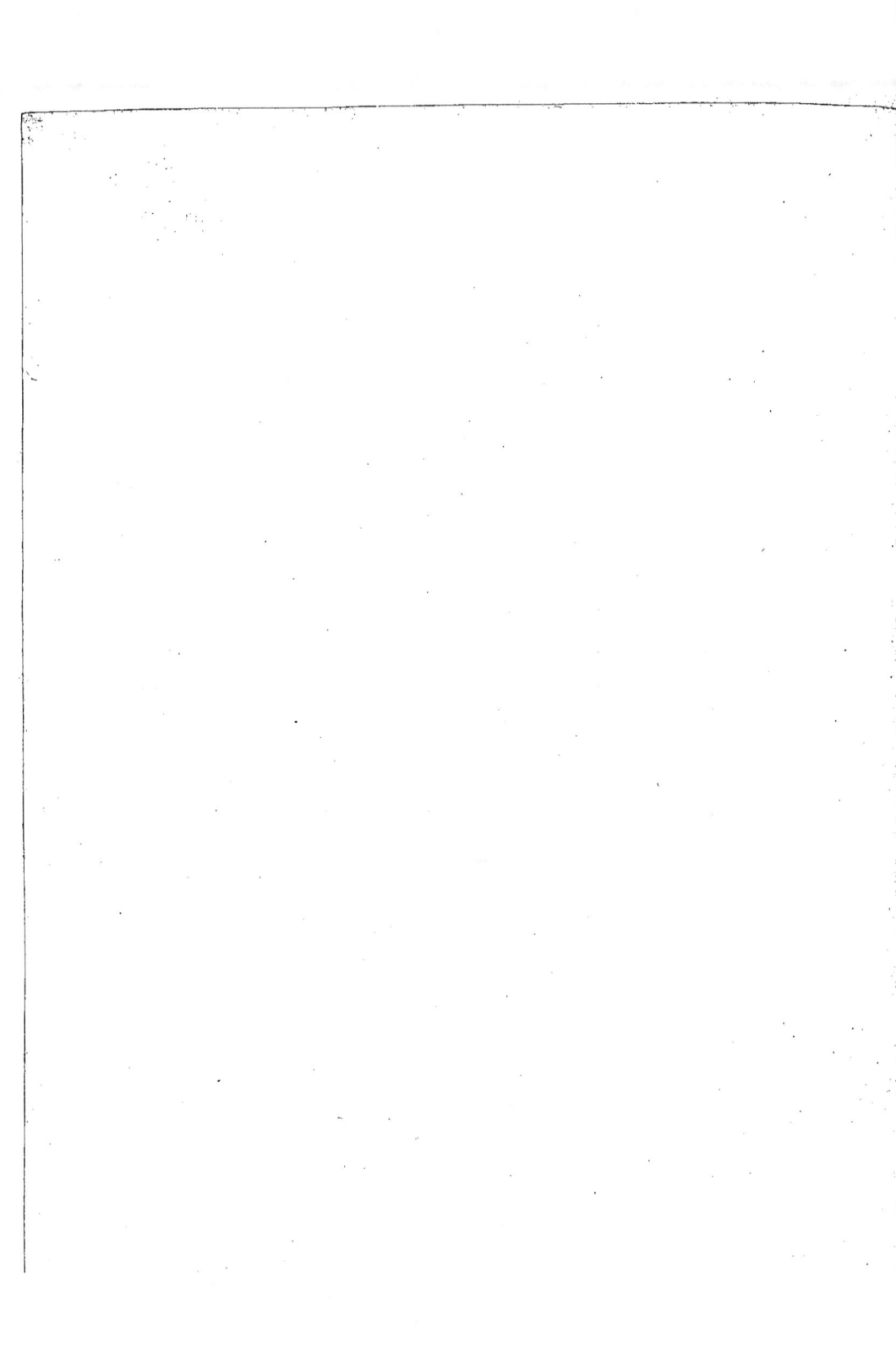

PLANCHE VI.

PLANCHE VII.

Pl. 7.

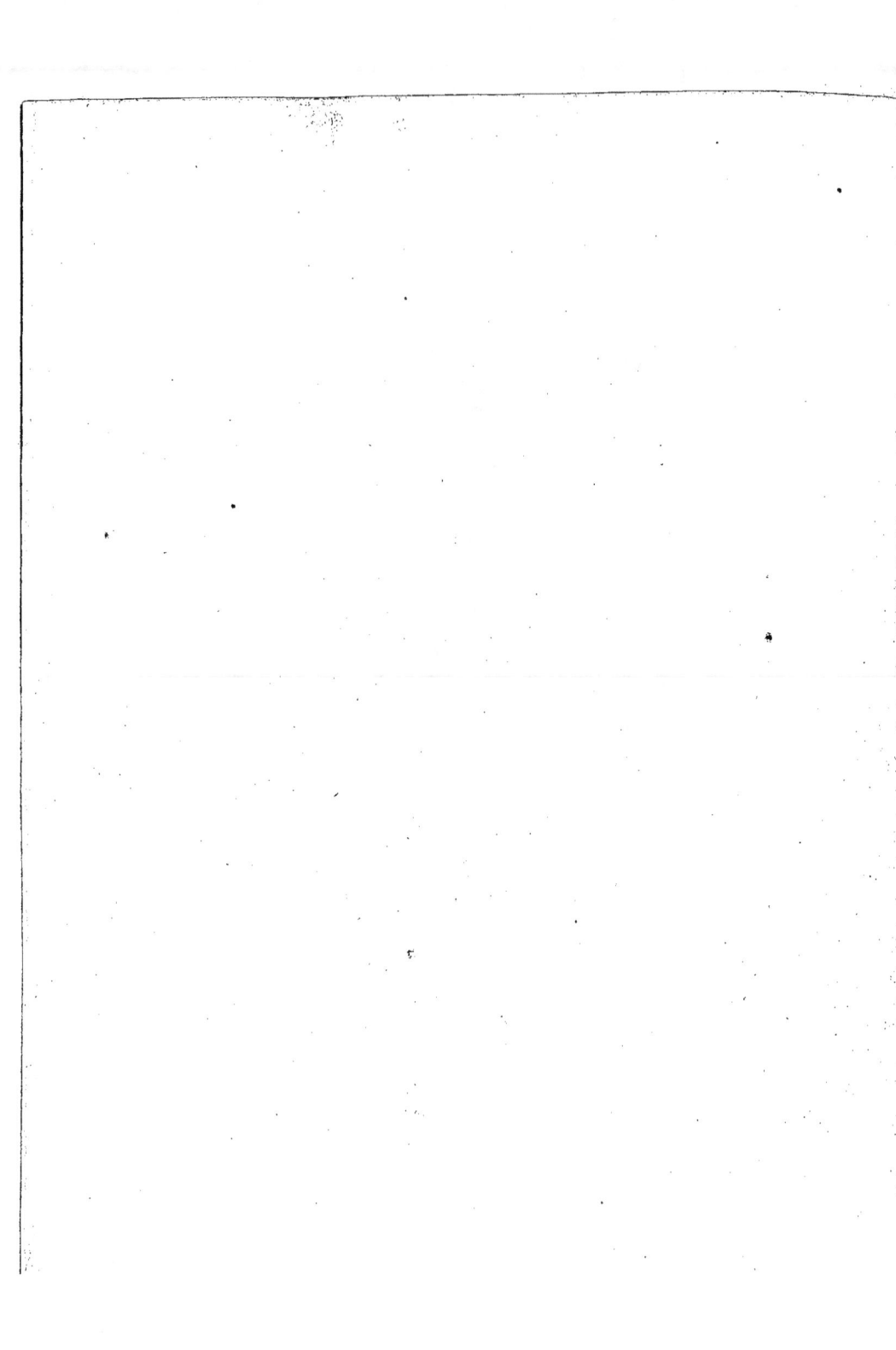

TABLE DES MATIÈRES DE L'HISTOIRE DE FRANCE AVANT CLOVIS.

A.

Celtes, étendue de pays qu'ils habitoient, 36.

César, il marche contre les Suisses; victoire qu'il remporte sur eux, 186. Les Gaulois implorent sa protection contre Arioviste; sa victoire sur ce roi, 190. Il dissipe l'armée des Belges, 191. Il bat les Nerviens, 192. Ses victoires sur les peuples des Gaules, 193 & suiv. Siége d'Alise; il prend la ville avec Vercingentorix, & finit la conquête des Gaules, 221 & suiv. Il se fait aimer des Gaulois; ils prennent son parti; il prend Marseille, 238 & suiv.

Childeric, il est chassé du trône; il y remonte; ses victoires & ses conquêtes, 380 & suiv.

Chonodemar, ses conquêtes dans les Gaules, 323. Sa victoire sur le comte Barbation. Il attaque Julien, il est battu & fait prisonnier, 326.

Cimbres, leurs attaques contre les Colonies Celtiques; leurs victoires sur les Romains; leur défaite, 175 & suiv.

Civilis, sa révolte, ses victoires sur les Romains, son accommodement, 273.

Claude, passe en Angleterre, biens qu'il fait aux Gaulois, 264 & suiv.

Clodion, sa première entreprise; sa défaite; ses pertes; il les répare par des conquêtes utiles; échec qu'il reçoit; sa puissance, 363 & suiv.

Clovis, il fonde vraiment le royaume de France, 392.

Commerce, ses révolutions, 441.

Concolitan, sa victoire & sa défaite, 148.

Constance, sa jalousie contre Ataulfe; cession qu'il fait à Vallia, 407.

Constantin, sa cruauté envers les rois Francs, 318.

Corbulon, sa gloire; ses succès sur le Rhin & dans l'Asie, 266, 269.

Critognatus, il propose de manger les Mandubiens, 224.

D.

DÉCIUS, son dévouement; sa mort, 145.

Dioclétien, gloire de son règne, bien qu'il fit dans les Gaules, 314 & suiv.

Divitiacus, chef des Druides d'Autun, implore le secours de César contre Arioviste, 188. Il porte la guerre chez les Beauvoisiens, 191. Il devient leur intercesseur auprès de César, 192.

Dolabella, ses succès contre les Gaulois, 146.

Domitien fait arracher les vignes dans les Gaules, 279.

Drapès, Général de Sens, s'allie à Lucteric de Quercy, est défait, 229 & suiv.

Druides, leurs occupations; leur ambition; leur pouvoir; leurs préceptes; religion; leurs sacrifices humains; femmes associées à leurs fonctions; leur cruauté, 84 jusqu'à 95.

E.

EDUENS, ils s'allient aux Romains; leurs mauvais succès contre les Auvergnats, 172. Ils implorent le secours de César contre les Suisses, 186. Ils sont battus par Arioviste, 188. Ils se déclarent contre les Romains, 218.

Egidius est proclamé roi des Francs; sa puissance excite la jalousie des Romains; sa victoire sur les Visigoths. Les Francs rentrent sous la domination de Chilpéric, 268 & suiv.

Elan, animal du nord, demeuroit anciennement dans les Gaules, 6.

F.

FRANÇS, leur origine, leur confédération; peuples qui la composèrent, 282 & suiv. Ils sont repoussés par les Saxons, 288. Pays qu'ils habitoient, 292. Leurs mœurs, 294 & suiv. Leur

Leur première apparition dans les Gaules, 301. Un de leurs détachemens est battu par Aurélien, *ibid.* Ils ravagent les Gaules, l'Espagne, les côtes d'Afrique, 303 & suiv. Aurélien les chasse des Gaules, 307. Probus en fait une Colonie au Pont-Euxin, 308. Courage de cette Colonie, 310. Leurs progrès dans la science militaire, 311. Maximien oblige leurs rois à marcher sous ses ordres, 313. Constance en fait des Colonies dans les Gaules, 316. Ils sont vaincus par Constantin, & leurs rois exposés aux bêtes féroces, à Trêves, 318. Leur alliance avec Constant, 319. Ils combattent en faveur de Magnence, 321. Ils sont battus par Julien, 327 & suiv. Elévation des Francs, 336. Ils taillent en pièce l'armée Romaine, 337. Arbogaste combat les Francs; ils se réunissent à lui contre Théodose, 338 & suiv.

Funérailles, traits de ressemblance entre celles des Gaulois & des Egyptiens; vanité des Gaulois à cet égard, 95 & suiv.

G.

Galba repousse les Cauces, parvient à l'Empire, 264, 270.

Gaule, sa situation; son étendue; sa division, 34, 35. Changement dans sa température, 111. Carte de la Gaule ancienne & moderne, *Atlas*, n°. 5 & 6.

Gaulois, leur figure, leur force, leur grandeur gigantesque, leur caractère, leur habillement, leurs maisons, leur gouvernement, leur justice, leurs mariages, leurs armes, leur courage, leurs occupations, leur commerce, leurs monnoies, leur esprit, leur langue, leur religion, 47 jusqu'à 84. Ils s'étoient répandus sur une partie du globe dans les temps les plus reculés, 113 & suiv. Ils fondent une puissance en Asie, terreur qu'ils inspirent, 129 & suiv. Ils défont les Romains, prennent & brûlent Rome, ils assiégent le Capitole; il est racheté par les Marseillois, 136 & suiv. Gaulois d'Italie divisés en Boiens, Gessates, Sénonois, Insubriens, 144. Ils s'allient aux Samnites, combattent contre les Ro-

H.

I.

L.

M.

Magnence, proclamé Empereur à Autun; les Francs combattent pour sa cause, 320.

Manilius combat contre un Gaulois, 143.

Marcellus, ses victoires sur les Gaulois; il tue leur roi, 150.

Marcomir & Sunnon commandent l'armée des Francs; ils battent les Romains; Marcomir s'abouche avec Arbogaste; sa captivité, 337 & suiv.

Marseille, sa fondation; hasard qui l'a favorisé; projet des Gaulois pour la détruire; il est éventé; défaite des ennemis; Belloveze la protège, 131 & suiv. Ses victoires sur Carthage, sur les Gaulois; les Liguriens; son commerce; sa culture; son bonheur; rachat du Capitole; reconnoissance des Romains, 138 & suiv. Faute de politique qu'elle commet, 169. Prend le parti de Pompée; glorieuse défense contre César, 238 & suiv.

Maximien, ses victoires dans les Gaules & sur les Francs, 313 & suiv.

Mérovée s'empare du trône; il combat contre les Huns; il augmente ses Etats, 370.

Mithridate s'unit aux Gaulois; son discours; ses succès; ses revers, 155 & suiv.

N.

Néron, ses fureurs; ses ridicules; sa cruauté, 268 & suiv.

Nicomède, roi de Bithynie, appelle les Gaulois en Asie; leur victoire sur son frère Zipetès; il partage avec eux son royaume, 128.

Noblesse, changemens de qualification, 436 & suiv.

Numance, dans le pays des Arévaques, capitale des Celtibériens; siéges qu'elle soutient; sa constance; sa prise, 163 & suiv.

O.

ODIN, l'un des conquérans du Nord; son culte, 297.

Odon, fils de Vitikind, grand-oncle de Hugues Capet; sa valeur; sa belle défense dans Paris; affection que lui portent les François; ils l'élevent sur le trône, 389 & suiv.

Orgetorix, ses projets ambitieux; sa mort, 185.

P.

PARIS, premiers Etats tenus dans cette Ville par César, 209.

Peuple, dans l'origine de la Monarchie, 431 & suiv.

Pharamond, son règne est soupçonné d'être plutôt une tutelle. Ses loix; lieu de sa sépulture, 358.

Phéniciens, leurs anciennes liaisons avec les habitans des Gaules; leur commerce dans ces contrées; monumens qui l'attestent, 105 & suiv.

Posthume, défend vaillamment les Gaules, 305.

Probus, il encourage la plantation de la vigne; il fait une Colonie de Francs, 308, &c.

Ptolomée Céraunus, ses crimes; sa présomption; sa défaite & sa mort, 120.

Ptolomée, fils de Pyrrhus; sa victoire sur Antigonus; sa valeur & sa mort, 126 & suiv.

Pyrrhus, Ptolomée Céraunus lui prête des troupes, 120. Il paroît sur les frontières de la Macédoine; bat Antigonus, s'empare de la Macédoine; attaque Lacédémone, est tué dans Argos, 126 & suiv.

Q.

QUINTINIUS, il marche contre les Francs; il a de l'avantage dans le Hainaut; il passe le Rhin; il est entièrement défait, 337 & suiv.

R.

Religion, changement qu'elle opère, 452 & fuiv. Variations, occupations des premiers religieux, 454, 456.

Rome, fa chûte & fes malheurs, 353. Caufes de fa chûte, 394 & fuiv. Elle conferve, dans les premiers temps, fon autorité fur les vainqueurs, 425 & fuiv.

Romains, ils font la conquête de la Gaule Cifalpine, 141. De la Galatie, 153. De la Colonie des Scordifques, 158. De la Celtibérie, 161. Ils fecourent Marfeille contre deux petits peuples Liguriens, 169. Leurs victoires fur les Gaulois; fondation d'Aix, 170. De la province Narbonnoife, 174. Leurs conquêtes en Angleterre, 178. Conquête de la Gaule, 183 & fuiv.

S.

Sciences & Arts dans les Gaules, reftes de ceux des Romains, 443 & fuiv.

Sigoveze, il part à la tête des troupes du Bourbonnois & du Languedoc; il fonde des Colonies en Bohême, en Allemagne, 118.

Sol des Gaules; changemens qu'il a éprouvés; caufes de ces changemens, 457 & fuiv.

Sontiates, ils font battus par Craffus; appellent les Efpagnols à leur fecours; ils font encore défaits, 199 & fuiv.

Softhènes, fa victoire, fa défaite, fa mort, 122.

T.

Teudome, premier roi des Francs dans les Gaules; fon éducation; il s'allie avec les Armoriques; étendue de fes Etats; fa victoire fur les Vandales; il fait frapper des monnoies; fes revers & fa mort, 342 & fuiv.

V.

Z.

Fin de la Table.

APPROBATION.

J'AI lu, par ordre de Monseigneur le Garde des Sceaux, un Manuscrit intitulé : *Histoire de France avant Clovis, par M. Laureau, Historiographe de Monseigneur Comte d'*ARTOIS. Cet Ouvrage a déja paru en 1786, & étoit destiné, comme il l'est encore, à servir d'Introduction à l'Histoire de France de MM. Velly, Villaret & Garnier. Avec beaucoup de travail, de recherches & de lectures, M. Laureau est parvenu à éclaircir, autant qu'il est possible, l'Histoire des Gaules & celle des Francs dont notre Nation tire son origine. Il s'est sur-tout appliqué à fixer les faits historiques & leurs dates par les médailles & monumens anciens qu'on pourroit appeller les pièces justificatives de l'Histoire. Les Amateurs de la saine érudition & de l'antiquité ne peuvent donc que savoir gré à l'Auteur, de s'être livré à une étude aussi pénible que celle des temps obscurs de notre Histoire, & je suis persuadé que son Ouvrage sera reçu avec plaisir. A Paris, ce 18 Novembre 1788.

DUDIN, *Censeur Royal.*

PRIVILÉGE DU ROI.

LOUIS, PAR LA GRACE DE DIEU, ROI DE FRANCE ET DE NAVARRE : A nos amés & féaux Conseillers, les Gens tenans nos Cours de Parlement, Maîtres des Requêtes ordinaires de notre Hôtel, Grand-Conseil, Prévôt de Paris, Baillifs, Sénéchaux, leurs Lieutenans Civils, & autres nos Justiciers qu'il appartiendra : SALUT. Notre bien-amé le sieur LAUREAU, *Historiographe de notre très-cher frère le Comte d'ARTOIS*, Nous a fait exposer qu'il désireroit faire imprimer & donner au Public l'*Histoire de France avant Clovis*, de sa composition, s'il Nous plaisoit lui accorder nos Lettres de privilége pour ce nécessaires. A ces causes, voulant favorablement traiter l'Exposant, Nous lui avons permis & permettons par ces Présentes, de faire imprimer ledit Ouvrage autant de fois que bon lui semblera, & de le vendre, faire vendre & débiter par tout notre royaume. Voulons qu'il jouisse de l'effet du présent privilége, pour lui & ses hoirs à perpétuité, pourvu qu'il ne le rétrocède à personne ; & si cependant il jugeoit à-propos d'en faire une cession, l'Acte qui la contiendra sera enregistré en la Chambre Syndicale de Paris, à peine de nullité, tant du privilége que de la cession ; & alors, par le fait seul de la cession enregistrée, la durée du présent privilége sera réduite à celle de la vie de l'Exposant, ou à celle de dix années à compter de ce jour, si l'Exposant décède avant l'expiration desdites dix années. Le tout conformément aux articles IV & V de l'Arrêt du Conseil du 30 Août 1777, portant Règlement sur la durée des priviléges en Librairie. Faisons défenses à tous Imprimeurs, Libraires & autres personnes, de quelque qualité & condition qu'elles soient, d'en introduire d'impression étrangère dans aucun lieu de notre obéissance ; comme aussi d'imprimer ou faire imprimer, vendre, faire vendre, débiter ni contrefaire ledit Ouvrage, sous quelque prétexte que ce puisse être, sans la permission expresse & par écrit dudit Exposant, ou de celui qui le représentera, à peine de saisie & de confiscation des Exemplaires contrefaits, de six mille livres d'amende, qui ne pourra être modérée, pour la première fois ; de pareille amende & de déchéance d'état en cas de récidive, & de tous dépens, dommages & intérêts, conformément à l'Arrêt du Conseil du 30 Août 1777, concernant les contrefaçons. A la charge que ces Présentes seront enregistrées tout au long sur le Registre de la Communauté des Imprimeurs & Libraires de Paris, dans trois mois de la date d'icelles ; que l'impression dudit Ouvrage se fera dans notre Royaume & non ailleurs, en bon papier & beaux caractères, conformément aux Règlemens de la Librairie, à peine de déchéance du présent privilége ; qu'avant de l'exposer en vente, le Manuscrit qui aura servi de copie à l'impression dudit Ouvrage, sera remis dans le même état où l'approbation y aura été donnée, ès mains de notre très-cher & féal Chevalier Garde des Sceaux de France, le sieur HUE DE MIROMENIL, Commandant de nos Ordres ; qu'il en sera ensuite remis deux Exemplaires dans notre Bibliothèque publique, un dans celle de notre Château du Louvre, un dans celle de notre très-cher & féal Chevalier Chancelier de France, le sieur DE MAUPEOU, & un dans celle dudit sieur HUE DE MIROMENIL ; le tout à peine de nullité des Présentes. Du contenu desquelles vous mandons & enjoignons de faire jouir ledit Exposant & ses hoirs pleinement & paisiblement, sans souffrir qu'il leur soit fait aucun trouble ou empêchement. Voulons que la copie des Présentes, qui sera imprimée tout au long au commencement ou à la fin dudit Ouvrage, soit tenue pour duement signifiée, & qu'aux copies collationnées par l'un de nos amés & féaux Conseillers-Secrétaires, foi soit ajoutée comme à l'original. Commandons au premier notre Huissier ou Sergent sur ce requis, de faire, pour l'exécution d'icelles, tous actes requis & nécessaires, sans demander autre permission, & nonobstant clameur de Haro, Charte Normande, & Lettres à ce contraires : car tel est notre plaisir. Donné à Paris, le vingt-cinquième jour du mois de Janvier, l'an de grace mil sept cent quatre-vingt-six, & de notre Règne le douzième. Par le Roi en son Conseil,

LE BEGUE.

Registré sur le Régistre XXII de la Chambre Royale & Syndicale des Libraires & Imprimeurs de Paris, n°. 143, folio 492, conformément aux dispositions énoncées dans le présent Privilége ; & à la charge de remettre à ladite Chambre les huit exemplaires prescrits par l'article CVIII du Règlement de 1723. A Paris, ce 27 Janvier 1786. GUEFFIER, Adjoint.

A PARIS, chez CLOUSIER, Imprimeur du ROI, rue de Sorbonne.

www.ingramcontent.com/pod-product-compliance
Lightning Source LLC
Chambersburg PA
CBHW050600230426
43670CB00009B/1196

* 9 7 8 2 0 1 4 5 1 0 3 6 2 *